社会与情感能力研究丛书 | 黄忠敬　主编

社会与情感能力测评

Assessment of Social
and Emotional Competence

张　静◎著

华东师范大学出版社
·上海·

图书在版编目(CIP)数据

社会与情感能力测评/张静著.—上海:华东师范大学出版社,2023
 ISBN 978-7-5760-4181-1

Ⅰ.①社… Ⅱ.①张… Ⅲ.①青少年-心理健康-健康教育 Ⅳ.①G444

中国国家版本馆 CIP 数据核字(2023)第 197566 号

社会与情感能力测评

著　者　张　静
责任编辑　蒋　将
责任校对　郑海兰　时东明
装帧设计　卢晓红

出版发行　华东师范大学出版社
社　　址　上海市中山北路 3663 号　邮编 200062
网　　址　www.ecnupress.com.cn
电　　话　021-60821666　行政传真 021-62572105
客服电话　021-62865537　门市(邮购)电话 021-62869887
地　　址　上海市中山北路 3663 号华东师范大学校内先锋路口
网　　店　http://hdsdcbs.tmall.com

印 刷 者　上海华顿书刊印刷有限公司
开　　本　787 毫米×1092 毫米　1/16
印　　张　19.25
字　　数　393 千字
版　　次　2023 年 11 月第 1 版
印　　次　2023 年 11 月第 1 次
书　　号　ISBN 978-7-5760-4181-1
定　　价　77.00 元

出 版 人　王　焰

(如发现本版图书有印订质量问题,请寄回本社客服中心调换或电话 021-62865537 联系)

序：提升社会与情感能力，助推"全人"教育发展

黄忠敬

从全球来看，教育正在发生"情感"转向：从认知教育转向非认知教育，从智商教育转向情商教育，发展孩子的社会与情感能力已经成为全球性的政策改革运动。无论是联合国教科文组织（UNESCO）、经合组织（OECD）和世界银行等国际组织，还是美国、英国、澳大利亚、德国、日本等一些发达国家，都在政策和实践上大力推进社会与情感能力的发展，以提升学生的幸福感。教育越来越超越功利主义、工具主义的价值倾向，超越人力资本理论所强调的教育的经济发展功能，而开始强调教育在促进人的社会与情感能力发展和幸福感的作用。

2018年OECD开展了青少年"社会与情感能力研究"（Study for Social and Emotional Skills，简称SSES）全球大规模测评项目，着眼于促进青少年非认知领域的发展，旨在测评全球青少年的社会与情感能力发展以及影响这些能力发展的因素，以指导各国政策制定和学校实践。全球10个城市参与了首次国际测评。华东师范大学作为OECD开展全球大规模的唯一中方代表，与苏州市教育局合作，开展了为期三年的首轮测评，对7200多名学生、7000多名家长、3700多名教师和150多名校长进行了测评和问卷调查。2021年9月向全球发布了中国青少年社会与情感能力发展水平的报告，引起了国内极大的反响，促进了教育领域的"情感"转向，为深化和发展素质教育和学生综合素质评估改革探索了新的思路。2022年，OECD在全球开展SSES第二轮测评工作，华东师范大学再次作为中国唯一的代表，在济南市开展大规模测评工作。这种持续跟踪研究对原创性学术研究具有重要意义，对基于研究的学校变革实践也具有重要价值。

超越学科学习，超越知识传授，超越分数评价，关注学生社会与情感能力培养，关注人的全面发展，已经成为世界教育发展的重大课题。培养"全人"也成为我国新时代高质量教育发展的指南针和风向标。我国的教育政策越来越强调关注学生，关注学生的身心健康、幸福感

和生活满意度,这就要求教育要从"育分"向"育人"转变,改革我国目前存在的"重智育轻德育""重应试轻素养""重知识轻体验"等问题,要更加注重学生学习的主动性、人格品质和心理健康发展,通过社会与情感能力的培养,预防和降低目前我国中小学出现的诸多如校园欺凌、暴力冲突、心理疾病、反社会行为等突出问题。为此,社会与情感能力培养,就成为孩子成长的必修课。

在此背景下,华东师范大学社会与情感能力研究团队积极响应国家高质量教育发展的重大战略,在前期参与OECD青少年社会与情感能力全球大规模测评的基础上,开展了一系列的理论研究和实践探索,形成了诸多的学术成果。这些成果就成为了本丛书的主要内容,从理论、政策和实践等不同方面展现国内外社会与情感能力研究和实践的前沿领域,具体包括:《社会与情感能力:理论、政策与实践》《社会与情感能力测评》《社会与情感能力:案例与评析》等。期待这些成果能够为理论研究者、教育管理者和广大的教师提供理论思考与实践基础。

目 录

第一章 从"我"到"我们":社会与情感能力测评概述 ············ 001

- 第一节 社会与情感能力关乎终身幸福 ················ 001
- 第二节 社会与情感能力的概念演变历程 ············· 008
- 第三节 多样化的社会与情感能力测评形式 ··········· 025
- 第四节 教育环境中的社会与情感能力测评 ··········· 031
- 第五节 面向学习者的社会与情感能力测评 ··········· 037
- 本章小结 社会与情感能力测评欲向何方 ············· 051
- 附录:测评实例 ··································· 060

第二章 借我一双慧眼:自我报告中真假难辨 ············ 067

- 第一节 是真诚的作答,还是精明的伪装? ············· 067
- 第二节 理想或现实:人人都可能是伪装者 ············· 072
- 第三节 撕开"面具":如何识别作假 ···················· 077
- 第四节 亡羊补牢,为时未晚:如何应对作假 ············· 095
- 第五节 扬汤止沸,莫若去薪:从源头上控制作假 ······· 097
- 第六节 从作假理论到实践应用 ····················· 107
- 附录:马洛-克罗恩社会称许性量表中文版(部分) ······· 114

001

第三章　情境化测评：成长中考验真实本领 ················· 120

  第一节　社会与情感能力测评的情境化转向 ················· 121
  第二节　打破藩篱：情境融入勾勒测评新视角 ················ 126
  第三节　上下求索：情境化测评破题之路 ··················· 133
  第四节　合作学习：以情境化命题赋能问题解决 ·············· 138
  第五节　课堂实例：合作问题解决能力的情境化测评 ··········· 155
  本章小结　社会与情感能力情境测评的展望与挑战 ············ 168
  附录 ··· 170

第四章　游戏化测评：趣味中见证多维素养 ················· 173

  第一节　不仅仅是形式：什么是游戏化测评 ·················· 174
  第二节　不仅仅是有趣：游戏化测评能带来什么 ·············· 185
  第三节　不仅仅是游戏：怎样进行游戏化测评 ················ 189
  第四节　基于游戏的社会与情感能力测评案例集锦 ············ 203
  第五节　征途漫漫：从"赶上时代"到"引领时代" ············· 214

第五章　社会与情感能力测评的中国实践 ··················· 224

  第一节　青少年社会与情感能力测评的工具检验 ·············· 224
  第二节　被测者眼中的社会与情感能力测评 ·················· 249
  第三节　学校组织者眼中的社会与情感能力测评 ·············· 254
  第四节　社会与情感能力测评的中国实践 ···················· 259
  本章小结　社会与情感能力测评中国实践的启示 ·············· 265
  附录 ··· 267

主要参考文献 ·· 269

后记 ·· 298

第一章 从"我"到"我们":社会与情感能力测评概述

没有人是一座孤岛,在参与社会生活,与形形色色的人交流、相处的过程中不仅需要智力等认知能力,对社会与情感能力也提出了一定的要求。社会与情感能力已成为21世纪人才的核心竞争力,对学业成就和生活幸福感有重要影响。验证社会与情感能力对生活影响的研究数不胜数,如学业成就、职业发展、个人健康、生活满意度,可以说,社会与情感能力关乎个体生活的方方面面。

第一节 社会与情感能力关乎终身幸福

一、教育成果与情感能力紧密相连

通常认为,认知能力会决定学习成绩、最高学历水平等,殊不知社会与情感能力和认知能力在动态互动中紧密相连。低水平的社会与情感能力可能会阻碍认知能力的发挥,相反高水平的社会与情感能力会对认知能力的发挥起促进作用。[1] 无论是对于小学生[2]、初中生[3],还是在学习上存在困难的"学困生"[4],几乎所有关于社会与情感能力和学业成绩的研究都证实了这二者之间的正向关系。相较于社会经济背景、父母教育与家庭收入因素,社会与情感能

---

[1] Kankaraš, M. (2017). Personality matters: Relevance and assessment of personality characteristics. *OECD Education Working Papers*, No.157, *OECD Publishing*, Paris.

[2] Elias, M. J., & Haynes, N. M. (2008). Social competence, social support, and academic achievement in minority, low-income, urban elementary school children. *School Psychology Quarterly*, 23(4), 474.

[3] Oberle, E., Schonert-Reichl, K. A., Hertzman, C., & Zumbo, B. D. (2014). Social-emotional competencies make the grade: Predicting academic success in early adolescence. *Journal of Applied Developmental Psychology*, 35(3), 138–147.

[4] 俞国良,侯瑞鹤,罗晓路. (2006). 学习不良儿童对情绪表达规则的认知特点. 心理学报(01), 85—91.

力对学生的学业成绩影响更大①,有时甚至超越智力的影响。某些时候社会与情感能力是学术和工作环境中取得成绩的关键和先决条件。在一项探究一般智力和社会与情感能力间关系的元分析中,研究者发现语言智力与开放性和外向性之间呈正相关,与焦虑呈负相关。② 除此之外,社会与情感能力特别是责任心,是个体受教育年限,即最高学历的重要影响因素之一。责任心水平高的学生更有可能及时完成教师布置的家庭作业,而不是逃避或拖延,这预示着他们接受高等教育的机会提高。③ 责任心是学习成绩的最强预测因子。学生的学习成绩是许多家长和教师最为关心的内容,影响学习成绩的因素一直以来都是研究热点。在一项对瑞典高中生的纵向研究中,在控制了学生认知能力后,其责任心与三年后的学业成绩呈显著正相关。④ 波洛帕特(A. E Poropat)的元分析也发现,责任心对学业成绩的预测作用几乎与认知能力(智力)等同,开放性和宜人性也与学业成绩呈较弱的正相关关系,这种相关关系随着学段的升高逐渐减弱。⑤ 对于中小学生来说,社会与情感能力和学业成绩之间的关系还因科目和性别的不同而存在着差异。在科目上,情绪稳定性可以预测数学、科学和外语成绩。⑥ 在性别上,尽责性和外倾性对女生的学业成绩起着积极的预测作用,而这种积极作用并未在男生群体中发现。⑦ 尽管在社会与情感能力的子维度上有研究呈现出不一致的结果,但总体上可以肯定社会与情感能力对学业成就的积极影响。

社会与情感能力对个体的影响不仅体现在当下,还具有延迟效应。经济发展与合作组织(Organisation for Economic Co-operation and Development, OECD)研究发现,根据成年后个体的社会与情感能力可以预测其在63岁时他们的生活质量和劳动收入水平。⑧ 教育水平在很大程度上决定就业结果,如个人收入、职业地位等。同大部分人认为的认知能力是学业成绩最重要的影响因素一样,在职业成就领域也存在相似的误解。其实不然,在决定职业成就的

---

① OECD. Social and Emotional Skills: Well-being, Connectedness, and Success [EB/OL]. HTTP://www.oecd.org/edu.oecd/study on social and emotional skills, 2017 - 12 - 24.

② Ackerman, P. L., & Heggestad, E. D. (1997). Intelligence, personality, and interests: evidence for overlapping traits. *Psychological Bulletin*, 121(2), 219.

③ Deke, J., & Haimson, J. (2006). Valuing Student Competencies: Which Ones Predict Postsecondary Educational Attainment and Earnings, and for Whom? Final Report. *Mathematica Policy Research, Inc.*

④ Rosander, P., & Bäckström, M. (2014). Personality traits measured at baseline can predict academic performance in upper secondary school three years late. *Scandinavian Journal of Psychology*, 55(6), 611 - 618.

⑤ Poropat, A. E. (2009). A meta-analysis of the five-factor model of personality and academic performance. *Psychological Bulletin*, 135(2), 322.

⑥ Furnham, A., & Monsen, J. (2009). Personality traits and intelligence predict academic school grades. *Learning and Individual Differences*, 19(1), 28 - 33.

⑦ Freudenthaler, H. H., Spinath, B., & Neubauer, A. C. (2008). Predicting school achievement in boys and girls. *European Journal of Personality*, 22(3), 231 - 245.

⑧ Organisation for Economic Cooperation and Development (OECD) (France). (2021). Beyond academic learning: First results from the survey of social and emotional skills. *OECD Publishing*.

影响因素中,社会与情感能力和认知能力地位等同[1],甚至在预测收入水平方面,自我效能感、自尊等代表的社会与情感能力比阅读、数学等认知能力效果更好。[2] 在一项纵向研究中,在控制认知能力之后,青春期时更外向的男性在成年早期失业率较低。[3] 职业倦怠的本质是一种职业中的情绪疲惫[4],是影响工作表现和职业成就的重要方面。作为积极的情绪认知和管理能力,社会与情感能力和职业倦怠显著负相关。[5] 如华东师范大学研究团队发现,教师内部从教动机和社会与情感能力负向显著影响职业倦怠感。[6] 可见,社会与情感能力对个体的影响是长期的、持续的,可以从学龄期延续至成年。

二、社会与情感能力是欺凌的保护性因素

欺凌是青少年问题行为代表之一。它不仅仅出现在校园中,在网络环境中也比比皆是。欺凌是威胁校园安全的全球性隐患,全球有近40%的青少年曾遭受欺凌,约15%的学生遭受过网络欺凌。我国校园欺凌发生率高达33.36%,经常遭受欺凌的学生占比达4.7%。这些触目惊心的数字背后是一个个鲜活的个体,他们可能因遭受欺凌正在忍受着心理(抑郁等)、生理(躯体症状)、社交(社交困难)等多重折磨,甚至会出现创伤后应激症状,从而产生自伤、自杀等行为。鉴于欺凌带来的巨大且不可逆的危害,探索欺凌的防治策略已成为教育工作者持续关注的焦点。大量证据证明受欺凌和社会与情感能力的欠缺密切相关。经研究发现,缺乏情绪调节能力的人更易被欺凌,这或许是因为他们更易情绪失控,激怒他人,从而导致被欺凌。[7] 受校园欺凌者也同时表现出较差的社会问题解决能力和交往能力。[8] 社会与情感能力中的自控力和抗压力是预测学生不受校园欺凌和网络欺凌的关键因素,信任能力是受网络

---

[1] Roberts, B.W., Kuncel, N.R., Shiner, R., Caspi, A., & Goldberg, L.R. (2007). The power of personality: The comparative validity of personality traits, socioeconomic status, and cognitive ability for predicting important life outcomes. *Perspectives on Psychological Science*, 2(4), 313–345.

[2] OECD (2015), Skills for Social Progress: The Power of Social and Emotional Skills, OECD Publishing, Paris.

[3] Macmillan, L. (2013). The role of non-cognitive and cognitive skills, behavioural and educational outcomes in accounting for the intergenerational transmission of worklessness (No.13-01). Quantitative Social Science-UCL Social Research Institute, University College London.

[4] Taris, T.W., Bakker, A.B., Schaufeli, W.B., Stoffelsen, J., & Van Dierendonck, D. (2005). Job control and burnout across occupations. *Psychological Reports*, 97(3), 955–961.

[5] Kevin D. Cofer et al. (2018). Burnout is associated with emotional intelligence but not traditional job performance measurements in surgical residents. *Journal of Surgical Education*, 75(5), 1171–1179.

[6] 刘珈宏,冯剑峰,秦鑫鑫.(2023).中小学教师从教动机对职业倦怠感的影响研究——教师社会情感能力的中介作用.教师教育研究(02),97—104.

[7] Cooley, J.L., & Fite, P.J. (2016). Peer victimization and forms of aggression during middle childhood: The role of emotion regulation. *Journal of Abnormal Child Psychology*, 44(3), 535—546.

[8] J Martínez, AJ Rodríguez-Hidalgo, & Zych, I. (2020). Bullying and cyberbullying in adolescents from disadvantaged areas: validation of questionnaires; prevalence rates; and relationship to self-esteem, empathy and social skills. International *Journal of Environmental Research and Public Health*, 17, 6199.

欺凌的保护性因素,[①]即有较高水平的自控力、抗压力和信任能力可以降低个体遭受欺凌的可能性。社会与情感能力除了对防治欺凌有直接作用外,还可以通过调节学校归属感从而间接发挥作用。华东师范大学社会与情感能力研究中心发现:能力强的学生能够更顺利地融入社群,善于协作并建立和谐的人际关系,在社交中主动寻求认同进而获得归属感,这极大地帮助他们避免社会排斥。即便面临欺凌,他们也敢于借助外界支持,遏止或减少欺凌行为。

三、社会与情感能力为身心健康保驾护航

在宏观的社会与情感能力领域——人格经过多年的发展,几乎没有人能否认人格特征与身体和心理健康存在千丝万缕的关系。寿命是衡量身体健康状况的指标之一,研究发现在控制了性别与社会经济地位后,责任心、外向性、宜人性和情绪稳定性都与长寿呈正相关[②],但相关性较弱。这提示研究者社会与情感能力对健康的影响可能是通过相关行为产生的间接影响,如宜人性较高则吸烟的可能性较低[③],责任心较高则预示着吸食毒品、危险驾驶、自杀等危险行为发生的可能性较低。[④]

主观幸福感是衡量个体身心健康的常用指标之一。它包括三个方面的内容:对生活状态的评价即生活满意度、情绪质量、社会行为特征和社会参与。[⑤]通过对青少年群体的研究发现社会与情感能力能够正向预测青少年的生活满意度,即青少年的社会与情感能力越强,其生活满意度越高[⑥]。一项针对新西兰儿童的纵向研究表明,生活满意度和社会与情感能力的关系比认知能力更强[⑦]。社会行为和社会参与是社会与情感能力的直接反应。反社会行为层出不穷与社会参与不足有关。一方面,生活节奏加快,社交距离增大,导致社会参与度降低。另一方面,社会参与也和个体的社会与情感能力有关。个体的外向性、开放性和责任心越高,情绪稳定性越高,其社会参与度越高;而社会参与较低水平者的宜人性、责任心和情绪稳定性都

---

① 张静,金泽梁,黄忠敬.(2023).社会与情感能力能否有效减少学生受欺凌?——基于OECD社会与情感能力测评的实证分析. 华东师范大学学报(教育科学版),41(04),46—55.

② Roberts, B. W., Kuncel, N. R., Shiner, R., Caspi, A., & Goldberg, L. R. (2007). The power of personality: The comparative validity of personality traits, socioeconomic status, and cognitive ability for predicting important life outcomes. *Perspectives on Psychological Science*, 2(4), 313–345.

③ Malouff, J. M., Thorsteinsson, E. B., & Schutte, N. S. (2006). The five-factor model of personality and smoking: A meta-analysis. *Journal of Drug education*, 36(1), 47–58.

④ Bogg, T., & Berts, B. W. (2004). Conscientiousness and health-related behaviors: a meta-analysis of the leading behavioral contributors to mortality. *Psychological Bulletin*, 130(6), 887.

⑤ OECD (2013), *OECD Guidelines on Measuring Subjective Well-being*, OECD Publishing, Paris

⑥ 黄泽文,叶宝娟,杨强,徐璐.(2020).社会情绪能力对青少年生活满意度的影响:一个链式中介模型. 中国临床心理学杂志,28(03),615—618.

⑦ OECD (2015), *Skills for Social Progress: The Power of Social and Emotional Skills*, OECD Publishing, Paris.

是攻击、违规行为的诱因。① 元分析结果表明，提高学生的社会与情感能力能显著减少辍学、旷学、扰乱课堂秩序、药物滥用等问题行为，可增加积极的社会行为。②

四、社会与情感能力促进形成高质量社会关系

什么样的人更容易成功或更具幸福感？哈佛大学一项长达79年的大样本研究发现，成功或幸福的关键评价标准并不是坐拥多少财富或掌握多大权利，而是拥有良好的社交能力与高质量的社会关系。现代社会中人与人之间的社会距离有所增加，孤独成为了困扰人们的普遍问题，而社会联系不仅可以降低人们的孤独感，更重要的是，它可以减轻人们的压力和焦虑水平③，大大地提高情绪质量。要想形成稳定且充实的社会关系网络，这就对个体的同理心、信任和与他人合作等多项社会与情感能力提出了要求。研究发现，对于学生来说，信任是建立和维持与同龄人和老师的高质量关系的最重要技能。④ 家庭是基本的社会单元，家庭生活是社会关系的一种特殊存在，这其中包含夫妻关系、亲子关系等亲密关系，作为社会关系的一部分，亲密关系比宽泛的社会关系更具有唯一性和不可替代性。大量的研究已经表明，情感能力与夫妻关系满意度存在着显著关联。⑤ 在亲子关系上，孩子的情绪控制、社交能力和合作能力对其与父母的关系起预测作用。⑥ 其中情绪控制是最强预测因子。⑦ 能否合理地表达情绪与有效沟通是亲密关系是否能够维持稳定的重要影响因素。

综上所述，社会和情感能力对个体来说是一个需要终身塑造的能力，无论是追求世俗意义上的"成功"还是获得充盈的内心世界，社会与情感能力都是非常重要的驱动力。随着全球化的发展，将社会与情感能力作为21世纪学生在多元化社会取得成功的关键能力已成为不争的事实。自2015年OECD发起全球青少年社会与情感能力测评以来，学界对社会与情感能

---

① Tackett, J.L. (2006). Evaluating models of the personality-psychopathology relationship in children and adolescents. *Clinical Psychology Review*, 26(5), 584–599.

② Durlak, J.A., Weissberg, R.P., Dymnicki, A.B., Taylor, R.D., & Schellinger, K.B. (2011). The impact of enhancing students' social and emotional learning: A meta-analysis of school-based universal interventions. *Child Development*, 82(1), 405–432.

③ Stansfeld, S. (2006). Chronic pain, depressive disorder, and the role of work. *Journal of Psychosomatic Research*, 5(61), 661–662.

④ Anglim, J., Horwood, S., Smillie, L.D., Marrero, R.J., & Wood, J.K. (2020). Predicting psychological and subjective well-being from personality: A meta-analysis. *Psychological Bulletin*, 146(4), 279–323

⑤ Foran, H.M., O'Leary, K.D., & Williams, M.C. (2012). Emotional abilities in couples: A construct validation study. *The American Journal of Family Therapy*, 40(3), 189–207.

⑥ Guo, J., Tang, X., Marsh, H., Parker, P.D., Basarkod, G., Sahdra, B.K., Ranta, M., Salmela-Aro, K. (in press). The Roles of Social-Emotional Skills in Students' Academic and Life Success: A Multi-Informant, Multi-Cohort Perspective. *Journal of Personality and Social Psychology*.

⑦ Rueger, S.Y., Chen, P., Jenkins, L.N., & Choe, H.J. (2014). Effects of Perceived Support from Mothers, Fathers, and Teachers on Depressive Symptoms During the Transition to Middle School. *Journal of Youth and Adolescence*, 43(4), 655–670

力的研究热度居高不下。越来越多的学校教育工作者开始不再只关注学生的成绩,培养"高分低能"的人,而是意识到社会与情感能力的重要性,并将其作为促进儿童福祉、适应和学术成就的手段。美国、欧盟、日本、新加坡等发达经济体皆视社会与情感能力为21世纪人才的核心能力,并将其作为未来人才培养的重点。美国"学术、社会和情感学习合作组织"(Collaborative for Academic, Social and Emotional Learning, CASEL)已将社会情感学习(SEL)项目纳入正式课程,研究者调查发现,接受过 SEL 项目干预的学生,其社会与情感能力水平更高、社会行为更积极、情绪困扰更少,这些改变直接减少了学校内的欺凌行为。

然而,要培养学生这一关键能力首先要回答以下几个问题:何为社会与情感能力?社会与情感能力可测吗?如何有效测评社会与情感能力?这其中最大的困难之一是对社会与情感能力下一个统一明确的操作性定义。在不同的文献中出现了对它的多重描述,如社会和情感智力、情感素养、社会和情感技能等,不同术语的使用容易造成混淆和困惑,因此有必要对以上术语进行区分和澄清。另一方面,由于社会与情感能力和"大五人格"(Big Five Theory)的相似性,有研究者提出疑问:对社会与情感能力的测评是否提供了任何在现有结构中不同或独特的信息,如人格特征和一般认知能力?[1] 也有研究者认为不同类型的测评意味着不同的潜在结构。[2] 可见基本的问题不能被忽视和否认——如社会与情感能力定义、测量和效用概念的不一致等需要进一步探索。[3]

五、社会与情感能力的测评助力素质教育的普及与深入

社会与情感能力的测评对于了解我国学生相关能力的现状、改进培养方式具有重要意义。可以说,测评对于提升学生社会与情感能力的水平来说既是基础又是载体。对于学生个体来说,社会与情感能力的测评能够帮助学生认清自己的优势能力,这为学生做好自己的生涯发展规划指明了方向,同时"测中学"的研究趋势也为学生在测评的同时提升自我、补足短板提供可能。在学校文化层面,前文提到的,社会与情感能力是以欺凌为代表的问题行为的保护性因素,社会与情感能力的测评能够帮助学校精准把控问题学生,及时发现、及时干预,减少问题行为的发生,构建欺凌归"零"的校园环境,还学生一个阳光、温馨的成长空间。在社会层面,通过测评,人们越来越认识到社会与情感能力的不足是许多公共健康问题(如药物滥

---

[1] Humphrey, N., Curran, A., Morris, E., Farrell, P., & Woods, K. (2007). Emotional intelligence and education: A critical review. *Educational Psychology, 27*, 233-252.

[2] Petrides, K. V., & Furnham, A. (2001). Trait emotional intelligence: Psychometric investigation with reference to established trait taxonomies. *European Journal of Personality, 15*, 425-448.

[3] Wigelsworth, M., Humphrey, N., Kalambouka, A., & Lendrum, A. (2010). A review of key issues in the measurement of children's social and emotional skills. *Educational Psychology in Practice, 26*, 173-186.

用、生理健康问题和犯罪)的原因①,因此测评有助于从根源上遏制妨碍公共安全的行为。

2019年,我国颁布文件《教育现代化2035》,该文件提出了要发展素质教育、促进学生的全面发展,全面提升学生的意志品质、思维、合作、创新等方面的综合能力,提高学生的身心发展水平,为国家培育具有担当、勇于承担民族复兴大任的时代新人。2021年,中共中央又通过了《关于进一步减轻义务教育阶段学生作业负担和校外培训负担的意见》,并于同年7月正式印发。这一系列文件均提出要减轻学生作业负担和校外培训负担并着眼于学生全面素质的培养。政策在倡议减轻学生学业负担的同时,也为未来的教育指明了方向:学科教学不再是教育的唯一目的。学科以外的多元文化将被纳入了教育培养目标之中,这是教育对人的培养提出的更高要求,也是教育回归本质的表现。教育绝不仅仅是知识的传授,更应该是培养在成长过程中需具备的认知和非认知能力、价值观的塑造和人格的完善。

在复杂且多变的社会和经济环境中,社会与情感能力的作用和影响对于学习者将越来越重要。无论是儿童、青少年还是成年人,社会与情感能力的提升都有助于他们顺利参与学校、参与社会。从个人上升到国家层面,个体社会与情感能力对于社会发展亦十分重要,这是一个国家人力资本质量的基线保障。2015年,OECD发布了《推动社会进步的技能:社会与情感能力的力量》报告,该报告指出,为更好地应对21世纪社会发展的巨大挑战,儿童和青少年需要具备一套平衡的认知能力和社会与情感能力才能在现代生活中取得成功。② 基于此,OECD 2017年在全球范围内启动了社会与情感能力国际比较研究,开发了跨文化的社会与情感能力测评量表。2019年,其再次发布《OECD社会与情感能力研究评估框架》,详细介绍了开展社会与情感能力项目首轮国际测评的相关情况,测评在9个国家有序开展,中国是其中之一。中国的人才培养战略与全球教育发展趋势都指向社会与情感能力的培养。回顾我国社会和情感教育现状可以发现,虽然越来越多的教育者开始重视学生社会与情感能力的培养,但学界仍缺乏可靠的评估指标。

在我国,"素质教育"的口号已提出多年,但重"智育"轻"德育"在基础教育和高等教育中仍然是主基调。开展有效的社会与情感能力测评是出发点也是落脚点。社会与情感能力的测评不同于认知能力可以通过学业成绩等标准化测试结果直接反映,软技能的测评更依赖于自我报告或观察者报告,因此合理的报告指标显得尤为重要。本章拟通过比较已有的社会与情感能力框架,整理总结各个年龄段所需的社会与情感能力,为各个年龄段编制有效的社会与情感能力测评框架,这是本章之于测评的首要目标。作为学习培养的重要前提,测评是手

---

① 张静,金泽梁.(2022).OECD青少年社会与情感能力测评研究与启示.教育参考(05),5—10+34.
② OECD (2015), *Skills for Social Progress: The Power of Social and Emotional Skills*, OECD Skills Studies, OECD Publishing, Paris.

段而非目的,回答好"社会与情感能力是否可以进行本土化评估?如何评估能够最真实有效地反映社会与情感能力?"等系列问题,是了解我国社会与情感能力现状,以便培养时能做到有的放矢、对症下药的关键因素,从而在宏观上推动解决"培养什么样的人?怎样培养人"的国家重点教育议题,这是本章之于教育实践的最终目标。

第二节 社会与情感能力的概念演变历程

一、从社会、情感的割裂到社会与情感的整合

缺乏清晰明确的定义是研究社会与情感能力领域一直以来存在的问题。本节的主要任务是通过对"社会与情感能力"概念演变史和测评发展史进行梳理,以历史溯源的方式澄清"社会与情感能力"的内涵特征,总结归纳"社会与情感能力"测评方式的演变历程,为后续学生社会与情感能力的培养与测评提供内容依据。

从实用角度出发,社会与情感能力可以概括为"驾驭教育和工作所必须的技能"[①]。社会与情感能力这一概念经历了从社会智力、多元智力理论到情绪智力理论、"大五人格"模型的系列转变,在演变中上述三个概念也对社会与情感能力这一概念的产生起了指导性作用。1983年,加德纳(Gardner)提出了"多元智能"理论,他认为人类拥有不同的智能,这些不同的智能反映了个体与世界不同的互动方式,最初的"多元"意指"七元",即语言、逻辑-数学、音乐、空间、身体-运动、人际关系、内省七方面的能力[②]。其中人际关系智能是指与他人相处和交往的能力,具体表现在能够准确地觉察、体验他人真实的情绪、情感和意图并据此作出适当的行为反应的能力。1990年,萨拉维(Salovey)和梅耶(Mayer)等人提出"情绪智力"来代表人们管理情绪的能力,这一概念是准确评价和表达情绪的能力,有效调节情绪的能力,运用情绪体验实现计划、追求成功的能力三种能力的总括。[③] 情绪智力理论为学术、社会和情感学习联合会(Collaborative for Academic, Social and Emotional Learning, CASEL)的理论模型提供了重要依据。"社会情感学习"与"社会与情感能力"相伴相生,"社会情感学习"这一概念于1994年由

---

① Binkley, M., Erstad, O., Herman, J., Raizen, S., Ripley, M., Miller-Ricci, M., & Rumble, M. (2012). Defining twenty-first century skills. In P. Griffin, B. McGaw, & E. Care (Eds.), *Assessment and teaching of 21st century skills* (pp. 17–66). Dordrecht: Springer Netherlands.

② Gardner, H.E. (2011). *Frames of mind: The theory of multiple intelligences*. Basic books.

③ Peter Salovey and John D. Mayer. (1990). Emotional Intelligence. Imagination, *Cognition and Personality*, 9(3), pp. 185–211.

第一章 从"我"到"我们":社会与情感能力测评概述

该组织正式提出。① CASEL 对它的具体定义为:"个体在成功解决诸如学习、人际交往、适应成长与发展的需求等人生任务的过程中所获得与必需的在社交能力和理解、管理、表达情绪的能力"。1997 年,巴昂(Bar-on)使用"情感-社会智力"这一术语提出了一个更广泛的情绪智力理论模型,包含社会、情绪、认知及个性维度。这一模型横跨情绪能力和社会能力,是一个混合模型。② 在"社会与情感能力"这一学术概念产生之前,学界多使用"非智力因素""非认知能力""情商""情绪能力""社会智力"等表述,在后文的诸多测评量表中也会有所体现。下面就一些关键概念进行详细阐述:

(一) 社会智力

"社会智力"(social intelligence)最早由桑代克提出。1920 年,桑代克在《哈珀杂志》中提到了一种智力形式的可能性,并将其称之为"社会智力",社会智力包含认知与行为两方面的因素,是一种感知自己和他人的内部状态、动机和行为,并根据这些信息对其采取最佳行动的能力,其区别于另外两种智力:抽象-语言智力和具体-机械智力。③

在桑代克的"社会智力"概念提出后,乔治华盛顿大学团队开发出了"乔治-华盛顿社会智能测试"(George Washington Social Intelligence Test)对社会智力进行测量,该测试将社会智力分解为五项主要子能力:在社交场合的判断力、识别说话者的精神状态、对人类行为的观察、对名字和面孔的记忆以及对面部表情的判断。④

齐克尔(Zirkel)通过对"社会智力"的历史和概念化过程的回顾,对"社会智力"概念进行了补充,认为行为是其功能性和适应性的产物,而社会智力可以表述为:一种人格和个人行为的模式,在这种模式中,人们被假定为对自己和他们所处的社会世界有所了解。个人积极利用这些知识来管理他们的情绪,并将他们的行为引向理想的结果。⑤

(二) 多元智力

随着社会智力研究的不断加深,社会智力概念得到进一步拓展,之后"多元智力"概念被提出。多元智力理论(Theory of Multiple Intelligence)是由美国心理学家加德纳在 1983 年提

---

① Elias, M.J., Zins, J.E., Weissberg, R.P., Frey, K.S., Greenberg, M.T., Haynes, N.M., ... & Shriver, T.P. (1997). *Promoting Social and Emotional Learning: Guidelines for Educators*. Ascd.

② Bar-On, R. (1997). The emotional quotient inventory (EQ-i): A test of emotional intelligence. Toronto, Canada: Multi-Health Systems.

③ Mayer, J.D., & Salovey, P. (1993). The intelligence of emotional intelligence. *Intelligence*, 17, 432–442.

④ Landy, F.J. (2005). Some historical and scientific issues related to research on emotional intelligence. *Journal of Organizational Behavior*, 26(4), 411–424.

⑤ Zirkel, S. (2000). Social intelligence: The development and maintenance of purposive behavior. In R. Bar-On & J.D. Parker (Eds.), *The handbook of emotional intelligence: Theory, Development, Assessment, and Application at Home, School, and in the Workplace*. Jossey-Bass, 3–27.

出的,其将智力定义为"一种在各种具体(主要是感官)背景下阐释的现象,而不是对某种事物的单一一般倾向的支配。"智力具有三重含义:所有人类所具备的一种特征(每个人都拥有七种智力);人与人之间的区别(不存在具有相同智力特征的两个人);以及根据个人兴趣处理具体任务的手段。① 而加德纳所提出的七种智力类型分别是:语言智力、逻辑数学智力、视觉空间智力、音乐智力、身体运动智力、内省智力和人际智力。其中内省智力和人际智力被合称为个人智力,指向对自身与他人情绪的感知与识别,以及在此基础上采取行动的能力。内省智力和人际智力对情绪内容的关注与研究为情绪智力的提出奠定了基础。

在加德纳之后,斯腾伯格在 1985 年提出了包含分析性智力、创造性智力和实践性智力的三元智力理论(Triarchic theory of intelligence)。其中,实践性智力强调个体与环境之间的关系,关注环境的多样性与可迁移性。三元智力理论对人际交往、主体互动以及个体与环境之间情境性和实践性的关注为情绪智力的提出与发展提供了坚实的基础。②

(三) 情感智力

到 1990 年,萨拉维和梅耶在多元智力理论的基础上,正式提出了"情感智力"(emotional intelligence)这一概念。对于"emotional intelligence",有的学者将其翻译为"情绪智力",有的学者将其翻译为"情感智力",还有学者不对其进行区分。考虑到中文语境下"情感""情绪"两个概念的差别:情绪偏生物性的、神经性,主要体现为身体的反应和身体的活动,如脸红、咆哮等相关神经活动;而情感偏文化性和情境性,是较情绪更为高级的主观体验,包含自我概念、信念、动机等复杂的推理、决策以及管理情绪的能力。因此,在结合相关学者所提出的"emotional intelligence"具体内涵的基础上,本文将"emotional intelligence"翻译为"情感智力"。

在萨拉维和梅耶的定义中,"情感智力"是一种监测、识别自己和他人的感受和情绪,并利用相关信息指导自己思维和行动的能力。具体而言,情感智力主要包含三个组成部分:(a)评价和表达自己和他人的情绪;(b)调节自己和他人的情绪;(c)以适应性的方式运用情绪。

萨拉维和梅耶认为,当充满情感的信息首先进入到知觉系统时,情感智力背后的过程就开始了。情感智力能够对情绪进行准确的评价和表达,对于个人情绪的评价和表达主要通过语言和非语言的形式进行,而对他人的情绪评价与表达则以情感的非语言感知和共情反应为主,这些能力使个体能够准确地衡量自身和他人的情绪反应,并采取社会适应性的行为作为反应。除评价和表达情绪外,调节自身和他人的情绪也是情感智力的重要组成部分,一个具

---

① Snow, R.E. (1985). Frames of mind: The theory of multiple intelligences. Howard Gardner. *American Journal of Education, 94*(1), 109 – 112.
② 黄忠敬.(2022).从"智力"到"能力"——社会与情感概念史考察.教育研究(10),83—94.

有良好情感智力的人应是特别擅长采用多种方式调节情绪的人,其积极意义不仅体现在增强自己和他人的情绪,甚至管理情绪,而且可能会激励他人达到一个有价值的目的。最后,拥有良好情感智力的人能够以适应性的方式运用情绪解决问题,具体包含灵活的规划、创造性的思考、注意力定向以及情绪激励。①

1995年,戈尔曼(Goleman)的畅销书《情感智力》(*Emotional Intelligence*)问世,该书以萨拉维和梅耶的情感智力概念为蓝本,将情感智力概念拓展至自我意识、自我管理、自我激励、移情和人际关系五大方面,并将毅力、热情、自我控制、整体性格等其他人格特征纳入情感智力范畴。②

(四) 社会与情感能力

CASEL组织的作品《促进社会和情感的学习:教育工作者的指导方针》一书中将"社会情感学习"表述为"儿童和成人获得和发展理解与管理情绪、取得积极成果、实现目标、展示同情心、保持积极的关系,并做出负责任决定的知识、技能和态度的学习过程。"③将社会与情感能力(Social and Emotional Competencies)定义为"理解、管理和表达人的社会和情感方面的能力,以便在任务发展、学习、与他人的关系、解决问题和适应环境的要求方面取得成功"④。

自此之后,"社会与情感能力"替代"社会智力"与"情感智力",成为教育研究的热点话题,这一概念表述也被广泛地使用并不断被定义。阿尔德鲁普(Aldrup)等人认为社会与情感能力是指一个人掌握社会和情感情境所需的知识、技能和动机。⑤ 马尔佐格(Martzog)等人将教师的社会与情感能力定义为"包含教师的自我意识、能够识别自己的情绪,以及他们的情绪如何影响课堂环境的多维能力。"⑥在中国教育部与联合国儿童基金会合作开展的社会情感学习项目中,社会与情感能力被分解为"自我认知、自我管理、他人认知、他人管理、集体认知和集体管理"六大子能力。而由经济合作与发展组织在全球范围内发起的青少年社会与情感能力测评项目则是基于"大五人格"模型将社会与情感能力划分为五大能力:任务表现能力、情绪调节、

---

① Salovey, P., & Mayer, J.D. (1990). Emotional intelligence. Imagination, *Cognition, and Personality*, 9, 185–211.
② Mayer, J.D., Salovey, P., & Caruso, D.R. (2008). Emotional intelligence: New ability or eclectic traits? *The American Psychologist*, 63(6), 503–517.
③ Collaborative for Academic, Social, and Emotional Learning. (2013). Effective Social and Emotional Learning Programs [Internet]. Preschool and Elementary School Edition. https://static1.squarespace.com/static/513f79f9e4b05ce7b70e9673/t/526a220de4b00a92c90436ba/1382687245993/2013-casel-guide.pdf.
④ Elias, M., Zins, J., Weissberg, R.P., Frey, K.S., Greenberg, M.T., Haynes, N.M., & Association for Supervision and Curriculum Development, Alexandria, VA. (1997). *Promoting Social and Emotional Learning: Guidelines for Educators*. Association for Supervision & Curriculum Development.
⑤ Aldrup, K., Carstensen, B., Köller, M.M., & Klusmann, U. (2020). Measuring teachers' social-emotional competence: Development and validation of a situational judgment test. *Frontiers in Psychology*, 11, 892–892.
⑥ Martzog, P., Kuttner, S., & Pollak, G. (2016). A comparison of waldorf and non-waldorf student-teachers' social-emotional competencies: Can arts engagement explain differences? *Journal of Education for Teaching*, 42(1), 66–79.

协作能力、开放能力以及交往能力。其中,任务表现能力由自控力、责任感与毅力构成;情绪调节由抗压力、乐观与情绪控制构成;协作能力由共情、合作与信任构成;开放能力由好奇心、创造性与包容度构成;交往能力由活力、果敢与乐群构成。①

概言之,"社会与情感能力"概念的发展经历了"社会智力"——"多元智力"——"情感智力"——"社会与情感能力"四个阶段,"社会与情感能力"是在社会智力与情感智力两个概念的基础上发展而来。相比社会智力,"社会与情感能力"关注到了情绪在个体发展中的重要价值,将情绪的识别、调节与应用纳入到个体的智力之中;而相比情感智力,社会与情感能力以个体的社会发展为归旨,强调个体社会意识和社会技能的习得与发展。因此,社会与情感能力是一种融合社会智力与情感智力的综合性能力,是青少年适应未来社会发展的核心能力之一,培养学生的社会与情感能力将对其个人成功和幸福有着重要意义。

需要注意的是,"社会与情感能力"和"情绪智力""社会智力"有共同点,但它们也存在本质上的差别。"情绪智力"聚焦个体的情绪状态、情绪管理等情绪方面的能力;"社会智力"聚焦个体能否积极的融入社会、参与社会;"社会与情感能力"则是二者的总括,同时关注个体的社会性能力发展和情感能力发展。

概念发展历程如图1-1所示。

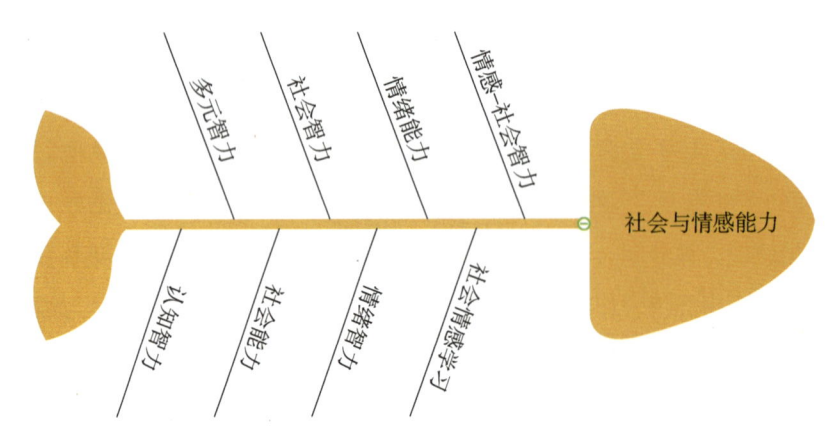

图1-1 社会与情感能力概念发展历程

二、理论发展:内涵和外延的变与不变

随着学者对社会与情感能力认识的不断深入,新兴理论层出不穷。社会与情感能力理论主要起源于对萨拉维和梅耶(Salovey & Mayer)提出的情绪智力的延申解释,Salovey等人认

---

① 张静,唐一鹏,郭家俊,邵志芳.(2021).中国青少年社会与情感能力测评之技术报告.华东师范大学学报(教育科学版),39(09),109—126.

为,情绪智力是帮助自我认识、自我表达情绪和能够适当调整自己和他人情绪的能力。后来的研究者赋予了情绪智力更多的内涵,并逐渐将情绪智力的表达融入在社会背景中。有研究者将情绪智力定义为个体在社会经验中习得的态度、知识以及技能以积极认识并管理自身的情绪,在生活中关爱他人,学会做出负责任的决策以及能够正确处理与他人的冲突和矛盾[1]。如前所述,"大五人格"也是社会与情感能力的主要理论模型之一,如理论研究的代表OECD开展的全球青少年社会与情感能力测评就是以"大五人格"作为借鉴。

社会与情感能力在一定程度上借鉴了"大五人格",但没有局限于"大五人格"。从特质理论到人格五因素模型,从个人记叙研究到因素分析法,从成人到儿童青少年,关于人格结构的探索从未停止,研究者试图从人格的组成成分以及这些成分之间的关系出发,探求人格本质并试图对人们广泛的行为做出一致性的解释。人格心理学在发展之初可谓百家争鸣,各学派学者对人格的结构并没有达成统一的共识。发展过程中形成了人格"三因素""四因素""六因素"甚至"十六因素"等模型。约翰和斯利瓦斯塔瓦(John & Srivastava)一针见血地指出,"人格心理学需要的是一个特征的描述性或分类模型"。[2] 社会与情感能力所处的位置正如当年的人格心理学,作为新兴的研究领域,社会与情感能力的相关框架已达136个之多[3],然而大部分框架却无法普遍适用于不同年龄、不同文化背景、不同语言的人群中。且不同学科和领域的研究者对使用定义和术语的偏好不同,有时同一个能力在不同的社会与情感能力框架中的含义不尽相同,导致研究者在分析研究时难以选择可靠的模型,一线教师等培养社会与情感能力的从业者无法从庞杂的框架中辨别出哪些是需要干预的基本能力,也无从为这些能力设定测量指标。因此社会与情感能力亟需一个具有普适性的统合模型。不少研究者将目光投向了已经积累了大量研究基础的"大五人格"模型。"大五人格"模型并不是某一学派理论的代表,而是源于对人们用来描述自己和他人的自然语言的词汇分析,因此它是一个简洁而全面的、整合的框架。理论研究和实证研究均表明,社会与情感能力和"大五人格"模型有着高度重合。如毅力可以对应于"大五人格"中的责任心[4],好奇心可以对应于"大五人格"中的开放性。凯特(Kate)开创性地使用因素分析法和专家共识法这两种方法为"大五人格"可以匹配社

---

[1] Durlak, J.A., Weissberg, R.P., Dymnicki, A.B., Taylor, R.D., & Schellinger, K.B. (2011). The impact of enhancing students' social and emotional learning: A meta-analysis of school-based universal interventions. *Child Development*, 82(1), 405–432.

[2] John, O.P., & Srivastava, S. (1999). *The Big Five trait taxonomy: History, Measurement, and Theoretical Perspectives*. In O.P. John, R.W. Robins, & L.A. Pervin (Eds.), Handbook of personality: Theory and research (2nd ed., pp.102–138). Guilford Press.

[3] Berg, J., Osher, D., Same, M.R., Nolan, E., Benson, D., & Jacobs, N. (2017). *Identifying, Defining, and Measuring Social and Emotional Competencies*. Washington, DC: American Institutes for Research.

[4] Credé, M., Tynan, M.C., & Harms, P.D. (2017). Much about grit: A meta-analytic synthesis of the grit literature. *Journal of Personality and Social Psychology*, 113(3), 492–511.

会与情感能力提供数据上和经验上的双重支持。① 有研究者收集了452名志愿者的社会与情感能力和"大五人格"的自我评估数据进行分析,相关分析和因素分析表明,"大五人格"的每个维度都可以在21世纪社会与情感能力框架中找到对应的能力。② 这再一次验证了社会与情感能力框架和"大五人格"模型间的紧密联系。

"大五人格"模型作为社会与情感能力概念性框架的可行性也得到了一些国际组织的信任。约翰和菲利普·弗鲁伊特(John & De Fruyt)在回顾了大量现有的社会与情感能力框架后,认为"大五人格"模型有着丰富的实证基础且对社会与情感能力有较高的预测性。③ 因此OECD选择"大五人格"作为模型对9个国家10个城市10岁和15岁的青少年展开大规模的社会与情感能力调查。④ 美国国家科学院在其报告中指出:"人们已经习惯于用"大五人格"作为描述人际关系领域和个人能力的工具。"⑤

"大五人格"模型和社会与情感能力框架的相似性已被学界所公认,但二者存在着些许差别也应被注意。首先是概念上的差异,"大五人格"指的是相对持久的思想、情感和行为模式,反映了个体在特定情境下采取特定反应的行为倾向,这在一定程度上代表了人们在日常生活中的习惯性反应;社会与情感能力指的是能力,形容一个人会做什么、能做什么的能力指标。其次,"大五人格"涉及的是较为宽泛的、高阶的人格特质,一个维度可能包含多种不同的特征或能力倾向性。而社会与情感能力在能力上有更为细致的划分,每一个维度测量的是一个具体的、低阶的社会能力或情感能力。社会与情感能力的实用性大大提高,且在预测的准确性上更胜一筹。总而言之,"大五人格"模型是源自自然语言分析形成的表示人格特质个体差异的一种简洁且综合的方法,为社会与情感能力的结构搭建了一个基于经验的框架,并且具有可测量、可预测特性。⑥

对社会与情感能力的概念和价值进行梳理和比较,可以发现这些理论大部分适用于广泛的儿童至成年个体。理论研究为实证研究提供依据,理论研究的发展带动着实证研究的侧重

---

① Walton, K. E., Murano, D., Burrus, J., & Casillas, A. (2021). Multimethod Support for Using the Big Five Framework to Organize Social and Emotional Skills. *Assessment*, 10731911211045744.

② John, O. and S. Mauskopf (2015). Self-reported socio-emotional qualities: Five factors for 21st century skills?. *Poster Presented at the Biennual Meetings of the Association for Personality Research*, Saint Louis, Missouri.

③ John, O. and F. De Fruyt (2015). *Framework for the Longitudinal Study of Social and Emotional Skills in Cities*. OECD Publishing, Paris.

④ Kankaraš, M., & Suarez-Alvarez, J. (2019). *Assessment framework of the OECD Study on Social and Emotional Skills*. https://www.oecd-ilibrary.org/education/assessment-framework-ofthe-oecd-study-on-social-and-emotional-skills_5007adef-en

⑤ National Academy of Sciences. (2012). *Education for Life and Work: Developing Transferable Knowledge and Skills in the 21st Century*. National Academic Press, Washington.

⑥ Chernyshenko, O., M. Kankaraš and F. Drasgow. (2018). Social and emotional skills for student success and well-being: Conceptual framework for the OECD study on social and emotional skills. OECD Education Working Papers, No. 173, OECD Publishing, Paris.

点不断变化。实证研究关心的是如何基于理论培养和提高个体的社会与情感能力,同时进一步丰富社会与情感能力理论的意涵。实证研究针对的对象为处于学龄阶段的学生,以CASEL为代表,开启了社会情感能力学习研究的先河。中国教育部教师工作司和联合国儿童基金会合作开展了社会情感能力学习项目,该项目结合社会建构论的"关系性存在"理论和我国集体主义文化,构建了中国本土化的学生社会情感能力结构[①],将社会情感能力界定为"认识和管理与自我、与他人、与集体关系的能力。从近年来我国教育改革中所提倡的"素质教育"概念不难看出,社会与情感能力培养同强调促进德育、智育、体育、美育和劳动教育的有机融合发展的教育目标相融相通。[②] "五育"是促进学生全面发展的主要路径。

依据上述相关理论不难发现在谈及社会与情感能力时,"大五人格""认知""情绪体验""人际互动"等关键词常常出现,为更好地理解社会与情感能力的内涵与外延,本节用金字塔模型呈现他们之间的相互关系(见图1-2)。人格作为一种影响个人行为的特定心理模型,在一定程度上决定了个人的认知方式和习惯。根据情绪认知理论(Cognitive Theory of Emotion),情绪产生于对刺激情境或对事物的评价,认识是情绪产生的影响因素之一。在人与人的交往中,"情绪价值"一直存在并且影响着人际互动的质量和社交关系的好坏。

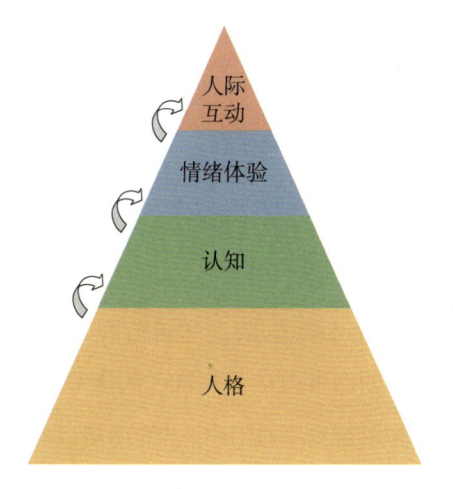

图1-2 人格—认知—情绪体验—人际互动:金字塔模型

三、模型介绍:从理论转向窥见测评转向

自CASEL提出"社会情感学习"这一概念模型以来,越来越多的学者对"社会与情感能

[①] 杜媛,毛亚庆.(2018).基于关系视角的学生社会情感能力构建及发展研究.教育研究(08),43—50.
[②] 中华人民共和国中央人民政府.中国教育现代化2035[EB/OL].(2019-02-23)[2021-08-23]. http://www.gov.cn/xinwen/2019-02-23/content_5367987.htm.

力"的概念构成与维度划分进行研究。其中,在世界范围内产生重要影响的两个理论模型分别是 CASEL 模型和 OECD 社会与情感能力模型。CASEL 模型是系统研究"社会与情感能力"结构组成的首个模型,对于社会与情感能力的研究具有奠基性的作用,并且 CASEL 组织的长期跟踪研究使得该模型具有较强的生命力与适应性。OECD 社会与情感能力模型是以"大五人格"模型为理论基础,该模型经过多轮专家界定,不仅符合当前社会对学生发展教育的需要,同时可在世界范围内不同文化背景下使用,具有较强的前瞻性与包容性。

除以上两个模型外,本节还将对 BESSI 模型和社会情感学习模型进行了介绍,BESSI 是在总结 CASEL 模型、OECD 社会与情感能力模型等代表性模型的基础上,结合"大五人格"理论的本质内容提出的,该模型考虑到了人格特质与能力之间的区别与联系,并将社会与情感能力视为相互关联的能力集合,可在一定程度上代表社会与情感能力研究的最新进展。社会情感学习模型则是第一个被正式提出且在中国被广泛使用的具有中国本土特色的社会与情感能力模型,该模型将中国的文化价值传统纳入社会与情感能力的理论建构,为中国本土视域下学生社会与情感能力的培养与测评提供了理论依据。

(一) CASEL 模型

CASEL 作为研究社会与情感能力的先行者,最早提出了"社会情感学习"这一概念[①]。在"社会情感学习"概念的基础上,CASEL 确定了五组相互关联的社会与情感核心能力(见图 1-3)。

构成社会与情感能力的五大核心能力分别是:自我意识(Self-Awareness)、自我管理(Self-management)、社会意识(Social Awareness)、人际关系技能(Relationship Skills)以及负责任的决策(Responsible Decision Making)。

具体而言,自我意识是"了解自己情绪、想法和价值观,以及它们如何影响不同环境下的行为的能力",即以良好的信心和使命感来认识到自己的优势和局限性的能力。例如:整合个人和社会身份;识别个人、文化和语言资本;识别自己的情绪;表现出诚实和正直;将感情、价值观和思想联系起来;审视偏见和偏执;体验自我效能感;拥有成长的心态以及培养兴趣和目标感。

自我管理是"在不同的情况下有效地管理一个人的情绪、思想和行为,并实现目标和抱负的能力",包括延迟满足、管理压力、激励自己实现个人或集体目标的能力,如:管理自己的情绪;识别和使用压力管理策略;自律和自我激励的精神;设定个人和集体目标;使用规划和组

[①] Collaborative for Academic, Social, and Emotional Learning. (2013). *Effective Social and Emotional Learning Programs. Preschool and Elementary School Edition.* https://static1.squarespace.com/static/513f79f9e4b05ce7b70e9673/t/526a220de4b00a92c90436ba/1382687245993/2013-casel-guide.pdf.

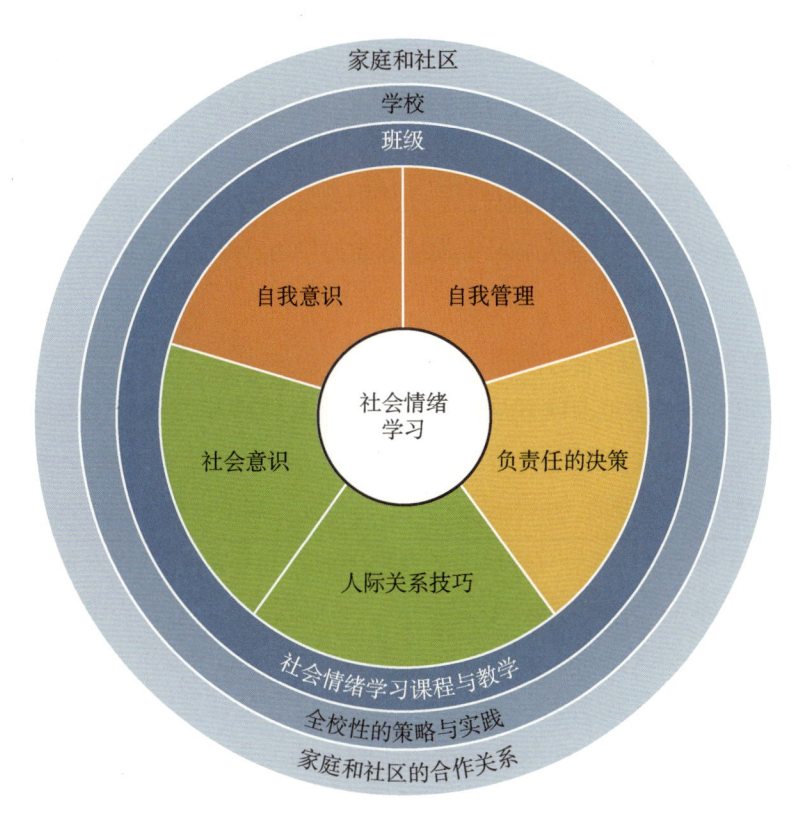

图 1-3　CASEL 社会情感学习模型①

织技能；主动出击的勇气；展示个人和集体的力量等。

社会意识是一种"能够从不同文化背景的角度出发理解他人并同情他人，了解社会和道德的行为规范，认识并利用家庭、学校和社区的资源和支持"的能力，如采纳他人的观点；认识到他人的长处；表现出同理心和同情心；对他人的感受表示关注；理解并表达感激之情；识别不同的社会规范，包括不公正的规范；认识到不同情境下的需求和可能的机会；了解组织或系统对行为的影响等。

人际关系技能是一种"与不同的个人和群体建立并保持健康有益的关系的能力"，其中包含清晰的沟通、积极的倾听、合作、抵制不适当的社会压力、建设性地协商冲突，以及在需要时寻求和提供帮助的能力，如有效沟通；发展积极的关系；表现出文化能力；进行团队合作和协作解决问题；建设性地解决冲突；抵制负面的社会压力；在团体中表现出领导力；在需要时寻

---

① Collaborative for Academic, Social, and Emotional Learning. (2013). *Effective Social and Emotional Learning Programs. Preschool and Elementary School Edition*. https://static1.squarespace.com/static/513f79f9e4b05ce7b70e9673/t/526a220de4b00a92c90436ba/1382687245993/2013-casel-guide.pdf.

求或提供支持和帮助;为他人的权利发声等。

负责任的决策是一种"基于道德标准、安全问题、社会规范、对各种行为后果的现实评估,以及自我和他人的福祉等综合因素的考量,对个人行为和社会互动做出建设性选择"的能力,如表现出好奇心和开放的心态;为个人和社会问题寻求解决方案;学会在分析信息、数据、事实后做出合理的判断;预测和评估自己行为的后果;认识到批判性思维技能如何在校内外发挥作用;反思自己在促进个人、家庭和社区福祉方面的作用;评估个人、人际、社区和机构的影响等。

(二) OECD 社会与情感能力模型

2019 年,OECD 在世界范围内开展了青少年社会与情感能力研究(Study on Social and Emotional Skills, SSES)。OECD 邀请诺贝尔经济学奖获得者詹姆斯·赫克曼(James Heckman)等人对社会与情感能力的概念内涵、结构特征与测量框架等核心问题进行论证,并将"大五人格"模型确定为社会与情感能力测评框架的模型基础。"大五人格"模型涵盖了迄今为止相关研究中的大部分社会与情感能力,跨文化研究表明,"大五人格"模型不仅适用于西方社会,对世界大多数文化都具有适用性,虽然该模型最初用于成年人的人格特质研究,但后续大量研究证明,它同样能够较好的描述从儿童到老年人的社会与情感能力差异。[①]

基于"大五人格"模型的社会与情感能力被划分为五大维度,分别是:任务能力(Task Performance)、情绪调节(Emotional Regulation)、协作能力(Collaboration)、开放能力(Open-Mindedness)以及交往能力(Engaging with Others),每个维度又分别包含三项子能力(见图 1-4)。

具体而言,任务能力包含责任感、毅力和自控力三项子能力:责任感是一种"能够履行承诺,做到守时、可靠"的能力,如准时赴约,立即完成家务等;毅力是一种"坚持不懈地完成任务和活动,直到完成为止"的能力,表现为坚持完成家庭作业或工作而不是遇到障碍或干扰便放弃;自控力是一种"能够避免干扰,将注意力集中在当前任务上以实现个人目标"的能力,表现为不急于求成、谨慎和规避风险等。

情绪调节包含抗压力、乐观与情绪控制三项子能力:抗压力是一种"有效地调节焦虑,平静地解决问题"的能力,如大部分时间都很放松,在高压情况下表现良好等;乐观是一种"对自我和生活普遍抱有积极和乐观的期望"的能力,如通常情况下心情都很好,不会经常感到悲伤或没有安全感;情绪控制是一种"拥有面对挫折时,调节脾气、愤怒和烦躁的有效策略"的能力,如在冲突情况下控制情绪。

[①] OECD. (2018). Social and Emotional Skills: Well-being, Connectedness and Success. https://docslib.org/doc/615047/social-and-emotional-skills-well-being-connectedness-and-success.

第一章 从"我"到"我们":社会与情感能力测评概述

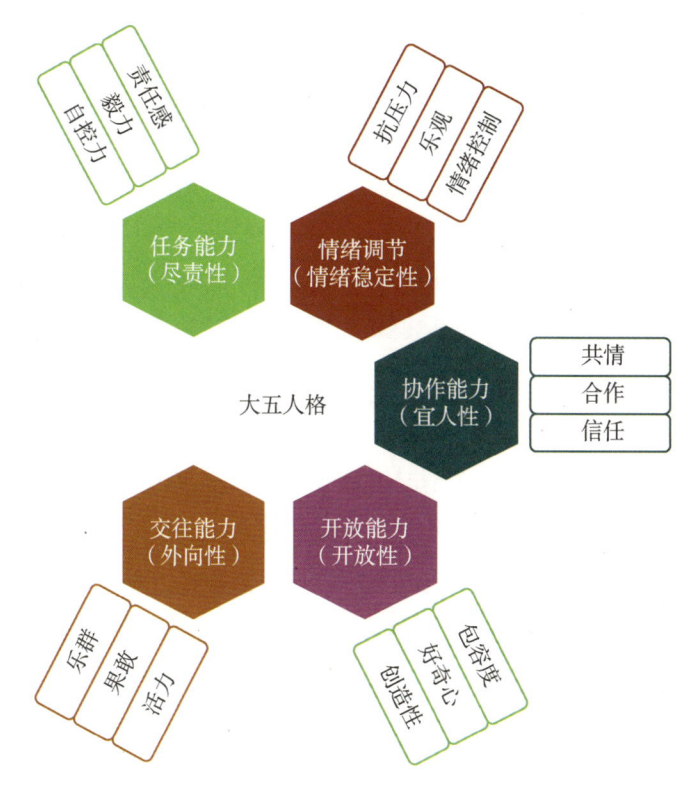

图 1-4 OECD 社会与情感能力模型①

协作能力由共情、合作与信任三种子能力构成:共情是一种"善待关怀他人,重视建构亲密关系"的能力,如安慰沮丧的朋友,同情无家可归的人,而不是忽略别人的感情;合作是一种"与他人和谐相处,重视所有人之间的相互联系"的能力,表现为很容易与人相处,尊重群体做出的决定等;信任是一种"认为大多数人都是抱有善意的,原谅那些做错事的人"的能力,如把东西借给别人,避免苛刻或评判他人等。

开放能力由包容度、好奇心和创造性三项子能力构成:包容度是一种"对不同的观点持开放态度,重视多样性,对他国人民和文化持欣赏态度"的能力,如与不同文化背景的人做朋友;好奇心是一种"对思想感兴趣并热爱学习、理解和智力探索,保持好奇心态"的能力,表现为喜欢读书、去新的目的地旅行等;创造性是一种"通过探索、从失败中学习、洞察力和远见,产生做事情或思考问题的新方法"的能力,如有原创的见解、擅长艺术等。

交往能力包含活力、果敢与乐群三项子能力:活力是一种"以活力、兴奋和自发的态度对待日常生活"的能力,表现为总是很忙或工作时间很长也不容易累;果敢是一种"能够自信地表达意见、表达需求和感受,并发挥社会影响"的能力,表现为负责一个班级或团队而不是等

---

① 袁振国,黄忠敬,李婧娟,张静.(2021).中国青少年社会与情感能力发展水平报告.华东师范大学学报(教育科学版),39(09),1—32.

待别人带头或当与别人意见不一致时保持沉默;乐群是一种"能够接近他人,包括朋友和陌生人,发起并维持社会关系"的能力,如擅长团队合作,擅长公开演讲等。

(三) BESSI 模型

BESSI(Behavioral, Emotional, and Social Skills Inventory)模型是由索托(Soto)等人在总结归纳了多个具有代表性的社会与情感能力模型(如 21 世纪的能力、青年积极发展的"五C模型"、"CASEL核心能力"、"OECD分析框架"、"大五人格"特质等)特点之后,认为"大五人格"模型为建立社会与情感能力的整合模型提供了描述性基础。

索托等人首先区分了人格特质与技能之间的区别。他们认为:人格特征是思维、感觉和行为的特征模式,在不同时间段和相关情况下是保持一致的,因而人格特质代表了认知、情感和行为倾向——一个独立个体在不同情境下倾向于做什么的常态化表现;相反,技能是一种能力——当情况需要时,一个人有能力做什么。社会与情感能力并不反映一个人的默认行为模式,而是代表了个人心理工具箱中的可用工具,可以根据需要有选择地将这些工具拿出来或放回去。[①] 此外,索托等人还重视特征与技能之间的相关性,认为技能和特质往往是正相关的,这是因为许多行为可以被概念化为类似特质或类似技能的特征,而这些特征可能会相互影响。例如,一个善于执行某种特定行为的人(高技能)更有可能实施这种行为,从而最终形成一种行为倾向(高特质)。同样,由于内在动机或反复出现的情境要求而习惯性地执行某种行为(高特质)的人,则有可能变得更擅长执行这种行为(高技能)。

基于以上假设,在"大五人格"模型的指导下,索托等人提出了一个整合社会与情感能力和"大五人格"理论的 BESSI 模型(见图 1-5)。该模型将社会与情感能力组织在与"大五人格"特征相对应的五大领域内,并将每个领域定义为一组具有与之相关功能的能力。

具体而言,"社交参与"对应"外向性",是一种积极与他人交往的能力,包含:领导力(坚持自己的观点,并在一个小组中发言)、说服力(有效地提出论点论据)、对话能力(发起和维持社会互动)、表达能力(和别人交流想法和感受)和活力调节(以一种有效的方式使用自身能量)等。

"协作"对应"宜人性",是一种用来维持积极的社会关系的能力,包含:观点采择(了解别人的想法和感受)、小组合作(与他人合作,以实现共同的目标)、信任(信任和原谅别人)、社会温暖(唤起其他人积极的社会反应)以及伦理能力(表现合乎道德,即使是在困难的情况下)等。

---

① Soto, C.J., Napolitano, C.M., & Roberts, B.W. (2021). Taking skills seriously: Toward an integrative model and agenda for social, emotional, and behavioral skills. *Current Directions in Psychological Science: A Journal of the American Psychological Society*, 30(1), 26-33.

第一章 从"我"到"我们":社会与情感能力测评概述

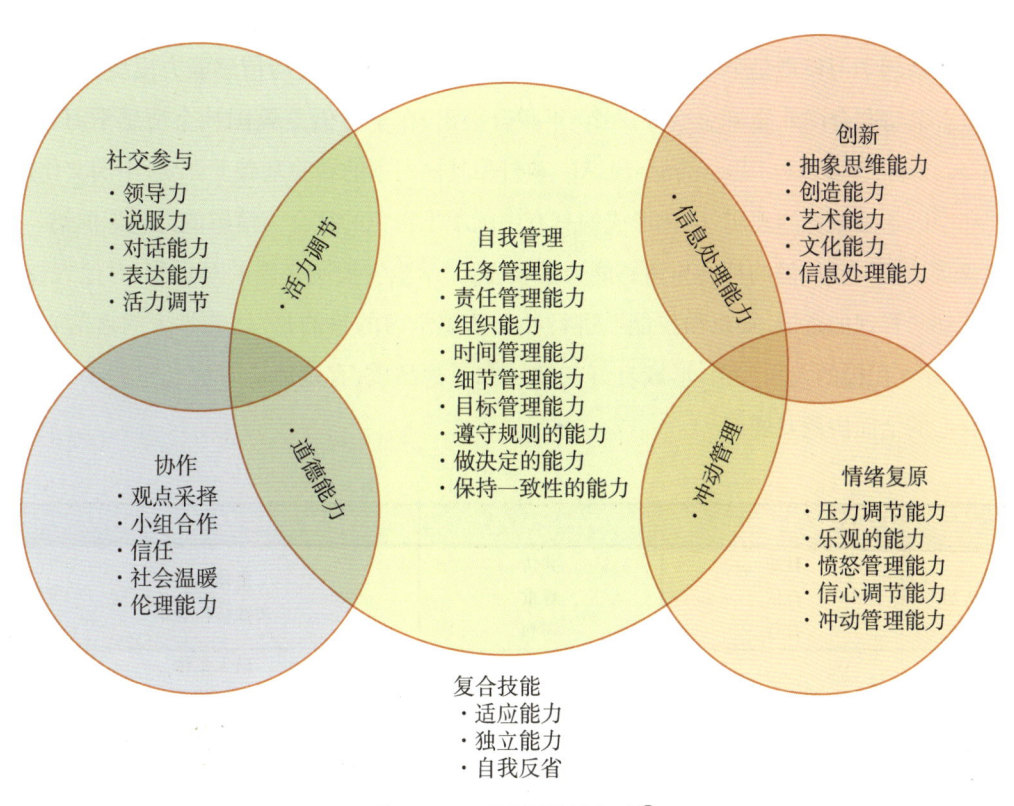

图中内容(BESSI模型维恩图):

社交参与
- 领导力
- 说服力
- 对话能力
- 表达能力
- 活力调节

自我管理
- 任务管理能力
- 责任管理能力
- 组织能力
- 时间管理能力
- 细节管理能力
- 目标管理能力
- 遵守规则的能力
- 做决定的能力
- 保持一致性的能力

创新
- 抽象思维能力
- 创造能力
- 艺术能力
- 文化能力
- 信息处理能力

协作
- 观点采择
- 小组合作
- 信任
- 社会温暖
- 伦理能力

情绪复原
- 压力调节能力
- 乐观的能力
- 愤怒管理能力
- 信心调节能力
- 冲动管理能力

交叉区域:活力调节、信息处理能力、道德能力、冲动管理能力

复合技能
- 适应能力
- 独立能力
- 自我反省

图 1-5 BESSI 模型[①]

"自我管理"对应"尽责性",是一种用来有效地追求目标和完成任务的能力,包含:任务管理能力(坚持不懈地完成任务和实现目标)、责任管理能力(履行承诺)、组织能力(组织整理个人空间和物品)、时间管理能力(有效地利用时间以实现目标)、细节管理能力(做事认真彻底)、目标管理能力(设定明确且远大的个人目标)、遵守规则的能力(遵循说明、规则和规范)、做决定的能力(做出合理的决定)和保持一致性的能力(可靠地执行日常任务)等。

"创新"对应"开放性",是一种用来产生新思想和新经验的能力,包含:抽象思维能力(产生抽象思维)、创造能力(产生新的想法)、艺术能力(创造和欣赏艺术)、文化能力(理解和欣赏不同的文化背景)和信息处理能力(处理和应用新的信息)等。

"情绪复原"对应"神经质",是一种用来调节情绪的能力,包含:压力调节能力(调节压力、焦虑和恐惧)、乐观的能力(在困难的情况下保持积极的态度)、愤怒管理能力(调节愤怒和刺激)、信心调节能力(对自己保持积极的态度)和冲动管理能力(有意识地抵制冲动)等。

[①] Soto, C. J., Napolitano, C. M., Sewell, M. N., Yoon, H. J., & Roberts, B. W. (2022). An integrative framework for conceptualizing and assessing social, emotional, and behavioral skills: The BESSI. *Journal of Personality and Social Psychology*, 123(1), 192-222.

(四) 社会情感学习模型

社会情感学习模型是第一个被正式提出的中国本土化的社会与情感能力模型,该模型由中国教育部与联合国儿童基金会于 2020 年联合提出,在学习借鉴英国社会情感学习(Social and Emotional Aspects of Learning, SEAL)项目和其他国家的经验基础上,结合中国文化价值传统和中国基础教育的现实,构建形成的具有中国本土特色的社会与情感能力理论框架。

该理论框架所提倡的社会与情感能力被表述为"学生发展所必需的对自我、对他人、对集体的认知与管理的意识、知识和技能",进行社会情感学习的目的是"培养学生的自信心和责任意识,建立积极的人际关系,形成良好的情感和道德品质,有效地应对成长过程中的挑战,促进身心的全面协调发展。"①

	自我	他人	集体
认知	自知 自信 自尊	共情 尊重 亲和	集体意识 亲社会性意识
管理	调适能力 反省能力 坚韧性 进取心	理解与包容 化解冲突 处理人际关系	融入集体 维护荣誉 遵守规范 合作 领导力 亲社会能力

图 1-6 社会情感学习模型②

由图 1-6 可知,社会情感学习模型主要关涉学生成长中的认知与管理两大方面,每一方面又由"自我""他人"和"集体"构成,共形成六大维度:自我认知、自我管理、他人认知、他人管理、集体认知和集体管理。具体而言:

"自我认知" 指识别和评价自己的情感、兴趣、价值观和长处,同时肯定和自信地发展自己,包括三个方面:自知是指正确地认识自己,包括优点和缺点、情感状态、兴趣爱好和价值观念;自信是指相信自己有能力完成任务或解决问题,并保持良好的动机;自尊是指严肃对待自己的自我评价,在自重、自爱和自我尊重的基础上要求受到他人、集体和社会的尊重。

"自我管理" 指有效地管理自我情绪和行为,以及调节自我压力,激发自我意志,从而形成并保持良好的情感体验和优异的行为表现。自我管理的主要关注点包括:调适能力、反省能力、坚韧性、进取心。调适能力包括调节情绪以适应环境、积极应对压力、理智控制冲动和以正确的方式表达情绪等方面。反省能力包括自我反省和改进行为的能力。坚韧性是指建立

---

① 教育部教师工作司,联合国儿童基金会.社会情感学习培训手册[R].北京:中华人民共和国教育部,2020.
② 同上。

适当的目标并持之以恒地取得成功，以及在面对困难和挫折时能够坚持不懈迎难而上的能力。进取心是指积极向上、勇于接受挑战并具备克服困难、自我激励的能力。

"他人认知"指具备识别和理解他人态度、情感、兴趣和行为的能力，能站在他人立场上看待问题，愿意主动与他人交流。其关注点主要是共情、尊重和亲和。共情包括理解他人想法和感受，重视他人并给予有效的支持。尊重则是尊重他人的人格、意见和选择，不歧视和轻视他人。亲和表现为以积极和友善的态度接纳和对待他人。

"他人管理"则指具备了解他人想法、情感和行为的能力，具备包容和尊重差异的品质，能够处理和解决冲突，建立并维护良好的人际关系，强调学生的人际关系技能发展。他人管理的关注点体现在理解与包容能力、化解冲突的能力以及处理人际关系的能力。理解与包容能力强调识别、理解、尊重和容纳他人的观点、情绪和行为。化解冲突的能力则是指运用有效的交流技能来解决冲突。处理人际关系的能力则是指积极而友好地处理和维护健康和谐的人际关系，同时遵循伦理和法律标准，拒绝任何不道德、不安全和不合法的行为。

"集体认知"指形成对集体及社会的归属感、认同感，以及理解集体价值观和行为规范的能力。集体认知的关注点体现在集体意识和亲社会性意识。集体意识是指从集体的角度思考问题，具有归属感、认同感，开展合作等。亲社会性意识是积极友好地对待社会现象的思维态度。

"集体管理"强调个体与集体的关系，明确个人在集体中的责任和权利，培养亲社会的行为，提高处理自我与集体关系的能力。集体管理包括融入集体、维护荣誉、遵守规范、合作、领导力和亲社会能力等方面。其中，融入集体指认同集体目标和融入集体活动的能力；维护荣誉是指维护集体的荣誉；遵守规范是指遵守集体规则；合作是指有效协调合作的能力；领导力是指参与集体决策、主动引领和示范的能力；亲社会能力是指培养亲近社会的能力。

综上，社会与情感能力模型自提出以来经历了多轮发展，虽然不同模型的维度划分和能力表述存在一定的差异，但是模型特点大同小异，其中"大五人格"模型被广泛视为社会与情感能力的理论基础。此外，中国本土化社会与情感能力模型的探索也启示研究者：对于社会与情感能力模型的建构，不仅要从一般的人格特质和普遍的社会发展需要出发，还需要关注各国的文化特征，将文化传统融入能力发展，使得社会与情感能力的培养更具本土性与实效性。

社会与情感能力理论框架的演变，实际上也反映了其测量的转变。第一，在指导对象上，由为了"测量"而测量向为了"学习"而测量转变。以测量结果为指导对象的测量称为总结性测量。如OECD和BESSI模型主要是为测评这些能力服务的。它通常应用在学习过程结束后的评价性考试，其目的是为了排名、分类和选拔。与社会与情感能力相关的总结性测量多以标准化测评和量表、态度问卷、表现性问卷和计算机支持的评估等形式呈现。由于总结性测量对标结果,过于重视这种方式的测量可能会导致教师形成"为考试而教"的态度,破坏以过程为导向的、建构主义的教学方法。[1] 而形成性评估是以学习过程本身为指导对象,能够为学习者提供关于学习成果的及时反馈,明确现有水平与目标间的距离。教师、自我和同伴报告、计算机自适应测试、基于游戏的评估和学习分析都是形成性评价常用的呈现形式[2],由于它在帮助教师和学生共同努力评估学习的过程,改善学生的学习能力上具有明显优势[3],故越来越得到教育工作者的青睐。

第二,在核心理念上,由以"治疗"为主向以"干预"为主转变。从前文所述的在指导对象上的转变中不难看出,总结性测量主要是为了治疗,服务对象是那些社会与情感能力水平偏低的"问题"学生。形成性测量则是为了"防患于未然",在问题形成之前提早干预,防止问题的发生。干预导向的测量多属社会情感学习或社会情绪学习范畴。社会情绪学习既可以看作是一个学习"过程",也可以看作是一种学习"方法"。该领域的研究者更看重课程的设计、学习目标的制定和技能的传授。[4] 如美国的 CASEL,英国的(Social and Emotional Aspect of Learning, SEAL),不断整合了多个关于儿童社会情绪学习的计划。由此作为国家政策支持的社会情绪方面的学习计划发展成熟。

第三,在测量维度上,由聚焦能力的宏观层面向聚焦能力的微观层面转变。如 CASEL 提出构成社会与情感能力有五大核心能力,OECD 基于"大五人格"模型同样认为社会与情感能力包含五大能力,但与 CASEL 不同的是,OECD 在每个能力下又细分了三个子能力,故 OECD 的框架共由 15 个能力组成。测量能力的不断细化能够进一步缩小干预和治疗的着手点,提高干预和治疗的针对性和成效。

除了测量目的和方法不同,研究的关注点也可以分为方面层面(facet level)和领域层面(domain level)两种。领域层面是将来自多方面技能的所有项目聚集在领域级别,然后使用领域级别的因素来预测或关联感兴趣的外部标准。近年来,关注于方面层面的研究呈增长趋势。[5] 方面层面的分析方法在社会与情感能力相关的研究中更受欢迎的原因主要有以下三点:首先,相对而言,方面层面的方法更为具体和细致,可以更全面、更精细地描述个人在思想、

---

[1] Lack, B. (2014). No Excuses: A Critique of the Knowledge Is Power Program (KIPP) within Charter Schools in the USA. *Journal for Critical Education Policy Studies*, (7)2, 127 – 153.

[2] Siarova, H., Sternadel, D., and Mašidlauskait, R. (2017). *Re-thinking Assessment Practices for the 21st Century Learning*. NESET II report, Luxembourg: Publications Office of the European Union.

[3] Denham, S. A. (2015). Assessment of social-emotional learning in educational contexts. In: Durlak, J. A., Domitrovich, C.E., Weissberg, R.P. and Gullotta, T.P. (eds.), *Handbook of Social and Emotional Learning. Research and Practice*. New York, NY: Guilford Press, 285 – 300.

[4] 寇曦月,熊建辉.(2021).疫情应对:美国中小学社会情绪学习的策略与实践.比较教育学报(02),77—90.

[5] Danner, D., Lechner, C. M., Soto, C. J. facts John, O. P. (2021). Modelling the incremental value of personality facets: The domains-incremental facets-acquiescence bifactor showmodel. *European Journal of Personality*, 35(1), 67 – 84.

感受和行为上的差异。如在OECD的框架模型中,自我控制是任务表现能力领域中的一个子面,与责任感和毅力两个子能力相比,青少年时期自我控制技能变化幅度更大。[①] 这种变化若使用领域层面的分析方法则无法体现。其次,方面层面的方法在结果的预测准确性上表现更优异,这一结论已得到了大量实证研究的有力支持。[②] 再次,方面层面方法为更深入理解领域能力和结果变量之间的关联提供了可能。同时也为特定能力的有效干预指明了方向。OECD提出的社会与情感能力模型就侧重在具体的方面层面。

第三节 多样化的社会与情感能力测评形式

一、从标准化测试到非标准化评估的探索

标准化测试是指将评分量表作为评估学习者回答质量的评分指南,基于观察到的课堂行为,并辅以学生自我报告,对学生的社会与情感能力提供全面和公正的评估。常用的评分量表有德弗罗优势评估(The Devereux Student Strengths Assessment, DESSA)[③]和社会技能提升系统社会情感学习版(SSIS SEL RF)。基于标准的评估可以用来判断学生对预期的社会与情感能力的掌握程度。根据面向对象的不同,量表评估可以分为自我评估、同伴评估和教师评估。自我评估提供自陈量表,要求学生评估其执行特定行为的频率,或他们对信念、态度或价值观的认同程度。当然,除了学生之外,教师本身也可以作为社会与情感能力的测量主体。量表测评存在一定的局限性,如自陈量表的测评结果非常依赖参与者的自我认知。为了减少社会赞许效应对结果的影响,许多施测者除了收集自陈量表的数据外,还会利用同行提名技术获得社会与情感能力测评的补充性信息。即同时收集如同伴、教师或家长的评估信息,以此提高评价的客观性。其次,量表测评受制于参与者的年龄、文化水平和文化背景。年龄小、文化水平不高的参与者可能无法理解题目含义,从而影响测试结果。

非标准化绩效评估评判学习者在既定任务中的表现,是社会与情感能力形成性评估的有效工具。在更加复杂的学习过程和能力(如社会能力、情感能力和学会学习能力)评估方面,

---

① Soto, C.J., John, O.P., Gosling, S.D., & Potter, J. (2011). Age differences in personality traits from 10 to 65: Big Five domains and facets in a large cross-sectional sample. *Journal of Personality and Social Psychology*, 100(2), 330–348.

② Denissen, J.J.A., Geenen, R., Soto, C.J., John, O.P., & van Aken, M.A.G. (2020). The big five inventory-2: Replication of psychometric properties in a dutch adaptation and first evidence for the discriminant predictive validity of the facet scales. *Journal of Personality Assessment*, 102(3), 309–324.

③ LeBuffe, P.A., Shapiro, V.B., & Robitaille, J.L. (2018). The Devereux Student Strengths Assessment (DESSA) comprehensive system: Screening, assessing, planning, and monitoring. *Journal of Applied Developmental Psychology*, 55, 62–70.

非标准化绩效评估比标准化测试更加有效。① 档案袋评估是非标准化绩效评估的典型代表。档案袋评估是用于学习者社会和情感能力形成性、协作性和动态性评估非常有用的工具，是形成性评估的有效方法。它通过持续跟踪、监控和评估学习者的学习进度，提供学习者动态和全面的学习视图。② 它通过由学习者保存的档案，以记录他们在持续写作过程中的努力、成长和成就，也就是学习者的一系列作品集来评估。随着互联网和计算机技术在学校中的普及，电子档案袋评估在学校中逐渐普及。无论是档案袋评估还是电子档案袋评估，他们都是以学习者为导向，能够将学习者当前的学习进度及时反馈，为学习者进行自我学习、自我调节学习提供了一个良好的平台③。

个体在面对模糊刺激时做出的反应是自己人格和内心情感的投射。精神分析中的投射技术是评估儿童和青少年心理健康状况的常用工具，在社会与情感能力测评中，使用范围较广的投射表达技术是儿童统觉测验④（如 Children's Apperception Test，CAT）、绘画技术⑤（如 The Draw-A-Person Test，DAP）和语句补写测试⑥（如 Washington University Sentence Completion Test，SCT）。有研究者曾在 2005 年利用绘画技术调查了荷兰中部地区两所普通教育学校和两所特殊教育学校中的 7—9 岁的儿童。绘画任务是要求儿童画一个在学校期间的人的形象。研究者设立了以下几条评分规则：(1)细节数量：观察身体、头部、衣服、头发和空间比例等 30 个细节是否在画中有所体现。(2)认知发展水平：由专家对画的整体所反映的作者的认知水平进行打分。(3)社交发展水平：观察画中人物姿态和人物的开放性，这个人物是否是开放和容易接近的。(4)社会与情感能力发展水平：由人物的形态判断，人物是否双脚稳稳地站在地面上？面部表情有多自信？(5)绘画技巧：由于个体的绘画技巧会有很大的差异，所以需要专家对每个儿童的绘画技巧进行整体评分。(6)冲动程度：由画中的线条、画的大小以及画画所占纸张的比例来判断。(7)自我形象水平：观察该人像是否给人以自信的印象？投射测验的开放性赋予了它丰富趣味的同时对研究者的专业性提出了较高的要求，既要深入学习相关理论，又要不断地在实践中总结，不适合一线教师在课堂中使用。再如测量创造力

---

① Hao, S., & Johnson, R. L. (2013). Teachers' classroom assessment practices and fourth-graders' reading literacy achievements: An international study. *Teaching and Teacher Education*, 29, 53 – 63.

② VanTassel-Baska, J. (2014). Performance-based assessment: The road to authentic learning for the gifted. *Gifted Child Today*, 37(1), 41 – 47.

③ Lam, R. (2015). Feedback about self-regulation: Does it remain an 'unfinished business' in portfolio assessment of writing? *TESOL Quarterly*, 49(2), 402 – 413.

④ Faust, J., & Ehrich, S. (2001). Children's apperception test (CAT). In *Understanding Psychological Assessment* (pp. 295 – 312). Springer, Boston, MA.

⑤ Laak, J. T., De Goede, M., Aleva, A., & Rijswijk, P. V. (2005). The Draw-A-Person Test: an indicator of children's cognitive and socioemotional adaptation?. *The Journal of Genetic Psychology*, 166(1), 77 – 93.

⑥ Hogansen, J., & Lanning, K. (2001). Five factors in Sentence Completion Test categories: Toward rapprochement between trait and maturational approaches to personality. *Journal of Research in Personality*, 35(4), 449 – 462.

的经典测验,托兰斯创造性测验(Torrance Tests of Creative Thinking, TTCT):含言语版本,图画版本和听觉版本[①],其中几道经典题目如(1)利用不规则图形绘制图案;(2)利用多个三角形绘制图画;(3)回形针的不同用途;(4)对玩具狗的改进。远距离联想测试(Remote Association Test, RAT):通常,研究者会从语料库中选取中性字,要求参与者根据显示的三个不相关的字,想出一个和这三个字都能组成词的字。[②] 如果出现"幸、气、星",那么参与者需要想出的字为"福",因为"福"可以和以上三个字都能组成词,即"幸福、福气、福星"。

综上所述,虽然标准化测试有种种因素制约,但其高效方便、节约成本等特点,在大规模施测中有着其他测评工具无可比拟的优势,至今仍是社会与情感能力研究中最常用的测评工具。

二、从直接观察到情境锚定的过渡

直接行为观察是观察者使用标准化的方法,记录学生在一定时间段内某一特定行为的发生频率或持续时长等。除了研究者,观察的主体还可以是观察对象的同伴和教师或其他亲近之人。同伴评估的优势在于学生在教师面前的行为可能存在一定的掩饰性,而在同伴面前的行为表现、情绪反应等更直接自然,由同伴提供观察反馈更能反映出个体的真实行为习惯。教师评估相比其他评估的优势在于,教师是进行社会与情感能力教学的主体,通过课堂观察,教师可以更直观地感知到学生社会与情感能力,有助于教师针对班级学生具体情况制定社会与情感能力培养方案。直接观察法通过真实行为推测社会与情感能力,对观察对象的年龄、文化水平等不做限制,在一定程度上克服了量表测评的局限。然而,如果缺少具体的行为观察指标,不能让观察者及时记录被观察者的行为或情绪反应,无论是同伴观察还是教师观察都可能会有失偏颇,陷入主观的误区。其次,直接观察法耗费时间长,一个观察者无法同时顾及多个被观察者,在效率上不及量表测评,很难在大规模群体中施行。

情境锚定是指通过创设相关的问题情境,观察评估参与者的自然反应。人格的显著特征之一是具有跨时间和跨情境的稳定性,[③]社会与情感能力作为人格的外在行为表现也应具有类似特征。社会与情感能力不同于其他认知技能,它与社会生活紧密相连,贴合实际的问题情境既能准确激发学生体现相关能力,也是促进社会与情感能力提升的有效方式,做到"测评为教学,测评即教学"。在情境测评中,"情境"是核心,它并非必须是真实生活场景,也可以是

---

① Almeida, L. S., Prieto, L. P., Ferrando, M., Oliveira, E., & Ferrándiz, C. (2008). Torrance test of creative thinking: the question of its construct validity. *Thinking Skills and Creativity*, 3(1), 53–58.

② Wu, C.-L., & Chen, H.-C. (2017). Normative data for Chinese compound remote associate problems. *Behavior Research Methods*, 49(6), 2163–2172.

③ Fleeson, W., & Noftle, E. E. (2009). In favor of the synthetic resolution to the person-situation debate. *Journal of Research in Personality*, 43(2), 150–154.

为服务于测量具体能力的目标,在真实生活场景的基础上加以改造的模拟场景。模拟场景不意味着脱离现实,只要符合学生的认知,刺激学生的自然行为,就可以达到测评和教学的效果。

目前我国社会与情感能力的情境化测评仍处于初级阶段,测评问题情境应该怎样设置,学生行为反应怎样评估等一系列指标尚未完善,在教学实践中鲜有应用。

三、从强调特质到强调状态的转变

社会与情感能力测评不再仅仅是对学生标准化的评估,会更加关注学生能力的变化过程以及变化原因,以达到以"测评"促"培养"的目的。过程探索需要聚焦到个体,访谈是个案探索的常用方法。访谈分为结构访谈、非结构访谈和半结构访谈,心理学领域常用以探究测评对象心理和行为。访谈法的一大特点是给予研究者和测评对象充分自主性和创造性。研究者可以根据测评对象的回答捕捉关键,选择恰当的问题提问以服务于测评目的,访谈时间也可以由研究者自主控制;测评对象可以充分表达自己的观点,适合做深层次研究和个案探索。社会与情感能力的访谈需要结合测评对象熟悉的生活领域,如家庭关系、同伴关系、学校参与等,[①]否则可能会出现测评对象无话可说的情况。访谈对象既可以是学生,也可以是教师、家长、同伴等,让学生的重要他人参与访谈能够为测评提供更真实和详尽的信息。利用访谈法测评社会与情感能力的局限性在于它的结果可能会受到访谈对象语言能力的影响,特别是测评对象为低龄儿童时。研究发现,儿童的语言能力和社会与情感能力的访谈评分呈正相关。[②] 自我反思日志和每日日记也是动态评估的常用方法。让学生以文字记录,不仅为学生提供了评估自身社会与情感能力的机会,而且还可以得到学生对社会与情感能力的具体陈述。[③] 近年来,生物数据逐渐被应用于社会与情感能力的测评之中,生物数据研究使用标准化问题询问个人经历的细节,如过去某些事件、行为或经历发生的频率,[④]通过特定生理指标对个体的表征能力进行评估。

值得注意的是,强调特质的标准化测评与强调状态的个案研究相辅相成、相得益彰,不可偏废。因为个案研究始终面临着如何处理特殊性与普遍性、微观与宏观之间的关系问题,随着现代社会日趋复杂,对独特个案的描述与分析越来越无法体现整个社会的性质。因此,"走出个案"是人文社会科学中个案研究事实上的共同追求。前述标准化测试为"走出个案"提供可能。

---

① Whitcomb, S. (2013). *Behavioral, Social, and Emotional Assessment of Children and Adolescents*. Routledge.
② Wigelsworth, M., Humphrey, N., Kalambouka, A., & Lendrum, A. (2010). A review of key issues in the measurement of children's social and emotional skills. *Educational Psychology in Practice*, 26(2), 173-186.
③ 兰国帅,周梦哲,魏家财,曹思敏,张怡,黄春雨. (2021). 社会和情感教育评估:内涵、框架、原则、工具、指标及路径——基于欧盟的框架. 开放教育研究(06),24—36.
④ Kyllonen, P.C. (2014). *Noncognitive skills assessment can be improved with innovative new measures*.

四、被低估的沉浸式游戏化测评

游戏本身是指单人或多人参与交互的一种娱乐方式,娱乐是其本质特征。近年来,有学者开始探索如何利用游戏的巨大潜力来实现教育、训练或治疗的目的,于是严肃游戏(Serious Game)这一概念应运而生。在游戏环境中开发的测评模型大多通过评估特定的学习结果和技能作为评价指标,还有研究者尝试将游戏与能力特征联系起来,让游戏提供个体如何思考和行动的线索。游戏的情境能够为参与者,特别是中小学生带来良好的体验,学生不会觉得他们是在考试或测试,从而提高他们的参与度、参与动机与交互时间。[1] 有研究表明,如果将评估依托于或真实或虚幻的故事情境,不仅有助于评估过程的顺利进行,而且会让学生不自觉地沉浸其中,他们会以更快的速度完成这些评估。[2] 而且基于游戏的测评具有隐蔽的特点,可让受测者无法猜测测验意图,有效减少测验作假。[3] 更重要的是,游戏化测评还可以通过设置教育情境,达到在游戏中测评,在测评中学习的效果,真正实现以"测评"促"培育"的目的,这一优势是其他测评不可比拟的。同济大学物理科学与工程学院就将游戏化测评应用于大学生科学探究能力的测量,通过收集学生在教育游戏中产生的学习数据,进行数据挖掘、文本分析等设定评价量规、得出评价结果。[4]

基于社会与情感能力的游戏化测评的内容主要有:(1)"参观动物园(Zoo U)",评估儿童的社会情绪能力,主要聚焦个体在交流、合作、同理心、情绪调节、冲动控制和社会活动六个方面的能力。[5] 它是一个类似学校的虚拟世界,学生们在这里学习成为动物园管理员。儿童在游戏中可以定制角色,根据规则完成不同场景下的游戏任务。(2)岛屿任务游戏(Poptropica),与 Zoo U 类似,玩家可以在其中探索包含各种主题和任务的"岛屿",通过玩家任务的完成情况评估个体的毅力。[6] (3)最后通牒游戏(The Ultimatum Game),又称最后通牒博弈,是一种由两名参与者进行的非零和博弈。在这种博弈中,一名提议者向另一名响应者提出一种分配资源的方案,如果响应者同意这一方案,则按照这种方案进行资源分配。如果不同意,则两人

---

[1] Seufert, M., Burger, V., Lorey, K., Seith, A., Loh, F., & Tran-Gia, P. (2016). Assessment of subjective influence and trust with an online social network game. *Computers in Human Behavior*, 64, 233–246.

[2] Lee, M., Ko. A., & Kwan. (2013). In-Game assessments increase Novice Programmers' Engagement and Level Completion Speed A). Proceedings of the ninth annual international ACM conference on international computing education research-ICERIC1.(13):153–160.

[3] 徐俊怡,李中权.(2021).基于游戏的心理测评.心理科学进展(03),394—403.

[4] 潘鑫,张睿,张志华.(2021).基于教育游戏数据挖掘的科学探究能力测评研究.物理与工程(06),25—32.

[5] DeRosier, M.E., & Thomas, J.M. (2018). Establishing the criterion validity of Zoo U's game-based social emotional skills assessment for school-based outcomes. *Journal of Applied Developmental Psychology*, 55, 52–61.

[6] DiCerbo, K.E. (2014). Game-based assessment of persistence. *Educational Technology and Society*, 17(1), 17–28.

都会什么都得不到。通常用来评估个体的宜人性特质。①（4）尼古拉沙漠探险记（Nicola Expedition），这是我国学者为测评中小学生的批判性思维开发的一款角色扮演类教育游戏，用以判断学生批判性思维的归纳、推理、观察（判断可信度）、辨别假设四方面能力，见图1-7。

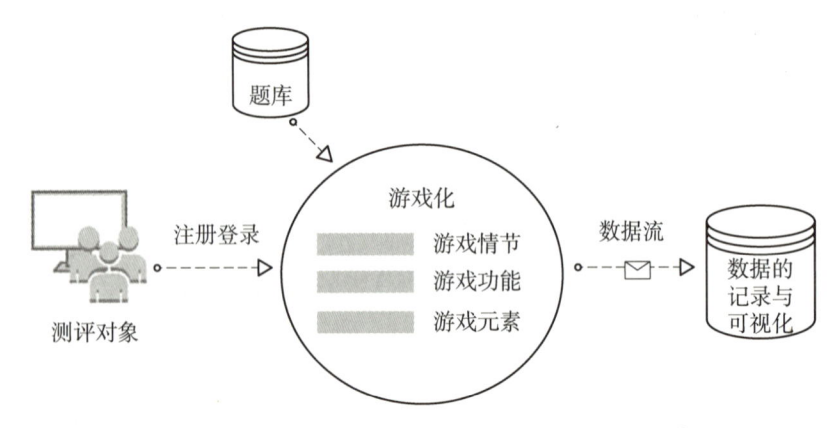

图 1-7 《尼古拉沙漠探险记》游戏架构②

游戏化测评可以分为虚拟游戏、沙盒游戏、塔防游戏等，目前多数游戏集中在测评创造力、毅力、问题解决、空间推理等能力上。更多游戏化测评内容请详见第四章。

现今游戏化测评仍处于初级起步阶段，在游戏的开发、游戏数据的处理、游戏效度的评估等方面存在技术壁垒是不争的事实。但毋庸置疑的是，随着计算机技术与游戏技术的不断进步，游戏化测评蕴含着巨大的潜力，具有较高的应用价值。

五、信息时代下智能化评估的崛起

近年来互联网的普及和人工智能水平不断提高，新型教育环境下电脑、平板等工具已经走入了中小学课堂，智能化技术也随之初步应用在教育测量领域。智能化评估已经突破了纸笔测验的局限，社交媒体发布的文本、图片、日常对话都可以作为分析内容，同时还可以获得音频、视频等多模态数据，实现特质的过程性、动态化、无痕式评估。将人工智能应用于社会与情感能力学习分析，能够精准了解教师和学生在教学和学习过程中的需求，及时调整教学策略。测评结果方面，机器测评的自动评分系统往往比专家测评更稳定、更客观。③ 智能化

---

① Baumert, A., Schlösser, T., & Schmitt, M. (2014). Economic games: A performance-based assessment of fairness and altruism. *European Journal of Psychological Assessment*, 30(3), 178-192.
② 冷静,路晓旭.(2020).题库型游戏测评批判性思维能力研究.开放教育研究(01),82—89.
③ Zhai, X., Haudek, K.C., Stuhlsatz, M.A., & Wilson, C. (2020). Evaluation of construct-irrelevant variance yielded by machine and human scoring of a science teacher PCK constructed response assessment. *Studies in Educational Evaluation*, 67.

评估是一种很有前景的社会与情感能力的评估方式,在社会和情感教育评估中越来越普遍应用于评估学生。如基于游戏测评学生的毅力,既可以分析游戏结果等外部数据,也可以分析在游戏过程中的操作过程、语言表述等内部数据。当然,智能化评估目前仍存在一些共性问题不可忽视。首先,研究内容和领域具有局限性。由于测验对象是人,所采集的数据需要考虑隐私、伦理问题,所采集的数据往往流通性较差。社会与情感能力领域的智能化评估研究大部分仍停留在探索阶段,实践工作较为缺乏。其次,多模态数据分析体系尚未完善。文本、图片、音频、视频等不同样态的数据分析应特别注意跨模态间的一致性或互补性,目前的研究方法以利用传统的机器学习对数据建模为主,[1]还需探索更多解释性更强的方法,让分析服务于研究目的。

智能化评估的最终目的是服务于人,所以要以人的发展为根本宗旨。这就需要将测评与教育紧密结合,如在建设教育智能化评估公共平台上着力。由政府主导、学校和社会广泛参与,在国家、省市和区县智慧教育平台中嵌入教育智能化评估的共享平台。共享平台的建立可以实现教育的各个部门互联互通,便于实时动态监测。同时,利用互联网技术将测评数据与教育大数据库连在一起,将收集到的教育信息结构化为大数据,储存起来并用于评估,便于开展大规模追踪研究;与教育智能化分析联系起来,可以根据需要利用人工智能出具监测评估报告,供教育专家进一步深化和修正。[2] 智能化评估已成为全球化推进的必然趋势,它使教育研究工作者的探索范围从本校、本地区扩展到本国乃至全球,为将本地区学生的发展水平与全球范围内其他地区的发展水平进行对比提供可能。

第四节 教育环境中的社会与情感能力测评

学习者的社会与情感能力必然会受到外部环境的耳濡目染,因此社会与情感能力的测评与培养所面向的是社会大环境而非某一个群体。面向学习者的测评是开展社会与情感能力培养或学习的基础,但只关注学习者,忽略其所处的课堂氛围、学校环境就可能会遗漏某些对学生社会与情感能力产生影响的关键变量。本节提倡在设计面向学习者社会与情感能力测评的基础上,开发面向课堂、学校大环境的社会与情感能力测评工具,构建一套全面有效的本土化测评体系,使用综合性的测评工具来更全面地评估社会与情感能力,并提供更有意义和有用的数据来促进学习者的学习。

---

[1] Muramatsu, K., Tanaka, E., Watanuki, K., & Matsui, T. (2016). Framework to describe constructs of academic emotions using ontological descriptions of statistical models. *Research and Practice in Technology Enhanced Learning*, 11(1), 1-18.

[2] 刘云生. (2019). 抢占教育智能化评估的制高点. 教育发展研究(03), 3.

一、学习者是社会与情感能力测评的主体

只关注学生对自身能力评估的测评就会依赖于学生的自我认知能力,如果学生的自我定位不清晰或刻意隐瞒,则容易得到学生的"一家之言",真实性将大打折扣。如何得到学生真实的人物画像?教师和家长作为学生生活学习中的重要他人,与学生接触时间长,对学生的了解较为深入,能为研究提供公正客观的第三者视角。经济合作与发展组织采用的社会与情感能力评估框架中的学生—家长—教师"三角互证"模式可以作为一个很好的借鉴,该框架在传统学生自评的基础上增加了他评,即家长和教师对学生社会与情感能力的间接评估,以此规避学生的"一家之言"。在建构"三角互证"模式时应注意确定评估的维度和指标,根据面向对象的不同开发工具量表。开发评估量表时,不仅可以选择标准化量表,设计行为观察表、访谈提纲、情境锚定,或是综合运用多种方法亦不失为开创性的尝试。

二、教师是学生社会与情感能力的影响来源

随着研究视域的开拓,越来越多的研究证明教师的社会与情感能力是21世纪教师必备的专业能力。从职业发展角度看,教师这一以人为工作对象的职业特性决定了具备较强的人际交往能力在工作中具有举足轻重的作用,教师的社会与情感能力是教师自身能否自如地应对教育工作中错综复杂的人际关系的关键,[1]提高教师的社会与情感能力能够减轻教师的职业倦怠,提升职业幸福感。[2] 从职业影响角度看,教师对学生起榜样作用,对学生的影响是多方面的。教师的社会与情感能力不仅能直接地影响学生的社会与情感能力,也能够通过教学实践潜移默化地影响学生的社会情感和学业发展。[3] 教师几乎每天都要面临各种突发事件,此时学生作为旁观者将从教师管理挫折的方式中学习如何处理压力情境。[4] 教师对学生的社会与情感能力的影响比认知技能的影响更大,而且教师影响认知和社会与情感能力在很大程度上具有相对独立性。[5] 目前,社会与情感能力的相关研究多以儿

---

[1] Jennings, P. A., Brown, J. L., Frank, J. L., Doyle, S., Oh, Y., Davis, R., ... & Greenberg, M. T. (2017). Impacts of the CARE for Teachers program on teachers' social and emotional competence and classroom interactions. *Journal of Educational Psychology*, 109(7), 1010.

[2] 田瑾,毛亚庆,田振华,杜媛.(2021).变革型领导对教师幸福感的影响——社会情感能力与师生关系的中介作用.教育学报(03),154—165.

[3] Jennings, P. A., & Greenberg, M. T. (2009). The prosocial classroom: Teacher social and emotional competence in relation to student and classroom outcomes. *Review of Educational Research*, 79(1), 491-525.

[4] Roeser, R. W., Skinner, E., Beers, J., & Jennings, P. A. (2012). Mindfulness training and teachers' professional development: An emerging area of research and practice. *Child Development Perspectives*, 6(2), 167-173.

[5] OECD. (2015). Skills for Social Progress: The power of social and emotional skills. Paris: OECD Publishing, http://dx.doi.org/10.1787/9789264226159-en.

童为主,儿童社会与情感能力方面积累的大量研究,为教师社会与情感能力的研究开展提供了诸多借鉴。有学者就在儿童研究的框架基础上,提出教师的社会与情感能力的研究框架。詹宁斯[①]以CASEL学生社会情绪学习车轮框架为基础,提出了教师社会情感能力主要内容,包括教师自我意识、自我管理、社会意识、负责任的决策和人际关系技能五个领域,并对具有良好社会情感能力的教师的行为表现进行了描述(如表1-1)。后续也有研究者将教师社会情感能力总结为认知管理、情绪处理、人际技能的三维框架。[②] 在相关的测评中,有研究者将教师社会情感能力分为师生关系、情绪管理、社会意识和社会互动四个维度,[③]这一量表仍有待进一步的验证和完善。虽然大部分教师社会与情感能力测评量表还尚未成熟,但是通过量表来测量教师的社会与情感能力是学界认可的主要方式。基于CASEL框架提出的社会情感教学和能力的自我评估(Self-assessing Social and Emotional Instruction and Competencies)是目前使用较为广泛的测评工具。[④] 也有研究者认为教师社会情感能力是一套相互关联的技能和过程,包括情感过程、社会与人际技能和认知过程。[⑤] 为应对日益严重的教师工作压力和倦怠问题,美国加里森研究所开发了专门面向教师的"CARE"社会情感能力培训项目。该项目以正念干预为基础,但又超越了传统的正念干预项目,在正念练习之外增加了有关情绪知识和技能的教学与指导。"CARE"主要从三个方面展开培训:情绪技能指导、正念与减压练习、关怀和正念倾听联系,可见教师社会与情感能力的重要性。压力管理和心理弹性培训项目(Stress Management and Resiliency Training,简称SMART)是专门针对教师压力性的工作环境所设计的压力管理的实践项目。[⑥] 上述两个项目都是为了培养教师的社会与情感能力,一方面提高教师本身的工作满意度,另一方面能够间接促进学生社会与情感能力的发展。詹尼斯(Jennings)和格林伯格(Greenberg)提出的"亲社会课堂模式"表明具有高社会与情感能力的教师能建立健康的师生关系,有效管理课班级并促进学生的社会与情感能力及学业成就。

---

① Jennings, P. A., & Greenberg, M. T. (2009). The prosocial classroom: Teacher social and emotional competence in relation to student and classroom outcomes. *Review of Educational Research*, 79(1), 491-525.

② Jones, S. M., Bouffard, S. M., & Weissbourd, R. (2013). Educators' Social and Emotional Skills Vital to Learning. *Phi Delta Kappan*, 94(8), 62-65.

③ Tom, K. M. (2012). Measurement of Teachers' Social-Emotional Competence: Development of the Social-Emotional Competence Teacher Rating Scale.

④ Yoder, N. (2014). Self-Assessing Social and Emotional Instruction and Competencies: A Tool for Teachers. *Center on Great Teachers and Leaders*.

⑤ Jennings, P. A., & Greenberg, M. T. (2009). The Prosocial Classroom: Teacher Social and Emotional Competence in Relation to Student and Classroom Outcomes. *Review of Educational Research*, 79(1), 491-525.

⑥ Benn, R., Akiva, T., Arel, S., & Roeser, R. W. (2012). Mindfulness training effects for parents and educators of children with special needs. *Developmental Psychology*, 48(5), 1476.

表 1-1 具有良好社会情感能力的教师的行为表现[1]

社会情感能力维度	行 为 表 现
自我认知	能够认知自己的情绪、情绪模式和倾向,知道如何产生和利用诸如快乐、热情等情绪来激发自己和学生的学习;对自己的能力有一个现实的认识,并了解自己情绪上的优势和劣势
自我管理	即使是在充满挑战的情况下,也能管理好自己的行为;能够以健康的方式调节自己的情绪,促进积极的班级结果
社会认知	能够认知和理解他人的情绪,对文化敏感,理解其他人可能有与自己不同的观点,并能在与学生、家长和同事的相处中考虑到这些
负责任的决策	表现出亲社会的价值观,尊重他人,为自己的决定和行为负责
人际关系技能	能够建立和维持积极的人际关系,有效地与不同的个人和群体相处

关于教师的社会与情感能力的现状及干预研究在我国仍处于萌芽阶段,相关概念、理论模型、测评工具有待进一步探究与完善。有研究者对广西的中小学教师开展调查,结果发现教师社会与情感能力处于中等偏上水平,自我评价相对较高,情绪管理能力和移情能力较差[2]。在教师社会与情感能力的测评上,不断有研究者探索如何测量教师的社会与情感能力,测量社会与情感能力的哪些方面能更好地适应我国的一线教学环境。如何获取我国教师社会与情感能力的基本内涵和结构?《中小学教师"社会-情绪能力"问卷》便是在前人研究的基础上,结合访谈和开放性调查问卷的结果编制而成的(见附录)。[3] 访谈和开放性问卷的目的是为了了解教师工作和生活中的主要压力来源,并总结为学生、工作特征、学校、人际沟通、职业发展五个方面。这为问卷编制提供了能够引起教师共鸣的关键情境和特定实例。

教学作为一个情感劳动工作,教师社会与情感能力相关的培训能够提升教师情绪调节能力、减轻教师压力,改善教师的社会交往活动,有利于维护教师的心理健康,从而间接提高教师的教学积极性和教学质量,最终促进学生的良好发展。一方面,相关教育部门在对教学技能进行培训的同时,应重视教师社会与情感能力的提升,为促进教师的社会与情感能力提供宏观资源。另一方面,教师要明确提高社会情感能力的积极作用,充分认识社会情感能力提升的必要性,利用社会资源,激活自身社会情感能力的发展资源,提高自身的社会情感能力。

---

[1] Jennings, P. A., & Greenberg, M. T. (2009). The prosocial classroom: Teacher social and emotional competence in relation to student and classroom outcomes. *Review of Educational Research*, 79(1), 491-525.

[2] 杨玲,杨小青,龚良运.(2016).民族地区中小学教师社会情感能力现状与培养.教育导刊(01),68—72.

[3] 王佳.(2020).中小学教师"社会-情绪能力"问卷编制与应用研究(硕士学位论文).上海师范大学.

三、课堂是社会与情感能力测评的主要场所

课堂是教学的主体,也是实施社会与情感能力测评的主要场所。课堂中的安全感、所提供的支持水平、对成员学习能力的信念,以及同伴的社会和情绪氛围,都是影响课堂学习过程的关键条件。具体来讲,能够促进学生社会与情感能力发展的课堂环境通常具有以下几个共性:关心和支持性的师生关系;集体中的成员互相联系且有归属感;学生参与真实和有意义的学习活动,重点关注参与和学习,而不仅仅是表现;亲社会的同伴关系;教师-学生、教师-教师、学生-学生互相协作等。① 目前用于评估课堂环境的方法主要有标准化量表、课堂观察、访谈等。课堂评估评分系统(Classroom Assessment Scoring System, CLASS)是皮安塔(Pianta)及其研究团队开发的用于观察和评估教师和学生在课堂中互动的工具。该系统提供了三个广泛领域的教师表现的定性评级标准:情感支持(包括积极的氛围、教师的敏感性和对学生观点的尊重);课堂组织(包括生产力、行为管理和消极的氛围);以及教学支持(包括教学学习形式、内容理解、分析和询问、教学对话和学生参与)。② 评分者通过观察课堂中学生和教师的具体行为,依据系统中的规则课堂环境打分。观察法虽然能够更细致地获取真实的课堂情景,提供更为及时地反馈,但由于进行观察需要耗费大量人力,且对观察者的专业性有较高要求,因此很难大范围开展。相比较而言,使用由课堂教师和学生完成的调查问卷、量表等更加经济。社会与情感能力课堂的环境指标量表(Classroom Climate Indicators for Social and Emotional Education)可以作为实用工具之一。与课堂评估评分系统相似,该量表包含9个评估教室环境质量的指标,分别是:(1)文化响应性和包容性;(2)安全感,包括制止和防止欺凌;(3)积极的课堂管理;(4)互相关心的师生关系;(5)支持性的同伴关系;(6)互相协作,包括合作学习;(7)学生积极参与有意义的学习活动;(8)对课堂上所有学习者都具有高期望,设置挑战性任务;(9)倾听学生的声音,包括学生能够参与课堂决策。

目前面向课堂的评价方式主要分为总结性评价和形成性评价。总结性评价注重结果,而形成性评价注重过程,符合国家"强化过程性评价"的要求③,因此发展推进教育形成性评价是大势所趋。智能评估系统使形成性评价告别了传统的纸质化,使推广成为可能。社会与情感能力的测评以采用协作式问题解决、项目式学习等能充分发挥学生主观能动性的活动见常。

---

① Cefai, C. (2008). Promoting Resilience in the Classroom. A guide to developing pupils' emotional and cognitive skills. London: Jessica Kingsley Publishers.

② Pianta, R. C., LaParo, K. M. and Hamre, B. K. (2008). *Classroom assessment scoring system*. US: Brookes Publishing Publisher.

③ 新华网(2020). 中共中央、国务院印发《深化新时代教育评价改革总体方案》. http://www.inhuanet.com/2020-10/13/c 1126601551.htm.

新型课堂形式对形成性评价方式提出了新的挑战。范莱恩(Van Lehn)等推出了支持学生协作解决数学问题的 FACT 系统[①],该系统通过记录学生的操作行为和答题内容获得学生的认知状态和协作状态。本土化的课堂评估工具有清华大学推出的雨课堂,该系统能够收集学生课前、课中、课后信息,[②]但只能输出学生的认知状态,无法对社会与情感能力进行评估。目前我国针对社会与情感能力的课堂测评较为缺乏,相关教育工作者可以将国际上课堂评估系统采用的指标和具体行为作为评估标准,对各项评估指标进行本土化说明,构建适合中国社会环境和文化背景的更全面的评估体系和更智能的计分系统,提高其促进社会与情感能力学习的有效性。

四、学校是社会与情感能力形成的宏观环境

学校是由多个课堂组成的更宏观的环境体系,因此学校氛围与校园主体的行为关系密切。学校氛围既是校园主体在互动中形成的,又反过来影响校园主体的行为。《欧盟社会情感教育评估的一种形成性的、包容性的、全校式的方法》所提出的社会情感教育评估综合框架可以通过全学校法(Whole-school Approach)在个体(学习者)和环境(课堂和整个学校环境)两个层面上进行评估。[③] 此框架可以作为我国建构面向学校的本土化社会与情感能力测评工具的参考,结合我国教育现状和学生基数大等特点,推动学校形成社会与情感能力培育环境。在近几年的 PISA 测试中,有一些数据被我们忽略了。比如中国学生的学校归属感,现在排名位于最末的几名当中;学校如何开展社会与情感教育,怎样为学生创建一个安全、快乐、包容并具有参与性的学习和生活环境? 本节提出以下措施以供参考:首先,完善满足师生活动的硬件设施。如教师的个人办公场所、学生的游戏活动场所、师生互动场所等。既要保障师生有足够的活动空间进行情感交流,也要保护其隐私不被侵犯。因此活动场所的空间布局和场所中文化展示内容的选择都是学校需要考虑的因素。其次,建立以学生为主体的学校氛围。在校风建设中,利用学校家委会、学生代表大会、校长信箱等充分吸收家长和学生的合理建议,让学生享有校园建设的参与权和建议权,提升学生的校园归属感。再次,培育关注学生社会与情感能力发展的情感氛围。除了日常的心理健康教育课程外,学校还可以通过定期开展社会情感知识普及和学习讲座引导学生认识和理解自己的情绪。也可以通过班级、年级团辅活动培养学生应对和处理与自我、与他人、与集体之间关系的技巧。另外,师生对话是教师掌

---

① VanLehn, K., Burkhardt, H., Cheema, S., Kang, S., Pead, D., Schoenfeld, A., & Wetzel, J. (2021). Can an orchestration system increase collaborative, productive struggle in teaching-by-eliciting classrooms? *Interactive Learning Environments*, 29(6), 987–1005.
② 王帅国.(2017).雨课堂:移动互联网与大数据背景下的智慧教学工具.现代教育技术(05),26—32.
③ Cefai, C., Downes, P., & Cavioni, V. (2021). A Formative, inclusive, whole-school approach to the assessment of social and emotional education in the EU. analytical report. *European Commission*.

握学生的社会与情感能力发展状态的有效途径,不仅要保证频率,还要保证质量。学校应组织相关教师培训,让师生对话在平等与尊重、真诚与放松的状态下进行。① 虽然截至目前国内关于如何评价校园社会与情感能力还未形成统一的标准,但学校可以先从建设校园"硬环境"、培育校园"软环境"出发,让每一位学生在关怀的、活力的校风的滋润下学会宽容、学会欣赏、学会爱与被爱。

第五节 面向学习者的社会与情感能力测评

同认知能力一样,社会与情感能力的发展也存在敏感期。社会与情感能力的敏感期和认知能力的敏感期并不完全等同,4—5 岁的儿童已经习得了大部分的认知能力,而社会与情感能力比认知能力在生命成长的后期更具有可塑性。② 儿童早期前额叶皮质结构变化,行为自我调节及其所代表的执行功能过程迅速发展。③ 这一发展时期恰恰处于儿童从学前到幼儿园的过渡阶段,技能的习得可以成为儿童适应新阶段的关键资源。因此,在向幼儿园过渡的过程中,让幼儿习得行为自我调节被认为比任何其他措施都更具生态有效性。虽然脑结构的发展在生命早期就已开始,但责任心、持久力、社交能力和情绪稳定等社会与情感能力更多的是一个终身塑造的过程。随着个体社会化的进程,他们在不断变化的社会环境中习得道德意识、社会规则等参与社会的必备能力。根据皮亚杰的道德发展观,小学时期尤其是 10 岁,是个体以由"他律道德"向"自律道德"转变为代表的道德整体发展的关键年龄。④ 心理社会发展理论认为,青春期早期出现的自我意识及自我同一性的建立是个体从童年期向青春期过渡,从依存走向独立的重要标志。⑤ 文化环境、社会角色、人际关系不断变化,社会与情感能力需要个体终身学习,但抓住社会与情感能力发展的敏感期,不仅可以为个体在步入社会初期提供必要的基础技能,也可以使后续的持续学习事半功倍。

社会与情感能力强调人格特质中社会和情感方面的重要性,虽然术语不同,但是有很大重叠,都是指相同的概念空间,并且强调这些技能的可塑性。源自自然语言分析形成的五因素模型人格理论,已被证明是表示人格特质的个体差异的一种简洁且全面的方法,其为社会

---

① 毛亚庆,杜媛,易坤权,闻待.(2018).基于学生社会情感能力培养的学校改进——教育部-联合国儿童基金会"社会情感学习"项目的探索与实践.中小学管理(11),31—33.
② 黄忠敬.(2020).社会与情感能力:影响成功与幸福的关键因素.全球教育展望(06),102—112.
③ Zelazo, P. D., & Carlson, S. M. (2012). Hot and cool executive functioning childhood and adolescence: Development and plasticity. *Child Development Perspectives*, 6, 354-360.
④ Piaget, J. (2013). *The moral judgment of the child*. Routledge.
⑤ Erikson, E. H. (1993). *Childhood and society*. WW Norton & Company.

与情感能力的结构提供一个共同的、基于经验的框架,并且具有可测量、可预测特性。[①] 邓哈姆(Denham)的社会情感胜任力框架也为社会与情感能力测评提供了可参考的模型。[②] 基于这个框架,社会与情感能力包括自我意识、自我管理和社会意识;关系/亲社会能力包括问题解决能力和关系能力。并且邓哈姆还将儿童社会与情感能力的主要发展任务根据年龄阶段进行了划分:(1)学龄前儿童的社会与情感能力发展任务是:学会与同伴交往的同时管理情绪;产生亲社会行为,建立起朋友关系;与成人保持联系;了解基本的情绪表达、情景和经验,并在成人的帮助下试着处理它们;开始遵守社会规则等。(2)小学段儿童的社会与情感能力发展任务是建立友谊关系和稳定的同伴声誉;控制攻击性冲动;能够在同伴群体中进行情绪调节,在适当的环境中表达情绪;通过灵活多样的解决方案解决更复杂的社会困难。(3)初中学生社会与情感能力的发展任务是在早期对他人的理解基础上,理解自身和他人更复杂的情绪状态;形成集体的身份认同,变得更加独立;能够解决双方或群体中的冲突。(4)高中生社会与情感能力的发展任务是建立更加成熟的人际关系,在与父母等成年人保持联系的基础上实现情感独立;能够理解独特的情感观点;形成个性化的身份认同(首先是基于群体的,然后是个性化的);形成一套明确的价值观和道德体系以指导行为。

上述模型中所描述的每一种能力、行为和态度都对个体的社会与情感能力的发展起到重要推动作用,对中国本土化测评指标的构建具有借鉴意义。与此同时,构建中国本土化的测评指标应注意满足以下三条标准:一是选取的能力能对人的社会与经济生活产生影响,包括学习成绩、工作和收入、身心健康等;二是选取的能力具有可塑性,可以通过正式或非正式学习获得和提升这些能力;三是选取的能力应是可测量的。例如,任务上的行为是一种可衡量的技能,而美德是一种更难以衡量的结构。社会能力被定义为根据个人目标和情境和文化的需求,[③]情绪能力被定义为充分管理在社会交往中出现的情绪的能力。[④] 在个体发展过程中,社会与情感能力随着年龄的增长,其技能水平、外在行为表现不断变化。研究表明,理解复合情绪的能力在小学后期发展起来。[⑤] 行为方面,冲动性行为多发于童年早期,步入小学后,儿童行为自我控制越来越完善,冲动行为的频率下降。[⑥] 因此,社会与情感能力的测量根据不同

[①] Chernyshenko, O., M. Kankaraš and F. Drasgow. (2018). Social and emotional skills for student success and well-being: Conceptual framework for the OECD study on social and emotional skills. OECD Education Working Papers, No. 173, OECD Publishing, Paris. http://dx.doi.org/10.1787/db1d8e59-en.

[②] Denham, S. A., Wyatt, T. M., Bassett, H. H., Echeverria, D., & Knox, S. S. (2009). Assessing social-emotional development in children from a longitudinal perspective. Journal of Epidemiology and Community Health, 63(Suppl 1), i37–i52.

[③] Del Prette, Z. A. P.; Del Prette, A. (2011). Psicologia Das Habilidades Sociais Na Infância. Teoria E Prática, 5th ed; Editora Vozes: Petrópolis, RJ, Brazil.

[④] Saarni, C. The continuity dilemma in emotional competence. Psychological Inquiry. 2001, 12, 94–96.

[⑤] Pons, F., Harris, P. L., & de Rosnay, M. (2004). Emotion comprehension between 3 and 11 years: Developmental periods and hierarchical organization. European Journal of Developmental Psychology, 1(2), 127–152.

[⑥] Duckworth, A. L., Gendler, T. S., & Gross, J. J. (2014). Self-control in school-age children. Educational Psychologist, 49(3), 199–217.

年龄段的行为特征来制定是合乎科学的选择。依据埃里克森儿童心理发展阶段理论,本文将社会与情感能力测评分为学前期(3—7岁)、学龄期(7—12岁)、青春期(12—18岁)几个阶段讨论。

一、学前期儿童的社会与情感能力测评

学龄前儿童神经系统发育还未完善,个性初步形成,易受外部环境控制,易冲动。这一时期是儿童与社会接触、发展社会技能,个性养成的初始阶段。在学龄前儿童中,社会能力意指儿童在与他人的社会互动中的有效程度,包括建立和维持同伴关系,参与合作以及根据社会需求调整行为。情绪能力包括理解自我和他人情绪,识别情绪线索,对他人的情绪做出反应和调节自己的情绪[1]。也有研究者认为情绪能力涉及情感知识的获取(表达性/接受性识别)、情绪表达(主要是积极表达)和情绪调节(适应性自我调节策略)。[2] 学前期社会与情感能力的操作性定义可以参考早期的社会情感基础中心(CSEFEL)给童年早期(0-5岁)儿童的社会和情感发展下的定义:在家庭、社区和文化的背景下,发展儿童的社会与情感能力以形成亲密和安全的成人和同伴关系;以社会和文化允许的方式体验、调节和表达情感;探索环境和学习。[3] 邓哈姆认为,社交能力、依恋、情绪能力、自我感知能力、气质/个性是儿童社会情绪发展的五个维度。部分儿童社会与情感学习项目的学习内容也表明了儿童适合发展和测评的社会与情感能力。如CASEL项目认为,学龄前儿童有五项能力需要学习:(1)自我意识,指能够理解自己产生的情绪、思想和行为;(2)自我管理,指与情绪、抑制冲动行为、延迟满足、压力管理和目标实现有关的一系列自我调节能力;(3)社会意识,指共情以及从社会视角而非个人视角接受或理解社会规则,哪怕并不认同;(4)关系技能,是在社会规范允许下维持健康关系所必需的人际交往能力;(5)负责任的决策:在尊重他人和社会规则的基础上做出决策,并对自己做出的决策负责。[4] 这五项能力适用于,又不仅仅适用于学龄前儿童,从童年时期到成年时期的不同发展阶段都同样适用。量表是测量学前期儿童社会与情感能力的常用方法。社会能力与行为评价量表(Social Competence and Behavior Evaluation Scale, SCBE)测评的内容有抑郁-快乐、焦虑-安全、愤怒-宽容、孤立-整合、攻击性、冷静、自我中心-亲社会、对立-合作、依赖-自

---

[1] Halle, T.G., & Darling-Churchill, K.E. (2016). Review of measures of social and emotional development. *Journal of Applied Developmental Psychology*, 45, 8–18.

[2] Stefan, C.A. Social-Emotional Prevention Programs for Preschool Children's Behavior Problems: A Multi-level Efficacy Assessment of Classroom, Risk Group, and Individual Level; Palgrave McMillan: London, UK, 2018.

[3] Ashdown, D.M., & Bernard, M.E. (2012). Can explicit instruction in social and emotional learning skills benefit the social-emotional development, well-being, and academic achievement of young children? *Early Childhood Education Journal*, 39(6), 397–405.

[4] Greenberg, M.T., Domitrovich, C.E., Weissberg, R.P., & Durlak, J.A. (2017). Social and emotional learning as a public health approach to education. *The Future of Children*, 13–32.

主和四个总结量表：社会能力、外化问题、内化问题和一般适应，可以适用于年龄为 2.5—6.5 岁的儿童。情绪方面，儿童情绪技能的评估（Assessment of Children's Emotion Skills, ACES）测量了儿童的情绪归因，分为社会行为、社会情境和面部表情三部分，可以得到儿童情绪归因的准确度、愤怒归因倾向、快乐归因倾向和悲伤归因倾向。[1]

使用较多的量表还有儿童行为清单（Child Behavior Checklist, CBCL），该量表分为内隐行为问题及外显行为问题。内隐行为问题包括焦虑、抑郁、强迫、社交退缩、躯体主诉等因子；外显行为问题包括多动、攻击性行为、违纪行为等因子。该量表常用于临床判断儿童是否存在问题行为或是问题行为的倾向性。[2] 儿童行为问卷（Children's Behavior Qestionnaire, CBQ）共 221 个问题，测量 3—7 岁的儿童在各种情境下的行为表现，包括活动水平、挫折沮丧、专注、羞怯等 18 个方面的指标。[3] 儿童个体差异清单（Inventory of Child Individual Difference, ICID）的适用于年龄为 3—12 岁，测量儿童的成就导向、活动水平、合规性、情绪、意志坚强等社会与情感能力。[4] 还有其他如行为风格问卷（BSQ）[5]以及专注于社会行为方面的 S-M 社会适应问卷。[6] 3 岁儿童护理问卷观察量表（The Observation Scale of the Aprender a Convivir Program for 3-year-old Children, ROAC-3）测量情绪技能，教师和照顾人员的学前和幼儿园行为量表（Preschool and Kindergarten Behavior Scale for Teachers and Caregivers, PKBS-2）测量社会技能也是常用的测量工具。由于儿童认知能力发展水平的限制，该阶段的儿童问卷都由其父母或教师填写。综合以上对学龄前儿童的测量工具来看，虽然社会与情感能力涉及个体内部和个体外部即人际两个层面，对这个年龄段的儿童来说主要测量集中在个体内部，对人际层面的情绪和社会认知没有过多提及。

学前期关于社会与情感能力的测评也可以通过测量儿童的气质来实现，大多基于托马斯（Thomas）和蔡斯（Chess）提出的气质九维度理论[7]，该理论认为，气质可以分为九个维度，分别是活动（即身体活动）、规律性（即行为的可预测性）、自适应性（即对环境变化的反应）、接近退

---

[1] Schultz, D., Izard, C. E., & Bear, G. (2004). Children's emotion processing: relations to emotionality and aggression. *Development and Psychopathology*, 16(2), 371-387.

[2] 苏林雁, 李雪荣, 万国斌, 等. (1996). Achenbach 儿童行为量表的湖南常模. 中国临床心理学杂志, 4(1), 24—28

[3] 叶仁敏, 玛丽·罗斯巴特, 庞正建, 张蕴年, 邬白妹, 杨静娟. (1990).《儿童行为问卷表》(CBQ)的测定研究. 应用心理学 (04), 6—11.

[4] Halverson, C.F., Havill, V.L., Deal, J., Baker, S.R., & Wen, L. (2010). Personality structure as derived from parental ratings of free descriptions of children: the inventory of child individual differences. *Journal of Personality*, 71(6), 995-1026.

[5] McDevitt, S.C., & Carey, W.B. (1978). The measurement of temperament in 3-7 years old children. *Journal of Child Psychology and Psychiatry, and Allied Disciplines*, 19(3), 245-253.

[6] 张致祥, 左启华, 雷贞武, 陈荣华, 黄录碧, 和光祖, 袁燕畴, 李倬玲, 刘权章, 张纯, 汪梅先, 刘晓燕. (1995). "婴儿—初中学生社会生活能力量表"再标准化. 中国临床心理学杂志, 3(01), 12—15.

[7] Chess, S., & Thomas, A. (1977). Defense mechanisms in middle child hood. *Canadian Psychiatric Association Journal*, 21(8), 519-525.

缩(即对新奇事物的反应)、反应阈值(即唤起反应所需的刺激量)、反应强度(即反应的能量水平)、情绪质量(即积极和消极情绪的数量)、分散性(即外部刺激在改变儿童行为方面的有效性)和任务持久性(即儿童所从事的时间长短和活动的维持)。基于纽约纵向调查(NYLS)的父母评价气质问卷(Parent Temperament Questionnair, PTQ)和教师评价气质问卷(Teacher Temperament Questionnair, TTQ),通过儿童气质的活动水平、节律性、趋避性、适应度、反应强度、情绪本质、坚持度、注意分散度、反应阈九维度将儿童气质分为"困难型""慢热型""容易型"三种主要类型。① 随着研究的深入,有研究者对九维度理论进行了归纳,用更少的维度来概括儿童的气质特点。其中比较有代表性的是艾森克(Eysenck)提出的气质理论。② 他将气质分为情绪、社交性/外向性、活动性、持久性。因此,该年龄段的量表所测量的维度大多集中在社交能力、活动水平、情绪特征以及注意持久度上。

通过总结量表中涉及的社会与情感能力维度,本节认为学前期儿童社会与情感能力测量应包含以下方面,见表1-2:

表1-2 学前期社会与情感能力测量大纲

社会能力	
遵守规则	行为符合社会规范,能够融入同伴团体
同伴互动	主动展开并维持友好互动,亲社会行为,乐于表达自我
社会意识	接受和理解社会规范
情感能力	
情绪识别	正确识别自己和他人基本的情绪,具有同理心
情绪调节	管理、控制消极情绪
情绪表达	在合适的场合以社会可接受的方式表达积极/消极情绪,对他人的情绪做出恰当的反应
自我管理	
延迟满足	根据需要集中/转移注意力
忍受挫折	不止一次的尝试、探索环境
控制冲动行为	调节社会互动中的行为

---

① 张劲松.(1995).NYLS《3—7岁儿童气质量表》测试报告.中国心理卫生杂志(05),203-205.
② Eysenck, S., Eysenck, H. J, & Barrett, P. (1985). Eysenck personality questionnaire (rev. ed.).

二、学龄期儿童的社会与情感能力测评

学龄期也是小学阶段时期,神经系统的发育基本成熟。伴随着认知能力的发展,个性也得到发展,儿童获得了自我意识,由依赖成人向自主发展转变,同时教育场所由家庭转变为学校。因此,此时的社会与情感能力应包含更多的集体融入、遵守集体规范及自我控制等方面。

"社会与情感的学习"(Social and Emotioral Aspects of Learning, SEAL)项目在英国的小学被广泛使用。该项目依据戈尔曼的情绪智力模型,从中概括了五种小学生需要掌握的社会与情感能力:自我意识、自我调节、动机、同理心、社会技能。[1]

国际社会与情感学习评估(ISELA)由 Nikhit D'Sa 在 2015 年至 2019 年期间与救助儿童会共同制定,用以在资源不足或突发情况下评估小学学龄儿童的社会与情感能力。作为评估工具,ISELA 能够有助于了解 6—12 岁的儿童在自我概念、压力管理、坚持、共情和冲突解决方面的社会与情感能力,以及这种发展是否因关键的经济因素和社会生态因素而有所不同。

约翰总结了已有项目中共有的有关社会与情感能力内容并提出框架。该框架认为,儿童及青少年社会与情感能力主要包括:对自己和他人的意识,其中有感觉意识、感觉管理、自我建构、观点采择;积极的态度和价值观,其中有个体责任、尊重他人、社会责任;负责任的决策,其中有问题识别、社会规范分析、自适应目标设置、问题解决;社会互动技能,其中包括主动倾听、表达式沟通、合作、洽谈、拒绝、寻求帮助。[2]

邓哈姆提出了对关系/亲社会技能和情感能力技能的类似描述框架,该框架认为社会与情感能力包括情感技能和亲社会技能。情绪能力技能包括:(1)自我意识:理解自我情绪;(2)自我管理:情绪和行为的调节;(3)社会意识:理解情绪和同情、亲社会技能包括社会问题解决;(4)关系技能:合作、倾听技能、轮流、寻求帮助。[3]

已有的一些社会和情感能力测评量表也为学龄期儿童的社会与情感能力框架提供重要参考。

社会能力方面,小学儿童的社会能力可以用社会能力的自我报告来测量,比较有代表性

---

[1] Department for Education and Skills. 2005. Excellence and enjoyment: Social and emotional aspects of learning (guidance). Nottingham: DfES.

[2] John, O.P., & Srivastava, S. (1999). *The Big Five trait taxonomy: History, measurement, and theoretical perspectives*. In O.P. John, R.W. Robins, & L.A. Pervin (Eds.), Handbook of personality: Theory and research (2nd ed.). Guilford Press, 102–138.

[3] Denham, S.A., Bassett, H.H., & Wyatt, T. (2007). The socialization of emotional competence. In J.E. Grusec, & P.D. Hasting (Eds.), Handbook of Socializa: Theory and Research. Guilferd Press, 614–627.

的孤独与社会不满量表(Loneliness and Social Dissatisfaction Scale)。该量表聚焦于小学儿童在课堂中产生的孤独感和社会不满情绪。① 儿童步入学龄期,社会关系不再是单纯的家庭内部关系、同学关系、师生关系都需要儿童的经营,因此儿童参与社会的能力应得到重视。友谊质量是衡量儿童社会与情感能力的重要指标之一。友谊质量问卷(Friendship Quality Questionnaire)调查了童年中期儿童友谊中的六项特征:陪伴、帮助、关心、亲密互动和背叛。② 这些特征可以反映出儿童的共情、合作、信任等社会能力。而儿童自我报告的社交技能量表(Children's Self Report Social Skills Scale, CS4)则测量了9—12岁儿童对社会规则、自身受欢迎程度和社会行为识别。

情感能力方面,积极的和消极的情绪量表(Positive and Negative Affect Scale, PANAS)用以衡量童年晚期儿童的积极(如激动、热情)和消极(如悲伤、生气)的情绪状态和情感表达能力。③ 科比的儿童同理心量表(Bryant Empathy Scale for Children)是专门测量同理心的量表④,可见同理心作为情感能力的重要性。除此之外,情绪管理和调节能力也是学龄期儿童需要发展的能力,可以用情绪调节检查表(Emotion Regulation Checklist)进行测量。该量表分为不稳定性和情绪调节两个分量表,可以测量情绪的稳定性、情绪失调和情感的自我意识等方面。⑤ 情感意识调查问卷(Emotional Awareness Questionnaire, EAQ)测量9—16岁儿童区分情绪,情绪的口头分享,身体意识,表现情绪,情绪的分析,对他人情绪的意识的能力。也有量表同时包含了社会能力和情感能力的测量。依恋模式是对儿童社会能力和情感能力的双重反映,父母和同伴依恋清单(Inventory of Parent and Peer Attachment)分信任、交流、疏远三个分量表测量依恋模式,此量表可用于10—20岁的儿童和青少年。⑥ 社会情感资产和回复力量表(The Social-Emotional Assets and Resilience Scales, SEARS)包含四个分量表⑦,其中SEARS-C(共计35道题目)是供3—6年级儿童使用的自陈量表,旨在测量"责任、自我管理、社会能力、同理心"四项能力。巴昂情商量表:青年版(Bar-On Emotional Quotient Inventory: Youth Version, EQI: YV)测评内容有总情商、人际关系、个人内在、适应性、压力管理、一般情

---

① Crick, N.R., & Grotpeter, J.K. (1995). Relational aggression, gender, and social-psychological adjustment. *Child Development*, 66(3), 710-722.

② Parker, J.G., & Asher, S.R. (1993). Friendship and friendship quality in middle childhood: Links with peer group acceptance and feelings of loneliness and social dissatisfaction. *Developmental Psychology*, 29(4), 611.

③ Watson, D., Clark, L.A., & Tellegen, A. (1988). Development and validation of brief measures of positive and negative affect: the PANAS scales. *Journal of Personality and Social Psychology*, 54(6), 1063.

④ Bryant, B.K. (1982). An index of empathy for children and adolescents. *Child Development*, 413-425.

⑤ Shields, A., Dickstein, S., Seifer, R., Giusti, L., Dodge Magee, K., & Spritz, B. (2001). Emotional competence and early school adjustment: A study of preschoolers at risk. *Early Education and Development*, 12(1), 73-96.

⑥ Armsden, G.C., & Greenberg, M.T. (1987). The inventory of parent and peer attachment: Individual differences and their relationship to psychological well-being in adolescence. *Journal of Youth and Adolescence*, 16(5), 427-454.

⑦ Merrell, K.W. (2011). *Social emotional assets and resilience scales*. Lutz, FL: PAR.

绪、积极印象、不一致性,适用对象为 7—18 岁的儿童和青少年。[①] 情绪素养评估与干预(Emotional Literacy：Assessment and Intervention, ELAI)测量 7—16 岁儿童的同理心、动机、自我意识、自我调节和社交技能。[②]

总结以上量表不难看出,学龄期儿童需要掌握更多的社会与情感能力,即使是同一能力也需要比学前期的儿童达到更高的水平。在众多社会与情感能力中,情绪表达、情绪管理、同理心、社会适应等能力是在众多量表中出现频次较多的能力。社会情感和性格发展量表(Social-Emotional and Character Development Scale, SECDS)测量小学学生的亲社会行为、诚实、自我发展、自我控制、尊重教师和学校规则、尊重父母和家庭规则。[③]

通过总结以上量表及理论框架涉及的社会与情感能力维度,本节认为学龄期儿童社会与情感能力测量应包含以下方面,见表 1-3:

表 1-3 学龄期社会与情感能力测评大纲

社会能力	
遵守规则	行为符合社会和学校规范,融入组织
同伴互动	平衡同伴与父母的关系,与同伴建立友谊
社会意识	接受和理解社会规范,相互的观点采择,理解他人的行为
问题解决	认识问题并提出、评估、实施解决方案
情感能力	
情绪识别	正确识别自己/他人复合的情绪,产生同理心
情绪调节	管理、控制消极情绪,使用认知策略调节情绪
情绪表达	以社会可接受的方式表达积极/消极情绪,产生并合理表达复合情绪
自我管理	
延迟满足	根据需要长时间集中注意力,自我控制不被干扰
忍受挫折	多次尝试、探索环境,有较高的自尊水平
控制冲动行为	调节社会互动中的行为,不参与反社会行为

---

① Bar-On, R., & Parker, J.D.A. (2000). *Bar-On emotional quotient inventory: Youth version*. Toronto: Multi-Health system, Incorporated.

② Faupel, A. (Ed.). (2003). *Emotional literacy: assessment and intervention: ages 11 to 16. User's guide*. GL Assessment.

③ Ji, P., DuBois, D.L., & Flay, B.R. (2013). Social-emotional and character development scale. *Journal of Research in Character Education*, 9(2), 121-147.

三、青春期儿童的社会与情感测评

青春期学生的自主意识更强,"叛逆"现象普遍出现。部分学生由于缺乏明辨是非的能力,容易染上一些不健康的行为习惯。除了身体健康,青春期也是心理问题的高发期。教育者应该如何解决这一系列关乎学生未来发展的问题?社会与情感能力的培养或许可以作为有力抓手。这一阶段的社会与情感能力所包含的内容较前两阶段更为丰富。有学者将社会与情感能力的组成概括为掌握并应用的一系列与社会情感发展有关的核心能力,包括"识别和管理情绪、设置并实现积极目标、欣赏他人、建立和维护支持性的关系、做出负责任的决策,富有建设性地处理个人及人际交往事宜。"[①] 在中国教育部和联合国儿童基金会于2020年联合实施"社会情感学习与学校管理改进"项目的实施中明确提出了学生社会与情感能力的提升就是要促进学生认识和管理与自我、与他人、与集体的关系的态度、知识和能力的发展,它包括建立在这三对关系上的六个维度。一是构建与自我的关系,由自我认知和自我管理两个维度构成;二是构建与他人的关系,由他人认知和他人管理两个维度构成;三是构建与集体的关系,由集体认知和集体管理两个维度构成。

已被广泛使用的社会技能提升系统(Social Skills Improvement System, SSIS)认为,3—18岁儿童青少年应该提升/克服的技能/行为有:社交技能(沟通、合作、断言、责任、同理心、参与、自我控制)、竞争问题行为(外化、欺凌、多动/注意力不集中、内化、自闭症谱系)和学术能力(阅读成就、数学成就、学习动机)。[②] 用于青春期青少年的测量量表多是由青少年进行自我报告。亲社会倾向测评-修订版(Pro-social Tendencies Measure-Revised, PTM-R)测量11—18岁青少年公开的、匿名的、紧急的、情绪化、顺从和利他的这六类亲社会倾向,其中匿名的亲社会行为被定义为在他人不知情的情况下帮助他人的倾向;紧急的亲社会倾向是指在紧急情况或危急情况下帮助他人。[③] 特罗姆瑟社会智力量表-青少年版(Tromso Social Intelligence Scale-Adolescent Version, TSIS)测量13—18岁青少年的社会信息处理能力(如预测他人的行为),社会技能(如适应新的社会环境)和社会意识(理解他人的选择)。[④] 社会情绪能力问卷调查

[①] Osher, D., Kidron, Y., Brackett, M., Dymnicki, A., Jones, S., & Weissberg, R. P. (2016). Advancing the science and practice of social and emotional learning: Looking back and moving forward. *Review of Research in Education*, 40(1), 644-681.

[②] Gresham, F., Elliott, S., Metallo, S., Byrd, S., Wilson, E., Erickson, M., ... & Altman, R. (2020). Psychometric fundamentals of the social skills improvement system: social-emotional learning edition rating forms. *Assessment for Effective Intervention*, 45(3), 194-209.

[③] Carlo, G., & Randall, B. A. (2002). The development of a measure of prosocial behaviors for late adolescents. *Journal of Youth and Adolescence*, 31(1), 31-44.

[④] Silvera, D., Martinussen, M., & Dahl, T. I. (2001). The Tromsø Social Intelligence Scale, a self-report measure of social intelligence. *Scandinavian Journal of Psychology*, 42(4), 313-319.

(Social-Emotional Competence Questionnaire, SECQ)旨在评估 3—12 年级的儿童青少年如何了解自己和他人,以及如何应对个人、社会和社区的环境[①],测量的能力是 CASEL 提出的自我意识、自我管理、社会意识、关系技能和负责任的决策。前文提到的 SEARS 也有供 7—12 年级青少年使用的自陈量表 SEARS-A(共计 35 道题),测量"责任、自我管理、社会能力、同理心"四个维度的能力,根据发展水平差异,在问题背景与评分标准方面与 SEARS-C 有细微区别。[②] 许多学者将社会能力称为"社会智力",情绪能力则常常用"情绪智力"、"情商"指代。六秒钟的情商评估:青年版(Six Seconds Emotional Intelligence Assessment: Youth Version, SEI:YV)测量 7—18 岁儿童的情感素养,对模式的识别,情感控制(评估、利用和转化情绪作为一种战略资源),结果性思维的应用(评估选择的成本和收益),乐观主义,内在动机,同理心和对高尚目标的追求。[③] 特质情商调查问卷-青少年版本(Trait Emotional Intelligence Questionnaire-Adolescent Version, TEIQue)测量 11—17 岁儿童青少年的特质情商,主要有:适应性、自信、情绪感知(自我和他人)、情感表达、情绪管理(他人)、情绪调节、冲动(低)、人际关系、自尊、自我激励、社会意识、压力管理、移情特质、幸福特质。[④]

根据邓哈姆的社会情感能力发展的维度划分(如前述),不同年龄段关于五个维度的解释也不尽相同。因此,针对年龄段的细分时期所需要采用的量表也有所不同。

通过总结上述理论及量表中涉及的社会与情感能力维度,本节认为青春期学生社会与情感能力测量应包含以下方面,见表 1-4:

表 1-4 青春期社会与情感能力测评大纲

社会能力	
遵守规则	行为符合社会/学校规范,快速融入组织
同伴互动	平衡同伴与父母的关系,友好开展同伴互动
社会意识	接受社会规范,观点采择,快速适应社会环境,获得社会资源
问题解决	认识问题并提出、评估、实施解决方案
自我意识	理解自己的思想和行动,获得社会性别角色,形成价值观和道德体系作为行动指南

---

① Zhou, M., & Ee, J. (2012). Development and Validation of the Social Emotional Competence Questionnaire (SECQ).

② Merrell, K.W., Felver-Gant, J.C., & Tom, K.M. (2011). Development and validation of a parent report measure for assessing social-emotional competencies of children and adolescents. *Journal of Child and Family Studies*, 20(4), 529-540.

③ The Six Seconds Emotional Intelligence Toolkit: Technical Briefing," Six Seconds, Freedom, CA, 2015.

④ Petrides, K.V. (2009). Psychometric properties of the trait emotional intelligence questionnaire (TEIQue). In Assessing emotional intelligence. Springer, Boston, MA, 85-101.

第一章 从"我"到"我们":社会与情感能力测评概述

(续表)

情感能力	
情绪识别	正确识别自己/他人复合的情绪,产生同理心
情绪调节	管理、控制消极情绪,学会调节情绪
情绪表达	以社会可接受的方式表达积极/消极情绪,产生并合理表达复合情绪
情感独立	与同伴建立亲密、成熟的关系,与同伴和父母实现情感独立
自我管理	
延迟满足	根据需要长时间集中注意力,自我控制不被干扰,拒绝不合理诱惑
忍受挫折	不止一次的尝试、探索环境,承受并调节压力,有较高的自尊水平
控制冲动行为	调节社会互动中的行为,不参与反社会行为

综合以上研究发现,研究者早已意识到社会与情感能力对个体发展的重要意义,并针对不同方面研发了多样的测评工具。早年的测评工具大多集中于社会能力或情感能力的其中一项。量表中较为集中的社会能力在各个年龄段有所差别:对于学龄前的儿童,着重测评他们的独立生活能力以及与除父母之外的陌生人相处的能力;对于学龄期的儿童,遵守社会规范和识别社会行为是研究者看重的能力;对于青春期的青少年,社会能力要求与学龄期的儿童有很大重合,但在水平上的要求有所提高。同时,研究者对青少年的学术能力和自我意识也有了新要求。

情感能力除了常规的行为量表外,人格特质或气质问卷也是常用的测评工具。二者的区别在于情感量表的测量结果反映的是测评对象的情感行为习惯,而人格量表反映的是情感行为的倾向性。情感能力在各个年龄段的量表中较为统一,多集中在情绪管理、情绪表达、情绪识别等方面。

在社会与情感能力这一概念提出后,相关测评量表也迅速发展。许多教育组织也逐渐开发了社会与情感能力培养项目。观察各项目可以发现,大多项目中涉及的社会与情感能力有很大重叠,如社会意识、同理心、社交技能和人际关系技能,也有其他能力被额外强调:CASEL专注于负责任的决策,SEAL则注重动机。

总之,社会与情感能力的内容框架多样,与之相对应的社会与情感能力测评量表繁多,研究者在使用时应注意测评工具的适用年龄、侧重的能力以及测评方式酌情选择。各年龄段社会与情感能力测评量表汇总如下,见表1-5。

表 1-5 社会与情感能力测评量表汇总

中文名称	英文名称	作者	年份	适用对象	维度
教师评价气质问卷	Teacher Temperament Questionnair (TTQ)	Thomas, & Chess	1977	3—7岁	活动水平,节律性,趋避性,适应度,反应强度,情绪本质,坚持度,注意分散度,反应阈
父母评价气质问卷	Parent Temperament Questionnair (PTQ)	McDevitt & Carey	1978	3—7岁	活动水平,节律性,趋避性,适应度,反应强度,情绪本质,坚持度,注意分散度,反应阈
儿童行为清单	Child Behavior Checklist (CBCL)	Achenbach & Edelbrock	1981	4—16岁	内隐行为问题:焦虑,抑郁,强迫,社交退缩,躯体主诉外显行为问题:多动,攻击性行为,违纪行为
科比的儿童同理心量表	Bryant Empathy Scale for Children	Bryant	1982	1年级—7年级	同理心
积极的和消极的情绪量表	Positive and Negative Affect Scale (PANAS)	Watson, Clark, & Tellegen	1988		感兴趣的,忧伤的,兴奋的,心烦意乱的,强大的,内疚的,恐惧的,敌对的,热情的,骄傲的,烦躁的,警觉的,羞愧的,倍受鼓舞的,紧张的,意志坚定的,专注的,烦躁不安的,精神充沛的,害怕的
友谊质量调查问卷	Friendship Quality Questionnaire	Parker, & Asher	1993	3年级—5年级	陪伴与娱乐,肯定与关心,亲密坦露与交流,帮助与指导,冲突解决策略,冲突与背叛

第一章 从"我"到"我们":社会与情感能力测评概述

(续表)

中文名称	英文名称	作者	年份	适用对象	维度
教师和照顾人员的学前和幼儿园行为量表	Preschool and Kindergarten Behavior Scale for Teachers and Caregivers (PKBS-2)	Merrell	1994	3—6岁	社会合作,社会的相互影响,社会独立
S-M社会适应问卷		张致祥等	1995	6个月—14岁	独立生活能力,运动能力,作业,交往,参加集体活动,自我管理
孤独与社会不满量表	Loneliness and Social Dissatisfaction Scale (LSDC)	Crick	1995	3年级—6年级	抑郁孤独,社交焦虑,社交回避,知觉同伴接纳,同伴孤立,关爱行为,公开性攻击,关系性攻击
中国儿童气质量表	Behavioral Style Questionnaire (BSQ)CPTS(中国)	张凤,姚凯南,杨玉凤,洪琦,刘灵	1998	3—7岁	活动水平,节律性,趋避性,适应性,反应阈限,反应强度,情绪本质,坚持度,注意分散度
儿童行为问卷	Children's Behavior Questionnaire (CBQ)	Rothbart, Ahadi, Hershey, & Fishe	2001	3—7岁	活动水平,沮丧,专注,不舒适,害怕,高强度的快感,冲动,抑制控制,低强度的快感,知觉敏感性,积极预期,悲伤,羞怯,社交性,大笑,积极反应性,消极反应性
情绪调节检查表	Emotion Regulation Checklist	Shields, Dickstein, Seifer, Giusti., Dodge Magee, & Spritz	2001	3—5岁	情绪调节,情绪意识,自我:自我意识,情绪应对,他人:情绪识别,情绪观点采择,情景知识
儿童自我报告社交技能量表	Children's Self Report Social Skills Scale (CS4)	Danielson, & Phelps	2003	4年级—6年级	社交规则,受欢迎性,社交独创性

(续表)

中文名称	英文名称	作者	年份	适用对象	维度
儿童个体差异清单	Inventory of Child Individual Differences(ICID)	Halverson, Havill, Deal, Baker, & Wen	2010	3—12岁	成就导向、活动水平、对抗性、遵守规则、谨慎的、分心的、不安的、能快速学习的、消极情绪、有组织的、积极情绪、羞怯的、善交际的、意志坚定的
马特森社会技能评价量表	Matson Evaluation of Social Skills with Youngsters(MESSY)	Matson, Neal, Fodstad, Hess, Mahan, & Rivet	2010		维度：合适的社会技能、不合适的坚持主见、过度自信行为、嫉妒
3岁儿童护理问卷观察量表	The Observation Scale of the Aprender a Convivir program for 3-year-old children(ROAC–3)	Justicia-Arráez, Alba, Romero-López, & Quesada-Conde	2014	3—7岁	规则、情感识别与表达、情绪调节、交往技能、分享和帮助、共享个人物品、解决问题
SSES社会情感能力调查项目《社会情感技能评估量表》		OECD	2021	15岁	工作表现：自控力、则热感、毅力 情绪调节：抗压力、情绪控制、乐观 交往能力：活力、果敢、乐群 协作能力：共情、信任、合作 开放能力：包容度、好奇心、创造性

本章小结　社会与情感能力测评欲向何方

一、标准化量表能否永立时代潮头

虽然"社会与情感能力"的测评日益受到重视,研究者也孜孜不倦地改进与创新"社会与情感能力"的测评方法,开发出了大量测评工具和评估技术。然而,对"社会与情感能力"等非认知能力的测量仍然没有达到与认知能力测量等同的质量水平。这不仅是因为非认知能力的概念更为复杂,想要对其进行准确定义并将它与其他类似的概念区分开来更加困难,还因为其测评本身面临着一定的挑战和困难,如相关测评方法的局限性,测评标准的多样性和不确定性以及测评数据在收集、解释和使用方面存在的问题等。

(一)"社会与情感能力"测评方法的局限性

1. 报告法的局限性

在"社会与情感能力"的测评中,自我报告法和观察者报告法是最为典型的测量方法。尤其是自我报告法,提供了一种相对简单有效的方式来收集大样本数据,这种方法既经济又快速,并且在许多情况下还能提供非常好的客观测量近似值[1],因此在实际测评中广受青睐。然而,无论是自我报告法还是观察者报告法,都存在一定的局限性,这些局限性也会导致测量结果的偏差甚至谬误。

自我报告法的局限性主要体现在以下几个方面:(1)报告法采用的简短量表会增加测量误差和降低内容效度。在实际调查中,过长的标准化调查问卷往往不易扩散且容易遭到被试的抵触与随意性作答,因此将标准化量表简化成仅包含几个问题的简短量表被广泛应用于各种大规模调查中(如PISA等)。然而,相关研究表明,简短量表往往具有较低的信度和预测效度,增大了1类错误和2类错误的发生率,增加了测量误差和降低内容效度。[2] (2)自我报告者对于测量题目的错误理解或记忆偏差,由于个体的认知差异,报告者对于题目的理解并不一定与题目设计者的预期一致,当遇到模棱两可或者难以被报告者理解的词语或表达时,便可能出现随意作答或者不答的情况;即便在报告者能够正确理解设计者的题目涵义,也可能会受到记忆偏见的影响,使用最适合他们的自我形象或价值系统的信息类型进行作答。(3)社会称许效应,社会称许效应是受访者倾向于以一种他们认为会被他人看好的方式进行回答

---

[1] Connelly, B. S. and D. S. Ones (2010), Another perspective on personality: meta-analytic integration of observers' accuracy and predictive validity, *Psychological Bulletin*, 136,6,1092-1122.

[2] Credé, M. et al. (2012), An evaluation of the consequences of using short measures of the big five personality traits, *Journal of Personality and Social Psychology*, 102,4,874-888.

问题,而这可能导致"可取的"行为被夸大,或"不可取的"行为被低估,例如人们倾向于夸大他们的智力成就或慈善行为,而淡化暴力或非法行为。(4)作答风格的影响,自我报告多采用李克特量表的方式进行计分,要求被试从诸如"非常不同意"到"非常同意"的五个选项中根据个人实际情况进行作答。然而,对于"极端反应"风格的个体,其往往会选择"非常不同意"或"非常同意",而对于"温和反应"风格的个体,其往往会选择"比较同意"或"比较不同意",而两者所面临的实际情况可能是一致的,甚至"温和反应"风格个体所面临的实际情况可能比"极端反应"风格个体的情况更"极端"。(5)测量等值性问题,同一测量题目对于不同性别、不同文化的报告者可能并不具有同等的测量效力,对于女生有效的测量题目未必对男生有效,由此将带来测量结果的不可比性。

观察者报告是通过与被评价者相关的第三方进行评价的方式,与自我报告相比,观察者报告可能比自我报告更加客观与可靠。相关研究表明,他人的评价比自我评价更准确、更公正、更具有预测性。[1] 特别是对年龄较小的学生而言,他们的自我报告往往不够可靠,而教师或家长作为成年人,其对学生的了解与评价更为全面与客观。同时,观察者报告能够为自我报告提供互补信息,使评估更全面,甚至可以识别或纠正某些类型的测量问题。但是,观察者报告也存在着一定的局限性:一方面,观察者报告存在着自我报告相同的问题,如对于测量题目的错误理解或记忆偏差、社会期望效应、作答风格的影响等;另一方面,在实际应用中,观察者报告也容易受到评价者对受试者熟悉程度的影响,当评价人和被评价人之间的熟悉程度增加时,观察者报告的信度也会随之提高,反之就会存在测量结果信度不高的情况。此外,观察者报告还容易受到观察者主观印象的影响,从而导致错误的评价结果。例如,父母评价学生时往往会存在正偏向性;教师的评价受学生学业成就和学习行为的影响,对于学业成就高的学生,教师的评价更为积极,得分更高;同伴关系也会影响同伴报告的准确性;而对于陌生人来说,他们的评价结果通常相对较低。

2. 其他测评方法的局限性

如上所述,自我报告法与观察者报告法均存在着测量题目的错误理解或记忆偏差、社会期望效应、作答风格等诸多因素的影响,测量结果都有着较强的主观性,因此在社会与情感能力的测评中,研究者引入了任务表现法、锚定情景法、生物数据法等多种方法对社会与情感能力进行更为客观与真实的测评。虽然这些方法在一定程度上纠正了报告法的测量偏差,但也出现了一些其他测量局限性。

首先,任务表现法是研究者通过设计具体的行为任务,根据被试的任务表现来测评其的

---

[1] Connelly, B. S. and D. S. Ones (2010), Another perspective on personality: meta-analytic integration of observers' accuracy and predictive validity, *Psychological Bulletin*, 136, 6, 1092-1122.

社会与情感能力的发展水平,直接的行为观察与评价使得测评结果不受评分者自身潜在偏见和感知的影响,测评结果更加客观真实,如果任务行为设计得当,任务表现测评可以产生具有高信度的测评结果。然而,这种测评方法最大的不足便是引起目标行为的因素是多样的而非单一的,被试的行为表现可能是多种因素综合导致的结果,情景因素与无关因素等都会对被试的行为表现产生影响。并且虽然行为表现本身是客观的,但它的解释却是基于研究者的主观假设,这都将增加测量误差或使测量结果产生偏差。此外,开发具有较高信效度的任务表现测评工具的过程较为复杂,技术难度较高,同时,评估过程也需要耗费较大的人力物力,测评成本也较报告法高出很多。

其次,锚定情景法作为一种基于真实的生活情境的测评,其最大的优点是为被试提供了更加真实的情境,使被试更容易理解和参与。一方面锚定情景法克服了报告法的一些局限性,如由于默许、极端反应等各种作答风格和对量表的不同理解所带来的测评偏差,提高了数据的可靠性和有效性;另一方面锚定情景法通过提供直接相关的测试情景来刺激个体的目标反应,节省了等待行为在现实生活中自然发生的成本和时间,使得测量更加高效。但是,锚定情景法也存在着与报告法相同的局限性,如被试通常倾向于提供社会所期望的答案,或者给定的测试情境对不同文化或者不同特征的群体不具有普遍适用性。此外,锚定情景法的测评工具表述通常比报告法要长很多,因为每种情景都需要进行单独的提出和描述。

最后,生物数据研究是被试有关被评估技能、能力或特征的传记活动的集合。这些数据可以是通常个人简历上的信息,也可以包括更具体的细节。标准化的生物数据采集还可以实现个人和团体之间的对比分析。相比传统的报告法,生物测量数据更不容易被伪造,同时也比动态评估法、任务表现法或者锚定情景法更不耗时,因此是一种应用前景广阔的测评方法。然而,使用生物数据的主要障碍是较难直接找到可靠有效的描述个人特定品质的传记事件,并且生物数据是个人和情境因素的多重相互作用的产物,对于特定品质或技能的准确识别仍存在一定的困难。此外,使用生物数据过程中的隐私问题和其他伦理考虑也对该方法的推广与使用带来一定的潜在风险。[①]

(二)"社会与情感能力"测评标准的不确定性

1. 政策层面尚未形成统一的"社会与情感能力"测评标准

进入21世纪,在全球化与多元化的冲击下,日益增强的技术变革与传统社交网络的解体使人们愈发重视信任、合作与同情等社会与情感能力在应对变化与挑战中的重要作用。2014年OECD"社会进步技能"(Skills for Social Progress)大会将"认知能力和社会与情感能力均衡

---

① Kankaraš, M. (2017). Personality matters: Relevance and assessment of personality characteristics. https://doi.org/10.1787/8a294376-en.

发展"视为应对21世纪挑战的儿童发展目标。在我国,党的"十九大"报告提出,"要全面贯彻党的教育方针,落实立德树人根本任务,发展素质教育,推进教育公平,培养德智体美全面发展的社会主义建设者和接班人"。2021年颁布的《义务教育质量评价指南》将学生"品德发展、身心发展、审美素养、劳动与社会实践"的发展质量评价与学业发展评价并重,强调要促进学生德智体美劳的全面发展,培养学生适应终身发展和社会发展需要的正确价值观、必备品格和关键能力。可以说,社会与情感能力已成为培养21世纪人才的核心能力。

社会与情感能力作为在世界范围内共同关注的关键能力,要对其进行有效培养便需要首先明确其具体内涵和评价标准。然而纵观全球,尽管相关研究机构、研究者提出了各种社会与情感能力测量模型,但这些模型多在区域层面或者学校层面进行应用,缺乏从国家角度以政策形式对社会与情感能力的内涵与评价标准进行准确界定,使得教育工作者缺乏社会与情感能力培养与评价的明确的政策指导。这在一定程度上阻碍了学生社会与情感能力培养的效果,也使得一国之内,学生社会与情感能力的发展出现了较大差异。

在我国,对于社会与情感能力的培养与测评始于2001年教育部和中国科学技术协会联合发起的"做中学"科学教育实验项目。该项目旨在通过探究式的科学教育,培养幼儿园和小学阶段学生的科学概念、探究能力、社会情感能力等,使其成为具有良好科学素质的合格公民[1]。但在该项目中,社会与情感能力仅作为培养目标之一,且对于社会与情感能力的明确内涵和评价标准尚未建立。国内对于社会与情感能力的系统研究起源于2012年。2012年,中国教育部教师工作司与联合国儿童基金会合作,对我国的贵州、云南、重庆、广西和新疆五个省、直辖市、自治区下辖的五个县开展了试点工作,进行为期五年的"社会情感学习与学校管理改进项目"。该项目首次明确了社会与情感能力的内涵与能力构成,形成了科学的测评指标,但该项目的影响力并未辐射到全国,项目研究所形成的《培训指导手册》也仅在区域层面内进行推广与使用,尚未从政策层面进行宣传与推广,使得社会与情感能力的培养与评价缺乏统一的指导标准。

2. "社会与情感能力"测评标准因发展阶段而异

有效的"社会与情感能力"测评应该是能够促进不同阶段儿童获得适合自身发展的。[2] 相关研究指出,社会与情感能力的发展会随着儿童的成熟而发生变化,不同年龄阶段的儿童有着不同的社会与情感能力发展需求,面临着不同的社会与情感能力发展任务,因此对于社会与情感能力的评估也要因发展阶段设置不同的测评标准,对于社会与情感能力的测量不能所

---

[1] 杨元魁.(2012).在"做中学"中培养孩子的情绪能力.小学科学(教师论坛)(03),3.

[2] Assessment Work Group. (2019). Student social and emotional competence assessment: The current state of the field and a vision for its future. Chicago, IL: Collaborative for Academic, Social, and Emotional Learning Keeping SEL Developmental: The Importance of a Developmental Lens for Fostering and Assessing SEL Competencies.

有年龄段等而视之。但当前的自我报告问卷通常会向不同年龄段的学生提出相同的问题,而且多以初高中阶段、能够理解和回答自我报告问卷的学生为主,这在一定程度上损害了社会与情感能力测量的准确性和有效性。

除以上随着儿童的成熟发生变化的发展任务外,仍存在着部分在各年龄段都"保持不变"的社会与情感能力。如社会意识,无论是学龄前儿童还是高中学生,都需要发展其社会意识,只不过不同年龄阶段的发展任务有所差别:学龄前儿童的社会意识表现为基本的情绪表达,如,快乐、悲伤、愤怒、恐惧等;小学阶段的社会意识表现为"可以用思维来调节情绪,故意隐藏或表达情绪";初中阶段表现为"对复杂情绪的体验";高中阶段表现为"所经历的情绪可能取决于一个人的经历和个性特征"。[①] 因此,关键的社会与情感能力在个体持续不断的发展过程中始终具有重要的意义,但它们在不同的时间可能有不同的表现形式,需要不同的测量方法和测量标准。因此即便是对于同一社会与情感能力的测量研究者或者评估者也应该关注到不同年龄特点的发展差异,对评价标准进行细化,使得社会与情感能力的测量能够更好地服务不同年龄段学生的发展,为每个年龄段学生设计符合其发展特点的测评标准。

(三)"社会与情感能力"测评数据的收集、解释和使用问题

1. 测评工具的选择困难

社会与情感能力测评工具的有效选择直接决定着测量结果的准确性和有效性。但是想要选择一个科学有效的测评工具并不容易。在测评工具的选择中,面临的第一个挑战便是缺乏一个能够统一该领域工作的总体框架,从而使得研究结果和实践方法能够有效地累积起来。社会与情感能力的相关问题在国内外已经研究了多年,并从多个方向进行了探索,如社会与情感能力是如何产生和发展的,哪些能力是最重要的,哪些改进方法最有效等。这些成果积累都为社会与情感能力的研究提供了前提和基础,推动着社会与情感能力研究的迅速发展,但这些积累同时也是一种挑战,使得社会与情感能力的研究过于宽泛从而无法聚焦,这也使得统合该领域研究成果变得愈加困难。

美国研究机构(American Institutes for Research, AIR)2018年的报告显示,社会与情感能力研究领域有着众多不同类型的测评框架,使得测评工具的选择变得异常艰难。该报告总结归类了来自14个不同思想流派的136个社会与情感能力测评框架,其中来自教育领域的框架有33个、青年发展的有19个、劳动力发展的有18个、心理学有11个和性格发展的10个框架。此外,公共卫生、经济学、精神健康、残疾服务和不同的文化视角等方面也有相关的多种框架。这使得社会与情感能力研究领域很难以系统的方式综合和利用来自不同领域的信息,

---

① Denham, S. A. (2018). Keeping SEL developmental: The importance of a developmental lens for fostering and assessing SEL competencies. https://measuringsel.casel.org/wp-content/uploads/2018/11/Frameworks-DevSEL.pdf.

并以最佳状态推进该领域和为实践提供信息。

除此之外,社会与情感能力测评工具的选择中,不同文化对测评工具的影响不容忽视。不同文化背景下的社会与情感能力的定义是否相同,测评工具能否准确识别出文化因素带来的测评结果偏差,被试的背景文化是否与测评工具的内容表述相一致,不同文化群体的成员在项目和总体分数上的相同分数是否反映了相同的能力水平,这些问题都制约着社会与情感能力测评工具的选择与使用。

2. 测评数据的不当解读和使用

当在学校实践中进行学生的社会与情感能力测评时,一个特别值得关注的问题是:测评对教育工作者计划根据测评分数做出推论和决策的适用性。[1] 也就是说,测评能否为教育工作者的教育目的服务。社会与情感能力的测量跟大部分心理测量或者教育测量一样,虽然最终的落脚点都是学生的发展,但在不同阶段有着不同的测评任务。

当教师在开展社会与情感能力课程教学之前进行社会与情感能力测评时,测评的目的是了解学生的基本发展状况,通过摸底调查来决定课程的教授方式和重点教授的内容,此时社会与情感能力的测评数据要发挥诊断性评价的作用;当教师在教学过程中,想要了解学生的社会与情感能力发展情况,以便及时发现学生社会与情感能力学习过程中存在的问题和困难时,此时进行的社会与情感能力测评需要实现的是形成性评价的功能;当教师在社会与情感能力教学结束后进行想要对学生的整体学习情况以及社会与情感能力的教学效果进行评估时,社会与情感能力测评数据便要发挥总结性评价的作用。而当一个地区想要使用社会和情感能力评估作为学校教育质量评估指标的一部分,以确定对学校的教育投入时,社会与情感能力测评数据的解读和使用便要以一种问责制的形式出现。也就是说,社会与情感能力测评数据的解读和使用要符合教育工作者对测评目的的要求,只有当测评数据能够服务于特定的教育目的和教育任务时,才能说测评是有效的。

但是对社会与情感能力测评数据进行准确解读和有效使用并非易事。一方面,当前的学校教育工作者多是学科教学专家,能够基于学业成绩对学生的学习效果做出准确的判断和解读,但是并不擅长对社会与情感能力的测评数据进行解读。这是因为学校教育工作者通常不具备社会与情感能力相关的专业知识,在教师的入职培训以及在职培训中,社会与情感能力都不是教师专业发展的必备知识[2],这就增加了教师对社会与情感能力测评结果的误读风险,

---

[1] McKown, C. (2019). Challenges and opportunities in the applied assessment of student social and emotional learning. *Educational Psychologist*, 54(3), 205 – 221.

[2] Schonert-Reichl, K. A., Hanson-Peterson, J. L., & Hymel, S. (2015). SEL and preservice teacher education. In J. A. Durlak, C. E. Domitrovich, R. P. Weissberg, & T. P. Gullotta (Eds.), *Handbook of social and emotional learning: research and practice* (pp. 406 – 421). New York, NY: Guilford Press.

使得社会与情感能力测评数据无法有效地应用于相关的教学目的,因为也无法针对性地提高社会与情感能力教学效果。另一方面,政策层面也未对社会与情感能力测评数据的使用进行明确的规定。社会与情感能力的测评数据应该如何解读,标准是什么,目前国内外均未进行明确规定。相比学业成绩测评数据的解读和使用,教育政策有着明确的指向:测评的目的是什么,测评内容包含哪些,要达到怎样的成就标准,如何对分数进行评价以及怎样基于测评结果进行改进等都有着不同程度的文件说明,这为教育工作者提供了明确的任务清单和行动指南。但反观社会与情感能力的测评,作为一个新兴的评价领域,政策层面还只停留在对相关能力培养的倡议和呼吁,尚未形成明确的规定,如教育工作者是否必须对学生的社会与情感能力进行测评,必须评估的内容是什么,应该采用怎样的方式进行评估,测评数据的解读标准是什么,如何对相关数据进行解读和使用等。因此,缺乏强有力的政策指导和要求也是导致社会与情感能力测评数据错误解读和不当使用的原因之一。

概言之,作为一种非认知能力,社会与情感能力的测评受到了广泛关注,在发展过程中逐步成熟,但是在具体的测评实践中也遇到了诸多挑战:

其一,在测评方法上,报告法作为社会与情感能力测评的典型方法存在着诸多困境。学龄前的儿童因其大脑发育不完全、知识储备不丰富,如果以文字的形式测量社会与情感能力将会受到很大的限制,而现在的自陈量表,尤其是单一的自我报告法仍是主流的测评方式。虽然OECD提出增加观察者报告的方法[①],但大多数测评工具并没有开发父母报告、教师报告的量表。自我报告自身的局限性很难通过题目设置或施测过程改善,要想提高测评可信度和普适性还需要从测评方式等方面着手。如前所述,童年时期的气质与"大五人格"紧密联系,许多量表还是基于"大五人格"设计的测量儿童社会与情感能力的题目,但部分量表测量的是气质而非能力,即儿童行为或情绪的倾向性。儿童行为的倾向性与行为的关系是否存在必然的一致性?二者之间的关系是怎样的?这一点值得后续研究。青春期是学生进行自我探索、寻求自我认同从而实现自我同一性的关键期,这一时期的学生常常追求独立但又无法完全脱离父母的照顾,重视朋友和社会关系,"面子"意识增强,因此测评量表中的"社会称许效应"和"作假"程度较高,在进行社会与情感能力评估时应注意甄别和筛选。部分社会与情感能力,如创造性、乐观等大多是内隐加工方式,传统测评无法呈现个体的内部加工机制,无法揭示参评者的思考过程和心理状态。作为补充的任务表现法、锚定情景法虽在一定程度上纠正了报告法的测量偏差,但也存在着各自特有的局限性。如半开放和开放的测评形式由于答案不唯一,对评价者提出了很高的要求,评分也更加费时费力,一旦进行大规模施测,优势便难以发挥。

---

① OECD. (2015). Skills for social progress: The power of social and emotional skills. *OECD Skills studies*.

其二，在测评标准上，政策层面尚未形成统一的社会与情感能力测评标准，且社会与情感能力测评标准因学生处于不同发展阶段而存在着较大差异。学龄期的学生正处于生长的高速发展期，知识储备逐渐丰富但社会阅历不足，家庭还是他们主要的生活场所，还不能全面地理解社会现象和社会关系网络。如果在设计社会与情感能力量表时不考虑该阶段学生社会属性的局限性，则很有可能错误地评估学生的社会与情感能力水平。这些都导致了，社会与情感能力测评标准的不确定性；在测评数据的收集、解读和使用方面，由于缺乏能够统一该领域工作的总体框架，社会与情感能力的测评工具层出不穷，为测评工具的选择带来了极大挑战；教师对社会与情感能力相关知识的匮乏和政策对于社会与情感能力测评规定的缺失使得社会与情感能力测评数据存在着较大的错误解读和不当使用的风险。如何妥善地解决上述挑战和问题，化解社会与情感能力的测评危机，不仅是未来社会与情感能力研究的重要内容，也是教育实践领域的重点关注。

其三，现在社会与情感能力测评工具的开发呈现年轻化态势，中年人和老年人的社会与情感能力测评鲜有关注。虽说成年期之前是培养和塑造社会与情感能力的关键期，但社会与情感能力在生命后期的可塑性也不容小觑。从不同文化群体来看，社会与情感能力在很大程度上依托于当地的文化习俗和社会风气，因此社会与情感能力的测评和认知能力测评广泛的跨文化特点不同，它具有很强的文化属性。我国现有的社会与情感能力测评多是西方量表翻译而来，即使进行过本土化的修订也很难完全适用我国学生特定的成长环境，且无法突出集体主义文化下学生社会与情感能力的特点。单就我国多民族多语言的特点和文化环境，现有的社会与情感能力测评工具要想实现多元兼容，还有很长的路要走。

社会与情感能力面向从中小学生到大学生乃至成年人，不同年龄阶段因其成长环境、校园经历、社会背景的不同有着不同的特点。现有的社会与情感能力测评是否考虑到了各个年龄段个体的特殊性？是否能够满足不同种族、不同文化下个体的诉求？是否足以涵盖大多数甚至全部社会群体的测评需要？可见，社会与情感能力的标准化测评仍存在一些困难悬而未决，着力破解"硬骨头"，稳步破解"烫山芋"，是社会与情感能力标准化量表能否永立时代潮头的关键所在。

二、社会与情感能力测评欲向何方

OECD 在 2015 年发布的《推动社会进步的能力：社会与情感能力的力量》的报告中指出：21 世纪的儿童和青少年需要一套平衡的技能才能在充满挑战的现代生活中取得成功。OECD 指导开展的青少年社会与情感能力测评项目填补了社会与情感能力领域测评与实践的空白。2020 年 10 月，中共中央、国务院印发《深化新时代教育评价改革总体方案》，提出"教育评价事关教育发展方向，有什么样的评价指挥棒，就有什么样的办学导向"。社会与情感能力是个体

第一章 从"我"到"我们":社会与情感能力测评概述

整体发展和成功的重要组成部分,学者感叹于它的重要性与教育、测评中的地位之间的脱节。虽然社会与情感能力的测量正在向着多样化、学科化、动态化、具体化方向逐步发展,然而测评的瓶颈依然存在。

第四代评估理论认为,评价的本质在于共同建构,强调运用质性的研究方法在自然的情景下促进被评价者的发展功能。[①] 社会与情感能力测评的目的是为了培养和发展,对设计有效的社会与情感能力的干预措施具有重要的研究价值。基于标准化测评的种种弊端,很多研究者开展了以"去标准化"为核心的测评研究,探索更多新的测评方式和评价方式来弥补标准化测评的弊端。比如,研究者通过分析学生的作文文本、行政记录(学生的成绩、违纪档案等)以及其他的档案袋评价来测评学生的社会与情感能力。研究者可以采用直接评估,对学生在解决具有挑战性的社会情感任务中表现出的社会与情感能力进行测评,例如儿童自我调节评估(PSRA)。[②] 计算机直接评估也逐渐成为社会与情感能力测评的重要方法,研究者通过计算机提供适合发展的任务,要求学生展示他们的知识和技能,这些任务可以是类似游戏的任务,利用游戏化测评技术,使任务在形式上看起来不太像评估,[③] 从而隐藏任务的真实目的。也可以是带有插图和叙述的项目内容的交互式模块评估。[④] 游戏的模拟情境为学生提供了一个与场景互动的机会,使研究者获取学生社会与情感能力的过程性数据成为可能。游戏中的互动情境也可以迁移至课堂教学中。课堂中的情境测评能够很好的将测评、干预与培养有效结合起来。教育改革倡导的合作学习就是起到了示范作用的应用实例。学生参与合作讨论任务,研究者通过观察合作过程来收集学生的行为指标,能够从精心设计的任务和维度细化的行为指标中获得并更加客观地评价学生的合作水平及其他社会与情感能力。教师可以在实践前根据教学经验和理论上的学生发展水平为每项能力设定了较低水平和较高水平的熟练程度,在日常教学过程中探究学生对不同能力熟练程度的理解并定期对学生的表现进行评分。更重要的是,学生的合作水平和其他社会与情感能力从这一过程中得到了锻炼。可以说,以趣味的情境为载体,以先进的信息技术为手段打破了传统标准化量表测评的桎梏,是社会与情感能力测评的主要发展方向之一。更多关于情境测评的内容,例如,如何设计吸引学生的趣味情境?如何在课堂中高效应用情境测评?请详见第三章。

---

① 卢立涛.(2008).回应、协商、共同建构——"第四代评价理论"述评.内蒙古师范大学学报(教育科学版)(08),1—6.
② Smith-Donald, R., Raver, C.C., Hayes, T., & Richardson, B. (2007). Preliminary construct and concurrent validity of the Preschool Self-regulation Assessment (PSRA) for field-based research. *Early Childhood Research Quarterly*, 22(2), 173–187.
③ DeRosier, M.E., & Thomas, J.M. (2018). Establishing the criterion validity of Zoo U's game-based social emotional skills assessment for school-based outcomes. *Journal of Applied Developmental Psychology*, 55, 52–61.
④ Russo-Ponsaran, N.M., McKown, C., Johnson, J.K., Allen, A.W., Evans-Smith, B., & Fogg, L. (2015). Social-emotional correlates of early stage social information processing skills in children with and without autism spectrum disorder. *Autism Research*, 8(5), 486–496.

有效的测量与评估不仅可以准确分析学生社会与情感能力的现状，还能推动学生社会与情感能力发展相关教育项目的实施。本章以年龄作为讨论社会与情感能力测评工具的关键分类变量，还存在诸如个体健康水平、家庭文化背景等可能对社会与情感能力产生影响的变量，需要在测评时酌情控制。国际上社会与情感能力测评蓬勃发展，而国内认知能力测评在研究中仍占有绝对主体地位。一方面，近年来，随着"全面发展""素质教育""核心素养"等观念的普及，教育研究者逐渐意识到过度重视学生的认知能力测评不符合全面发展的本质要求，在学校教育由单一的强调学生认知能力的发展向力求认知能力和社会与情感能力平衡的转变中，对本土化的、有效的社会与情感能力的测评工具需求与日俱增。另一方面，目前我国中小学校园问题多发，学生心理问题严峻，通过社会与情感能力测评，进而开展具有针对性的教育干预，还能够有效预防和适当降低出现如校园欺凌、心理疾病等诸多教育问题。我国大部分现有的社会与情感能力测评大多来源于西方，理论发展和现实需求共同证实了开发适合我国文化背景的社会与情感能力测评工具的必要性和紧迫性。学界期待基于中国本土学生课堂特点、发展水平的社会与情感能力测评项目的研发、标准化及推广。让社会与情感能力测评在推进国家素质教育普及和加快学生全面发展进程中发挥其应有的巨大作用。

附录：测评实例[①]

(一) 学前期

量表名称：3~7岁儿童气质量表(CPTS)

问卷信息：该量表包括九个维度即活动水平、节律性、趋避性、适应性、反应阈限、反应强度、情绪本质、坚持度、注意分散度并可根据维度评价结果将儿童气质类型分为"易养型"、"难养型"、"发动缓慢型"三种主要类型。

指导语：请您根据孩子经常性的和最近一周内的行为表现进行评分，只需考虑您自己的印象和观察，独立地评价每一个问题，不必把前后不同的题目联系起来，只要恰当就用极限值评分，即尽量少选择中间评分。请迅速评定每一个问题，且不要遗漏任何一个问题。

计分方式：六点计分。(1=几乎从不，2=极少，3=不常见，4=常见，5=很常见，6=几乎总是)

[①] 由于涉及到知识版权的问题，附录只选取了各个量表的部分题目进行举例。如欲获取完整量表，请联系量表作者或查阅相关文献。

第一章 从"我"到"我们":社会与情感能力测评概述

题　目	1	2	3	4	5	6
受到批评或处罚后,孩子的心情有几分钟波动						
从事一项他所热衷的活动时,孩子似乎听不到其他声音						
孩子可以用好话哄劝不去干某种被禁止的活动						
孩子在同父母散步时总跑在前面						
孩子玩耍时总是在笑或微笑						
在从事一项工作或活动时,孩子的行动迟缓						
孩子对反对的意见反应强烈						
孩子需要有一段时间来习惯学校及家庭的变化						
喜欢做有奔跑和跳跃内容的游戏						
孩子对家规的变化适应较慢						
孩子解大便都大约在每天同一时间						
孩子喜欢拨弄新东西						
孩子在看电视或听音乐时能安静地坐着						
孩子在吃饭时想离开或离开过饭桌						
孩子厌烦计划的变动						
孩子能觉察到母亲服饰或外表的细微变化(如衣着、发型等)						
孩子在专心做某事时没注意到叫门声						
孩子对父母的轻微反对神态(如皱眉、摇头等)均有反应						
孩子同伙伴的争吵能在几分钟内平息						
孩子对"好事"和"坏事"两方面的反应都很强烈						
孩子能领会父母所做解释的微妙含义(如暗示的、不言喻的意义)						
孩子一躺到床上就能很快入睡						
孩子初到一个地方总是活跃地到处走动						
同他所熟悉的地方比较,孩子喜欢到一个全新的地方						
孩子在等待某人或某事时能安静坐着						

(续表)

题　目	1	2	3	4	5	6
孩子能花费一个多小时阅读一本书或看一些图书						
孩子能按他/她的水平快捷地学到新东西						
孩子在家中初次遇到新客人时总是微笑或笑着						
孩子在受到表扬时容易激动						
孩子在征得家长同意且安全的情况下能同陌生人一起外出						

(二) 学龄期

量表名称:儿童自我报告社交技能量表(CS4)

问卷信息:

适用对象:4—6年级。

维度:社交规则、受欢迎性、社会独创性。

社交规则:衡量儿童遵守社会规则和礼貌的情况。

受欢迎性:衡量孩子在同龄人中的受欢迎程度或缺乏受欢迎程度。

社会独创性:衡量孩子对社交互动细节的识别和/或理解不足。

计分方式:包含21个题目,采用五点计分(1=从不,2=几乎从不,3=有时,4=大部分时间,5=总是)。对于用于衡量负面行为的7个项目(例如,说话太大声,击打),分数被反向计分。

指导语:您好,请您根据自己的行为和感受来回答下面几个问题,1表示从不,2表示几乎不,3表示有时,4表示大部分时间,5表示总是。答案没有正误之分,请放心作答!

题　目	1	2	3	4	5	6
当别人说话时,我看着他们的脸						
其他人喜欢我,和我一起玩得很开心						
当有人为我做了好事时,我会说"谢谢"						
如果别人让我生气,我会踢他们或打他们						
我是专横的						
我和其他人轮流						

(续表)

题　目	1	2	3	4	5	6
当我过去的时候，其他人要求我移动或给他们更多的空间						
我能聆听别人说话						
我和别人分享游戏和玩具						

(三) 青春期

量表名称：社会情感技能评估量表

问卷信息：15岁儿童选测15种能力，每项能力8道题，共120道题。任务表现：自控力、责任感、毅力；情绪调节：抗压力、情绪控制、乐观；交往能力：活力、果敢、乐群；协作能力：共情、信任、合作；开放能力：包容度、好奇心、创造性。

指导语：请阅读每句话并选择五个答案中的一个（以表明你在多大程度上同意或不同意关于你的描述）

计分方式：1=非常不同意，2=不同意，3=一般，4=同意，5=非常同意，反向计分题目在题目前标"＊"。

题　目	1	2	3	4	5	6
我是一个领导者						
我想处于主导地位						
我知道如何说服别人做我想做的事						
我喜欢领导别人						
＊我不喜欢领导团队						
我想成为班干部						
我喜欢做一个团队的领袖						
我像领导者一样起主导作用						
我喜欢帮助别人						
我和他人相处得很好						
我与别人合作得很好						
＊我常常挑起争吵						

(续表)

题 目	1	2	3	4	5	6
我尊重他人						
我总是愿意帮助我的同学						
我乐意帮助任何人						
我礼貌待人						
我能找到做事情的新方法						
我是有创意的且能提出新想法						
*我在想象力方面有困难						
我有时能找到别人找不到的解决办法						
我喜欢创造新东西						
我想象力丰富						
*我觉得创造新东西很难						
*我几乎没有创造力						
我对许多不同的事情感到好奇						
我有强烈的学习欲望						
我喜欢问问题						
我喜欢了解事物的原理						
我喜欢学习新东西						
*我不喜欢学习						
我喜欢在学校学习新东西						
我觉得科学这门学科有趣						
我不容易沮丧						
我能控制自己的情绪						
*我容易生气						
我知道如何控制我的怒火						
*我的情绪波动大						
*我的情绪和心情难以捉摸						

(续表)

题 目	1	2	3	4	5	6
即使遇到紧张情况我也能够保持冷静						
*我常常感到生气						
我乐于助人且不自私						
我的朋友过得好对我来说很重要						
我能体会别人的感受						
我知道如何安慰别人						
我能揣摩别人的需求						
我能理解他人的需求						
我热情待人						
*我极少询问别人的感受						
我精力充沛						
我表现得很热情						
*我不如别人积极主动						
*我不如我的同学精力充沛						
只要有地方,我就想运动						
*我容易精疲力尽						

(四) 面向教师的社会与情感能力测评

量表名称:中小学教师"社会-情绪能力"问卷

问卷信息:自我管理、社会意识、社会互动、负责任地决策四个维度,分别设置6个、4个、5个、7个题项。

指导语:

亲爱的老师,您好!

这份问卷主要是了解您在日常工作中的各种感受,答案无所谓对错,因为对每个人来说,各种感受都是合理的。您可以挑选一个比较符合您情况的选项,无需进行太多思考。本问卷采取匿名方式,并对您的回答保密,请您不必有任何顾虑。现在请您填写这份问卷。感谢您的支持!

计分方式:1=完全不同意,2=不同意,3=不能确定,4=同意,5=完全同意

题　目	1	2	3	4	5	6
我对自身的专业发展有清晰明确的规划						
我清楚地知道自己会成为何种类型的教师						
当很多工作需要同时进行时,我会在考虑多方利益的情况下作出合理的安排						
开公开课那几天,我会找到一些方法进行情绪调节						
我会把开公开课的外部压力变成内在动力						
学生纪律出现问题时,我能保持冷静						
我会给不同层次的学生设定不同的学习目标						
我会关注到学生一些非常细微的进步						
我能敏锐地感受到学生的表情、动作和神态等非语言信息						
我从学生那里学到很多东西						
我会教给学生一些解决冲突的技能						
我会和学生一起制定班规						
我会根据实际情况制定有利于学生发展的工作计划						
我努力让每个学生都参与到班级管理中						
我能理解家长对孩子的付出						
在开家长会前,我会反复斟酌用词						
我很愿意向领导表达我的观点看法						
学校领导很支持我的工作						
在和同事一起研讨时,我可以很好地表达自己的观点						
与同事相处时,我可以让气氛变得很轻松						
当工作压力较大时,我可以从同事那里获得帮助						
做出决定前,我会慎重考虑这个决定所带来的后果						

第二章 借我一双慧眼：自我报告中真假难辨

自我报告可靠吗？在作答中外向、负责、从不撒谎的他在现实生活中又是怎样的？出于自得利益的考虑，人们在自我报告时往往有"装好"的倾向，由此引发"作假"行为。在采用自我报告进行的标准化测验中，研究者不得不提防被试"美丽的谎言"，因为作假不仅具有普遍性，还具有复杂的消极作用，其影响的方面包括但不限于数据的模态、测量的效度[1]、选拔人才的结果和决策规划等。[2] 关于作假的研究最早起源于人格测试领域，常作为人格测试的干扰项进行测量和预防。随着研究的深入，研究者发现作假现象不仅仅只发生在采用量表进行的人格测评中，而是几乎在各种测评方法中都存在出现的可能性。据前文所述，OECD对全球10岁和15岁的青少年开展的大规模社会与情感能力测评的内容框架主要依托于"大五人格"模型编制而成，因此，研究者在进行社会与情感能力的测评时，尤其是采用传统的测评方法（问卷、访谈等）进行大规模的测评时，作假更是不可忽视的问题。本章将从作假的含义、影响及应对举措进行进一步阐述。

第一节 是真诚的作答，还是精明的伪装？

一、什么是作假

在标准化的测评中，获得的数据往往带有很多误差，而作假和不认真作答是造成误差最常见的因素，因此，在讨论作假之前，需要先与不认真作答进行一个简单的概念区分。齐格勒

---

[1] Sackett, P. R. (2011). Integrating and prioritizing theoretical perspectives on applicant faking of personality measures. *Human Performance*, 24(4), 379–385.

[2] Dunlop, P. D., Telford, A. D., & Morrison, D. L. (2012). Not too little, but not too much: The perceived desirability of responses to personality items. *Journal of Research in Personality*, 46(1), 8–18.

(Ziegler)等人认为作假是一种自我描述的反应集,意在帮助个人实现自己的目标。[1] 当情境需求和个人特征激活这种反应集,从而产生测试分数与属性不相关的系统差异时,就会发生作假。作假往往需要意志努力的参与。不认真作答是指,被试在作答问卷过程中因动机不足而表现出的不遵从题目要求,或未仔细阅读题目内容便做出回答的作答模式,其外显形式包括随机作答、直线作答等。[2] 不认真作答往往不需要或较少需要意志努力的参与。两者之间详细的对比详见表2-5。

作假经常与反应偏差、反应集、反应风格、反应扭曲以及社会称许反应等词语互用,不同研究者关于作假的定义各有不同,在《人格评估中的作假现象新探》(*New Perspectives on Faking in Personality Assessment*)一书中,作者将前人的定义进行了整理,并总结出几个关键的要素特征:(1)作假是一种行为;(2)作假需要动机的参与(即目标导向);(3)作假会导致不准确(较好或较坏)的结果;(4)作假涉及人(特征)与情境因素(环境因素)的交互作用[3]。

通过上述作假特征的第二点我们可以看出,大部分的研究者认为作假需要动机,是一种有意识的行为。但是保卢斯(Paulhus)在研究大量文献的基础上,根据实证分析得出,社会称许是一个等级结构,他根据偏见的主题和受众类型将社会称许反应分为四个维度,分别为:自我欺骗的提高和反映利己主义偏见的能动性形象管理(Agency Management)、自我欺骗的否认和反映道德主义偏见的交流性形象管理(Communion Management),其中自我欺骗的增强和否认属于无意作假的范畴。[4] 也就是说,并非所有的作假都是有意的,无意作假是存在的。无意作假是一种或多种心理过程综合作用的结果,这些心理过程会使被试相信他们内心深处的自我判断是准确的。

与之相对应的是,伯勒斯(Burrus)等人提出并讨论了有意和无意作假的区别及概念,并总结了以下三种无意作假的类型。[5] (1)高于平均水平,表现为被试认为自己拥有比普通水平更高的技能或能力[6][7][8],往往表现在一些简单的能力方面(例如:沟通能力、与人和谐相处的能

---

[1] Ziegler, M., MacCann, C., & Roberts, R. (2012). *New perspectives on faking in personality assessment*. Oxford University Press, 8.

[2] 钟晓钰,李铭尧,李凌艳.(2021).问卷调查中被试不认真作答的控制与识别.心理科学进展,29(02),225—237.

[3] Ziegler, M., MacCann, C., & Roberts, R. (2012). *New perspectives on faking in personality assessment*. Oxford University Press, 310–311.

[4] Paulhus, D. L. (2002). Socially desirable responding: The evolution of a construct. *In The role of constructs in psychological and educational measurement*. Routledge, 49–69.

[5] Ziegler, M., MacCann, C., & Roberts, R. (2012). *New perspectives on faking in personality assessment*. Oxford University Press, 292–295.

[6] Alicke, M. D. (1985). Global self-evaluation as determined by the desirability and controllability of trait adjectives. *Journal of Personality and Social Psychology*, 49(6),1621.

[7] Mattern, K. D., Burrus, J., & Shaw, E. (2010). When both the skilled and unskilled are unaware: Consequences for academic performance. *Self and Identity*, 9(2),129–141.

[8] Svenson, O. (1981). Are we all less risky and more skillful than our fellow drivers? *Acta Psychologica*, 47(2),143–148.

力)。这种现象在社会心理学中被称为乌比冈湖效应(Lake Wobegon Effect)或沃博艮湖效应。产生该效应的主要原因是当人们将自己与同龄人进行比较时,人们倾向于以自我为中心,关注自己的技能,而没有充分考虑与他人的技能进行比较①,近几年也有研究发现,该现象会受到跨文化和信息接收差异的影响。② 有意思的是,往往实际能力远低于平均能力的个体,更容易在测试任务中高估自己的能力。③④ (2)不切实际的乐观主义,即个体高估积极事件发生在自己身上的可能性,低估负面事件发生在自己身上的可能性。⑤⑥ (3)过度自信效应,即被试倾向于高估他们给出答案的正确性,以及对未来预测的准确性⑦⑧,研究表明,即使是在某一方面具有较强专业性的人,例如工程师、临床心理学家、律师等,也存在着过度自信的现象。这表明,具有丰富的专业知识并不能避免过度自信的产生,过度自信几乎在任何一个人身上都有可能出现。

在测评中,并不是所有人都会带有一定的目的性进行作假。但不可否认的是,众多研究者普遍达成了一个共识:在常见的高风险测评情况下(例如:就业选择、求职应聘、患病率评级、刑事评估等),无论是采用何种测试工具或媒介(如问卷测评、访谈、面试、自我评述、简历、社交媒体等),都会出现作假行为⑨⑩,并且约有四分之一的被试会在自我报告的测评中会进行作假,而作假多为有意作假。被试在有意进行作假时,并不会在测试的各个方面都进行作假,而是选择在被试认为与他们需求相关的某个方面进行作假⑪,让自己的表现与"优秀代

---

① Kruger, J. (1999). Lake Wobegon be gone! The "below-average effect" and the egocentric nature of comparative ability judgments. *Journal of Personality and Social Psychology*, 77(2), 221.

② Wu, S. (2018). No Lake Wobegon in Beijing? The impact of culture on the perception of relative ranking. *Applied Cognitive Psychology*, 32(2), 192-199.

③ Ehrlinger, J., Johnson, K., Banner, M., Dunning, D., & Kruger, J. (2008). Why the unskilled are unaware: Further explorations of (absent) self-insight among the incompetent. *Organizational Behavior and Human Decision processes*, 105(1), 98-121.

④ Mattern, K.D., Burrus, J., & Shaw, E. (2010). When both the skilled and unskilled are unaware: Consequences for academic performance. *Self and Identity*, 9(2), 129-141.

⑤ Weinstein, C.S. (1988). Preservice teachers' expectations about the first year of teaching. *Teaching and Teacher Education*, 4(1), 31-40.

⑥ Weinstein, N.D. (1980). Unrealistic optimism about future life events. *Journal of Personality and Social Psychology*, 39(5), 806.

⑦ Chevalier, A., Gibbons, S., Thorpe, A., Snell, M., & Hoskins, S. (2009). Students' academic self-perception. *Economics of Education Review*, 28(6), 716-727.

⑧ Fischhoff, B., Slovic, P., & Lichtenstein, S. (1977). Knowing with certainty: The appropriateness of extreme confidence. *Journal of Experimental Psychology: Human Perception and Performance*, 3(4), 552.

⑨ Dilchert, S., Ones, D.S., Viswesvaran, C., & Deller, J. (2006). Response distortion in personality measurement: Born to deceive, yet capable of providing valid self-assessments? *Psychology Science*, 48(3), 209.

⑩ Schroeder, A.N., & Cavanaugh, J.M. (2018). Fake it until you make it: Examining faking ability on social media pages. *Computers in Human Behavior*, 84, 29-35.

⑪ Ziegler, M. (2009). A Reanalysis of Toomela (2003): Spurious measurement error as cause for common variance between personality factors. *Psychology Science Quarterly*, 51(1), 65.

表"相一致。① 例如：小A要应聘某超市的导购员，这个职位要求小A要具有良好的沟通能力，那么在入职测试时，小A很有可能会在测评沟通能力的题目上进行高分作假，以帮助自己增加被录取的可能性。此外，在高风险的测评环境中，也可能存在一定程度的无意作假。例如，学生在学年末或升学时所写的个人陈述、总结等，往往会无意识地将自己的优点放大，缺点缩小，并且随着年龄的增加和练习，个人陈述中的无意作假很有可能转变为有意作假。在低风险的测评环境中(例如：自愿作为某项研究的被试、学校及社会开展的各种匿名普查、职业兴趣测评等)，由于该测评的结果好坏不会对被试的切身利益产生直接的影响，因此，被试不会有意识的进行大范围的作假。此时，被试更多地表现出无意作假，即与自己的认知、人格及行为方式有关，需要注意的是，无意作假更不易被自己及他人所识别。

二、作假的影响

为什么测评环境中的作假问题会受到众多研究者的关注，这一方面体现在作假的自身特质上，即作假存在的普遍性，另一方面则是作假所带来的影响。关于作假的影响，可以分为以下几点。

(1) 影响测试分数的平均分、相关结构、结构效度和预测效度。当被试产生作假行为时，他们获得的测试分数可以反映不同的兴趣差异及被试差异。虚假相关方差的比例越大，由于测评维度引起的方差的比例就越小。例如，在沟通能力的测评中，如果大部分人都进行了作假，那么该测评结果的差异实质上是人们作假程度的差异，得到的测评分数实际上衡量的是作假情况，而不是研究者关注的沟通能力。在这种情况下，分数不再衡量研究者感兴趣的维度，作假也就降低了测试的结构效度。如果这个作假的测试分数被用来选拔所需的"人才"，这就相当于根据人们的意愿和能够假装的程度来选择人才，因此这也会降低测评成绩解释的预测效度。但是，作假会对量表的有效性产生多大的影响仍然是作假研究有待解决的问题。

(2) 影响与测试标准的关系。关于作假影响测试标准关系的问题目前还存在一定的分歧。有指导的作假研究表明，作假降低了与测试标准之间的关系②，但也有研究者用其他不同的方法进行研究发现，作假不会影响分数与测试标准的关系。③

(3) 影响选择过程中决策的公平性和准确性。在实际选拔场景中，作假会改变候选者的

---

① 徐建平,陈基越,张伟,李文雅,盛毓.(2015).应聘者在人格测验中作假的反应过程:基于工作赞许性的眼动证据.心理学报,47(11),1395-1404.

② Holden, R. R. (2007). Socially desirable responding does moderate personality scale validity both in experimental and in nonexperimental contexts. *Canadian Journal of Behavioural Science/Revue Canadienne Des Sciences Du Comportement*, 39(3), 184.

③ Ziegler, M., & Buehner, M. (2009). Modeling socially desirable responding and its effects. *Educational and Psychological Measurement*, 69(4), 548-565.

排名顺序,真实分数较低的作假者会取代真实分数较高的非作假者[1][2],因此,如果在不考虑是否有作假者的情况下,仅根据得分的高低来选拔候选者,则作出的选择决策将会有失公平性和准确性。

除上述影响外,在真实的学习教育场景中,无意作假也会对学生和教师产生一些独特的影响。

(1) 高于平均水平和不切实际的乐观主义会影响学生学习的积极性和学业表现。比如,带有上述特点的学生可能会觉得自己比其他同学更聪明,考前准备会更充分,更有可能在考试中取得好成绩,这样的想法会影响被试对自己接下来的学习程度和频率的评估。再比如,觉得自己能力很强的学生往往自我效能感也会很强,遇到困难的时候会更有信心和毅力,因此,学业成绩也会更高。[3] 但是也有另外一种情况,高估自己知识和成功可能性的学生会认为自己不需要付出太多的努力就能和"普通人"一样甚至是超越,从而付出比其他人更少的努力。目前,关于该影响是积极的还是消极的,尚无确切的回答。但是马特恩等人经追踪研究发现,在高中高估自己能力的人在大学里的表现要好于低估自己能力的人,这在一定程度上为高估自己会对教育产生积极影响提供了证据。[4] 但是,该研究的影响效果较小,还需要进一步研究探讨。

(2) 高于平均水平和不切实际的乐观主义还会影响学生对学业成绩的反应,换句话说,学生对考试或测试成绩的反应会随着结果是否符合先前的预期而变化。比如,一位学生认为自己要比其他同学更有能力并希望自己表现得比其他同学更好,那么当他的成绩没有达到自己的预期时,便会对结果感到不满意,甚至会觉得结果是不公平的。正如公平理论(equity theory)所提出的,如果投入(例如,学生在作业和考试中所做的工作)与结果(例如,成绩)的比率等于其他人的投入与结果的比率,那么该结果将被认为是公平的。[5] 而高估自己的学生则会认为他们的成绩在他们"夸大"投入的程度上是不公平的,因此,学生感知到的不公平会进一步影响学生的学校表现[6],进而产生一些适应性问题。

---

[1] Ellingson, J. E., Sackett, P. R., & Hough, L. M. (1999). Social desirability corrections in personality measurement: Issues of applicant comparison and construct validity. *Journal of Applied Psychology*, 84(2), 155.

[2] Rosse, J. G., Stecher, M. D., Miller, J. L., & Levin, R. A. (1998). The impact of response distortion on preemployment personality testing and hiring decisions. *Journal of Applied Psychology*, 83(4), 634.

[3] Bandura, A. (1977). Self-efficacy: toward a unifying theory of behavioral change. *Psychological Review*, 84(2), 191.

[4] Mattern, K. D., Burrus, J., & Shaw, E. (2010). When both the skilled and unskilled are unaware: Consequences for academic performance. *Self and Identity*, 9(2), 129–141.

[5] Adams, J. S. (1965). Inequity in social exchange. *Advances in Experimental Social Psychology*. Elsevier, Vol. 2, 267–299.

[6] Colquitt, J. A., Conlon, D. E., Wesson, M. J., Porter, C. O., & Ng, K. Y. (2001). Justice at the millennium: a meta-analytic review of 25 years of organizational justice research. *Journal of Applied Psychology*, 86(3), 425.

（3）过度自信在教育场景中对学生的影响主要体现在学习习惯的两个方面。一方面，在集中学习（教师集中某一时间来讲解某一类问题）后，学生易表现出过度自信，这样往往会导致他们在考试前临时抱佛脚。因为他们认为自己的知识是通过集中培训学习而获得的，倾向于相信学得很快的知识往往更容易被记住。[1] 简而言之，集中学习往往会给学生留下一种印象，即学生很快就学会了一些知识[2]，而学生会将学习速度与熟练程度混为一谈，从而对自己的学习过于自信。另一方面，过度自信会影响学生在学习上所花费的时间。例如，一项关于阅读理解的研究发现：尽管材料中存在着自相矛盾的内容，但是过度自信的学生依然表示自己已经理解了该阅读材料[3]，然而学生认为自己已经理解的程度会直接影响他们在学习上所花费的时间[4]，也就是说过度自信的人会认为自己对某一主题理解得很深刻，进而会减少在这一主题上的学习或探索的时间。

（4）除学生外，教师也容易受到无意作假的影响。教师对他们处理教学工作的能力也会抱有不切实际的乐观态度，这些不切实际的期望会导致教师在意识到教学比想象中要困难时，常常感到压力倍增。[5] 这也是为什么教师会产生职业倦怠的原因之一。在一定程度上，这种过度膨胀的自我评估是导致教师辞职的一个重要因素。[6]

第二节　理想或现实：人人都可能是伪装者

在探讨人们为什么会作假之前，还需要回答两个问题，即人们有没有机会作假以及人们会不会作假。

首先，即使标准化测评相比于其他类型的测试（例如，非结构化访谈）更会限制被试的回答，但是被试仍然可以在测评中按照自己的意愿来选择"合适"的选项，因此，任何标准化测评本身就存在着的作假机会。其次，在测评中，如果被试的回答是可被验证的或者被试逃避作假检测的能力较差，那么被试作假成功的机会就会降低，但是在实际的标准化测评中往往缺

---

[1] Bjork, R. A. (1999). F 5 assessing our own competence: Heuristics and illusions. *Attention and performance XVII: Cognitive regulation of performance: Interaction of Theory and Application*, 435.

[2] Dunning, D., Heath, C., & Suls, J. M. (2004). Flawed self-assessment: Implications for health, education, and the workplace. *Psychological Science in the Public Interest*, 5(3), 69–106.

[3] Glenberg, A. M., Wilkinson, A. C., & Epstein, W. (1982). The illusion of knowing: Failure in the self-assessment of comprehension. *Memory & Cognition*, 10(6), 597–602.

[4] Dunning, D., Heath, C., & Suls, J. M. (2004). Flawed self-assessment: Implications for health, education, and the workplace. *Psychological Science in the Public Interest*, 5(3), 69–106.

[5] Weinstein, C. S. (1988). Preservice teachers' expectations about the first year of teaching. *Teaching and Teacher Education*, 4(1), 31–40.

[6] Watt, H. M., & Richardson, P. W. (2008). Motivations, perceptions, and aspirations concerning teaching as a career for different types of beginning teachers. *Learning and Instruction*, 18(5), 408–428.

第二章 借我一双慧眼:自我报告中真假难辨

少对被试作答的检验。最后,被试的真实得分也会影响作假机会的大小,如果一个人本身就有一个很高的真实得分,那么他在测试中可作假的范围就很小,机会也就降低。综上看来,似乎每个被试都有机会在测试时进行作假。

既然传统测试本身就给被试提供了作假的机会,那人们会不会作假呢?多诺万(Donovan)等人使用随机反应技术来检验人格测评中作假发生的概率,结果显示,47%的被试夸大了自己的责任感,41%的被试夸大了自己的宜人性,超15%的被试承认自己的回答是完全虚构的。[1] 因此,面对如此高的作假比例,很难再用"会"与"不会"的分类方法来研究人们的作假问题,并且在当代心理学研究中也很少有研究者会将某一行为完全用"做"与"不做"来描述,而更多会采用行为连续的概念进行研究,因此将"人们会不会作假"的问题转换为"人们在多大程度上会作假"的问题可以帮助研究者更好地探究作假行为。被试的作假程度会受到作自身假能力的影响。关于作假能力和作假机会两者之间的关系,有时会被看成是并行关系[2],有时作假机会被当成影响作假能力的因素之一。[3] 此外,被试自我监控水平以及对被测知识的了解程度也会影响被试的作假能力。从一些经验证据和维斯瓦拉(Viswesvaran)与温斯(Ones)的研究回顾中可以得出:虽然人们的作假能力因人而异,但是每个人都有可能进行大幅度地作假。[4][5][6]

想了解人们为什么会作假或者说人们作假的动机是什么,就要先从心理测试的两个主要用途(诊断和选择)出发。一方面,有人在测试中会通过"装病"的方式让自己的测评诊断结果变差,以期望可以病退、获得保险赔偿、免受重大惩罚等。另一方面,人们在测试中会有意或无意地"夸大"自己的水平,以期望在自己感兴趣的能力、岗位所要求的能力以及大众所认可的能力等方面的得分更高。在心理学、社会学及教育学等领域的相关研究中,人们大多关注被试在测评中的"夸大"倾向,并探索造成"夸大"的原因,齐格勒(Ziegler)等人在书中整理了被试作答"夸大"化的影响因素,并随着研究的深入,影响因素的探索也在不断地更新,具体如表2-1所示[7]。

---

[1] Donovan, J.J., Dwight, S.A., & Hurtz, G.M. (2003). An assessment of the prevalence, severity, and verifiability of entry-level applicant faking using the randomized response technique. *Human Performance*, 16(1), 81–106.

[2] McFarland, L.A., & Ryan, A.M. (2000). Variance in faking across noncognitive measures. *Journal of Applied Psychology*, 85(5), 812.

[3] McFarland, L.A., & Ryan, A.M. (2006). Toward an integrated model of applicant faking behavior 1. *Journal of Applied Social Psychology*, 36(4), 979–1016.

[4] Alliger, G.M., Lilienfeld, S.O., & Mitchell, K.E. (1996). The susceptibility of overt and covert integrity tests to coaching and faking. *Psychological Science*, 7(1), 32–39.

[5] Pauls, C.A., & Crost, N.W. (2005). Cognitive ability and self-reported efficacy of self-presentation predict faking on personality measures. *Journal of Individual Differences*, 26(4), 194–206.

[6] Viswesvaran, C., & Ones, D.S. (1999). Meta-analyses of fakability estimates: Implications for personality measurement. *Educational and Psychological Measurement*, 59(2), 197–210.

[7] Ziegler, M., MacCann, C., & Roberts, R. (2012). *New perspectives on faking in personality assessment*. Oxford University Press, 89.

表 2-1 影响作假行为的因素

因素		与作假的关系	具体表现	实证支持
认知能力		+/-	① 认知能力更强的人会更少地进行作假,因为他们没有必要通过作假获得认可,也会考虑自己行为所带来的后果,并选择对他们最有利的后果。 ② 认知能力更强的人作假会更多,因为对测试项目有更好的理解,更善于识别特定的情境要求并抓住作假的机会,更有能力构建成功作假的策略。	支持① 不支持②
性格因素	正直	-		支持③④
	情绪稳定性	-	愿意操纵他人或不那么受规则约束的人将更有可能产生作假行为。	支持⑤⑥
	责任心	-		支持⑦⑧
	马基雅维利主义	+		支持⑨
	操纵性	+		支持⑩
	认可的需求	+		

① Pauls, C. A., & Crost, N. W. (2005). Cognitive ability and self-reported efficacy of self-presentation predict faking on personality measures. *Journal of Individual Differences*, 26(4), 194 – 206.
② Griffith, R., Malm, T., English, A., Yoshita, Y., & Gujar, A. (2006). Applicant faking behavior: Teasing apart the influence of situational variance, cognitive biases, and individual differences. *A Closer Examination of Applicant Faking Behavior*, 151 – 178.
③ Griffith, R., Malm, T., English, A., Yoshita, Y., & Gujar, A. (2006). Applicant faking behavior: Teasing apart the influence of situational variance, cognitive biases, and individual differences. *A Closer Examination of Applicant Faking Behavior*, 151 – 178.
④ McFarland, L. A., & Ryan, A. M. (2000). Variance in faking across noncognitive measures. *Journal of Applied Psychology*, 85(5), 812.
⑤ Griffith, R., Malm, T., English, A., Yoshita, Y., & Gujar, A. (2006). Applicant faking behavior: Teasing apart the influence of situational variance, cognitive biases, and individual differences. *A Closer Examination of Applicant Faking Behavior*, 151 – 178.
⑥ McFarland, L. A., & Ryan, A. M. (2000). Variance in faking across noncognitive measures. *Journal of Applied Psychology*, 85(5), 812.
⑦ McFarland, L. A., & Ryan, A. M. (2000). Variance in faking across noncognitive measures. *Journal of Applied Psychology*, 85(5), 812.
⑧ Mueller-Hanson, R., Heggestad, E. D., & Thornton, G. C. III. (2006). Impression management strategy and faking behavior. *Psychology Science*, 48, 288 – 312.
⑨ Mueller-Hanson, R., Heggestad, E. D., & Thornton, G. C. III. (2006). Impression management strategy and faking behavior. *Psychology Science*, 48, 288 – 312.
⑩ Griffith, R., Malm, T., English, A., Yoshita, Y., & Gujar, A. (2006). Applicant faking behavior: Teasing apart the influence of situational variance, cognitive biases, and individual differences. *A Closer Examination of Applicant Faking Behavior*, 151 – 178.

第二章 借我一双慧眼:自我报告中真假难辨

(续表)

因素		与作假的关系	具体表现	实证支持
	规则意识(即遵循规则的倾向)	−		支持①
	道德发展阶段	−		不支持②③④
	自我监控	+	关于自我监控和印象整饰对作假行为的影响并没有得到实证的支持。	不支持⑤⑥
	印象整饰	−		
态度因素	对他人的信念	他人作假频率	+	当被试认为其他人也在从事作假行为或者被试不认为作假是一个严重的问题时,他们更有可能产生作假行为。	支持⑦
		主观规范	+		
	个人的信念	感知行为控制	+	被试对自己作假能力越有信心,越有可能产生作假行为。	支持⑧⑨
		个人对作假的态度	+	个人对作假行为可接受性的态度越积极,作假的意愿越高,越容易产生作假行为。	支持⑩

① Mueller-Hanson, R., Heggestad, E. D., & Thornton, G. C. III. (2006). Impression management strategy and faking behavior. *Psychology Science*, 48, 288-312.
② Griffith, R., Malm, T., English, A., Yoshita, Y., & Gujar, A. (2006). Applicant faking behavior: Teasing apart the influence of situational variance, cognitive biases, and individual differences. *A Closer Examination of Applicant Faking Behavior*, 151-178.
③ McFarland, L. A., & Ryan, A. M. (2000). Variance in faking across noncognitive measures. *Journal of Applied Psychology*, 85(5), 812.
④ Mueller-Hanson, R., Heggestad, E. D., & Thornton, G. C. III. (2006). Impression management strategy and faking behavior. *Psychology Science*, 48, 288-312.
⑤ Griffith, R., Malm, T., English, A., Yoshita, Y., & Gujar, A. (2006). Applicant faking behavior: Teasing apart the influence of situational variance, cognitive biases, and individual differences. *A Closer Examination of Applicant Faking Behavior*, 151-178.
⑥ Pauls, C. A., & Crost, N. W. (2005). Cognitive ability and self-reported efficacy of self-presentation predict faking on personality measures. *Journal of Individual Differences*, 26(4), 194-206.
⑦ Mueller-Hanson, R., Heggestad, E. D., & Thornton, G. C. III. (2006). Impression management strategy and faking behavior. *Psychology Science*, 48, 288-312.
⑧ Mueller-Hanson, R., Heggestad, E. D., & Thornton, G. C. III. (2006). Impression management strategy and faking behavior. *Psychology Science*, 48, 288-312.
⑨ Pauls, C. A., & Crost, N. W. (2005). Cognitive ability and self-reported efficacy of self-presentation predict faking on personality measures. *Journal of Individual Differences*, 26(4), 194-206.
⑩ Roulin, N., & Krings, F. (2016). When winning is everything: The relationship between competitive worldviews and job applicant faking. *Applied Psychology*, 65(4), 643-670.

（续表）

因素		与作假的关系	具体表现	实证支持
情境因素	测试的公平性	−	被试如果认为测试可以公平地评估参与者的表现，那么产生作假行为的可能性会降低。	
	结果的重要性	+	被试比其他人更重视结果（即得到工作），更有可能产生作假行为。	
	选拔淘汰机制	+	高淘汰率的选拔情境更容易诱发被试的作假行为。	
	工作所要求的知识	+	当被试对工作所需的重要特征或招聘者所期望的特征持有强烈的信念时，产生作假行为的可能性增大。	
	了解测试的相关信息	+	如果被试被知道申请人的数量远大于招聘职位的数量（选择比例较小），产生作假行为的可能性增大。	
	主流媒体及社会影响	+	被试在作答时会受到主流媒体或社会认可的影响，当被试觉得某个方面在社会发展中很重要时，那么在这个方面进行作假的可能性就越大。	
人口学因素	年龄		年轻人和男性被归类为极端有意作假者的可能性更大；随着年龄的增长，无意作假的概率可能会减少。	支持①②
	性别			

注：+表示影响因素会增加个体的作假频率，−表示影响因素会降低个体的作假频率。

① Evrenk, H., & Sher, C.-Y. (2015). Social interactions in voting behavior: distinguishing between strategic voting and the bandwagon effect. *Public Choice*, *162*, 405–423.
② Hippler, H.J., Schwarz, N., & Sudman, S. (2012). *Social information processing and survey methodology*. Springer Science & Business Media.

第三节 撕开"面具":如何识别作假

人们通常将关于作假的检测方法称为事后识别技术,是指研究者在测验结束后采用一定的方法技术手段对测验进行分析来检测作假的发生。但是随着技术的发展,关于作假的检测也可以发生在测验中及测验后。关于作假检测的研究方法众多,有研究者从作假类型出发设计了检测不同类型的作假检测方法,例如有针对社会称许性检测的社会称许性量表,针对夸大检测的信号检测论技术,针对过度自信的检测的过度自信量表等等;有研究者从作假技术检测的角度出发,不断提供新的技术检测方法,例如基线差值法、贝叶斯真理血清、项目反应理论、决策树、反应时、实时控制等方法;还有研究针对不同的场景设计了特殊的检测方法,例如语言分析等。接下来,将主要介绍几种常用的检测方法。

一、量表法

(一) 检验社会称许性广泛使用的方法:社会称许性量表

社会称许性量表在研究中被用来测量被试的社会称许性。心理学家在20世纪50年代就有针对人格测验中的作假现象,提出了社会称许性问题[①],并进行一系列的理论探索。由印象管理和自我欺骗增强组成的双因素模型一直是社会称许反应的主要观点。[②]

保卢斯(Paulhus)在前人的基础上得出社会称许是一个更为复杂的双层理论构架(层级结构),如图 2-1。[③] 其中,"自我中心趋向"和"道德趋向"是两类人格特质,都包含自我欺骗和

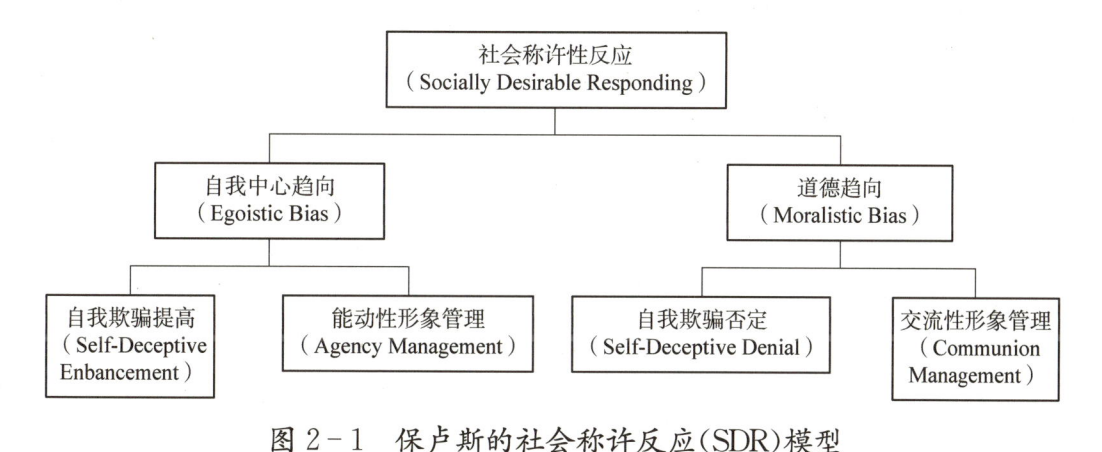

图 2-1 保卢斯的社会称许反应(SDR)模型

---

① Cowen, E. L., & Tongas, P. N. (1959). The social desirability of trait descriptive terms: Applications to a self-concept inventory. *Journal of Consulting Psychology*, 23(4), 361.

② Wiggins, J. S. (1964). Convergences among stylistic response measures from objective personality tests. *Educational and Psychological Measurement*, 24(3), 551–562.

③ Paulhus, D. L. (2002). Socially desirable responding: The evolution of a construct. In *The role of constructs in psychological and educational measurement*. Routledge, 49–69.

形象管理。其中,自我中心趋向被定义为"倾向于夸大一个人的社会和知识地位",道德趋向被定义为"倾向于否认自己具有的负面行为,声称自己是道貌岸然的,具有像圣人一样的属性"。

人们提出了不同的方法来衡量以社会称许的方式来回答问题的倾向,其测量方式一般采用描述社会理想行为的题目单独进行测试(社会称许性量表、谎言量表、不可能的美德量表、印象管理量表、反应不一致量表)或者是在人格问卷中嵌入测试(如:明尼苏达多项人格问卷的谎言量表)。其中,社会称许性量表(Social Desirability Scale,SD 量表)是目前使用最广泛的识别社会称许性的量表。社会称许量表的形成过程不是一蹴而就的,近半个世纪以来,社会称许量表的编制的演变过程如表 2-2 所示,该表格内容主要参考潘逸沁和骆方发表的文章。[①]

权衡利弊,谨慎选择: 关于社会称许性的测量,尤其是社会称许性量表经常受到人们的批评。[②] 众多研究者几乎一致认为,社会称许性量表不是检测作假十分可靠的方法。事实上,社会称许性量表存在一些经验和概念上的缺陷,其中,最大的缺陷便是与实质性的人格特质有关。众多研究结果表明,社会称许性量表的得分与人格特征,如情绪稳定性、宜人性和责任心相关。[③] 因此,很难确定社会称许性量表得分较高的原因是由于实质性的人格差异导致的方差,还是被试进行了作假而产生了较高的社会称许反应。其次,采用自评量表中"极端的项目反应"等同于"较强的作假倾向"的结果来剔除"作假者",往往会淘汰那些本身就具有社会理想行为的被试。此外,由于社会称许性量表与道德水平的相关性较大,因此在测量作假行为时敏感度会下降。虽然该量表存在一定的缺陷,但是因为其使用方便,结果处理简单,并且可以较为直接地测量作假,也因此受到了众多研究者们的青睐。目前,国内在职业情境下的称许性的测量大多使用骆方等人编制的《作假识别量表(FD)》[④],量表的详细内容见附录。

(二) 虚假信息检测作假:虚假反应量表

虚假反应量表使用现实中不存在的信息监测作假行为,直接测量受测者的作假反应,表面效度较高。该量表可分为两种类型:虚假项目检测和夸大声明项目检测。[⑤]

[①] 潘逸沁,骆方. (2017). 社会称许性反应的测量与控制. 心理科学进展,25(10),1664—1674.

[②] Bensch, D., Paulhus, D. L., Stankov, L., & Ziegler, M. (2019). Teasing apart overclaiming, overconfidence, and socially desirable responding. *Assessment*, 26(3), 351-363.

[③] Li, A., & Bagger, J. (2006). Using the BIDR to distinguish the effects of impression management and self-deception on the criterion validity of personality measures: A meta-analysis. *International Journal of Selection and Assessment*, 14(2), 131-141.

[④] 骆方,刘红云,张月. (2010). 应聘情境下作假识别量表的开发. 心理学报,42(07),791—801.

[⑤] 刘茜,徐建平,许诺. (2013). 人事选拔中作假的内涵及测量方法. 心理科学进展,21(02),372—380.

第二章 借我一双慧眼：自我报告中真假难辨

表2-2 社会称许性量表的演变过程

编制方式	特点	代表人物	量表代表	量表的构建方法	量表部分题目	计分方式
无结构量表	并不关注社会称许性的内部结构和发生机制，仅将其当作是被试的反应偏差。	艾德华和威金斯(Edwards & Wiggins)	Edwards SD量表	从明尼苏达多相人格问卷挑选37个题目构成该量表。挑选标准：对所有的测评题目进行社会称许性的评定，选出社会称许性高的题目构成社会称许性量表。	该量表选取的明尼苏达多相人格问卷中的题目：以下9个条目答"是"计1分：7, 18, 54, 107, 163, 169, 257, 371, 528。以下30个条目答"否"计1分：32, 40, 42, 43, 138, 148, 156, 158, 171, 186, 218, 241, 245, 247, 252, 263, 267, 269, 286, 301, 321, 335, 339, 352, 383, 424, 431, 439, 549, 555。	是否计分
			Wiggins Sd量表	让两组被试分别在"诚实"与"装好"情境中进行人格测验，选出两组成绩差异较大的题目构成社会称许性量表。	33个项目均来自明尼苏达多相人格问卷中的题目	是否计分
模糊结构的量表	强调社会称许性量表不仅要具有"社会称许"的含义，而且尽量不要含有与人格特质有关的信息。		明尼苏达多相人格问卷和艾森克人格问卷中的说谎量表	题目描述的受称许，但不常出现的行为。	艾森克人格问卷中说谎量表（正向计分：4, 16, 45; 反向计分：8, 12, 20, 24, 29, 33, 37, 40, 47） ①如果你说了要做什么事，是否不论此事可能如何不顺利你都能遵守诺言？ ②你是否曾经贪图过超过你应得的外之物？（反向计分） ③你是否曾有过明知自己做错了事却责备别人的情况？（反向计分） ④你所有的习惯是否都是好的？ ⑤你是否有过随口骂人的时候？（反向计分）	是否计分

079

（续表）

编制方式	特点	代表人物	量表代表	量表的构建方法	量表部分题目	计分方式
双成分结构量表	探讨社会称许性测量量表的是特质还是偏差反应。	马洛和克罗恩（Marlowe Crowne）	Marlowe-Crowne SD 量表	题目类型一般分为三大类，一类是受称许，但不常出现的行为（例如：我从未不信任人）；一类是不受称许，但是常出现的行为（例如：我有时我喜欢说别人的闲话）；一类是较少的心理病理暗示，一般带有性别认同障碍的含义（例如：我从不因为我是女的而遗憾）。	① 我会毫不犹豫地站出来帮助陷入困境中的人。② 如果没人鼓励我的话，有时我会觉得自己的工作难以继续做。③ 我从来没有强烈地厌恶过谁。④ 有时我会怀疑自己是否具有在生活中取得成功的能力。⑤ 有时当事情的发展不如我愿时，我会觉得很生气。量表详细内容见附录。	是否计分通过对"是"的肯定以及对"否"的否定进行计分，行计分越高，社会称许性越强。
		保卢斯（Paulhus）	社会称许性平衡量表（BIDR量表）	根据双因素模型理论，将社会称许性欺骗分为自我欺骗和印象管理（形象管理）两大部分。项目具体内容如下：(1) 所有的项目都是陈述句（例如：如果人们不喜欢我，那也是可能的）。(2) 特质的测评项目均为对行为的描述（例如，测评诚实特质：迫不得已时我也会撒谎）。	① 我的第一印象往往被证明是正确的。② 对我来说，要改变任何不良习惯都很难。③ 我无意去知道别人到底对我有什么看法。④ 我并不总是忠实于自己。⑤ 我总是很明白自己为什么会喜欢某些东西。量表详细内容见附录。	李克特7点计分对正向项目反应为"6"或"7"计1分，对负向项目反应为"1"或"2"计1分，其他反应计0分。得分越高，说明其自我欺骗或印象管理程度越高。

（续表）

编制方式	特点	代表人物	量表代表	量表的构建方法	量表部分题目	计分方式
具有层级结构的量表	在双成分结构的基础上按照有意和无意作假进行划分，分为四分结构。	保卢斯（Paulhus）	尚无完整具体的量表	(3) 量表中受称许性和不受称许性的项目数量一致。	/	/

1. "我觉得大家不知道我":虚假项目检测

被试在介绍自己的履历时,认为大家不知道自己的真实情况,会在一定程度上"美化"自己的简历,表现出作假行为,以确保自己看起来更适合被选中。在这样的情况下,研究者需要使用虚假项目(实际上不存在的项目)来检测上述的作假行为。虚假项目能直观地展现被试作假的行为程度及方向,同时又具有一定的隐蔽性,因此非常适合嵌入到其他含有可验证性指标的测验进行测量。该项目常在选拔的情境中被用来检测简历或评述与个人履历有关的作假行为[1][2]。研究者会把与工作经验、学习经历、科研经验等与研究关注点相关的虚假项目嵌入到其他的测试题目中,以此来检验被试在个人经历、经验、背景等方面的作假程度。被试完成的虚假项目数越多,作假得分就越高,说明其作假的程度越高。

举例:在研究生复试中,可以将虚假项目隐藏着其他的测试题目中:(1)"在最近的一个月里,你有多少次使用 INTL-453 系统获取有关外国的信息?"(2)"你多久使用一次温策尔技术来解决预算问题?"以及(3)"你在进行团队协作时,会在多大程度上使用约翰逊的二元方法来减少或避免团队冲突?"需要注意的是,上面三个问题均属于虚假项目,其中,INTL-453 系统是一个虚构的系统,温策尔技术是一种虚构的技术,约翰逊的二元方法是一种虚构的方法。此外,上述三个问题中还需要挑选一个问题来让学生进行详细的阐述,这样是为排除学生可能因粗心而认可某个问题的情况,提供可验证信息可以证明其答案不是基于粗心大意而产生的。

注意事项:为了让被试作出更加自然的反应(意识不到虚假项目的存在),虚假项目必须与其他可验证性指标问题相似,具有相同的评级量表,并且要嵌入在其他可验证性指标问题中。此外,为了确保描述的问题的确是不存在的方面,研究者还需找该问题领域的专家进行问题审查,并在谷歌、百科等线上数据资源库进行搜索,以确保没有其他潜在的含义。

2. "我觉得自己什么都知道":夸大声明检测

夸大声明是指是对不存在的事物宣称自己认识或了解的倾向[3],被试往往会觉得自己了解很多,夸大自己的能力。目前关于夸大声明的检验大多采用夸大声明技术(Over-claiming Technique;OCT),该技术是一种客观的衡量标准,采用信号检测论的方法同时并独立地测量知识的准确性(是指被试正确区分真实刺激与虚假刺激的程度)和夸张性(是指被试夸大自己

---

[1] Bing, M.N., LeBreton, J.M., Davison, H.K., Migetz, D.Z., & James, L.R. (2007). Integrating implicit and explicit social cognitions for enhanced personality assessment: A general framework for choosing measurement and statistical methods. *Organizational Research Methods*, 10(2), 346-389.

[2] Levashina, J., Morgeson, F.P., & Campion, M.A. (2009). They don't do it often, but they do it well: Exploring the relationship between applicant mental abilities and faking. *International Journal of Selection and Assessment*, 17(3), 271-281.

[3] Paulhus, D.L., Harms, P.D., Bruce, M.N., & Lysy, D.C. (2003). The over-claiming technique: measuring self-enhancement independent of ability. *Journal of Personality and Social Psychology*, 84(4), 890.

能力的程度)①②,其准确度性指标可以作为智力,尤其是晶体智力的指标。③ 该检测方式多为自我报告,研究者会呈现一系列自然学科、社会科学、人文科学、工学等不同方面的词语(例如:古诗词、作家、历史人物等等),其中会包含一些根本不存在的词语(例如:"莎士比亚"是真实存在的历史人物,而"沃斯基"就是一个虚构的人物),以要求被试对不同的词语作出熟悉或不熟悉的反应。

举例:在检验精神障碍名称知晓的测评问卷中④,共设计了 25 个测评条目,其中包含 19 个真实的精神障碍名称的测评题目(例如:创伤后应激障碍、强迫症、躁狂症等)和 6 个虚假的精神障碍名称的测评题目(例如:深奥人格障碍、内源性心境障碍、睡眠转换障碍、月光恐惧症等)。在测评中,被试需要判断是否听说过(知道)下列精神障碍,选项分为:"是""否"和"不确定"。

计分方式:根据被试的"是"与"否"的反应,可以得到四个数值,分别是:正确接受(击中:词语是真实存在的,被试反应为熟悉)、错误接受(虚报:词语是虚假存在的,被试反应为熟悉)、正确拒绝(正确否定:词语是虚假存在的,被试反应为不熟悉)和错误拒绝(漏报:词语是真实存在的,被试反应为不熟悉)。知识的夸张性可以通过以下公式计算得出:(击中率+虚报率)/2;而知识的准确性则可以通过以下公式计算得出:击中率-虚报率。这两个公式可以反映被试的夸大程度,知识的夸张性得分越高,知识的准确性得分越低,说明被试的作答越夸张。此外,也有一些研究者不采用信号检测论的方法,直接采用 5 点或 7 点计分直接进行测量,即被试在虚假词汇上的熟悉度评分的均值就是其夸大分数,分数越高,说明被试的作答越夸张。

3. 适用范围:虚假项目 VS 夸大声明项目

虚假项目主要应用于人事选拔中,主要检测与工作相关的行为经验上的作假,针对性较高;而夸大声明项目主要检测被试自身在经验和知识水平上的作假,因此所适用的范围较广。

(三) 检验回答过度自信的方法:过度自信量表

过度自信是一种认知错觉,在决策心理学中被广泛用来衡量被试对自己作出答案的信心程度。研究者在决策心理学的研究中发现了过度自信偏差,即被试对自己作出答案的信心率

---

① Paulhus, D. L., Harms, P. D., Bruce, M. N., & Lysy, D. C. (2003). The over-claiming technique: measuring self-enhancement independent of ability. *Journal of Personality and Social Psychology*, 84(4), 890.

② Paulhus, D. L., & Harms, P. D. (2004). Measuring cognitive ability with the overclaiming technique. *Intelligence*, 32(3), 297–314.

③ Liu, C., & Paulhus, D. (2009). A comparison of overclaiming tendencies among Canadian and Chinese students. *Unpublished data, University of British Columbia, Vancouver*.

④ 明志君,陈祉妍,王雅芯,刘亚男,翟婧雅.(2021).采用夸大检测技术进行精神障碍名称知晓问卷的编制.中国心理卫生杂志,35(08),664—669.

总是高于其答案的正确率。[1] 尤其是在知识类的测试中,被试过度自信的水平或者对自己能力的高估程度,会导致测试结果的不准确,这也是产生无意造假的重要因素。

关于过度自信的测量,研究者大多采用过度自信量表,也有部分研究者采用夸张声明技术。[2] 在这里,主要介绍一下过度自信量表,该量表一般要与其他能力的测评量表结合使用,即要求被试在完成一项能力测试(该测试题目一般具有正确答案)后,紧接着要求被试用百分比表示出他们对自己所选答案正确性的信心程度。[3]

举例:过度自信的测评形式可以为:填空形式:请您写出北京冬奥会的举办时间:_____;您对该题目正确作答的信心度为____%。也可以为选择形式:北京冬奥会的举办时间为_____。A. 2020 年 B. 2021 年 C. 2022 年。您对该题目正确作答的信心度为____%。

计分方式:每一项题目都包含两个信息:被试作答的正确性以及被试对自己成功作答的信心率,根据每个题目的两个已知信息,可以计算出总体的正确率以及平均信心率,用平均信心率减去总体正确率得到的值可以用来评估一个人的自信程度,正数表示过度自信,负数表示不自信。

教育场景中的应用:过度自信的测量目前在教育教学场景中被广泛的应用。例如,过度自信的测量可以用在考试估分中[4],进行实时估分。这样的估分可以用来弥补考前估分(估计的分数更多地是学业效能感的体现)与考后估分(估计的分数受自己对答题内容记忆程度的影响)的不足。因为该估分是在考试中进行,此时被试不知道评分标准与正确答案,并且估分在刚进行答题后进行,实际上也是一种对自己认知过程结果的评价。根据实时估分的结果研究者可以进一步探索不同年龄、性别、成绩水平等方面的差异及机制,更好地了解学生的学习答题状况。

二、基线差值法

检测作假最简单最直接的方法就是测量被试在诚实情境和作假情境中得分的变化值,根据变化值的差异来判断被试的作假程度,该方法称为基线差值法。基线差值法是从个人角度出发来检验被试的作假情况,其关键就在于作假情境和诚实情境的营造。

关于作假情境的营造,有研究者采用诱导性作假。例如,首先让被试在测试前想象自己是一名期待获得工作的求职者或者是期待入学的学生,并在测试中也要牢牢记住自己身份,

---

[1] Moore, D. A., & Healy, P. J. (2008). The trouble with overconfidence. *Psychological review*, 115(2), 502.
[2] Anderson, C., Brion, S., Moore, D. A., & Kennedy, J. A. (2012). A status-enhancement account of overconfidence. *Journal of Personality and Social Psychology*, 103(4), 718.
[3] Stankov, L., & Crawford, J. D. (1997). Self-confidence and performance on tests of cognitive abilities. *Intelligence*, 25(2), 93–109.
[4] 邵志芳,庞维国. (2019). 高中生实时估分的性别差异. 全球教育展望, 6, 38—45.

来完成相应的测验;一段时间后,再让被试在普通的环境中按照自己的真实情况作答。两种情境下得分的差异反映了被试的作假程度。有研究者还会采用指导性作假的方式来营造作假情境。例如,将被试随机分为两组,一组鼓励诚实,一组鼓励作假,计算两组的作答差异[1];后来有研究者指出,这样的方法会存在被试间差异,即诚实组可能会受到社会称许性的影响,未能作出真实的作答,由此产生被试间误差。[2] 还有一些研究采用被试内设计,让同一组被试先后进行两种不同指导语(诚实回答和作假回答)的测试[3],这样在一定程度上消除了被试间的影响。

要注意的是,无论是采用上述哪种方法来营造被试的作假环境,都是让被试在"装假",并非是真正地作假,因此该差值也不能真正测出被试的作假情况。此外,还有研究者直接将在职者或者在校学生的平均水平作为基线水平,以上下3个标准差为判定标准进行判断。例如,罗斯(Rosse)等人[4]在人员选拔的人格测试中,将所有相同职位在职者的平均分当作诚实分数,以上下3个标准差为判定标准,若被试的测试成绩高于在职者平均成绩的3个标准差,则会被判定为"作假者"。但是该方法也存在着称许性、被试差异等带来的误差。

该方法最大的优点是可以直接观测到被试作假的方向和程度,可用于作假行为的研究,但是由于该方法本身存在着一定的限制,使得该方法在真实测评场景中的应用十分有限。比如测评场景的营造问题:在具有选拔性质的测评中,真实场景本身便是一个高风险情境,要想在现实情况下再创设一个诚实的情境很难实现,被试的真实得分就很难获得,该方法也就不能使用;在低风险的情境下,如果被试产生了无意作假,那么研究者即使再创造一个诚实的情境,也会得到类似的结果,因为被试本身也没有察觉到自己进行了作假。除了测评场景的限制,该方法还会受到被试的真实水平制约,因为测验得到的分数是被试的作假分数与真实分数的叠加。如果两个人作假动机相同(即都想达到某一程度或某水平),真实水平较低的被试与真实水平较高的被试相比,真实水平较低的被试的测验分数升高的幅度更大。因此,被试的真实水平与作假之间的关系不是简单的线性关系,也不是可以用加法或者乘法的原则可以解释的,也就无法通过该方法将测验分数中的作假效应完全消除而得到真实分数。[5]

---

[1] Furnham, A. (1990). Faking personality questionnaires: Fabricating different profiles for different purposes. *Current psychology*, 9, 46-55.

[2] Zickar, M. J., Gibby, R. E., & Robie, C. (2004). Uncovering faking samples in applicant, incumbent, and experimental data sets: An application of mixed-model item response theory. *Organizational Research Methods*, 7(2), 168-190.

[3] McFarland, L. A., & Ryan, A. M. (2000). Variance in faking across noncognitive measures. *Journal of Applied Psychology*, 85(5), 812.

[4] Rosse, J. G., Stecher, M. D., Miller, J. L., & Levin, R. A. (1998). The impact of response distortion on preemployment personality testing and hiring decisions. *Journal of Applied Psychology*, 83(4), 634.

[5] 潘逸沁,骆方.(2017).社会称许性反应的测量与控制.心理科学进展,25(10),1664-1674.

三、指标检测法

(一) 贝叶斯真理血清(BTS):可获得被试的真实想法

贝叶斯真理血清从字面上来看是指利用贝叶斯定理来检验测试结果是否可以代表"真理",看看这个结果是不是真实的。从定义上来看是指奖励诚实作答或从主观多选题中获得信息的方法[1],可用于在被试不知道客观真相的情况下获得真实的主观数据[2],该方法是获取被试真实想法的创新方法,具有去偏差且激励被试作出真实判断的作用。该方法利用了经验支持的假设,即人们会把自己的行为、价值观和偏好作为基础信息,来判断一个项目在普通人群中受欢迎的频率,这样会导致人们倾向于高估自己行为或偏好在普通人群中出现或受欢迎的频率。

具体的使用思路为:首先研究者要在参与调查的被试中先收集两个信息,(1)被试对某个项目的作答(被试的反应);(2)被试预测人群中有多少比例的人会对该项目作出与自己一样的回答(被试的预测频率)。当收集到所有参与检测被试的预测频率后,根据贝叶斯定理计算出集体的预测频率。若被试的预测频率偏离整体的预测频率越高,就会被赋予越高的数值。数值较高则认为该被试所提供的作答将是不可信的。

但要注意的是,这种评分方法需要合理数量的组级信息,这些信息在评估时要被进行评分和组合。并且该方法假设被试的预测频率不会影响集体预测频率的几何平均数,也就是说,使用该方法必须要有足够的样本量,来确保某一个被试的预测频率不能"左右"或偏离集体预测频率的平均值。在小样本的情况下,为了满足这一假设,也可以使用以前收集的数据来对新数据进行评分,即将新被试提供的作答及被试预测频率与之前大样本中形成的集体预测频率进行比较来判断新被试作答的可信度。

(二) 检测作假的热门技术:项目反应理论(IRT)

目前有不少研究使用 IRT 技术来识别测验中的作假情况,该技术是数据驱动识别被试作假的方法。其识别原理是:作假者的反应模式与未作假者的反应模式不同,研究者可以通过选用合适的模型,根据参与者反应模式的相似程度,将具有异常反应模式的被试筛选出来,并将其定为作假。该技术一般会先构建被试作假的反应模型[3],运用个人拟合测量(L_z)和混合 Rasch-latent 模型(MRM)来帮助分析。个人拟合测量应用较多,这里将以个人拟合测量为例,介绍项目反应技术。

---

[1] Frank, M.R., Cebrian, M., Pickard, G., & Rahwan, I. (2017). Validating Bayesian truth serum in large-scale online human experiments. *Plos One*, *12*(5), e0177385.

[2] Prelec, D. (2004). A Bayesian truth serum for subjective data. *Science*, *306*(5695), 462–466.

[3] 骆方,张厚粲.(2007).人格测验中作假的控制方法.心理学探新(04),78—82.

IRT 技术中个人拟合测量(Lz)是将项目的特征和回答者的特征联系起来,以预测个人对特定测试项目的反应。具体而言,被试在被要求作假的情境中会对某些含义较为模糊的题目产生困惑,不确定该题目要进行的作假方向(即选择符合还是不符合)。例如"不动声色的"一词,在作假情境中被试选择非常同意与非常不同意的人数几乎持平,表现出两种或三种不同的模式,但是在真实的情境中,被试的选择模式却呈现相对正态的分布。在作假情境中这样令人模糊的题目可被当作特殊项目,进行特殊项目反应的检验。个人拟合测量可用于识别异常或不寻常反应模式的适当性指数,适当性指数是衡量被试的反应模式与特定反应模式的吻合程度的指标。在测试中,试图伪造高分的人会产生特定的反应模式,因此会被该技术识别出来认为其存在作假的嫌疑。Lz 指标是标准化的对数似然比,在作假研究中用来反映作假者与大部分诚实者的反应差别。如果测验足够长,Lz 类似 Z 分数,若 Lz 值的数值较大并且为负数,那么能够说明被试进行的是作假行为,产生了作假反应。[1]

项目反应理论有着其他方法所没有的优点:作假不仅会改变项目的难度,还会影响项目的其他属性,而项目反应理论是在项目水平上检验作假的影响,可以提供更细致入微的观点,了解作假如何影响测试反应。该理论可以研究"作假者"与被要求的"诚实应答者"之间的差异,也能比经典测试理论方法提供更多的信息。

不同类型的适当性指数或统计建模具有不同的准确性水平,齐卡尔(Zickar)[2]发现:(1)标准化的对数似然比能检测出作假的概率仅比随机概率高 10%;(2)适当性指数可能是准确的,但也会导致较高的假阳率(例如,若"假阳"率限制在不超过 5%,那么适当性指数可以检测出约 20% 至 40%的作假,但更高的检测率也会导致更高的假正确);(3)混合 Rasch-latent 阶级模型在判断人们是作假好,作假坏,还是诚实回答时相当有效。综上看来,项目反应理论的检出率和假阳性率不足以支持其应用于实际中。

除此之外,目前在一些成就测验(测量被试所达到的成就水平)中也使用该理论来防止被试作假。其防止作假的原理是:通过使用线性代数技术构建大量的人群常模,以便判断被试成就测验的真实性。下面举一个简单例子来理解该理论用来防止作假的原理:比如在一项语文诗词量的测验中,计算机先根据大数据模型为被试提供一个中等难度的诗词让被试进行默写或背诵,若作答成功,就提供一个更难一点的诗词;若作答失败,则会提供一个更简单一点的诗词,重复上述步骤,直到测试出被试的真实水平。通过该理论进行的成就测验,大大降低了被试作假的可能性,并且采用计算机自动化评分得出的分数也会更加客观。

---

[1] 骆方,张厚粲.(2007).人格测验中作假的控制方法.心理学探新(04),78—82.

[2] Ziegler, M., MacCann, C., & Roberts, R. (2012). *New perspectives on faking in personality assessment*. Oxford University Press, 318.

(三) 仅依靠反应时来判断作假行为:不靠谱

因为疫情,线上调查变得更加普遍,成为了许多研究者在此期间的首选方式。使用在线数据收集时,测试的总时长已成为研究人员判断一份问卷是否无效的标准之一。尽管总时长无法完全等同于反应时,但在研究中,研究者也会将测试的总时长赋予反应时的内涵。

1. 反应时与被试认真作答的关系

反应时被当成被试在认知过程中认知资源的投入指标。在测试中,研究者往往比较关注总时长较短的情况。因为时间过短就意味着被试在作答每一道目时,没有投入足够的认知资源,没有认真读题并作答,随便选择某一个选项。克雷什基(Greszki)等人[①]通过对德国和美国的在线数据库进行研究发现:反应时间与不同作答方式之间的存在着一定的关系。例如,直线作答(所有题目选择同一个选项)、不回答、不知道(其他)、中间选择与反应时间都呈显著负相关,因此将反应时作为数据质量(被试认真作答的程度)的指标是具有一定合理性的。但是,反应时过短也会与被试的受教育程度较高、网络熟练度较高、阅读速度较快有关。在一个比较大的样本中(设计不同的年龄段、受教育程度、网络熟练度的群体),直接将反应时过短的被试删除,并不是一个非常明智的选择。克雷什基等人的研究也证明了排除反应时较短的被试并不会对边际分布和模型解释方面的实质性结果产生相当大的影响。这说明,反应时过短的确会与被试不规范作答有关,但是对最终结果的影响可能不大。

反之,若反应时过长,排除被试可能中途离开的特殊情况,一般认为反应时越长,被试在该问题上投入的认知资源更多,作答也更认真,而且反应时过长也可能表示存在着一定的被试差异。因此,很少有研究者会将反应时过长的被试删除。

2. 作假与反应时长短之争

上面介绍了反应时与被试认真作答的关系,下面主要介绍反应时与作假之间的联系。有不少的研究者从信息加工的角度出发,认为作假者在作假时会进行更多的信息加工,因此对于某个信息作出反应的时间会比诚实者的时间要长。但是关于反应时的研究,研究者们的结果不尽相同。

自我图式模型认为[②],当人们看到信息后首先会根据自己最熟悉的自我图式对项目内容作出反应,当自我图式与项目中考察的积极方面相符合时,人们不会作假,当不符合时,人们才会作假,因此作假者的反应时会更久。这种说法在某种程度上已经得到了验证[③],但是效果

[①] Greszki, R., Meyer, M., & Schoen, H. (2014). The impact of speeding on data quality in nonprobability and freshly recruited probability-based online panels. *Online Panel Research: Data Quality Perspective*, A, 238-262.

[②] McDaniel, M.A., & Timm, H. (1990). Lying takes time: Predicting deception in biodata using response latency. 98th annual convention of the american psychological association, Boston.

[③] Fine, S., & Pirak, M. (2016). Faking fast and slow: Within-person response time latencies for measuring faking in personnel testing. *Journal of Business and Psychology*, 31, 51-64.

很弱,可能实际上没有用作检测作假的基础。[①]

从语义加工模型的角度思考[②],作假者在看到项目后根本就不用与自我图式相对照,可以直接根据项目的积极方面进行选择,而诚实者则还要与自我图式进行对照,看自己最符合哪一个。这样看来,诚实者的认知加工过程更复杂,因此反应时要更久。

还有研究者根据图式采择模型来解释诚实者和作假者的反应时。[③] 研究者认为,无论是作假者还是诚实者,两者的认知加工过程是一样的,不同是两者所参照的图式不同,作假者参照理想者图式,而诚实者参照自我图式。对被试而言,无论采用哪种图式,其认知加工过程的复杂度是一样的。至于反应时长的长短则更多与个人的特质(阅读水平、阅读速度等)和测试项目(项目的难度、长度、复杂度等)有关。因此,关于反应时是否能真正作为作假检测中的指标还存在一定的分歧。

综上,无论是从反应时与被试作答态度,还是与被试作假的关系来看,仅使用反应时来对问卷进行处理是存在较大弊端的。因此,不建议仅使用反应时进行判断。但是由于其使用方便、数据获得较为容易,大多研究者在数据处理时都会采用该指标。需要注意的是,在使用反应时,需要充分考虑其可能存在的特殊情况(被试的能力等),充分讨论使用该指标的合理性,并且最好与其他的检测指标结合使用。

(四) 直接探查答题思路:眼动指标

随着认知技术的发展,该技术也被应用于作假的研究,其中,眼动技术成为目前在各种认知技术中较为广泛使用的一种技术。

眼动技术关注被试的注视点、注视时间和眼跳等变化,可以提供一系列的生理指标,该指标与其他测量指标相比更客观。凡霍夫特(Van Hooft)和布恩(Born)两人采用眼动技术研究发现:作假情境下被试的注视点要比正常情境下的被试多出 1 个左右,并且被试在作假情境下注视量表两端选项的时间显著长于正常情境下的注视时间。通过对被试的眼动路径进行分析,他们进一步发现:被试在作假情境下将视线移到量表两端选项的时间更快。[④]

然而,这种方法只能在实验室中确定被试在作假情境和真实情境下的差异,关于眼动和

[①] Holden, R.R., & Hibbs, N. (1995). Incremental validity of response latencies for detecting fakers on a personality test. *Journal of Research in Personality*, 29(3), 362–372.

[②] Hsu, L.M., Santelli, J., & Hsu, J.R. (1989). Faking detection validity and incremental validity of response latencies to MMPI subtle and obvious items. *Journal of Personality Assessment*, 53(2), 278–295.

[③] Shoss, M.K., & Strube, M.J. (2011). How do you fake a personality test? An investigation of cognitive models of impression-managed responding. *Organizational Behavior and Human Decision Processes*, 116(1), 163–171.

[④] Van Hooft, E.A., & Born, M.P. (2012). Intentional response distortion on personality tests: Using eye-tracking to understand response processes when faking. *Journal of Applied Psychology*, 97(2), 301.

作假之间的真实内在关系仍然难以确定。因此,不能简单地认为,如果某个人在阅读完题目后将目光转移到量表的两端,那么这个人就一定在作假,需要更多的研究来探讨这个问题。此外,该技术操作程序复杂,对设备有一定的要求,并且若进行大范围研究时,费用也较高,这也进一步限制了该技术在真实情境中的应用。

四、语言分析法

在自我报告、传记故事或者其他可自由回答的文本测试中,可以采用语言分析来检验作假。文图拉(Ventura)在《人格评估中的作假现象新探》(*New Perspectives on Faking in Personality Assessment*)[①]一书中基于佩内贝克(Pennebaker)等人[②]的语言探索与字词计数(Lingcistic inqaiy and word count, LIWC)方法,提出可以通过检查人们在人格(自我描述、日记法)、文件(求职信或工作经历陈述、推荐信)或口语(面试访谈反应)等可自由回答的文本中使用的语言来检测作假的程度。语言探索与字词计数(LIWC)方法是一个文本分析程序,可以逐字分析书面或口语样本。每个词都要与一个包含2 000多个词的文件进行比较,这些词被分为72个语言学维度,在计算每个类别的字数后,输出结果以文本样本中总字数的百分比的形式给出。

采用语言分析来检验作假的存在,主要依据是:讲假故事的人需要描述没有发生过的事件或不存在的态度[③],这个故事还要令人信服,并且作假者还必须以一种看起来非常真诚的态度来讲述故事。因此,基于想象经历的故事与基于真实经历的故事在本质上是不同的[④][⑤],通过对人们"讲故事"时所使用的语言进行分析,可以辨别讲述故事的真假性。

纽曼(Newman)等人在研究中通过要求参与者在不同的背景下采用不同的方式(语言、文本)对不同的话题撒谎或说实话并给出理由的研究设计,来检验LIWC方法的有效性。[⑥] 例如:关于堕胎这一话题,分为两种观点:一种是尊重生命,一种是尊重选择。被试先选择自己的观点,并让被试写出或说出自己的理由;接着让被试站在相反的观点上写出自己支持的理由,并告知被试,其他人将会通过他们的理由来猜测他们的真实观点,因此理由要尽可能地具

---

① Ziegler, M., MacCann, C., & Roberts, R. (2012). *New perspectives on faking in personality assessment*. Oxford University Press, 165–174.

② Pennebaker, J.W., Francis, M.E., & Booth, R.J. (2001). Linguistic inquiry and word count (liwc): Liwc2001 manual. In: Erlbaum Publishers, Mahwah, NJ.

③ Newman, M.L., Pennebaker, J.W., Berry, D.S., & Richards, J.M. (2003). Lying words: Predicting deception from linguistic styles. *Personality and Social Psychology Bulletin*, 29(5), 665–675.

④ Johnson, M.K., & Raye, C.L. (1981). Reality monitoring. *Psychological review*, 88(1), 67.

⑤ Vrij, A., Edward, K., Roberts, K.P., & Bull, R. (2000). Detecting deceit via analysis of verbal and nonverbal behavior. *Journal of Nonverbal Behavior*, 24, 239–263.

⑥ Newman, M.L., Pennebaker, J.W., Berry, D.S., & Richards, J.M. (2003). Lying words: Predicting deception from linguistic styles. *Personality and Social Psychology Bulletin*, 29(5), 665–675.

有说服力。在后续的数据中,人类法官被要求对涉及堕胎态度的 400 份结果的真实性进行评分,再使用 LIWC 程序进行分析。

结果发现,至少有三个语言维度与作假有关,即:(1)使用较少的自我参照[①];(2)使用较多的负面情绪的词汇[②];(3)表现出较低的认知复杂性[③]。此外,研究还发现:LIWC 的检测准确率为 68%,而人类判断的检测准确率为 30%,说明 LIWC 作假检测方法比人类判断更准确并且具有更少的"假阳"率。

五、决策树

决策树是一种生成流程图的方法,可以帮助被试基于可用的特性做出决策。决策树的优点在于易于应用,并可以对感兴趣的领域进行有意义的洞察。由于决策树产生的模型具有较高的表面信度,因此可用来检测造假,并且该技术也已经应用在了检测作假的研究中。通过分析已知伪造和非伪造数据的响应模式来开发机器学习算法,这些算法可以生成性能最好的决策树模型,在这个模型中,对几个项目的特定反应路径可以用来预测被试是否会产生作假行为。

如图 2-2 是一个决策树的应用例子,研究者可以通过被试对两个国际人格项目(IPIP)的反应来预测他们的回答是作假的还是诚实的。使用该决策树模型,可以看出:被试如果在第 19 个项目选择 5,无论他在第 107 个项目上选的是哪个,都能预测被试的回答是作假;如果被试在 19 题选择 1、2 或 3,无论他在第 107 个项目上选的是哪个,都能预测被试的回答是诚实的;如果被试在 19 题选择 4,那么就要看被试在第 107 题的选择,选择 1 或 2 可以预测被试的回答是诚实的,选择 3、4 或 5 则预测被试的回答是作假的。

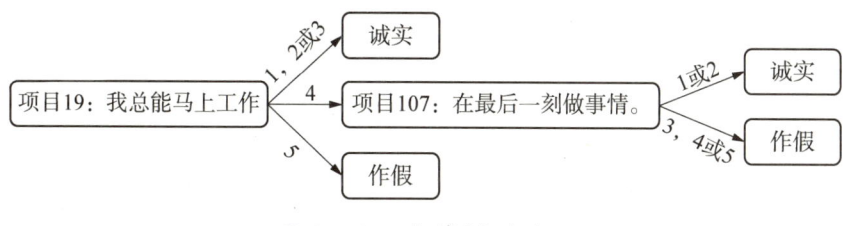

图 2-2 决策树的应用

---

① Barrett, L. F., Williams, N. L., & Fong, G. T. (2002). Defensive verbal behavior assessment. *Personality and Social Psychology Bulletin, 28*(6), 776-788.

② DePaulo, B. M., Lindsay, J. J., Malone, B. E., Muhlenbruck, L., Charlton, K., & Cooper, H. (2003). Cues to deception. *Psychological Bulletin, 129*(1), 74.

③ Pennebaker, J. W., & King, L. A. (1999). Linguistic styles: language use as an individual difference. *Journal of Personality and Social Psychology, 77*(6), 248-249.

卢科夫(Lukoff)指出,决策树检测造假的准确率虽然可达70%,但是最准确的决策树(旨在预测被试属于作假还是非作假)的假阳性率估计仍为25%。[①] 因此,无法十分准确地说决策树预测的被试实际上是作假还是诚实的。其次,并不是所有的决策树的准确率都很高,决策树的性能取决于所使用的数据集和数据特性,使用不同的测量量表也会有不同的结果。研究发现,申请者的数据集(受访者实际上是工作的申请人)通常比非申请者的数据集可以产生更好的决策树。这可能是因为申请者比非申请者有更清晰的造假模式。结果的差异也就意味着研究者在使用这种技术时需要更加谨慎。未来可以进一步来验证这种方法是否可以检测伪造类型。例如,在实验研究中判断决策树是否仍然可以清晰地区分出作假者和诚实者。

六、小结

上述介绍了不同的检测方法,表2-3总结了不同方法的适用范围,读者可以根据自己的研究及需要进行选择。

表2-3 不同检测方法总结

检测方法		适用范围	适用场景举例	使用注意事项
量表法	社会称许性量表	可用于任何一种测评情境。	① A进行自我介绍时说了很多优点,你想探测这些优点是A自身优点还是由于社会赞许效应而呈现出的优点?你可以让A做社会称许性量表来检验A的社会称许性。 ② 你打算进行一个测试,内容包含了很多社会赞许的行为,为了检验A在答题时受到社会赞许效应的影响程度,可以选择部分社会称许性量表中的题目嵌入到测评量表中来检验A的社会称许性,也可单独用社会称许性量表来检验。	① 该量表可单独作为一个问卷进行测量,也可以嵌入在其他测评问卷一起测量。 ② 该量表的受称许或不受称许存在着较大的文化和被试差异,在采用称许性量表时,要谨慎选择和设计量表的题目。 ③ 采用该量表的结果来剔除"作假者",往往会淘汰本身具有社会理想行为的被试,因此,在根据量表结果删除被试时需谨慎。
	虚假反应量表	虚假项目	多用于选拔情境。	① A进行自我介绍时说了很多自己擅长的事情,你想知道这些擅长的事情是否含有虚假成份,便可以采用虚假项目进行测试。该	① 要想让被试作出自然的反应,虚假项目必须与其他生物数据问题相似,具有相同的评级量表,并

[①] Ziegler, M., MacCann, C., & Roberts, R. (2012). *New perspectives on faking in personality assessment*. Oxford University Press, 248-249.

第二章 借我一双慧眼：自我报告中真假难辨

（续表）

检测方法	适用范围	适用场景举例	使用注意事项
		测试不一定仅仅局限于问卷的形式，在面试中也可以直接进行提问。 ② 在进行某一能力检测时，A可能会为了展现自己的能力水平，出现作假的情况，此时可以将虚假项目嵌入到能力测试中检测A的作假程度。	且要嵌入在其他生物数据问题中。 ② 为了确保问题的确是描述的不存在的方面，还要找某一领域的专家进行问题审查，以确保没有其他潜在的含义。
夸大检测项目	可用于任何与经验和知识有关的测评情境。	A参与了一项与经验和知识有关的测评项目，为了检验A的作答中是否有夸大的成分，可以将夸大检测项目嵌入到测试中。	为确保夸大项目是根本不存在的，要找某一领域的专家进行问题审查。
过度自信量表	多用于能力测验，在教育场景中也同样适用。	① A在进行某一能力测试，为了检验A对自己答案正确性的信心率，可采用过度自信量表进行测评。 ② 要想知道A在学校里对自我知识水平的了解情况，可采用过度自信量表进行测评。 ③ 想了解A在考试时的学习答题状况，可在试卷中嵌入过度自信量表。	
基线差值法	可用于作假行为的研究，应用于真实情境较困难。	真实场景中较难应用，不建议在真实场景中使用。	① 营造可令被试作假的高风险情境，本质上是让被试在"装假"，并非是真正地作假，因此该差值不能真正测出被试的作假情况。 ② 在高风险的真实测评情境中，再创设一个诚实的情境很难实现，则该方法无法实施。 ③ 在低风险的真实测评情境中，如果被试产生了无意作假，即使再创造一个诚实的情境，也会得到类似的结果。

（续表）

检测方法		适用范围	适用场景举例	使用注意事项
指标检测法	贝叶斯真理血清	应用于多种测评情境，但需要大样本数据。	只要在大样本的前提下，该方法适用于任何一种测验。	① 使用该方法必须要有足够的样本量。
	项目反应理论技术	可用于作假行为的研究，应用于真实情境较困难。	真实场景中较难应用，不建议在真实场景中使用。	① 检出率较低，假阳率较高。
	反应时	多用于线上测评，但应用要慎重。		① 反应时过短不一定代表被试作假。 ② 使用前要充分讨论使用该指标的合理性。 ③ 使用时最好与其他的检测指标结合使用，不要只根据反应时的长短来判断被试的作假。
	眼动指标	可用于作假行为的实验室研究，应用于真实情境较困难。	真实场景中较难应用，但在有条件的情况下，可以使用；在任何方面的测评中都可以使用，通过查看 A 眼动的轨迹及时间来判断 A 的作假情况。	① 眼动与作假之间的真实内在关系目前还很难界定。
语言分析法		适用于自我报告、传记故事或者可以自由回答的文本测试情境。	小 A 介绍了一件自己曾经做过的事情或经历，但你想探究这个故事的真实性，可以采用语言分析法对该故事进行检验。	
决策树		多用于使用问卷进行的测评，线上线下均适用。	若某一量表已生成相关决策树的算法，那该量表可采用决策树进行作假检验。	① 并不是所有的决策树的准确率都很高，决策树的性能取决于所使用的数据集和数据特性，使用不同的测量量表会有不同的结果。

但要判断一种检测方法是否有效，可以参考以下几个方面：首先，这种方法的检出率要高，误报率要低甚至为零，要保证假阳性和假阴性的成本与检测作假的收益相平衡。如果被试量众多，并且作假测试的成本很高，那么较高的假阳性率在一定程度上也是可接受的。第

二,该方法不应捕捉在结构组织上合理的相关特征差异,不应该淘汰最佳的候选者。比如,测试中的极端分数可能代表了一个人进行了陈述作假,当然也可能代表了一个人真实的能力水平(说自己很勤奋的人,实际上就是特别勤奋)。因此,好的检测方法,不应该把高水平的候选者检测成作假者。第三,该方法最好能抵制辅导和指导的影响,这将有助于避免候选者出于有动机的原因通过测试。

第四节　亡羊补牢,为时未晚:如何应对作假

研究者通过一系列的检测方法,检测出被试存在作假的可能,下一步就要对作假进行相应的处理,主要分为以下三个方面。

一、分数调整要全面

分数调整是指研究者首先使用量表或其他检测方法来测量被试的作假动机,获得作假变量,然后将作假变量视为控制变量处理,来校正测验的夸大分数,获得近似真实分数。例如,科尼格(König)等人[1]使用基线差值法检测被试的作假情况,并在之后的数据分析中使用回归校正后的差异分数(即对高风险条件下得分与低风险条件下得分建立回归方程,将得到的残差即近似真实分数)来消除在被试低风险情境中被试的作答误差。索伯格(Sjöberg)[2]创设不同的风险情境对被试的作假情况进行分析,基于社会称许性量表的得分,利用回归模型消除了作假对测试结果产生的 90% 的影响,并通过实验研究证明了该方法的有效性。

大量研究表明当进行分数调整时,会轻微的减弱预测效度,说明分数调整移走了一些特质成分。[3] 虽然该影响可以忽略不计[4][5][6],但是这也说明该方法可能没有考虑到社会称许反

---

[1] König, C. J., Jansen, A., & Mathieu, P. L. (2017). What if applicants knew how personality tests are scored? *Journal of Personnel Psychology*.

[2] Sjöberg, L. (2015). Correction for faking in self-report personality tests. *Scandinavian Journal of Psychology*, 56(5), 582–591.

[3] Barrick, M. R., & Mount, M. K. (1996). Effects of impression management and self-deception on the predictive validity of personality constructs. *Journal of Applied Psychology*, 81(3), 261.

[4] Borkenau, P., & Ostendorf, F. (1992). Social desirability scales as moderator and suppressor variables. *European Journal of Personality*, 6(3), 199–214.

[5] Christiansen, N. D., Goffin, R. D., Johnston, N. G., & Rothstein, M. G. (1994). Correcting the 16PF for faking: Effects on criterion-related validity and individual hiring decisions. *Personnel Psychology*, 47(4), 847–860.

[6] Dudley, N. M., McFarland, L. A., Goodman, S. A., Hunt, S. T., & Sydell, E. J. (2005). Racial differences in socially desirable responding in selection contexts: Magnitude and consequences. *Journal of Personality Assessment*, 85(1), 50–64.

应与被试个人动机、测量环境以及量表项目等因素存在的交互作用。① 此外，分数调整对被试成绩的等级排序会产生一定的影响，并且与观察到的分数等级相比，可能会导致不同的选拔结果。例如，克里斯蒂安森(Christiansen)等人②对16PF问卷中的特质分数进行反应失真调整后发现，超过85%的被试的等级排序发生了变化，其中还包括那些特质分数不受调整影响的被试。这是由于作假被试的等级排序高于或低于未作假被试，当作假被试的排序发生变化时，未作假被试的排序被迫也要跟着发生变化。

二、删除案例弊端大

删除案例是指研究者将检测出的作假者从样本中删除。该方法使用起来简单快捷，但是将该方法作为矫正策略的使用，受到众多研究者的反对，因为这种方法会产生一些实际的复杂问题。从法律的角度来看，如果没有确凿的证据支持推断某人确实提高了自己的分数，或者那些在反应失真测量中得分较高的人实际上具有较差的工作表现，仅仅因为被试在测量中得分太高而将其从选拔过程中剔除，是不太合理的。③ 其次，如果仅根据得分高低来删除案例，会导致极端优秀的案例被误删。此外，在许多反应失真量表中，对于多少是适当的得分，还没有达成标准的共识。最后，当被试因反应失真量表的高分而被排除在选拔过程之外时，可能会出现一系列与雇佣率的亚群体差异有关的潜在问题。④

三、重新测试耗时费力效果不确定

使用该方法存在一个前提：即在告知被试他们的分数被视为无效后，被试会产生内疚感，当被试获得第二次机会来回答这些问题时，这种内疚感会促使其作出真实的反应。从表面上来看，重新测试校正作假的方法似乎是有益的，因为潜在的被试不会仅仅因为在反应失真的测量中得分过高而被简单地从选择过程中淘汰，但是重新测试会导致测试的成本增加，并且这种方法对结果的有效性(对标准相关效度和被试的等级排序的有效性)还有待确定。最后，有一些证据表明，多次使用相同的量表会导致分数的变化，这是在选择环境中重新测试或练

---

① Ziegler, M., MacCann, C., & Roberts, R. (2012). *New perspectives on faking in personality assessment*. Oxford University Press.

② Christiansen, N. D., Goffin, R. D., Johnston, N. G., & Rothstein, M. G. (1994). Correcting the 16PF for faking: Effects on criterion-related validity and individual hiring decisions. *Personnel Psychology*, 47(4), 847–860.

③ Arthur, W., Woehr, D. J., & Graziano, W. G. (2001). Personality testing in employment settings: Problems and issues in the application of typical selection practices. *Personnel Review*, 30(6), 657–676.

④ Dudley, N. M., McFarland, L. A., Goodman, S. A., Hunt, S. T., & Sydell, E. J. (2005). Racial differences in socially desirable responding in selection contexts: Magnitude and consequences. *Journal of Personality Assessment*, 85(1), 50–64.

习效应所导致的结果。① 然而,在研究中重新测量的大都是由于被试在初始测评中得分过低,而不是分数作假,因此尽管重新测试作为一种矫正方法可能有用,但还需要进一步深入的研究。

上面介绍的三种方式都是帮助大家如何让可用的数据更加的"真实化",但是要注意的是,在使用上述三种方法前都要进行仔细的思考,最后无论使用哪一种方法,在进行结果解释的时候都要谨慎地应用在测量上观察到的结果。

第五节　扬汤止沸,莫若去薪:从源头上控制作假

通过前面的分析可知,作假的发生是不可避免的,并且作假发生之后的处理方法也不可能完全消除作假的影响。因此,只能从源头上尽可能地去降低作假发生的可能性。无论是在测试前还是测试时,都可以采取一系列的方法来降低作假发生的可能性。下面将主要介绍几种常用的预防作假或降低作假可能性的方法。

一、第三方报告:用客观描述代替主观作答

(一) 第三方报告的定义

第三方报告也称为观察者报告,是目前普遍使用的预防被试作假的方法。研究表明,第三方报告比自我报告更有效。② 其原理是:让一个第三方来"回答"研究者感兴趣的研究对象的情况,该情况的得分对于作答的第三方来说没有直接的影响,也不涉及第三方的利益,因此第三方会作出较为真实的反应,测评的分数也更公平。举一个简单的例子,当我们要调查学生的课堂表现时,如果让学生自己填写问卷或自我评述,他可能会出于种种原因,呈现"较好"的表现。但是如果选择学生的任课老师当作第三方或者观察者,让任课老师对学生的课堂表现进行评分或评述,该评分便不会受学生主观态度的影响。通过将第三方报告与被试自我报告的结果综合分析,可以识别出被试反应失真的情况,也可以更准确地评估被试的真实情况。

(二) 使用第三方报告的注意事项

在使用该方法时,需要注意两个问题:一是第三方观察者的选择问题,二是第三方自己对

---

① Kelley, P. L., Jacobs, R. R., & Farr, J. L. (1994). Effects of multiple administrations of the MMPI for employee screening. *Personnel Psychology*, 47(3), 575-591.

② Atkins, P. W., & Wood, R. E. (2002). Self-versus others' ratings as predictors of assessment center ratings: Validation evidence for 360-degree feedback programs. *Personnel Psychology*, 55(4), 871.

被试主观态度的影响。

1. 第三方观察者的选择问题

首先,对于成长中的被试而言,在不同的发展阶段所表现出的重要他人是不同的。例如,我们要研究 2 岁儿童的社会与情感能力的发展状况,我们首选的第三方是主要养育孩子的人(可以是父母、祖父母、外祖父母、甚至是保姆等);如果要研究 4 岁学龄前儿童的社会与情感能力的发展状况,仅选择父母(主要养育者)作为第三方可能还会存在一定的纰漏,这时就需要将老师也纳为第三方,进行观察者报告;随着孩子的成长,当孩子进入青春期后,如果还想探究青春期学生的社会与情感能力,这时候就要采用父母(主要养育者)、教师和同伴的第三方数据构成三方评价。因此,要根据测评对象的实际发展情况进行第三方的选择。

其次,要想获得更准确的观察者报告,除了考虑测评对象的发展阶段外,还要考虑第三方对研究对象的行为、态度、思想和价值观等方面的熟悉程度,因为只有在足够熟悉的情况下提供的评价才是更为精准的。比如,目前在很多大规模的中小学学生测评中,会直接选用所有参与测试学生的父母作第三方进行评价。但是这样做会忽略一部分特殊的情况,例如有些学生可能会因为父母离异、外出务工等特殊情况,没有与父母生活在一起,而是与其他家人生活在一起,这就会导致父母对孩子的了解较少。如果这样特殊的情况没有被考虑到,依旧让所有学生的父母作为第三方,那获得的第三方数据将会是不准确的。因此,在选择第三方时,还要充分考虑到每个被试的特殊情况,但是要想在大规模的测评中,根据每个被试的特殊情况,确定合适的第三方,要耗用大量的时间和精力。

2. 第三方自己对被试主观态度的影响

第三方的评分的确不受学生主观态度的影响,但是会受到第三方自己对被试主观态度的影响。比如,让老师在评价学生某一节课的课堂的表现时,也许学生的表现中规中矩,但是如果该学生之前在课堂上很积极,或者成绩很突出,老师可能会出于对该学生的"偏爱"或者是由于晕轮效应的影响而对该学生的表现作出夸大的评价,这样获得的第三方评价数据也是不准确的。关于第三方主观态度的影响,屈勒宁(Kyllonen)在个人潜力指数的研究中提到可以根据评分者的整体严重程度或者评分者的评分倾向于预测被试最终成就的程度,对评分进行事后调整,以此来改善第三方报告存在的问题。[①]

再深入思考一下第三方主观态度所反映的问题,其实只要是人,无论是给自己评价还是给他人评价,其评价结果或多或少都会受到自身主观态度的影响。因此,在测评中如果真的想尽可能摆脱主观态度的影响,那就不能让人直接给出结果。也就是说,将来的测评可以采用创新式测评方法,来减少人在结果上的主观参与。例如,近几年一直比较火热的情境化测

---

① Kyllonen, P. C. (2008). The research behind the ETS personal potential index (PPI). *Princeton, NJ: ETS*.

评或游戏化测评,只需要被试表现出自己的言行举止,其具体的评分结果均由计算机或者特定的得分点进行评判,这样在一定程度减少了人对结果的直接影响。

二、在测试前或测试中对作假给予警告

(一) 警告的定义

警告往往是在测试前或测试中告知被试作假的后果,例如,作假是可以被发现的,被发现后要承担一定的后果;作假会影响测试的结果及讨论;作假在道德上是不被允许的等等。

警告也是目前研究中经常使用的一种方法来降低被试的作假动机,并已被证明在减少作假行为方面有一定的效果。[1] 近期研究发现[2],当警告诱发了被试的内疚情绪时,被试的作假行为会减少,得分的准确性也会提高。中间警告法(Mid-test warning)便是利用了被试的内疚情绪而起作用的[3],即在一套测试中加入测量社会称许性的部分题目(印象管理量表、社会称许性量表等),在被试已作答一部分测量社会称许性的题目后,对该部分测量社会称许性题目的得分超过设置值的被试发出警告,然后要求被试重新进行测验。基于证据的警告将激发被试的内疚情绪从而更有效地降低作假行为的发生。此外,警告之所以有效,可能还因为其至少与造假行为的一个预测因素有关。例如,假设警告对有规则意识的人有效,也就是说,在没有警告的情况下,规则意识强的人和规则意识弱的人都可能会产生作假行为。但在有警告的情况下,规则意识强的人会意识到作假是违反规则的,所以规则意识强的人的作假行为会减少。基于此,在未来的研究中可以针对作假行为的其他预测因素来设计不同类型的警告语,尽可能减少作假的发生。

(二) 警告的类型

佩斯(V. L. Pace)和保曼(Water C. Borman)[4]在2006年提出了警告的五种类型,分别是:

1. 检测警告

告诉被试,研究者在评估中嵌入了检测不诚实作答的机制,并且研究者可以从被试的回答中发现作假的行为,其减少作假的机制是降低了被试对自己作假不被发现的信心。这种警告在传统的问卷测评中很少见,但在其他评估(如高风险情境中的面试)中偶尔会出现。

---

[1] Dwight, S. A., & Donovan, J. J. (2003). Warning: Proceed with caution when warning applicants not to dissimulate. *Human Performance*, 16, 1–3.

[2] Li, H., Fan, J., Zhao, G., Wang, M., Zheng, L., Meng, H., ... Lievens, F. (2022). The role of emotions as mechanisms of mid-test warning messages during personality testing: A field experiment. *Journal of Applied Psychology*, 107 (1), 40.

[3] Fan, J., Gao, D., Carroll, S. A., Lopez, F. J., Tian, T. S., & Meng, H. (2012). Testing the efficacy of a new procedure for reducing faking on personality tests within selection contexts. *Journal of Applied Psychology*, 97(4), 866.

[4] Pace, V., & Borman, W. (2006). The use of warnings to discourage faking on noncognitive inventories. *A Closer Examination of Applicant Faking Behavior*, 283–304.

2. 后果警告

告诉被试,不诚实作答会带来怎样的后果,其减少作假的机制是让被试产生尽可能避免承担作假后果的想法。后果警告的严重程度(潜在的效果)取决于警告中所呈现的实际后果,其后果范围可以从轻微(例如,重新测试)到严重(例如,取消成绩)。

3. 推理警告

让被试相信,诚实回答将会更满足他们的需求,实现个人利益的最大化。例如在求职招聘中,暗示求职者诚实的作答可以更准确地描述他们的个人特征,而准确描述的个人特征会给求职者带来积极的后果。比如可以给求职者匹配一份适合个人特征的工作,这样可以让求职者更适应自己的工作。其减少作假的机制是期望被试可以改变对作假可取性的信念,认为作假对自己是不利的。该警告的效果是建立在被试相信这种警告所提出假设的基础上,因此,该警告的适用范围受到了很大的限制,尤其是在非接受即拒绝的场景下。例如,A学生在申请心仪学校(B学校)的情况下,A学生清楚地知道自己申请的结果就两种:不是接受就是拒绝,在这样情况的下推理警告对于A学生来说是没有用的,因为A学生可以清楚地意识到,在申请B学校的诚实回答不会让自己获得其他大学的录取,因此A学生会尽可能地在B学校申请中展现自己的"优秀"。

4. 教育警告

详细地告知被试测评的性质和目的,并明确解释如果测评的结果是准确,那么从组织的角度来看是有益的。例如,教育警告可以说明:只有在真实测试结果的基础上,才能进行公平和准确的人员选择。其减少作假的机制是让被试相信造假会在测试整体上产生消极的负面影响。

5. 道德警告

告诉被试,作为道德和诚实的人,不应该有作假的动机,并且作假是一种不适当的行为。其减少作假的机制是试图将作假描述为不道德的行为,并将被试本身描述为道德的人,通过激发被试积极的自我认知来提高自己的诚实水平。

(三) 警告的适用及注意事项

上面不同类型的警告所适用的情况不同,例如,在失业率较低的情况下,推理警告可能是有效的,但是在失业率较高的情况下,可能就不适合了,因为对于求职者来说可选择的工作很少,推理警告起不到作用。

除了适用情况不同,还要注意的是,一些不必要的警告可能会带来不理想的结果:(1)对于那些计划作假的人来说,警告可能会导致他们产生更复杂的作假行为;(2)对于那些计划诚实回答的人来说,警告可能会吓唬到被试,让本来诚实的被试以一种实际上不诚实的方式来扭曲自己的回答。例如,李海蓉(Li)等人[①]研究发现,若警告中诱发了非作假者的恐惧情绪,那非作假者在被警告后会过度纠正自己的得分,影响得分的准确性,更为重要的是,若警告引发了被试的愤怒情绪,则警告的存在会降低人们对测试公平性的感知。这也将警示我们,一些不必要的警告会带来不理想的结果,在使用警告时要注意把握分寸。此外,警告说"所有的作假都会被检测出来",这实际上也是一个谎言,这就可能会是一个潜在的法律问题,因此研究者在使用警告时要谨慎地考虑警告的具体措辞。

三、迫选测验:你不能选择所有理想的行为

迫选测验常被用作社会称许性反应的事前控制,可以排除被试认出"好"答案的可能性[②],常在能力测验中使用,使用较多的迫选量表是爱德华个人偏好量表,量表的详细内容见附录。迫选测验控制被试作假的原理是被试不能认可所有的理想项目,要求必须要在这些理想的项目里进行选择。

举例:在一个多维迫选的测试中,有三种不同的迫选呈现方式:多选一、多选二以及排序[③]。举一个简单的例子来理解这三种不同的方式:

下面有 A、B、C 三种表达:

A:我是一个天生的领导者

B:我十分乐于助人

C:我做事很认真

计分方式:在这个例子中,A、B、C 分别代表着不同的能力维度,在经典测量理论的框架下:多选一是指选出上述与自身情况最相符的一项,选出的一项计 1 分,其余计 0 分;多选二是指选出上述与自身情况最相符和最不相符的一项,最符合的一项计 2 分,最不符合的一项计 0 分,未选择的一项计 1 分;排序是指将上述的描述根据与自身符合的程度进行排序,排序最符合的一项计 2 分,中间一项计 1 分,最不符合的一项计 0 分。

采用迫选题的反应形式可以防止被试在测试中作假,可以降低各种反应偏差。[④][⑤] 例如,

[①] Li, H., Fan, J., Zhao, G., Wang, M., Zheng, L., Meng, H., ... Lievens, F. (2022). The role of emotions as mechanisms of mid-test warning messages during personality testing: A field experiment. *Journal of Applied Psychology*, 107(1), 40.

[②] 潘逸沁,骆方.(2017).社会称许性反应的测量与控制.心理科学进展,25(10),1664–1674.

[③] Hontangas, P. M., De La Torre, J., Ponsoda, V., Leenen, I., Morillo, D., & Abad, F. J. (2015). Comparing traditional and IRT scoring of forced-choice tests. *Applied Psychological Measurement*, 39(8), 598–612.

[④] Bartram, D. (2007). Increasing validity with forced-choice criterion measurement formats. *International Journal of Selection and Assessment*, 15(3), 263–272.

[⑤] Cheung, M. W.-L., & Chan, W. (2002). Reducing uniform response bias with ipsative measurement in multiple-group confirmatory factor analysis. *Structural Equation Modeling*, 9(1), 55–77.

为了降低被试在测验中受到社会称许性影响的可能性,可以将称许性匹配的环节加入到迫选测试中。比如,将社会称许性相同或相近的陈述项匹配到同一个迫选题中,被试不能同时同意这两个项目,所以不能同时增加这两个积极方面的分数,这就在一定程度上避免了被试在测验中受到社会称许性的影响。并且,大量研究表明,迫选量表可以防止严重的过度造假,具备较好的抗作假性能。[1][2]

但是,有研究者提出反对的观点:首先,无论是上述哪种呈现方式,以及被试怎样作答,每个题组的总分都是固定的,要么是 1 分,要么是 2 分,整个测验的得分对所有被试而言也是个常数。[3] 这种所有被试的测验总分都相同的分数被称为自模式数据。但是自模式数据不能进行被试之间的比较,也不能进行因素分析、方差分析等处理,因而测量学家并不推荐使用迫选量表;[4]其次,有研究者认为该测量方式会导致测试分数的积极或部分积极性质,比如对于那些在多个个性维度上都很优秀的被试或者那些希望根据多个个性维度上的高分来选择员工的雇主来说,迫选测验则不是一个很好的选择;最后,一套完整的迫选测验的题目很多,这可能会导致被试产生疲劳,进而产生新的测试误差,例如不认真作答的影响。

但是,随着测量理论的不断发展,研究者们也逐渐摒弃了传统的计分方法,逐渐采用新的基于项目反应理论的计分方法,研究出众多针对迫选测验的 IRT 计分模型,如多重单维偏好配对模型(Multi-Unidimensional Pairwise-Preference Model)[5]、瑟斯顿 IRT 模型[6]、MUPP-2PL(the MUPP two-parameter logistic)[7]以及人格迫选测验中结合反应时间的 IRT 模型。[8] 目前关于迫选测验的研究依然是一个非常热门的领域,研究前景较好。

四、提供可验证的指标:请写出支持你答案的证据

提供可验证的指标是指在测评中嵌入可验证的生物数据的项目,也就是说研究者会在测

---

[1] Jackson, D.N., Wroblewski, V.R., & Ashton, M.C. (2000). The impact of faking on employment tests: Does forced choice offer a solution? *Human Performance*, 13(4), 371-388.

[2] Saville, P., & Willson, E. (1991). The reliability and validity of normative and ipsative approaches in the measurement of personality. *Journal of Occupational Psychology*, 64(3), 219-238.

[3] 王珊,骆方,刘红云.(2014).迫选式人格测验的传统计分与 IRT 计分模型.心理科学进展,22(03),549—557.

[4] 潘逸沁,骆方.(2017).社会称许性反应的测量与控制.心理科学进展,25(10),1664—1674.

[5] Stark, S., Chernyshenko, O.S., & Drasgow, F. (2005). An IRT approach to constructing and scoring pairwise preference items involving stimuli on different dimensions: The multi-unidimensional pairwise-preference model. *Applied Psychological Measurement*, 29(3), 184-203.

[6] Brown, A., & Maydeu-Olivares, A. (2011). Item response modeling of forced-choice questionnaires. *Educational and Psychological Measurement*, 71(3), 460-502.

[7] Morillo, D., Leenen, I., Abad, F.J., Hontangas, P., de la Torre, J., & Ponsoda, V. (2016). A dominance variant under the multi-unidimensional pairwise-preference framework: Model formulation and Markov chain Monte Carlo estimation. *Applied Psychological Measurement*, 40(7), 500-516.

[8] 郭治辰.(2021).人格迫选测验中结合反应时间的 IRT 模型开发与应用(硕士学位论文).江西师范大学.

评中提出一些问题，要求被试用可被验证的特定事实数据来支持他们的选择。[①]

可验证性生物数据项目的例子包括："我精通_____种计算机语言，如_____""你多久整理一次自己的桌子？""请简要说明软件程序和数据分析的性质……""你在去年参加了多少次课外活动？请列出活动的名字：_____"……

研究发现，缺乏对测评的验证与较高的作假水平有关，具有潜在可验证性的项目不太容易被作假[②③]，并且对提供指标项目的阐述可以有效减少有意作假（例如，夸大宣称，撒谎等），因为要求被试提供可以验证和支持他们的答案，此外，提供指标会迫使被试更准确地记住并避免无意作假（例如，自我欺骗的增强和否认）。[④]

但是该方法也存在一定的局限性：首先，可验证的生物数据比较局限于那些可以通过独立验证的事实来测量的项目。也就是说，如果要测量的某个项目本质上私有的，只有被试自己才知道的，那就算采用了该方法，也不能减少作假的发生。其次，在通过重写项目来调整现有的评估以及要求被试提供可验证数据的过程中，不可避免地会引入一些其他必须要研究和控制的误差来源。因为即使是没有作假的被试在生物数据项目上的表现也不会与他们在原始项目上的表现完全一致。

五、评价中和：修改措辞使问题更加中立

评价中和的方法主要是为了降低被试由于社会称许而产生作假的可能性。评价中和是由理性技术和协变量技术相结合而产生。理性技术表现为项目的构建（或改变）是为了尽可能不激活被试对社会称许性的关注。协变量技术表现为项目的改变是依赖于一种复杂的尝试，即保留原始项目中与个性相关的内容，同时摆脱与社会称许性相关的变异。

社会称许反应往往在社会称许（或不受称许）的项目上表现得较为强烈，而在更中性的项目上则表现较弱。在评价中和方法中：研究者将那些听起来令人感到非常满意和非常不满意的项目进行措辞修改，将正面的项目被赋予较少的正面性，负面的项目被赋予较少的负面性，使项目听起来更中性（评价性中立化），以此来期望减少被试社会期许性的产生。例如，"制定计划并坚持下去"这一项目可以被重新表述为"一旦制定了计划，就避免改变"，这两个项目之

[①] Mael, F. A. (1991). A conceptual rationale for the domain and attributes of biodata items. *Personnel Psychology*, 44(4), 763-792.

[②] McManus, M. A., & Masztal, J. J. (1999). The impact of biodata item attributes on validity and socially desirable responding. *Journal of Business and Psychology*, 13(3), 437-446.

[③] Schmitt, N., Oswald, F. L., Kim, B. H., Gillespie, M. A., Ramsay, L. J., & Yoo, T.-Y. (2003). Impact of elaboration on socially desirable responding and the validity of biodata measures. *Journal of Applied Psychology*, 88(6), 979.

[④] Schmitt, N., & Kunce, C. (2002). The effects of required elaboration of answers to biodata questions. *Personnel Psychology*, 55(3), 569-587.

间的区别可能看起来很微妙,但还是存在着不同之处:第一个项目的重点是引导自己朝着向目标前进的能力,这是一种理想的特质;第二个项目关注的是不愿意改变计划,这则是一个不太理想的特质。然而,这两个项目都描述了被试的责任心,如果被试是一个认真负责的人,被试就会认为这两个项目都能很好地描述自己,但对于责任心较差,又试图"作假"的被试来说,第二个项目的吸引力就比第一个项目小。

该方法在使用中可能还存在的一个问题:中性测试分数是否保持了有价值的异质性水平?如果所有的条目都被重新措辞,使其听起来中立,那么就只有少量的极端条目(那些被极少数人认可的条目)会被保留下来,这样就不能很好地识别出极度优秀和极度问题的人。

六、实时控制:作假情况实时反馈给被试

实时控制法是指被试在测验的过程中,会实时收到自己作假程度的反馈,这种方法可以获取被试真实的反应,更具有互动性和实效性。但是该方法一般要与眼动、脑电等认知神经技术相结合,提供一系列的认知神经指标,例如眼动指标。[①] 根据被试的一系列的生理指标,研究者可以对被试作假的程度进行判断,进而将被试的作假程度实时反馈给被试,尽可能减少被试在之后测试中的作假行为。但是该方法的实施需要在实验室中进行,且费用较高,不适合大规模的测试。

七、小结

上面介绍了6种比较常用的预防作假的措施,表2-4将措施进行了整理,大家可以根据自己的研究需要谨慎地进行选择。

表2-4 预防作假发生的方法及注意事项

方法	使用时需注意的事项
第三方报告	① 第三方观察者的选择问题:要根据测评对象的实际发展情况进行第三方的选择;要根据每个被试的特殊情况,确定适合该被试的第三方。 ② 第三方自己对被试主观态度的影响。
警告	① 不同类型的警告所适用的情况不同,要根据具体情况进行选择。 ② 一些不必要的警告会带来不理想的结果,在使用警告时要注意把握分寸。 ③ 在使用警告时要谨慎地考虑警告的具体措辞。

[①] Van Hooft, E. A., & Born, M. P. (2012). Intentional response distortion on personality tests: Using eye-tracking to understand response processes when faking. *Journal of Applied Psychology*, 97(2), 301.

(续表)

方法	使用时需注意的事项
迫选测验	① 测验的结果是自模式数据,不能进行被试之间的比较,也不能进行因素分析、方差分析等处理。 ② 该测量方式会导致测试分数的积极或部分积极性质。
提供可验证的指标	① 可验证的生物数据比较局限于那些可以通过独立验证的事实来测量的项目。 ② 在要求被试提供可验证数据的过程中,不可避免地会引入一些其他必须要研究和控制的误差来源。
评价中和	① 如果所有的条目都听起来中立,就不能很好地识别出极度优秀和极度问题的人。
实时控制	① 实施需要在实验室中进行,且费用较高,不适合大规模的测试。

截至本节内容,我们主要讨论了作假产生的前因后果、检测及预防措施。在这里,由于"不认真作答"(粗心作答)也会产生和作假相似的消极影响,因此还需与"不认真作答"这一概念进行详细区分,表 2-5 将对两者进行对比分析。

表 2-5 作假与不认真作答对比分析表

	作假	不认真作答
定义	作假是一种反应集,旨在提供一种自我描绘,帮助个人实现自己的目标,当情境需求和个人特征激活这种反应集以产生与所涉属性无关的测试分数系统差异时,就会发生作假。	被试在作答问卷过程中因动机不足而表现出的不遵从题目要求,或未仔细阅读题目内容便做出回答的作答模式,其外显形式包括随机作答、直线作答等。[①]
是否需要意志努力的参与?	需要	不需要或较少需要
类型	无意作假与有意作假	① 随机作答:被试在问卷中随意选择,答案没有规律性。 ② 直线作答:被试在问卷中连续一直选择某一个答案。 ③ 无意义规律选择答案:被试在问卷中按照某个规律进行选择,例如:A、B、C、D、A、B、C、D……

[①] 钟晓钰,李铭尧,李凌艳.(2021).问卷调查中被试不认真作答的控制与识别.心理科学进展,29(02),225—237.

（续表）

	作假	不认真作答
		④ 特定作答风格：被试在问卷中的作答有着自己独特的风格，例如：三短一长选一长；A、A、A、A、B、A、A、A……①②③
产生的原因	作假机会、作假能力与作假动机会影响被试作假的程度。	任务难度、被试能力、作答动机会影响被试认真作答的程度。④
产生的影响	① 影响测试分数的平均分、相关结构、结构效度和预测效度。 ② 影响与测试标准的关系。 ③ 影响决策结果。 ④ 在教育场景中无意作假存在着独特的影响。	① 影响测量工具的信效度。 ② 容易形成特殊值，影响测试分数的平均分及相关结构。
检测识别方法	详见表2-3	**嵌入量表法**： ① 设置陷阱题（正确答案显而易见，例如：一周有多少天） ② 设置选择注意题（明确要求选择哪个选项，例如：本题请选择"完全不符合"） ③ 设置自我汇报题（询问被试对自己认真努力程度的主观判断，例如：你觉得自己在填写问卷的过程中，认真度大约是多少？） **作答模式识别**：对被试的作答模式进行分析，计算识别指标，该指标表示被试不认真作答的程度⑤，具体识别指标的原理和使用，可参考钟晓钰在2021年发表的文献。⑥

---

① Dunn, A. M., Heggestad, E. D., Shanock, L. R., & Theilgard, N. (2018). Intra-individual response variability as an indicator of insufficient effort responding: Comparison to other indicators and relationships with individual differences. *Journal of Business and Psychology*, 33, 105–121.

② Grau, I., Ebbeler, C., & Banse, R. (2019). Cultural differences in careless responding. *Journal of Cross-Cultural Psychology*, 50(3), 336–357.

③ Meade, A. W., & Craig, S. B. (2012). Identifying careless responses in survey data. *Psychological methods*, 17(3), 437.

④ Zhang, C. (2013). *Satisficing in Web Surveys: Implications for Data Quality and Strategies for Reduction*

⑤ Meade, A. W., & Craig, S. B. (2012). Identifying careless responses in survey data. *Psychological Methods*, 17(3), 437.

⑥ 钟晓钰,李铭尧,李凌艳.(2021).问卷调查中被试不认真作答的控制与识别.心理科学进展,29(02),225—237.

(续表)

	作假	不认真作答
预防方法	详见表 2-4	**反应时识别**：作答时间少于规定值会被判定为不认真作答。规定值的确定标准：经验设定、反应时分布图像、结合其他数据质量指标设定以及预实验结果。
		降低任务难度： ① 调整问卷的表述，使其更加清晰且容易理解，减轻被试的认知加工负荷。① ② 调整问卷的长度，问卷不要过长，以免让被试在作答后期出现注意力不集中的情况、产生疲倦感，降低不认真作答的可能性。②
		提高被试的作答动机： ① 明确奖励和惩罚：给被试提供被试费或者警告被试不认真作答的后果。 ② 提供实时作答反馈：线上测评时，若被试长连续多个题目选择同一个选项，就会对被试给予提醒。 ③ 让被试作出认真作答的承诺：从被试主观态度出发，让被试自己承诺要认真作答。

第六节 从作假理论到实践应用

回归到传统的大规模社会与情感能力的测评中，目前大部分采用的测评方法为标准化测试，这就为被试作假提供了机会。但是由于研究对象大多为学生，并且测评的结果不会影响学生的升学、成绩等问题，因此学生的社会与情感能力的测评环境整体来说属于低风险环境。在这样的环境中，被试进行有意作假的概率较小，多为无意作假。比如：由于学生对自我的认知不够清晰，认为自己的水平高于平均水平（夸大了自己的能力）、对自己过于自信或者存在不切实际的乐观等等。

接下来以苏州、济南参加的两次 OECD 社会与情感能力的测评为例，介绍测评中与作假有关的内容。

OECD 社会与情感能力的测评采用的是标准化测试，将评分量表作为评估被试回答质量的评分指南。在苏州开展的第一轮社会与情感能力的测评中，整个测评体系分为学生问卷、

---

① Grau, I., Ebbeler, C., & Banse, R. (2019). Cultural differences in careless responding. *Journal of Cross-Cultural Psychology*, 50(3), 336-357.

② 卫旭华,张亮花.(2019).单题项测量:质疑、回应及建议.心理科学进展,27(07),1194—1204.

父母问卷、教师问卷和校长问卷。为了控制被试作假,测评采用了第三方观察者报告的方法,即父母和教师问卷中均包含了对孩子/学生的社会与情感能力的评价,并将学生的自我报告与观察者的报告相结合,形成三角互证来验证被试的作答情况,提高测评信度。但是,由于该测评的规模较大,因此在选择第三方观察者时没有对每个参与测评学生的情况进行单独分析,而是比较笼统地选择了所有测评学生的父母和老师作为第三方进行报告。因此,该测评虽然采用了第三方报告,但是还要注意存在的两个重要问题:第一,第三方观察者对学生的熟悉程度如何?对于每个参与者来说,父母和老师是否是其最佳的第三方观察者?第二,第三方观察者对学生的评价受主观态度的影响有多大?华东师范大学社会与情感能力研究中心对家长和教师的间接测评的数据结果进行了分析,发现个别能力上的测量模型的拟合度一般[1];并且家长和教师对15岁被试的评价的结果要高于被试自我评价的结果,这表明父母和老师作为第三方对学生的评价也会存在一定的偏见。因此,在济南参加的第二轮社会与情感能力的测评中,测评体系改为学生问卷、教师问卷和校长问卷,删除了父母问卷,并取消了家长和教师的第三方报告,转而测评教师本身社会与情感能力的培养及发展情况。这也与目前社会与情感能力的研究趋势相一致,即逐渐关注教师自身社会与情感能力的发展。

  在真实的标准化测评情境中,研究者可以在哪些环节可以预防作假?可以通过哪些方法来检验作假?下面以社会情感能力的标准化测评为例,设计一套包含检测及预防作假的测试问卷方案,供研究者参考(该方案主要为介绍不同预防及检测作假方法的使用,会出现方法杂糅等情况,研究者在应用时可根据自己的研究需要,有选择性地进行使用)。关于其他测评场景的预防及检测作假的方法,研究者可根据上文的介绍进行选择。

---

[1] 张静,唐一鹏,郭家俊,邵志芳.(2021).中国青少年社会与情感能力测评之技术报告.华东师范大学学报(教育科学版),39(9),18.

社会与情感能力测评问卷

（部分测评题目选自 OECD 社会与情感能力测评）

测试开始时间：_____

测试结束时间：_____

请写出你认为目前最了解你的人：_____

（爸爸/妈妈/爷爷奶奶/外公外婆/好朋友（哪个好朋友）/老师（哪位老师）/其他）

指导语: 本问卷想了解关于你在社会与情感能力发展的一些情况。你的答案将有助于帮助我们了解大家社会与情感能力的发展的情况,可以帮助大家更好地了解认识自己。请你认真阅读每道题目并给出准确的答案或选出合适的选项。回答没有对错之分,如果你对某道题目或某些选项不理解,可询问你身边的老师。我们对问卷所填写内容完全保密,你不必担心会被除研究人员以外的任何人知晓。本问卷中还设置了一些题目用来检测你的认真作答情况,或许你会被要求重新作答。

第一部分

下列描述是否符合你对自己的评价?请对照自己并在后面相应的选项上划"〇"。程度从左至右逐渐递增。

题 目	1=非常不同意	2=不同意	3=一般	4=同意	5=非常同意
1. 我是一个领导者。					
2. 我想处于主导地位。					
3. 我知道如何说服别人做我想做的事。					
4. 我喜欢领导别人。					
5. 有时我会对父母态度不好。					
6. 我不喜欢领导团队。					
7. 我想成为班干部。					
8. 我喜欢做一个团队的领袖。					
9. 我像领导者一样起主导作用。					
10. 我从来没有讨厌过谁。					
11. 我与别人合作得很好。					
12. 我常常挑起争吵。					
13. 我尊重他人。					

(续表)

题 目	1=非常不同意	2=不同意	3=一般	4=同意	5=非常同意
14. 我总是愿意帮助我的同学。					
15. 我从没发过脾气。					

第二部分

下列描述是否符合你对自己的评价？请对照自己并在后面相应的选项上划"○"，并写出事实数据来支持你的选择。

题 目	1=非常不同意	2=不同意	3=一般	4=同意	5=非常同意
1.1　我觉得科学这门学科有趣。					
1.2　我觉得最有趣的科学实验是_____。					
2.1　我和他人相处得很好。					
2.2　我班里有_____人，我和班里_____人是朋友，最近一周我和_____人发生过冲突。					
3.1　我喜欢了解其他国家和文化。					
3.2　我了解_____个国家的交友节。					
4.1　我与别人合作得很好。					
4.2　我上一次和他人合作的时间是_____。					
5.1　我喜欢在学校学习新东西。					
5.2　我今天学习到的新东西是_____。					

第三部分

下面测验包括许多成对的语句,请你从中选出最能表现或接近你当前特征或感觉的那一个,并将你的选择(A 或 B)填在对应的位置处。如果两句话都没有正确描述你的情况,那你应当选择你认为能比较正确反映你的情况的那一个。

你的选择	题目 A	题目 B
	A. 我喜欢做一个团队的领袖。	B. 我喜欢帮助别人。
	A. 我是有创意的且能提出新想法。	B. 我能控制自己的情绪。
	A. 我喜欢帮助别人。	B. 我是有创意的且能提出新想法。
	A. 我是有创意的且能提出新想法。	B. 我喜欢做一个团队的领袖。
	A. 我能控制自己的情绪。	B. 我喜欢帮助别人。
	A. 我喜欢做一个团队的领袖。	B. 我能控制自己的情绪。

预防及检测作假的方法分析:

社会与情感能力测评问卷
(部分测评题目选自 OECD 社会与情感能力测评)

测试开始时间:
测试结束时间:

请写出你认为目前最了解你的人:
(爸爸/妈妈/爷爷奶奶/外公外婆/好朋友(哪个好朋友)/老师(哪位老师)/其他)

指导语: 本问卷想了解关于你社会与情感能力的一些情况。你的答案将有助于帮助我们了解大家社会与情感能力的发展的情况,可以帮助大家更好地了解认识自己。请你认真阅读每道题目并给出准确的答案或选出合适的选项。回答没有对错之分,如果你对某道题目或某些选项不理解,可询问你身边的老师。我们对问卷所填写内容完全保密,你不必担心会被除研究人员以外的任何人知晓。本问卷中还设置了一些题目用来检测你的认真作答情况,如果检测出你的作答存在问题,你将会被要求重新作答。

要点一:反应时 提供整个测评的作答时间,可作为检测作假的参考

要点二:第三方检验 便于确定该被试第三方观察者的人选。

要点三:警告 采用教育警告和推理警告,表明测试的目的,解释测试对于自己和研究都是有益的,研究需要真实的结果。

要点四:警告 采用检测警告和后果警告,告诉被试作假是可能被发现的,并且发现后的后果是要重新进行检测。

第二章 借我一双慧眼：自我报告中真假难辨

第一部分

下列描述是否符合你对自己的评价？请对照自己并在后面相应的选项上划"○"。程度从左至右逐渐递增。

题目	1=非常不同意	2=不同意	3=一般	4=同意	5=非常同意
1.我是一个领导者					
2.我想处于主导地位					
3.我知道如何说服别人做我想做的事					
4.我喜欢领导别人					
5.有时我会对父母态度不好					
6.我不喜欢领导团队					
7.我想成为班干部					
8.我喜欢做一个团队的领袖					
9.我像领导者一样起主导作用					
10.我从来没有讨厌过谁					
11.我与别人合作得很好					
12.我常常挑起争吵					
13.我尊重他人					
14.我总是愿意帮助我的同学					
15.我从没发过脾气					

> **要点五：社会称许性测量**
> 第5、10、15题为嵌入到社会与情感能力测评中的检验社会称许性的题目，用来检测被试受社会称许的影响程度。

第二部分

下列描述是否符合你对自己的评价？请对照自己并在后面相应的选项上划"○"，并写出事实数据来支持你的选择。

题目	1=非常不同意	2=不同意	3=一般	4=同意	5=非常同意
1.1 我觉得科学这门学科有趣。					
1.2 我觉得最有趣的科学实验是_____。					
2.1 我和他人相处得很好。					
2.2 我班里有_____人，我和班里_____人是朋友，最近一周我和_____人发生过冲突。					
3.1 我喜欢了解其他国家和文化。					
3.2 我了解_____个国家的交友节					
4.1 我与别人合作得很好。					
4.2 我上一次和他人合作的时间是_____。					
5.1 我喜欢在学校学习新东西。					
5.2 我今天学习到的新东西是_____。					

> **要点六：可检验指标**
> 第二部分题目在选择的基础上，添加了可检验的指标，用来预防被试作假。

> **要点七：虚假项目检测**
> 可根据虚假项目的作答情况来判断被试的作假情况。

第三部分

下面测验包括许多成对的语句，请你从中选出最能表现或接近你当前特征或感觉的那一个，并将你的选择（A或B）填在对应的位置上。如果两句话都没有正确描述你的情况，那你应当选择你认为能比较正确反映你的情况的那一个。

你的选择	题目A	题目B
	A.我喜欢做一个团队的领袖。	B.我喜欢帮助别人。
	A.我是有创意的且能提出新想法。	B.我能控制自己的情绪。
	A.我喜欢帮助别人。	B.我是有创意的且能提出新想法。
	A.我是有创意的且能提出新想法。	B.我喜欢做一个团队的领袖。
	A.我能控制自己的情绪。	B.我喜欢帮助别人。
	A.我喜欢做一个团队的领袖。	B.我能控制自己的情绪。

> **要点八：迫选形式**
> 第三部分题目作答方式改为了迫选形式，该形式可减弱社会称许的影响。

113

附录：
马洛-克罗恩社会称许性量表中文版（部分）

指导语：下列描述是否符合你对自己的评价？请对照自己并在后面相应的选项上画"○"，答案没有对错之分，请你根据自己的实际情况如实回答。

题号	题目	是	否
1	在投票前我要彻底了解所有候选人的情况。		
2	我总是毫不犹豫地放下自己的事帮助有难处的人。		
3	*如果得不到别人鼓励，有时我很难将事情继续做下去。		
4	我从来没有特别讨厌谁。		
5	*我偶尔怀疑自己是否具备成功的能力。		
6	*如果得不到自己想要的东西，有时我感到愤愤不平。		
7	我总是很留意自己的衣着。		
8	无论在家还是在饭馆，我都一样注重饭桌上的礼仪。		
9	*如果能不花钱溜进电影院，而且肯定不会被人发现，我会这么做。		
10	*少数一些时候，我因为自己能力不够而放弃某些事情。		
11	*我有时喜欢说别人的闲话。		
12	*有时我想违抗有权威的人，即使我知道他们是对的，也想这么做。		
13	不管与谁交谈，我总是一个很好的倾听者。		
14	*我记得有过为逃避某些事而"装病"的情况。		

第二章　借我一双慧眼：自我报告中真假难辨

社会称许性平衡量表（BIDR量表）第六版（部分）

指导语： 下列描述是否符合你对自己的评价？请对照自己并在后面相应的选项上画"○"，答案没有对错之分，请你根据自己的实际情况如实回答。

题号	题目	1＝完全不同意	2＝不同意	3＝比较不同意	4＝不确定	5＝比较同意	6＝同意	7＝非常同意
1	我的第一印象往往被证明是正确的。							
2	＊对我来说，要改变任何不良习惯都很难。							
3	我无意去知道别人到底对我有什么看法。							
4	＊我并不总是忠实于自己。							
5	我总是很明白自己为什么会喜欢某些东西。							
6	＊我在情绪激动的时候，思维会出偏差。							
7	我一旦下了决心，别人很少能使我改变主意。							
8	＊超速行驶时，我不是一个安全可靠的驾驶者。							
9	我牢牢地把握着自己命运。							
10	＊我很难抛开烦扰人的想法。							
11	我对自己的决定从不后悔。							
12	＊我有时因为犹豫不决而遭受损失。							
13	我之所以参加投票是因为它能起到作用。							
14	＊父母对我的责罚并非总是公平的。							

作假识别量表(FD)[①]

指导语: 下列描述是否符合你对自己的评价？请对照自己并在后面相应的选项上画"○",答案没有对错之分,请你根据自己的实际情况如实回答。

题号	题目	1=很不符合	2=不太符合	3=中间状态	4=比较符合	5=很符合
1	情绪不好丝毫不会影响我的工作。					
2	我从不为自己的失误找借口。					
3	我办事从来都是客观公正的。					
4	我几乎没有和家里人吵过嘴。					
5	我每天都记录自己的心得,反思提高。					
6	我一定不会把当天的事情拖到明天去做的。					
7	我与各式各样的人都能合作愉快。					
8	我在任何时候都能保持沉着、冷静。					
9	我做的每件事情,注意力都是非常集中的。					
10	我做事没有半途而废的,即使遇到困难也不会放弃。					
11	即使对我的当面批评很正确,我也会觉得难堪。					
12	长时间地做同一件事情会令我烦躁。					
13	存在利益冲突时,我也会有个别不利于对方的言行。					
14	对某个人有意见,我往往不会和其开诚布公的谈。					

---

① 量表来源:骆方,刘红云,张月.(2010).应聘情境下作假识别量表的开发.心理学报,42(07),791—801.

（续表）

题号	题目	1=很不符合	2=不太符合	3=中间状态	4=比较符合	5=很符合
15	看到别人在公共场合的不良行为，我一般不会上前制止。					
16	适当的时候，我会占些小便宜。					
17	我想要做一些事情，就是迟迟不肯动手去做。					
18	我有时会找借口让自己少做些事。					
19	我有时也会假公济私，为自己人做些事。					
20	我做事情有时会虎头蛇尾。					

（注：1—10：受称许性行为；11—20：不受称许性行为）

爱德华个人偏好量表(EPPS)(部分)

指导语： 本测验包括许多成对的语句，任何选择都无所谓对错，对它们所描述的特征，你可能喜欢，也可能不喜欢，其方式你可能曾感觉到，也可能没有感觉到，请你从中选出最能表现或接近你当前特征或感觉的那一个，并将你的选择(A或B)填在答卷纸相应的位置处。如果两句话都没有正确描述你的情况，那你应当选择你认为能比较正确反映你的情况的那一个。总之，对于每道题的A、B两种选择你必须而且只能选择其一。

你的选择	题目A	题目B
	A. 当我的朋友有麻烦时，我喜欢帮助他们。	B. 对我所承担的一切事情，我都尽我最大的努力去做。
	A. 我喜欢探求伟人对我所感兴趣的各种问题有什么看法。	B. 我喜欢完成具有重大意义的事情。
	A. 我喜欢我写的所有东西都很精确、清楚、有条有理。	B. 我认为在某些专业或职业专门项目上自己是个公认的权威。
	A. 我喜欢能随我的意志来去自如。	B. 我喜欢能够自豪地说我将一件难题成功处理了。
	A. 我喜欢解答其他人觉得很困难的谜语与问题。	B. 我喜欢遵从指示去做别人期待我做的事。
	A. 我喜欢在宴会上讲些趣事和笑话。	B. 我希望写本伟大的小说或剧本。
	A. 我喜欢在日常生活中体验到新奇与改变。	B. 当我认为我的上级做得对时，我喜欢对他们表达我的看法。
	A. 对我所承担的任何工作，我喜欢对其细节作好计划与组织。	B. 我喜欢遵从指示做我所该做的事。
	A. 在公共场合中，我喜欢人们注意和评价我的外表。	B. 我喜欢读伟人的故事。
	A. 我喜欢回避要我按照例行方法办事的场合。	B. 我喜欢读伟人的故事。
	A. 我喜欢在某些职业、专业或专门项目上自己是个公认的权威。	B. 我喜欢读伟人的故事。
	A. 我喜欢探求伟人们对各种我所感兴趣的问题的看法。	B. 假如我必须旅行时，我喜欢把事情先要安排好。
	A. 我喜欢将开了头的工作或任务完成。	B. 我喜欢保持我的书桌或工作间的清洁与整齐。

（续表）

你的选择	题目A	题目B
	A. 我喜欢告诉别人我所经历的冒险与奇特的事情。	B. 我喜欢饮食有规律,并且有固定时间吃东西。
	A. 我喜欢独立决定我所要做的事。	B. 我喜欢保持我书桌或工作间的清洁与整齐。
	A. 我喜欢比其他人做得更好。	B. 我喜欢在宴会上讲些趣闻与笑话。
	A. 我喜欢遵从习俗,并避免做我所尊敬的人认为不合常规的事。	B. 我喜欢谈我的成就。
	A. 我喜欢我的生活安排得好,过得顺利,而不用对我的计划作太多改变。	B. 我喜欢告诉别人我所经历的冒险与奇特的事情。
	A. 我喜欢阅读以性为主的书与剧本。	B. 我喜欢用些别人不懂其意义的字眼。
	A. 我喜欢批评权威人士。	B. 我喜欢用些别人不懂其意义的字眼。
	A. 我喜欢完成其他人认为需要技巧和努力的工作。	B. 我喜欢能随我的意志来去自如。
	A. 我喜欢称赞我所崇拜的人。	B. 我喜欢很自如地做我所想做的事。
	A. 我喜欢将信、账单和其他文件整齐地排列着并以某种系统存档。	B. 我希望独立决定我所要做的事。

第三章　情境化测评：成长中考验真实本领

自我报告量表在测量社会与情感能力时存在一定的弊端，被试可能会因为社会赞许性偏差而产生作假行为，从而影响数据的真实性和可靠性。本章节介绍的情境化测评方法通过收集真实情境中个体的行为表现，提供动态多维的评估信息，以使对社会与情感能力的过程性测评更加准确客观，弥补传统自我报告测评的不足。

从近年来教育政策的逐步变革中不难看出社会与情感能力测评的情境化趋向。人的行为往往受到情境的影响，相信不少读者很容易就能想到声名狼藉的"斯坦福监狱实验"，后来，津巴多(Zimbardo)用路西法效应(the lucifer effect)来形容人受到情境或受当时氛围的影响而在性格、思维方式、行为方式等方面表现出来的不可思议的一面。因此传统的自评问卷在反映学生社会与情感能力上可能存在一定程度上的局限性，需要借助情境化测评中的外显行为来更真切地评估。

情境是个体行为的调节器。特质如何与情境一起相辅相成地共同影响个体行为？由于社会与情感能力的研究框架是基于人格理论的，本章节还介绍了将情境纳入人格心理学研究的理论，包括认知-情感人格系统理论、全特质理论与特质激活理论。这些理论提供了理解社会与情感能力与情境之间关系的框架，进一步证实了情境化测评的必要性。本章节回顾了包括实验室、真实情境模拟以及课堂三种评估情境下的社会与情感能力情境化测评研究。为便于研究者及一线教育工作者直观地理解情境化测评的具体实践，本章节将以课堂情境下的合作问题解决能力为例，详细阐述了情境化测评的操作流程。由于社会与情感能力属于新兴的研究领域，聚焦于此能力的情境化测评虽已取得部分进展，但仍无法满足目前国内教育环境的庞大需求。在未来的研究中，研究者应继续探索和发展情境化测评方法，以推动社会与情感能力研究的进一步发展。

第一节　社会与情感能力测评的情境化转向

一、情境化测评是教育变革的新要求

人类活动都是在一定情境中展开的,学生综合能力的形成和发展与学习生活中的具体情境密切相关①。在当前的国际教育领域中,能力框架的制定也高度强调情境的重要性。例如,经济合作与发展组织(Organisation for Economic Cooperation and Development, OECD)的"能力的界定与遴选:理论和概念基础"计划(Definition and Selection of Competences: Theoretical and Conceptual Foundations,简称 DeSeCo)侧重于研究在特定情境下(in a particular context),个体如何调动心理社会资源(例如技能、情感、信念等)以更好地适应和应对复杂现实需求的能力②,DeSeCo 计划为"国际学生测评项目"(Program for International Student Assessment,简称 PISA)和"成人素养与生活技能调查"(Adult Literacy and Life Skills Survey,简称 ALL)的测评内容与形式明确了具体的方向,为教育和培训提供更精准的指导和支持。美国联邦教育部主持的"21 世纪技能合作组织"(Partnership for 21st Century Learning,简称 P21)认为,在 21 世纪社会中,工作和生活具有高度复杂性和多样性,技能的应用不应再是孤立的、片面的,而是根植于情境的,需要综合运用各种能力③。为此,P21 提出了 21 世纪技能的概念,对适应知识经济和信息时代所需要的"21 世纪技能"进行了系统研究,并着重探讨如何将能力应用于现代生活情境中,以促使学生拥有适应未来变化的能力和发展潜力。

我国的新课程改革也倡导以真实性任务情境为依托,培养学生解决复杂问题的能力和品格。教育部印发的《义务教育课程方案和课程标准(2022 年版)》强调"加强学习与学生经验、现实生活、社会实践之间的联系,注重真实情境的创设,增强学生认识真实世界、解决真实问题的能力"。真实性任务情境的设置能够引导学生运用知识和技能解决实际问题,探索解决问题的方法和策略,培养学生自主学习、协作交流、创新思维等多项社会与情感能力,促进学生成长和发展。同时,真实性任务情境的应用也有助于学生的情感体验和价值观培养,使学生在解决问题的过程中体验到挫折的磨砺和成功的喜悦,从而更好地锤炼自己的品格和人生观。

积极推进基于情境的教学方式已成为世界各国的基本共识,同时也引导了教育测评的变

---

① 张会杰. (2016). 核心素养本位的测评情境及其设计. 教育测量与评价, 188(09), 9—16.
② Rychen, D.S., & Salganik, L. H. (2003). *Key competencies for a successful life and a well-functioning society.* Ashland, OH: Hogrefe & Huber Publishers.
③ Smith, A.R. (2008). Wisconsin Partnership for 21st Century Skills — Library Media Specialists Making an Impact. *School Library Media Activities Monthly, 25*(4), 27–29.

革方向,即构建真实任务情境来评估学生的能力,反映学生在实际场景中的表现和发展水平[1]。亚洲社会协会(Asia Society)与兰德公司(RAND Corporation)的研究人员合作编制的研究报告《测量 21 世纪技能:对教育指导》(Measuring 21st Century Skills: Guldance for Educators)指出,让学生执行现实情境的任务来评价学生的非认知能力是更有效的评估形式[2]。美国国家研究委员会(United States National Research Council)也指出,对学生在真实情境中的表现进行直接观察评估,能够避免自评或他评问卷的效度问题[3]。

许多能力测评工具使用标准化量表或问卷,其结果并不能完全代表被试真实的能力水平,其中还应包含着被试在意识层面上对能力的理解。该测量方式容易受到学生自我评价、主观意识、对问题的理解程度及作假等因素的影响,从而导致评价结果出现偏差。在评估社会与情感能力等非认知能力时,仅通过纸笔测验进行测评是远远不够的。国务院印发的《深化新时代教育评价改革总体方案》强调,要改革学生评价,破以分数给学生贴标签的不科学做法。这就需要一种更加真实、全面地评估学生社会与情感能力的测评方法,即情境化测评。让学生开始面对复杂的、真实的情境才能准确地评估学生的社会与情感能力。因此,进一步发展和完善社会与情感能力的情境测评是深化新时代教育评价改革的重要内容,有助于落实立德树人根本任务。

此外,测量社会与情感能力的目的在于发展社会与情感能力。学生的能力随着时间的推移会发生变化,原来较差的能力可能会转好,而原来较好的能力也可能会变差,因此需要及时考虑学生能力的动态性,以发展的眼光与动态的思维去测评学生的社会与情感能力。而传统的纸笔测试是结果导向的,无法提供社会与情感能力动态发展的情况。情境化测评能够为社会与情感能力提供过程性的评估信息,帮助学生发现自身的不足之处并及时调整,促进学生的自我发展和成长。同时,在真实情境下,学生的表现可以从多个维度进行评估,如表情、言语、音调、肢体动作等。将这些维度的信息作为测评依据,设计出一个由多重测评指标组成的评价指标体系可以更加全面地评估学生的社会与情感能力。总的来说,社会与情感能力的发展和培养需要采用基于情境的教学和评估方式[4]。教育界应该积极探索社会与情感能力的情境化测评,以更好地满足新时代社会及学生发展的需求。

---

[1] 袁建林,李美娟,刘红云.(2023).情境化测验的进展与挑战.中国考试,371(03),17—26.

[2] Soland, J., Hamilton, L., & Stecher, B. (2013). *Measuring 21st-century competencies: Guidance for educators*. Online: RAND Corporation.

[3] National Research Council Committee on the Assessment of 21st Century, S. (2011). The National Academies Collection: Reports funded by National Institutes of Health. In *Assessing 21st Century Skills: Summary of a Workshop*. Washington: National Academies Press.

[4] Abrahams, L., Pancorbo, G., Primi, R., Santos, D., Kyllonen, P., John, O.P., & De Fruyt, F. (2019). Social-emotional skill assessment in children and adolescents: Advances and challenges in personality, clinical, and educational contexts. *Psychological Assessment*, 31(4), 460–473.

二、情境 or 特质:是谁决定了人的行为

多年来,心理学界一直持有一个支配性的观点,认为在人的一生中,个体的行为倾向由个人特质决定,且在不同时间、不同情境下稳定不变。这种观点源于特质理论,该理论认为特质是一个人的思想、情感及行为的独特模式,这个独特模式包含了一个人区别于他人的稳定而统一的心理品质[1]。根据一个人的基本特质,可以预测其行为。反过来,尽管特质并不能被直接观察到,但是可以从行为指标中直接或间接地推断出来,这是一种基于特质理论的评估方式。

目前 OECD 发起的全球青少年社会与情感能力的测评项目(The Study on Social and Emotional Skills,简称 SSES)主要借鉴"大五人格"模型,将社会与情感能力定义为以一致的思维、情感和行为模式表现出来的能力[2]。在测量时,具体的题目还是基于"大五人格"特质理论,主要测评青少年对这些能力的自我概念,具体要求被试根据每道题目的设问(例如:我和他人相处得很好),从"1 非常不同意""2 不同意""3 一般""4 同意"和"5 非常同意"选项中选择最符合其自身主观感受的一项。分数越高(反向计分题除外),则表明其社会与情感能力越强。这种基于特质理论的社会与情感能力评价更强调个体的行为一致性,不太关注情境对行为的影响。然而,在实际情况中,个体在不同情境下的行为可能会有所不同,基于特质理论的测评工具也存在一定的局限性。

一些研究者提出,不同情境下人们的行为之间只具有中等程度的跨情境一致性,目前缺乏行为一致性的证据,行为的具体情境比个人特质更为重要。这便形成了"个人-情境"之争(person-situation controversy)[3]。这一争论的核心问题是:决定行为的究竟是个人特质还是情境? 具有相同社会与情感能力的人在所有情境下都表现同样的行为,还是随着情境的变化扮演不同的角色? 米歇尔(Mischel)也为此提出质疑,认为如果特质存在,那么反映某种特质的思想、情感和行为就应该具有跨时间、跨情境的高相关性[4]。但当时的一些研究表明,除了智力特征和某些行为模式(如场独立性或场依存性)的相关系数达 0.50 以上,其余如依赖性、攻击性、逃避性、支配性等特质在不同情境下的行为相关系数很少超过 0.30 或 0.40,几乎没有证据可以证实这些特质的行为一致性。在很多特质上,大多数人只会表现出有限的跨情境一致性。这些跨情境一致性的程度,要远远低于特质理论所假设接近 1 的程度。

---

[1] Allport, G. W., & Odbert, H. S. (1936). Trait-names: A psycho-lexical study. *Psychological Monographs*, 47(1), i–171.

[2] OECD. (2021). *Beyond Academic Learning*. Paris: OECD Publishing.

[3] Kenrick, D. T., & Funder, D. C. (1988). Profiting from controversy: Lessons from the person-situation debate. *American Psychologist*, 43(1), 23–34.

[4] Mischel, W. (1968). *Personality and assessment*. Hoboken, NJ, US: John Wiley & Sons Inc.

三、江山易改,本性难移吗?

许多经典的心理学实验也强调情境对个体行为的重要作用,包括旁观者效应、从众效应和电话亭实验。在旁观者效应的实验中,当被试发现隔壁一名假被试正在经历癫痫发作时,是否有他人在场会对被试的助人行为产生显著影响。被试认为只有当他自己听到这个紧急情况时,他才更有可能帮助患者。而在另一种情境下,也就是被试认为其他人也听到了这个紧急情况时,助人行为明显减少[1]。艾许(Asch)的从众效应实验同样设计了一个经典的情境[2]。这一实验的表面任务是,比较线段的长短。每个被试都将看到两张不一样的图片,这两张图片上都有一条线段,不同的是一个较长一个较短。被试只需要对线段的长短做出选择。所有的被试都需要比较自己看到的两条线段哪条更长,哪条更短。除了一名真实被试,剩下的都是提前设计好的假被试。他们将营造从众的情境,给真实被试制造选择压力。假被试先表达自己的看法,他们都选不正确的那一条线段,之后请真实被试做出选择。真实被试会对这一现状充满疑虑,因为自己的选择和其他人是完全相反的。最终,为了适应情境,绝大部分的真实被试都会选择错误的线段。

勒温(Lewin)设计的电话亭实验也说明了个体与环境的交互作用[3]。实验对象在市郊公用电话亭打电话,打完电话离开时,实验助理爱丽丝会走过来,文件飘落在实验对象的脚前。在文件被踩之前,实验对象会帮助爱丽丝吗?实验设计了两种情境,一种是在电话返回槽中放置硬币,另一种则没有。在第一种情境下,参加实验的16人中有14个选择帮助爱丽丝,只有两个人没有选择帮助爱丽丝。在另一种情境下,25人中只有1人选择帮助爱丽丝,没有选择帮助爱丽丝的高达24人。这一实验表明,在电话返回槽中发现硬币的实验对象会因为有好心情而更愿意采取助人行为,反之亦然。实验对象选择是否帮助别人与其交往能力关系很小,影响其选择的因素是电话返回槽中是否搁置硬币这一情境。

上述经典的心理学效应和实验都表明了情境对个体行为的重要影响。在日常生活中,我们经常忽略外界微小的情境因素,但事实上,这些因素在我们的行为模式中起到了决定性的作用。勒温提出的公式 $B=F(P \cdot E)$ 指出,个体行为不仅取决于个体特质(P),也受到环境因素(E)的影响,二者互相作用。而且,人的行为是在人与环境的持续互动中不断促发的,而非个体或环境单独决定。因此,人格特质的测评需要在具体情境中进行,社会与情感能力的测

---

[1] Darley, J. M., & Latané, B. (1968). Bystander intervention in emergencies: diffusion of responsibility. *Journal of Personality and Social Psychology*, 8, 377–383.

[2] Asch, S. E. (1956). Studies of independence and conformity: I. A minority of one against a unanimous majority. *Psychological Monographs: General and Applied*, 70(9), 1–70.

[3] Lewin, K. (1936). *Principles of topological psychology*. New York, NY, US: McGraw-Hill.

评离不开具体情境。

四、情境 and 特质:共同决定了人的行为

当代心理学研究也进一步深化了我们对情境、行为与特质间复杂关系的理解。目前有充分的证据表明,同一个体在不同情境下的行为存在内在差异[①]。一个人在某个情境下表现特定行为,并不意味着他比其他人更有可能在另一种情境下表现出同样的行为。还有研究者结合情境评估和经验抽样方法(Experience Sampling Method),对个体特质、情境特征以及实时的行为和情绪进行了动态测量。经验取样法是指在自然状态下提醒被试在事件发生的时候或一天内的某几个时间回答问题,以获得即时数据的一种研究方法,可以在真实环境中捕捉被试的日常体验和情感状态。研究发现,个体特质和情境特征都对行为和情绪的实时表达具有显著的预测作用[②]。

同时,个体特质与情境间也存在着交互作用,这意味着不同特质的人在不同的情境(例如工作、休闲、家庭等)间切换时,通常会根据不同的情境出现不同的行为反应[③]。这种交互作用说明个体的行为表达是高度情境依赖性的,而适应(Adaptation)则是个体在特质与环境交互作用中发挥积极和功能性作用的技能、习惯或态度[④]。在不同的情境下,个体可以根据适应所处的角色、任务、环境等的不同需求,从而做出不同的行动反应。例如,在家庭环境下,个体可能表现出亲和、温和、体贴等行为,而在工作环境中,个体可能表现出果断、坚定、竞争等行为。这种适应能力是个体在社会与情感方面的重要能力之一。

这些研究表明,在单一情境中,个人特质会受到个人能力、情境以及个人能力与情境特征之间潜在相互作用的影响。虽然在单一情境中测量个体的行为、认知以及情绪状态有其必要性,但是仅仅依靠单一情境并不能准确预测个体的社会与情感能力。因此,研究者需要摆脱二元思维,放弃对能力和状态表现的单一解释,而是考虑情境的变化和多样性。事实上,当前人格心理学领域兴起的许多理论也支持这一观点,强调考虑个体和情境的相互作用,以更加全面地理解和评估个体的能力和品质。

[①] Jones, A.B., Brown, N.A., Serfass, D.G., & Sherman, R.A. (2017). Personality and density distributions of behavior, emotions, and situations. *Journal of Research in Personality, 69*, 225-236.

[②] Sherman, R.A., Rauthmann, J.F., Brown, N.A., Serfass, D.G., & Jones, A.B. (2015). The independent effects of personality and situations on real-time expressions of behavior and emotion. *Journal of Personality and Social Psychology, 109*, 872-888.

[③] Kandler, C., & Rauthmann, J.F. (2022). Conceptualizing and Studying Characteristics, Units, and Fits of Persons and Environments: A Coherent Synthesis. *European Journal of Personality, 36*(3), 293-318.

[④] Asendorpf, J.B., Motti-Stefanidi, F., & Kandler, C. (2018). Mediated Disposition-Environment Transactions: The Dae Model. *European Journal of Personality, 32*, 167-185.

第二节 打破藩篱:情境融入勾勒测评新视角

一、"认知与情感"是情境与行为间的中介系统

为了弥补了传统特质理论的局限,调和长期以来的"个人-情境"之争,米歇尔(Mischel)于1995年提出认知-情感人格系统(Cognitive-Affective Personality System)理论[1]。该理论认为,个体会运用诸如确立目标、自我陈述或选择性注意等认知情感策略,去引导和调节特定情境下的行为。这些过程主要在可预测的"如果…那么…"行为识别标志中表现。个体的行为识别标志,即个体行为在不同情境的变化规律,正是其内部稳定的个性结构系统的反映。该理论突破了人们对人格的传统认识,将人格特质解释为一个相对稳定的社会认知-情感中介过程系统。

此外,认知-情感人格系统理论将情境和事件的作用结合到人格的概念中,认为情境的特征影响内部认知和情感反应的激活。这里的情境不仅包括外部物理环境、社会、人际情境,还包括由内部事件激活的认知和情感反馈,如思维、计划、想象、日常的经验和情感、预期的情境和脚本等。一种情境由什么组成,在一定程度上有赖于知觉者的建构和主观认知地图,即个体获得的情境特征的意义,而不是由外在的观察者所决定。与此相对应,该理论认为个体并非只对情境被动地做出反应,而是主动地朝向目标行动,并在一定程度上塑造情境本身,从而影响到他随后遇到的人际场合和社会生态环境。

该理论认为个体跨情境行为的可变性,既不是"误差",也并非"可归因于情境而不能归因于个人",而是反映了有意义的稳定的人格系统。认知-情感人格系统理论预测,即使人格系统本身完全保持稳定,个体在某一领域内的活动也会随着情境的变化而改变。也就是在"如果…那么…"关系中,一旦行为产生的条件改变了,跟随其后的行为也会发生变化。这一理论超越了传统特质理论单纯地将特质归类,认为特质静态机械地预测行为的观点。它将个体跨情境行为变异的规律性与人格特质相关联,既反映了行为的可变性,又考虑了特质的稳定性。

二、人格状态在不同情境下存在变异:状态密度分布

认知-情感人格系统理论主要关注个体内部的认知和情感系统如何与外部情境相互作用,从而影响个体行为表现的过程。然而,完整的人格模型应当包括个体间人格结构和个体内人格过程两部分[2]。全特质理论(Whole Trait Theory)尝试将传统特质理论描述人格表现的

---

[1] Mischel, W., & Shoda, Y. (1995). A cognitive-affective system theory of personality: reconceptualizing situations, dispositions, dynamics, and invariance in personality structure. *Psychological review*, 102(2), 246.

[2] Baumert, A., Schmitt, M., Perugini, M., Johnson, W., Blum, G., Borkenau, P., ... Wrzus, C. (2017). Integrating personality structure, personality process, and personality development. *European Journal of Personality*, 31(5), 503–528.

部分与认知-情感人格系统理论解释人格表现过程结合起来,相互补充,共同构成完整的人格特征内涵,称为"全特质"①。

描述性部分是通过状态密度分布来表示个体在日常生活中由一系列行为形成的人格状态。人格状态不同于人格特质。例如,有人说:"我是一个自信的人"或"我是一个焦虑的人",他的意思是这些特质是他们作为个体的一部分。而状态则是指他们在短时间内经历的暂时情况。这种人格状态在不同情境下会发生系统的变异。例如,一个人情绪稳定性特征的描述部分指的是其表现出高、中、低等所有水平的情绪稳定性的频率。不同个体人格状态的分布在位置、大小和形状上也是不同的。全特质理论强调了人们在不同情境下行动的系统变异性,而不是简单地将人格标签贴在个体身上。

全特质理论的解释性部分类似于米歇尔提出的认知-情感处理单元,是指通过中介单元(如目标、生理状态)连接事件输入与个体的行为输出。事件输入可以是外部事件(如情境线索),也可以是内部事件(如认知)。行为输出被概念化为特征的瞬时表现(人格状态)。解释性部分通过中介单元将事件输入和个体的行为输出连接起来,以解释个体在某种特定情境下的行为。全特质理论阐述了外部情境和个体内在特质之间的有机联系,以及这种有机联系对个体行为的预测作用,为社会与情感能力的情境化测评提供了重要的理论依据。

三、情境激活特质,产生特质表达行为

全特质理论强调了个体内"特质-行为"联结与不断变化的情境和事件有关。在这基础上,特质激活理论进一步回答情境"何时"(When)和"为何"(Why)影响人格特质的行为表达。根据特质激活理论(Trait Activation Theory)②,"特质激活"指的是将个体内部潜藏的特质唤醒并通过特定行为来表现出来的过程。情境因素仅在适合特质表达时才能激活特质,激活被唤醒的特质所产生的行为被称为"特质表达行为"(Trait-expressive Behavior)。

社会与情感能力可以被看作特质,以潜变量(Latent Variable)的形式存在于个体内。根据特质激活理论,只有当个体所处的情境特征与某项能力相匹配时,这项能力才会被唤醒,从"隐性状态"转变为"显性状态",使个体表现出与其能力相对应的行为。同一个体的某种能力在不同情境下具有不同的激活程度。一个拥有能力 X 的个体,在情境 S 与能力 X 相匹配时,能够表现出较高频率的行为 R。但在情境 S-与能力 X 不匹配时,行为 R 的表现频率较低。只有在能够激活能力 X 的情境 S 下,不同能力的个体才会因其能力激活程度的不同而产生行为差异。

---

① Fleeson, W., & Jayawickreme, E. (2015). Whole trait theory. *Journal of Research in Personality, 56*, 82–92.
② Tett, R. P., & Guterman, H. A. (2000). Situation trait relevance, trait expression, and cross-situational consistency: Testing a principle of trait activation. *Journal of Research in Personality, 34*(4), 397–423.

上述理论对于社会与情感能力情境测评有着启示性的意义,它强调了"情境相关性"对"社会与情感能力-行为"的调节激发作用。所谓"情境相关性",是指情境和社会与情感能力之间是相互作用的,情境能够为社会与情感能力的"表达"提供行为相关线索,社会与情感能力表达的"充分性"取决于情境在多大程度上能够为其提供"适宜的土壤"。拥有某种社会与情感能力的个体,必须先受到与特质相契合的情境的影响,才能表现出某种行为。例如,虽然个体的交往能力存在差异,但这种差异在不同情境中的显著性并不同。在和谐的人际情境中,每个个体均会倾向于表现出友好的行为,交往能力的差异便不显著;但在不良的人际环境中,个体间交往能力的差异则会带来截然不同的行为结果。另一个例子是创造力,在"死记硬背"式的学习环境中,学生没有机会表达创造性的见解。在这种情境下,我们无法了解学生的创造力。但在宽松开放的学习环境中,创造力强的学生更愿意表达不同的意见,表现出创造性的行为。总之,这些理论能够帮助我们更好地理解社会与情感能力在不同情境下的表现和变异,也为我们提供了思路,以便更好地设计和应用情境测评工具。

四、情境工具的出现凸显了情境因素的重要性

许多理论与实证研究指出,行为的具体情境比人格特质更为重要。具有某种特质的个体在不同的情境中其行为会有很大的偏差。在不同的情境中,特质并不能起到准确地预测个体行为倾向的作用。因此,近年来越来越多的学者开始重视情境因素,并积极开发情境测评工具。其中,常用的情境工具包括晶体结构可视化软件(Duty, Intellect, Adversity, Mating, Positivity, Negativity, Deception, and Sociality, DIAMONDS)[1]、字幕生成工具(Complexity, Adversity, Positive Valence, Typicality, Importance, Humor, and Negative Valence, CAPTION)[2]、情境与软件(Outcome-Expectancy, Briskness, Cognitive Load, Psychological and Physical Load, and Lack of Stimuli, SITUATION 5)[3]以及 SIS(Situational Interdependence Scale)[4]等(见表 3-1)。

---

[1] Rauthmann, J.F., Gallardo-Pujol, D., Guillaume, E.M., Todd, E., Nave, C.S., Sherman, R.A., ... & Funder, D.C. (2014). The Situational Eight DIAMONDS: a taxonomy of major dimensions of situation characteristics. *Journal of personality and social psychology*, 107(4), 677.

[2] Parrigon, S., Woo, S.E., Tay, L., & Wang, T. (2017). CAPTION-ing the situation: A lexically-derived taxonomy of psychological situation characteristics. Journal of personality and social psychology, 112(4), 642.

[3] Ziegler, M., Horstmann, K.T., & Ziegler, J. (2019). Personality in situations: Going beyond the OCEAN and introducing the Situation Five. *Psychological Assessment*, 31(4), 567-580.

[4] Gerpott, F.H., Balliet, D., Columbus, S., Molho, C., & de Vries, R.E. (2018). How do people think about interdependence? A multidimensional model of subjective outcome interdependence. *Journal of Personality and Social Psychology*, 115(4), 716-742.

表3-1　常用几款情境工具维度及其含义、示例题项

测评工具	维度	含义	示例题项
DIAMONDS	责任(Duty)	需要完成工作和任务的程度	需要做一份工作
	智力(Intellect)	需要认知活动的程度	提供一个机会来展示智力
	逆境(Adversity)	受威胁的程度,即在情境中可能会出现某些问题,使自身遭受指责和批评	因某事被指责
	配对(Mating)	在场的人可能成为伴侣的程度	存在潜在的亲密关系对象
	积极(Positivity)	有趣或愉快的程度	情境是愉快的
	消极(Negativity)	导致负面情绪的程度	情境是令人焦虑的
	欺骗(Deception)	包含不信任、欺骗、谎言和背叛的程度	可以欺骗一个人
	社会性(Sociality)	包含人际沟通与社会互动的程度	可能进行社交
CAPTION	复杂性(Complexity)	需要学习、深入思考和探索的程度	"学术的"、"分析性的"
	典型性(Typicality)	经常经历,而不是新颖的程度	"常规的"、"一贯的"
	重要性(Importance)	对实现特定的个人目标的重要程度	"实用的"、"有效的"
	逆境性(Adversity)	困难、消耗身体和心理资源的程度	"充满压力的"、"疲惫的"
	幽默性(Humor)	有趣或好玩的程度	"恶作剧的"、"滑稽的"
	积极性(Positive Valence)	积极的程度	"感人的"、"珍爱的"
	消极性(Negative Valence)	威胁的程度	"卑劣的"、"令人厌恶的"
SITUATION 5	结果-期待(Outcome-Expectancy)	与实现个人目标的相关程度	我认为情境充满了潜力

(续表)

测评工具	维度	含义	示例题项
	轻快(Briskness)	振奋人心,激励行动的程度	我认为情境充满了活力
	身心负荷(Psychological and Physical Load)	给身心造成挑战、压力和负担的程度	我认为情境是劳累的
	缺乏刺激(Lack of Stimuli)	不重要和乏味的程度	我认为情境是无聊的
	认知负荷(Cognitive Load)	占据心智,需要思考并参与解决问题,且难以理解	我认为情境是挑战性的
SIS	相互依赖(Interdependence)	结果由情境中所有人的行为所共同决定的程度	情境中每个人的行动都会影响到他人。
	权力(Power)	个体能够决定自己及他人的结果而他人不能掌控自身结果的程度	你觉得谁是最能掌控情境的人?
	冲突(Conflict)	行为导致一个人产生最佳结果同时导致其他人产生最差结果的程度	他人期待的结果和我不一致。
	未来相互依赖(Future Interdependence)	当下自己与他人的行为能影响未来互动中自己与他人的行为及结果的程度	我们现在的行为将对未来的结果产生影响。
	信息确定性(Information Certainty)	个体知晓他人偏好哪种结果以及彼此的行为将如何影响彼此的结果的程度	我们都不知道他人想要什么。

这四种方法在产生方式上各有异同。DIAMONDS通过简化已有的评估情境的工具产生;SIS基于相互依存理论对情境进行分类;CAPTION和SITUATION 5基于词汇法(Lexical Approach)生成相关维度和题项。这些方法都遵循类似人格量表构建的步骤:(1)通过已有量表、词汇库或理论得到对心理情境的描述;(2)让被试对这些描述与实际情境的相关性评级;(3)进行探索性和验证性因素分析,确定情境维度和相关题项。

在应用领域上,DIAMONDS与CAPTION适用于日常的、广泛的情境。DIAMONDS改编自首个经过系统验证的情境评估工具RSQ(the Riverside Situational Q-Sort),意在通过大众共识的方法来界定情境,使其类似一个"社会公理"。DIAMONDS包括了八个情境感知的维度:责任、智力、逆境、配对、积极、消极、欺骗以及社会性。CAPTION则采用词汇法突破先验限制,总结了七个心理情境维度:复杂性、典型性、重要性、逆境性、幽默性、积极性与消极性。

这些情境工具的开发说明了当前学界对于情境的重视正在不断增加。考虑到社会与情感能力的测评框架是基于人格理论构建的,这些人格心理学领域的情境工具能够为未来社会与情感能力的情境化测评工具开发及其相关研究提供重要参考。

五、激活情境的力量:在情境中测评社会与情感能力

教育心理学领域的理论框架指出,社会与情感能力的探究需要深入研究情境因素。例如,班杜拉(Bandura)的三元交互决定论①(triadic reciprocal determinism)认为,人的内在特征、行为和情境三者之间形成了复杂的交互决定关系,其机制主要包括以下三个方面。首先,个体内部的期待、信念、目标、意向和情绪等特征影响着个体的行为方式,而行为的结果又会影响到个体的思想信念和情感。其次,情境因素与内在特征之间也是相互依赖、相互决定的。人的内在特质决定哪些情境事件将会被知觉以及如何解释和组织这些情境事件,情境中的正反馈或负反馈反过来会影响人们的人格和认知特征。最后,行为与情境也是相互作用的。人通过行为改变情境以适应自身需求和生存目的,但行为也嵌入在情境中,能影响和改变情境。因此,人类行为不仅仅由内驱力所推动,而是自我和外界情境相互作用的产物。在推断个体特征时,需要充分考虑情境因素对行为表现的影响。

布朗(Brown)等人提出的"情境性学习"(situated learning)理论②进一步细化了学生的能力发展与情境之间的关系。传统教学中常常存在一种假定,即概念性的能力可以从它们被学习和应用的情境中抽象出来,因此教学的中心放在了概念表征上。然而,这种假定实际上极大程度地限制了教学的有效性。实际上,在非概念水平上,情境活动比概括化具有更为重要的、认识论意义上的优越性。因此,人们应该把更多的注意力放在情境活动上,从而提高学习的效果。为此,他们提出了"师徒"(Apprenticeship)模型,试图借鉴某些行业中师傅带徒弟的行为,通过一些与之相类似的活动和社会交往形式,使学生适应真实的情境。情境性学习理论为社会与情感能力的测评与发展提供了一种新的思路:将社会与情感能力和真实世界联系起来,通过实际情境的模拟和实践,测评并培养学生的社会与情感能力,实现社会与情感能力的学习与发展。

在社会与情感能力研究领域,已经有一些子能力的理论框架考虑了情境因素。合作学习中情绪的形成与调节模型(Formation and Regulation of Emotions in Collaborative Learning

---

① Bandura, A. (1986). *Social foundations of thought and action: A social cognitive theory*. Englewood Cliffs, NJ, US: Prentice-Hall, Inc.

② Brown, J.S., Collins, A., & Duguid, P. (1989). Situated Cognition and the Culture of Learning. *Educational Researcher*, 18(1), 32–42.

Model)指出,特定的情境因素对学生的情绪调节管理具有重要的影响。在不同的小组中,学生可能会面临不同的挑战和障碍,需要采取不同的情绪调节策略来应对。在教育实践中,了解学生所处的情境以及他们可能面临的挑战和压力,有助于教育从业者了解学生产生社会情绪的原因,进而更好地测评并提高学生的情绪调节能力[①]。

实证研究也表明,特定的情境因素对个人能力特质的表现具有重要的影响。例如,有研究者发现,个体的尽责行为与当前情境中的任务紧急性与复杂程度显著相关[②]。在尽责性特质水平不变的前提下,个体在面对紧急性和复杂程度较高的任务时,能更好地应对和完成任务。当任务紧急性和复杂程度较低时,无论个体尽责性特质水平高低,都同样容易受到情境中的干扰和外界影响,难以有效地应对任务,导致任务完成质量和效率下降。因此,如果教育工作者需要对任务能力进行测评,创设一个任务紧急性与复杂程度较高的情境能够更好地激发学生的任务完成行为,提升测评质量。

此外,还有研究者发现,当个体认为情境中"友善"特征水平更高的时候,会表现较多的外向性行为[③]。这可能是因为"友善"特征可以带来更加愉悦和安全的情感体验,使得个体更加放松和自信。在这样的情境中,个体可能更容易与他人建立联系,表现出更多的社交行为和交往欲望。相反,当情境中存在不友善或威胁性的特征时,个体可能会表现出更低的外向性水平,因为这样的情境可能会引起个体的不安和紧张,使得个体更加谨慎和保守。因此,在交往能力和协作能力的测评中,教育工作者可以通过提供愉悦和安全的情境和氛围,处理情境中的威胁和不友善特征,帮助学生更好地表现出社交能力。

在教学场域中,不同的学习情境特征也会对学生的社会与情感能力表现产生影响。研究者将60名11年级的理科学生随机分为20组,每组3人,他们被要求来解决牛顿运动学中结构良好或结构不良的问题场景。结果发现,尽管解决结构不良问题的小组产生了更多以问题为中心的互动活动(积极影响),但他们也表现出了比解决结构良好问题的小组更不公平的参与模式(消极影响)[④]。另一项研究将72名大学生被分为12个小组,并为每个小组的各个成员分别分配六个角色,即初学者、支持者、辩论者、发问者、挑战者和计时者。研究记录了这些

[①] Nikki G. Lobczowski. (2020) Bridging gaps and moving forward: Building a new model for socioemotional formation and regulation, *Educational Psychologist*, 55(2),53-68.

[②] Minbashian, A., Wood, R.E., & Beckmann, N. (2010). Task-contingent conscientiousness as a unit of personality at work. *Journal of Applied Psychology*, 95(5),793-806.

[③] Fleeson, W. (2007). Situation-based contingencies underlying trait-content manifestation in behavior. *Journal of Personality*, 75(4),825862.

[④] Kapur, M., & Kinzer, C.K. (2007). Examining the effect of problem type in a synchronous computer-supported collaborative learning (CSCL) environment. *Educational Technology Research and Development*, 55(5),439-459.

小组的讨论,并发现角色分配促进了小组合作的效率[①]。了解这些情境影响因素并加以利用,可以更好地测评学生的合作问题解决能力和提高他们的合作学习效果。

情境不仅可以直接影响行为方式,也可以调节行为和能力之间的关系[②]。例如,有研究发现,交往能力并不会与某一特定行为一一对应,而是与在特定社会情境中行为是否发挥有效作用息息相关[③]。即使是通常被视为积极的行为(如分享或帮助),在某些情境下也可能不是有效的。具体来说,拒绝同伴不合理的要求会被评价为积极的互动行为,体现了高水平的社交能力。而接受不合理要求则被视为消极的互动行为,体现了低水平的社交能力。通常意义上的"好"的行为(例如,接受建议、提供帮助等)在不同的情景下,会反映出不同水平的社会交往能力。在错误的情境下采取这些"正确"的行动并不能起到维持良性社会关系的作用。要评估学生的交往能力,需要通过评估学生在特定的关键人际情境中如何有效地行动。教育工作者可以通过模拟各种人际情境,观察学生的行为表现,更全面地了解学生在不同情境下的社会交往能力。

第三节 上下求索:情境化测评破题之路

社会与情感能力是一项复杂的能力,它来源于社会和生活实际,涉及到人与人之间的交往、沟通、合作、任务完成、批判创新等方面。然而,目前大多数研究或采用传统的特质理论,或采用李克特式的自评或他评问卷来测评社会与情感能力,关注学生一般的行为倾向,忽略了真实情境中社会与情感能力的不同行为表现。这种方法的有效性受到了很大的质疑。因此,我们需要基于真实的情境,通过观察和评估个体在情境中的表现来更加全面、准确地对社会与情感能力进行测评。目前已经有许多研究致力于在真实情境中评价的社会与情感能力。这些研究覆盖了不同的评估场景,包括实验室、真实情境模拟以及课堂。

一、实验室情境:一对一专业化

测量儿童自控能力的经典实验之一是延迟满足任务(delayed gratification task),例如延迟

[①] Gu, X., Shao, Y., Guo, X., & Lim, C. P. (2015). Designing a role structure to engage students in computer-supported collaborative learning. *The Internet and Higher Education*, 24, 13-2.

[②] Dirks, M. A., Treat, T. A., & Weersing, V. R. (2007). Integrating theoretical, measurement, and intervention models of youth social competence. *Clinical Psychology Review*, 27, 327-347.

[③] Kirmayer, M. H., Khullar, T. H., & Dirks, M. A. (2021). Initial Development of a Situation-based Measure of Emerging Adults' Social Competence in their Same-gender Friendships. *Journal of research on adolescence: the official journal of the Society for Research on Adolescence*, 31(2), 451-468.

拆礼物任务[①]（gift delay-wrap task）。在这个任务中，研究者会告诉孩子们，他们将会得到一份礼物，但这份礼物还没有包装好，孩子们需要背对着礼物，等待礼物被包装好才能打开，期间不可以偷看。如果孩子们能够成功地等待礼物被包装好而没有偷看，那么他们就可以得到这份礼物。研究者会记录孩子们第一次回头偷看的时间，而这个时间越短，就说明这个孩子的自控能力越强。该范式在中国也得到了广泛的研究和应用[②]。

国内还有研究者改编失望礼物实验（Disappointing Gift）测量儿童的情绪调节能力[③]。研究者让儿童收到自己不喜欢的礼物，然后从面部表情、言语声音及行为调节三方面对儿童的情绪表现进行编码。例如，皱眉、语调下降及耸肩等表现为消极情绪；面部肌肉未有动作、语调平静及将礼物放在桌上等表现为中性情绪；嘴角上扬、语调轻快以及一直玩礼物等为积极情绪。如果儿童全程表现出消极情绪，则情绪控制能力较差；如果儿童最初表现消极情绪，但很快转为中性或积极情绪，则情绪控制能力中等；如果儿童全程表现为积极情绪，则情绪控制能力较好。

研究者也采用实验情境的方法测量儿童的社交技能，例如观点采择能力。其中，错误信念任务（false belief task）是衡量儿童观点采择能力的经典实验任务之一[④]。在这个任务中，研究者会给被试呈现一段故事，其中的角色 A 在离开某个地方前，在篮子里留下一个物品，而角色 B 则将物品转移到盒子里。然后，研究者会要求儿童回答，当角色 A 返回原来的地方时，会在篮子里还是盒子里寻找之前存放的物品。如果儿童回答，角色 A 会在篮子里找，说明儿童能够站在角色 A 的角度思考问题，而不是自己的角度，具备较好的观点采择能力。相反，如果儿童回答在盒子里找，就意味着儿童还不具备较好的观点采择能力。

这些实验室情境的评估工具在社会与情感能力的基础研究中非常有用。然而，这些工具通常以一对一的形式进行评估，需要花费大量时间。此外，对主试进行专业培训才能确保测评的标准化，对儿童表现的评分和解释也需要进一步的专业知识。由于上述因素，这些基于实验室的评估工具并不适合用于大规模的教育评价。在实际教学中应用这些工具也存在着诸多困难。因此，我们需要适用于大规模管理的、实用可行、科学合理的评估工具来进行社会与情感能力的情境化评估。

[①] Smith-Donald, R., Raver, C.C., Hayes, T., & Richardson, B. (2007). Preliminary construct and concurrent validity of the Preschool Self-regulation Assessment (PSRA) for field-based research. *Early Childhood Research Quarterly, 22*(2), 173-187.2

[②] 杨丽珠,王江洋,刘文,等. (2005).3～5岁幼儿自我延迟满足的发展特点及其中澳跨文化比较.心理学报(02), 224—232.

[③] 刘航,刘秀丽,陈憬,黄琪钰. (2017).学前儿童情绪表达自发性控制的发展及心理理论的作用.教育研究,38(11), 91—99.

[④] 邓赐平,桑标. (2003).不同任务情境对幼儿心理理论表现的影响.心理科学(02),272—275.

第三章 情境化测评:成长中考验真实本领

二、真实情境模拟:可靠有效,开发成本高

还有许多研究尝试创建交互式和动态的情境测验任务,以评估社会与情感能力。例如,美国大学生学习评价(The Collegiate Learning Assessment)项目[1]和高等教育中学习表现的国际评估(International Performance Assessment of Learning in Higher Education)项目[2]将批判性思维置于真实问题情境中,将真实事件改编为测验所需的情境和试题,并为学生提供丰富多元的资料(如技术报告、公民来信、新闻社论等)。这些资料内容的相关性和可靠性不定,要求学生批判性地阅读和分析,并根据实际情况评估不同观点的有效性,识别情境中的不同视角并理解不同视角如何塑造不同的立场、观点和决策,处理问题情境中的冲突原则和信息等,最终解决问题、得出结论或方案。

国际学生评估项目(Programme for International Student Assessment,简称PISA)2022在测评创造性思维时也非常注重真实问题情境的设置[3]。在"社会问题解决"领域中,学生被引导从社会角度出发,以创造性思维理解他人的需求并解决他人的问题。在这里,小到一所学校,大到一个国家甚至全世界,都可能成为需要解决的问题情境。如果学生能够理解和评估特定群体的需求,表达具有情感认同的想法,并给出创新而实用的解决方案,或者针对给定想法做出原创性改进,都表明他们能够运用创造性思维解决社会问题。在此基础上,"科学问题解决"领域的测评任务则进一步关注学生是否能在科学情境下提出问题解决方案。创造性思维中有一些能力的体现方式与科学探究密切相关,例如理解新概念、实验设计、发明创造等。因此,这一领域会重点考查学生在回答真实科学问题情境下的开放式问题或产生原创想法时,是否借助了科学知识,而不是给出了书面考试中的"正确"的解决方案。

PISA2015和21世纪技能评估与教学(Assessment and Teaching of 21st Century Skills,简称ATC21S)利用计算机技术模拟真实情境,获取学生在问题解决过程中行为反应,以评估学生的合作问题解决能力。在PISA 2015中,任务设定在人机交互的场景中进行。这些情境涵盖个人生活、学校活动及技术难题等各个类别,以确保学生对任务情境是熟悉的。计算机会模拟任务情境和一定的人物角色,学生需要与计算机模拟的角色进行交流互动,共同合作解决问题。例如,其中一个任务情境是,一群外国学生要来参观,学生需要与其他三位同学和一位老师共同制定参观

---

[1] Klein, S., Benjamin, R., Shavelson, R., & Bolus, R. (2007). The Collegiate Learning Assessment. *Evaluation review, 31*, 415–439.

[2] Shavelson, R. J., Zlatkin-Troitschanskaia, O., & Mariño, J. P. (2018). International Performance Assessment of Learning in Higher Education (iPAL): Research and Development. In O. Zlatkin-Troitschanskaia, M. Toepper, H. A. Pant, C. Lautenbach, & C. Kuhn (Eds.), *Assessment of Learning Outcomes in Higher Education: Cross-National Comparisons and Perspectives*. Cham: Springer International Publishing, 193–214.

[3] OECD. (2020). *Framework for the Assessment of Creative Thinking in PISA 2021: Third Draft*. Paris: OECD Publishing.

计划,协商如何提供导游服务,并妥善处理突发情况,如丢失手机等实际问题。而 ATC21S 的任务设计则基于"人人交互"的理念。每个学生都有一个操作界面,两名学生组成一个合作团队来完成任务。任务被分为对称性任务和非对称性任务两种类型。在对称性任务中,学生们的任务界面所提供的信息和资源是相同的。而在非对称性任务中,学生们会被分配不同的资源和信息,以进一步促使他们之间的合作。例如,在某个任务中,学生 A 可以观察到一个容量为 3 升的罐子、一个橄榄油容器、一个入口管和一个桶;而学生 B 则可以观察到一个容量为 5 升的罐子、一个出口管和一个桶。他们需要合作,利用 4 升的橄榄油填充学生 B 的罐子。由于彼此所了解的信息不完全相同,学生 A 和学生 B 必须进行信息交流,并依靠共同拥有的资源共同解决问题。

通过模拟真实任务情境收集学生的行为数据来评价社会与情感能力,具有高度的可靠性和有效性。然而,这些模拟任务的开发成本很高,主要用于教育监测,尚未被开发为课堂情境评估工具。尽管大规模教育评估对于了解学生的社会与情感能力发展具有重要意义,但在教育场景中,课堂情境评估工具的开发和应用也同样重要。在课堂情境中评价学生的社会与情感能力,有利于及时为教师和学生提供有效反馈。这种评估工具的开发可以帮助教师更好地指导学生的发展,提高教育教学质量。

三、课堂情境:助力教学实践

"学会成为:发展教育系统内社交、情感和健康技能评估实践与方法"(Learning to Be: Development of Practices and Methodologies for Assessing Social, Emotional and Health Skills within Education Systems)是欧盟资助的,由芬兰、意大利、拉脱维亚、立陶宛、葡萄牙、斯洛文尼亚和西班牙合作参与的一个项目(2017—2020)。该项目旨在开发评估社会与情感能力发展的方法和工具,并侧重于两个年龄组:9—10 岁和 13—14 岁。项目开发了一个实用的评估工具包,其中就包括每个学生在真实课堂情境下社会与情感能力的观察表。教师根据观察表记录每个学生具体社会与情感能力的表现情况,并报告过去一个月社交、情感和健康技能活动中对教学和学习产生影响的任何相关经验或情况。教师在月底完成所有学生的观察表,并与学生讨论表上记录的结果,以帮助教师调整相应教学。该观察表可在项目网站 www.learningtobe.net 上获得。虽然该观察表立足于课堂情境,但参考了特质理论思想,选用概括性的描述评价学生的行为,容易受评价者主观偏见的影响。

陶阳等开发的《小学生创造性潜能测评工具》将创造性潜能的各个维度与具体的课堂行为指标一一对应[①]。例如,"冒险性"会体现在质疑老师所讲的内容或答案,并提出疑问的行为

---

① Tao, Y., Wu, F., Zhang, J., & Yang, X. (2023). Constructing a classroom observation instrument of creative potential for primary school students. *Thinking Skills and Creativity*, 49, 101317.

上。具体的话语行为示例有:"你今天讲的跟之前讲的怎么不一样?""你不是之前说过……但这次说是……""我不觉得是这样……""这道题不就是8吗?"等。在课堂教学的不同环节,教师可以利用该工具,记录下学生的课堂行为表现,并按照三级评分标准对学生表现进行打分:0代表该学生在该行为下出现的频次在全班水平的30%以下,1代表该学生在该行为下出现的频次位于全班水平的30—70%间,2代表该学生在该行为下出现的频次高于全班70%的水平。得分越高代表该学生出现某些行为的频次越高。将各项行为的得分加总得到创造性潜能的分数。

在课堂情境中收集学生的行为指标,将测评维度细化为各个行为指标的方式有助于教师更加客观地评价学生的社会与情感能力,更准确地了解学生社会与情感能力不同方面的发展情况,为学生提供更有针对性的反馈、支持和发展目标,帮助他们在社会与情感能力方面取得更好的进步。例如,如果学生在沟通能力方面表现出较高的水平,但在合作能力方面有待提高,教师可以针对性地给予指导和培养,促进学生社会与情感能力的全面发展。

总体而言,社会与情感能力的情境化测评是一个广泛且多样化的领域,经历了相当长的时间探索与发展(见表3-2)。因为本章篇幅有限,就以其中最火热的合作解决问题能力领域作为切入点,在后续的篇幅中详细介绍如何对合作问题解决能力进行情境化测评。在这个领域中,研究者们对于合作问题解决能力进行了大量的研究,并提出了许多不同的测评框架。然而,值得注意的是,在真实课堂情境中对合作问题解决能力的研究较为有限。目前许多学校和老师开展合作学习等新型课堂,在这些合作学习课堂中,如果学生的合作问题解决能力较低,那么合作学习课堂的效果就会大打折扣。因此,有必要在真实课堂中对学生的合作问题解决能力进行动态测评,促进学生合作问题解决能力的发展。下一节将系统回顾过去关于合作问题解决能力的测评框架,并将自上而下的理论总结与自下而上的真实课堂数据相结合,以构建一个全面而实用的合作问题解决能力的课堂情境评价工具。通过这一工具,我们将能够更准确地评估学生在课堂中展示出的合作问题解决能力,并为教育者提供有针对性的指导和支持。

表3-2 本节涉及到的情境化测评工具

情境类型	测评工具	测评能力	参考文献
实验室	延迟满足任务(delayed gratification task)	自控能力	(Smith-Donald, et al., 2007;杨丽珠等,2005)
	失望礼物任务(Disappointing Gift Task)	情绪调节能力	(刘航等,2015)
	错误信念任务(false belief task)	观点采择能力	(邓赐平,桑标,2003)

(续表)

情境类型	测评工具	测评能力	参考文献
真实情境模拟	美国大学生学习评价(The Collegiate Learning Assessment)项目、高等教育中学习表现的国际评估(International Performance Assessment of Learning in Higher Education)项目	批判性思维	(Klein et al., 2007; Shavelson et al., 2018)
	国际学生评估项目(PISA)2022	创造性思维	(OECD, 2019)
	国际学生评估项目(PISA)2015	合作问题解决能力	(OECD, 2015)
	21世纪技能的评价与教学(Assessment & Teaching of 21st Century Skills, 简称ATC21S)	合作问题解决能力	(Griffin, 2019)
课堂情境	"学会成为:发展教育系统内社交、情感和健康技能评估实践与方法"(Learning to Be: Development of Practices and Methodologies for Assessing Social, Emotional and Health Skills within Education Systems)	自我意识、自我管理、社会意识、人际交往能力、责任心	(Agliati et al., 2020)
	小学生创造性潜能测评工具	创造性潜能	(Tao et al., 2023)

第四节 合作学习:以情境化命题赋能问题解决

当前合作学习课堂的普及引起了许多研究者对于合作问题解决能力评价和发展的关注。2001年,教育部颁布的纲领性文件《基础教育课程改革纲要(试行)》强调了"自主、合作、探究"的学习方式。在这一理念的指导下,许多学校开始实施合作学习教育。但仅仅依靠学校和教师的推动是远远不够的,要想达到良好的合作学习效果,学生需要拥有良好的合作问题解决能力,即"小组成员通过共同策划,彼此之间建立联系(每个成员的成果都建立在彼此所做贡献的基础之上)完成一项学习任务的能力"①。

合作问题解决能力并非仅通过讲授便可发展,而需要在具体的合作实践情境中培养,让

---

① Hesse, F., Care, E., Buder, J., Sassenberg, K., & Griffin, P. (2015). A Framework for Teachable Collaborative Problem Solving Skills. In P. Griffin & E. Care (Eds.), *Assessment and Teaching of 21st Century Skills: Methods and Approach* (pp. 37–56). Dordrecht: Springer Netherlands.

学生在社会化学习情境中通过与同伴的交互获得合作体验。一项元分析显示①,直接讲授法对合作问题解决能力本身没有显著改善效果。模拟合作和现场团队互评能够有效提升学生的合作问题解决能力。合作学习课堂为学生创建了良好的协作环境,有利于学生发挥并展现自身的合作问题解决能力。团队成员在执行团队任务之前、期间或之后参与团队互评也可以促进团队合作。学生的合作问题解决能力能够在合作学习课堂中得到进一步的发展,从而实现合作学习效果和合作问题解决能力的相互促进,形成良性循环。因此,为学生创设团队合作的活动情境,并构建有效合作的指标供学生讨论互评以及在实践中应用这些指标,是非常重要的。

尽管许多学校强调合作学习,注重学生交流、合作完成切合学生实际情境的任务,但很多教师没有明显提出协作学习需要达到的协作技能上的目标②。此外,由于时间紧迫等原因,教师在实践过程中通常缺乏评价合作问题解决能力的标准,轻视甚至忽视合作评价能力这个环节,从而影响了学生能力的培养效果③。实际上,给学生一个小组作业,然后为他们的期末项目(例如论文、实验报告)的准确性打分是远远不够的,无法达成合作问题解决能力测评与发展目的。团队的成功或失败可以独立于其成员的合作问题解决能力。一方面,一个具备良好合作问题解决能力的团队仍然可能得到一个不成功的结果,特别是在问题太难,团队缺乏足够的知识来解决问题,或者采取了错误的策略的情况下④。另一方面,一个团队可能在解决问题上很成功,但表现出较差的合作问题解决能力,例如当团队的一个占主导地位的成员在没有其他人的帮助下解决问题,或者团队内存在相当大的冲突时⑤,为了有效评估学生在团队中的合作问题解决能力,教师需要使用情境化测评工具评估其合作过程的质量,而不是只评价最终产品。

合作问题解决能力已经成为了一项不可或缺的核心能力,它不仅仅是在合作课堂中需要用到的能力,更是在我们的日常工作和生活中所必备的技能。随着社会分工日益精细、技术管理日益复杂、知识技能日益细化,不同领域和专业的人们通过沟通与合作共同完成各类任务的情境日渐成为常态。然而,PISA 2015 的结果显示,中国四省市学生在合作问题解决能力

---

① McEwan, D., Ruissen, G. R., Eys, M. A., Zumbo, B. D., & Beauchamp, M. R. (2017). The effectiveness of teamwork training on teamwork behaviors and team performance: A systematic review and meta-analysis of controlled interventions. *Plos One*, *12*(1), e0169604.

② Le, H., Janssen, J., & Wubbels, T. (2018). Collaborative learning practices: teacher and student perceived obstacles to effective student collaboration. *Cambridge Journal of Education*, *48*(1), 103–122.

③ 曹梅.(2018).打开课堂合作学习的黑箱:来自 CSCL 的经验.教育发展研究,38(20),68—74.

④ Hmelo-Silver, C. E. (2003). Analyzing collaborative knowledge construction: Multiple methods for integrated understanding. *Computers & Education*, *41*(4), 397–420.

⑤ Rosen, Y., Wolf, I., & Stoeffler, K. (2020). Fostering collaborative problem-solving skills in science: The Animalia project. *Computers in Human Behavior*, *104*, 105922.

方面的表现低于 OECD 国家及新加坡和日本等东亚国家的平均水平。因此,亟需通过早期的教育干预,提升中国学生的合作问题解决能力。为此,本章节将梳理国内外教育领域中合作问题解决能力的测评框架,提炼真实情境下合作问题解决能力的关键要素,为合作学习课堂中合作问题解决能力的评价提供参考。

一、21 世纪技能的评价与教学

21 世纪技能的评价与教学(Assessment & Teaching of 21st Century Skills,简称 ATC21S)项目是合作问题解决能力测评中一个极具代表性的大型项目[1]。该项目是由澳大利亚墨尔本大学评价研究中心领导,澳大利亚、美国、新加坡、荷兰、芬兰、哥斯达黎加等国家的 11 岁、13 岁及 15 岁学生参与。ATC21S 将合作问题解决能力(collaborative problem solving)定义为"成员通过共同策划完成一项任务,他们的活动互相交织,每个人的成果都建立在彼此所做贡献的基础之上",并将涉及到的社会技能分为"参与(participation)""观点采择(perspective taking)"和"社会调节(social regulation)"三个维度。

"参与"是个体希望将认知和观点外显和分享,参与问题解决各个过程的意愿和准备,是开展协作的最低要求。"观点采择"是个体站在同伴的视角认识问题,推断同伴内部心理活动的能力,是开展协作的润滑剂,有着极为重要的作用。"社会调节"是个体正确认识自身与同伴间的水平差异,协调矛盾并推进任务进展的能力,为协作提供策略支持。

为了更好地进行评价,ATC21S 将参与、观点采择和社会调节进一步细化为以下几种能力要素:(1)参与能力,分为行动、互动和任务完成;(2)观点采择,分为适应性回应(指思考他人的观点并有依据地将其融入个人想法或行动中的能力)和受众意识(指根据他人的需要调整自己的表达或行为,从而使自己的想法更容易被他人理解的能力);(3)社会调节,分为自我评估(指具有评估自身知识、长处和弱点的能力),交互记忆(指个体观察并了解同伴的知识、长处和弱点的能力),协商(当出现意见分歧或其他冲突时,寻找方法调解分歧的能力)和集体责任感(主要表现为致力于团队进步、不逃避问题、积极主动寻求办法的集体责任感)。这些能力要素是可以被教授的,并能通过真实课堂任务中的行为指标推断其水平。

依据表 3-3 所示的测评框架,ATC21S 利用计算机技术构建复杂的人-人交互(human-to-human)任务情境。在任务情境中设置一系列观察指标,每个观察指标对应测评框架中的某一种能力元素。在学生完成任务的过程中获取学生对系列观察指标的反应,从而对学生的潜在能力进行推论。

---

[1] Griffin, P., McGaw, B., & Care, E. (2012). *Assessment and teaching of 21st century skills*. Heidelberg: Springer.

表 3-3 ATC21S 合作问题解决能力测评框架

维度	能力要素	定义
参与	行动	在任务环境中的整体活跃度
	互动	与他人协作时产生的交互、鼓励和回应等行为
	任务完成	单独承担或完成一项任务或其中的一部分
观点采择	适应性回应	思考他人的观点并有依据地将其融入个人想法或行动中
	受众意识	根据他人的需要调整自己的表达或行为,从而使自己的想法更容易被他人理解
社会调节	自我评估	评估自身知识、长处和弱点
	交互记忆	个体观察并了解同伴的知识、长处和弱点
	协商	当出现意见分歧或其他冲突时,寻找方法调解分歧
	集体责任感	致力于团队进步、不逃避问题、积极主动寻求办法

ATC21S 的框架虽然全面,但也存在不足之处。具体来说,ATC21S 将"行动",即在任务环境中的整体活跃度归为合作问题解决能力的"参与"维度。虽然"行动"是相互合作的前提,但个体是否"行动"无法反映其合作问题解决能力。单独的"行动"或者消极被动的"行动"是低合作问题解决能力的表现。"行动"的质量才是我们测评合作问题解决能力所关注的重点。

此外,虽然整体来看 ATC21S 的测量工具整体上较成熟可靠,但和真实小组互动中的合作问题解决能力仍存在一定差距。ATC21S 测评中小组互动只有两人,但在真实情境下,合作团体的人数通常超过两人。研究表明,在一定范围内,合作人数越多,个体展示合作问题解决能力的空间就越大[1]。ATC21S 测评任务中二人互动的形式会限制协作行为的诱发,影响测量结果。因此,需结合其他基于真实合作团队的测评研究,对 ATC21S 的框架进行补充。

二、国际学生评价项目

经济合作与发展组织(Organization for Economic Co-operation and Development,简称 OECD)举办的国际学生评价项目(Programme for International Student Assessment,简称 PISA)在 2015 年测评了 15 岁青少年的合作问题解决能力。PISA 的合作问题解决能力包含

---

[1] Hao, J., Liu, L., Davier, A. V., Kyllonen, P., & Kitchen, C. (2016). Collaborative Problem Solving Skills versus Collaboration Outcomes: Findings from Statistical Analysis and Data Mining. In T. Barnes, M. Chi, & M. Feng (Eds.), *Proceedings of the 9th International Conference on Educational Data Mining, EDM 2016, Raleigh, North Carolina, USA, June 29 - July 2, 2016*: International Educational Data Mining Society (IEDMS), 135-156.

"合作"和"问题解决"两个维度,其中合作维度是合作性问题解决能力的主线。也就是说,PISA 2015合作性问题解决能力的测量主要是关于合作维度的测量,包括"建立与维持共同的理解""采取合适的行动解决问题"以及"建立与维持团队组织"。

"建立与维持共同的理解"是指在整个问题解决任务中,学生需要识别共同的知识(彼此了解的有关问题的内容),确定协作中其他同伴的观点,建立问题状态和活动的共同愿景,监控和维护相关的共享知识。具体行动包括响应信息请求,向团队成员发送有关任务是否完成的重要信息,交换彼此的信息,协商协议,修复交流障碍;"采取合适的行动解决问题"是指学生需要识别问题解决所需的活动类型,并遵循恰当的步骤以实现解决方案;"建立并保持团队组织"是指学生需要组织和监控团队解决问题,考虑团队成员的才能、资源,了解不同团队成员的角色,按照相关步骤分配角色,并反思团队组织的成功。

PISA2015进一步按照问题解决过程的4个阶段(探究及理解;表征及形成;规划及执行;监控及反馈)将这3种合作问题解决能力维度细分为12个能力元素,如表3-4所示。

表3-4 PISA2015合作问题解决能力测评框架

问题解决过程 \ 合作能力	建立并保持共同的理解	采取恰当的行动解决问题	建立并保持团队组织
探究及理解	发现团队成员的观点与能力	发现目标和解决问题所需的协作交互类型	理解解决问题的角色
表征及形成	建立共同的表征并协商问题的含义	识别与描述需要完成的任务	描述角色与团队组织
规划及执行	就将要或正在进行的行为与团队成员交流	制定计划	遵守参与规则
监控及反馈	监控并完善共同的理解	监控行为结果并评估解决问题是否成功	监控、提供反馈以及适应团队组织和角色

和ATC21S类似,PISA2015也是基于测评框架,利用计算机技术搭建任务平台和设计任务情境。鉴于大规模评估的限制与需要,PISA2015采用的"人机交互"(Human-to-Agent)方式,通过学生与代理人(Agent)会话解决问题的过程评估学生的合作问题解决能力。任务需要团队之间的相互依赖和联合活动。例如,在主要目标是"找到鱼类生活在水族馆中的最佳条件"的这样一个有关"水族馆"方面的问题中,测试者和计算机代理人共同探讨水型、风景、照明、食物类型、鱼的数量和温度六个因素对水族馆运营的影响。其中,测试者控制前三个因

素,计算机代理人控制剩余的三个因素,鉴于团队每个成员控制不同的因素,学生无法单独解决问题。在特定的时间限制内,学生和计算机代理人为了解决问题就需要协作,进而实现个体在合作问题解决中的贡献。根据测评任务设计的需要,可以有两个或更多个代理人,犹如现实当中多人小组共同完成某个任务,不同的代理人分别担任不同的角色。由于在不同的合作问题解决能力测评单元中,学生的合作问题解决能力表现不同,代理人可以模仿不同的角色、态度和能力水平。PISA 2015事先编程好计算机代理人的动作、消息或任务状态变化的顺序,将学生不同的反应对应代理人的不同行为,以模拟团队中的同伴回应。通过对成员测评过程中操作行为的记录与分析,采用先行设置的评分算法,对应框架中的观察指标对学生的合作问题解决能力进行推论。

PISA 2015的"人机交互"模式为保证了测量的标准化,可以预先定义学生在合作过程中的消息,排除了大量脱离任务的讨论,提高了学生完成任务的效率。与此同时,该模式可以根据设计好的计分点直接计分,操作简单,无需人工编码进行评分。但是,这种模式也存在一些缺点,比如计算机代理无法完全代替真实的合作者,因此在评估合作问题解决能力时需要注意它的局限性。此外,该模式也可能无法考察到学生在真实情境下面对团队合作时所面临的各种复杂因素,因此需要在评估结果时进行综合分析和判断。

三、合作问题解决测评观察表(Co-Measure)

来自克莱姆森大学(Clemson University)、美国教育考试服务中心(Educational Testing Senice,简称ETS)和美国国家研究中心(National Research Counal,简称NRC)的学习科学家、教育研究人员和心理测量学家组成的研究团队开发了一项适合合作学习的合作问题解决测评观察表[1](Co-Measure)。该团队首先回顾已有与合作问题解决能力相关的文献以及测评框架。其次,项目团队收集并分析了七所开展科学、技术、工程、数学和艺术(Science, Technology, Engineering, Maths, Arts,简称STEMA)课程中的合作学习视频数据。在课堂中,三到五名学生组成的小组开展STEMA项目化学习活动。研究者通过无线麦克风以捕捉小组成员口头交流的音频数据。然后,讨论合作学习中有关合作问题解决能力的指标以及可能出现的行为,并进一步分析视频数据来定义"合作问题解决能力",将视频数据中的行为分配到各项指标,直至研究人员达成共识。最后,在其他课堂中检验这些指标,并根据课堂数据结果改善指标,进行验证和迭代,所得的测评框架如表3-5所示。教师能够基于不同能力要素的不同表现水平对学生的合作问题解决能力进行测评。

---

[1] Herro, D., Quigley, C., Andrews, J., & Delacruz, G. (2017). Co-Measure: developing an assessment for student collaboration in STEAM activities. *International Journal of Stem Education*, 4, 26.

表 3-5　Co-Measure 合作问题解决能力测评框架

维度	能力要素
同伴互动	监控任务并检查同伴的理解
	协商角色,并分工完成任务
	提供同伴反馈与帮助
积极沟通	尊重他人的想法并适时做出妥协
	使用适合社交的语言和行为
	倾听并轮流发言
探究丰富/多种路径	提出解决问题的适当问题和方法
	验证信息和来源以支持探究
跨学科方法	讨论并探讨结合多学科问题解决的方法
	分享相关知识或研究
	协商解决问题所使用的相关方法或材料
	协同使用工具处理任务

该框架将合作问题解决能力分为四个维度:"同伴互动(Peer Interactions)""积极沟通(Positive Communication)""探究丰富/多种路径(Inquiry Rich)"以及"跨学科方法(Transdisciplinary Approach)"。"同伴互动"是指在 STEMA 学习中,学生们需要与同伴参考评分标准指南,确定小组目标并监督完成任务的进度。然后小组成员讨论如何分配任务,基于彼此的专业知识公平地完成工作。学生们依靠小组成员检查过程的准确性(例如,我们处理任务的方式是否合理?)和内容的准确性(例如,内容是否准确?)。学生们互相提供反馈,以帮助他们评估自己的表现或重新定向任务。"同伴互动"包括三项子能力:(1)监控任务并检查同伴的理解;(2)协商角色,并分工完成任务;(3)提供同伴反馈与帮助。与其他情况下的合作类似,积极的沟通对于有效地寻求解决方案至关重要。

参与 STEMA 项目化学习的学生也需具备"积极沟通"的能力。具体来说,学生应相互尊重,以促进所有成员做出富有成效的贡献。"积极沟通"包括三项子能力:(1)尊重他人的想法并适时做出妥协。(2)使用适合社交的语言和行为。(3)倾听并轮流发言。

STEMA 项目化学习的一个特点是,给学生一个有各种解决方案的场景,要求他们考虑任务完成过程中可能出现的各种问题。借此形式,"探究丰富/多种路径"是指在 STEMA 协作解决问题中,学生应与小组成员合作,探索和完善问题,与小组成员协商选择合适的材料和方法,并验证信息、来源以及各种解决方案。"探究丰富/多种路径"包括两项子能力:1)提出解决问题的适当策略和方法;2)验证信息和来源以支持探究。

STEMA 项目化学习的一个独特特点是,假定学生将面临与现实生活密切相关的问题,强调解决问题,而不仅仅关注产生问题的内容和学科。STEMA 项目化学习假定学生将面临与现实世界密切相关的问题。因此,学生也需具备"跨学科方法"的能力,即能够讨论并选择模仿科学家、研究人员、工程师、政治家等可能使用的方法或材料,并且能够使用数字和非数字协作工具(例如,Google 文档、电子邮件、白板)来有效地共同创建和完成任务。"跨学科方法"包括四项子能力:(1)讨论并探讨结合多学科问题解决的方法;(2)分享相关知识或研究;(3)协商解决问题所使用的相关方法或材料;(4)协同使用工具处理任务。

在 STEMA 项目化学习情境中,开发合作问题解决测评观察表可以有效地帮助教师测评学生的合作问题解决能力。然而,需要注意的是,教师在真实教学实践中是否有足够的时间和精力去仔细观察每一位学生的行为,并对每一个维度进行评分。因此,在设计观察表时需要对维度进行精简,将注意力集中在最为关键的几个维度上,以确保评分的准确性和教学效果的提升。同时,还可以通过引入一些自动化评分工具,来帮助教师更加高效地完成测评任务,减轻教师的工作负担。

四、ETS 合作科学评估模型

美国教育考试服务中心(Educational Testing Service,简称 ETS)开发了一款合作科学评估模型(ETS Collaborative Science Assessment Prototype,简称 ECSAP)[1]。该模型采用一款名叫"火山三部曲(Volcano Trialogue)"的模拟真实情境的游戏[2],并在线上协作平台上运行。参与者扮演虚拟地震测量实验室的助手角色,测量和监测与火山活动有关的地震事件。通过脚本控制的虚拟科学家代理人会给参与者布置各种任务。在任务中,先要求参与者单独对模拟测试项目进行回答以衡量其科学探究技能。然后,两个参与者通过文本聊天一起完成具体的子任务。参与者的对话都被记录在一个带有时间戳的活动日志中以衡量其合作问题解决能力。基于以往计算机支持的协作学习(computer-supported collaborative learning, CSCL)的研究,研

---

[1] Davier, A. A., Hao, J., Liu, L., & Kyllonen, P. (2017). Interdisciplinary research agenda in support of assessment of collaborative problem solving: lessons learned from developing a Collaborative Science Assessment Prototype. *Computer in Human Behavior*, 76, 631-640.

[2] Zapata-Rivera, D., Jackson, T., Liu, L., Bertling, M., Vezzu, M., & Katz, I. R. (2014). Assessing Science Inquiry Skills Using Trialogues. In S. Trausan-Matu, K. E. Boyer, M. Crosby, & K. Panourgia (Eds.), *Intelligent Tutoring Systems. ITS 2014. Lecture Notes in Computer Science, vol 8474*. (pp. 625-626). Cham: Springer International Publishing.

究者构建了适用于此任务的合作问题解决能力的话语编码框架[1]（如表3-6所示）。该框架由33种能力要素组成，分为四个主要维度："分享想法（Sharing Ideas）""协商想法（Negotiating Ideas）""调节解决问题的活动（Regulating Problem Solving）"和"保持沟通（Maintaining Communication）"。第一个维度"分享想法"考虑个体如何将不同的想法带入协作对话中。例如，参与者可以分享他们对任务的个人看法，或指出可能有助于解决问题的相关资源。第二个维度"协商想法"旨在通过参与者的相互协商来捕捉团队协作构建知识的证据，包括彼此的同意/不同意、请求澄清、重新表述他人的想法、识别差距、修订自己的想法。第三个维度"调节解决问题的活动"侧重于团队话语的协作调节方面，包括识别目标、评估团队合作和检查理解等能力要素。最后一个维度"保持沟通"旨在捕捉超出任务特定互动的社交沟通。高效团队和低效团队的能力要素频率差异显著，说明这些要素能够有效地体现合作问题解决能力[2]。

表3-6 ETS合作问题解决能力测评框架

维度	能力要素
分享想法	学生向队友提供与任务相关的信息（例如个人看法）
	学生指出可以检索任务相关信息的资源
	学生回应队友要求提供任务相关信息的请求
协商想法	学生表达对队友的同意
	学生表达对队友的不同意见
	学生表达自身意见的不确定
	学生要求队友重复一个陈述
	学生要求队友澄清一个陈述
	学生重新表述/完善队友的陈述
	学生识别自己的想法和队友的想法之间的冲突
	学生使用相关证据指出队友陈述中的不足

---

[1] Flor, M., Yoon, S.-Y., Hao, J., Liu, L., & von Davier, A. (2016). *Automated classification of collaborative problem solving interactions in simulated science tasks*. Paper presented at the The 11th Workshop on Innovative Use of NLP for Building Educational Applications, San Diego, California, USA.

[2] Hao, J., Liu, L., Davier, A.V., Kyllonen, P., & Kitchen, C. (2016). Collaborative Problem Solving Skills versus Collaboration Outcomes: Findings from Statistical Analysis and Data Mining. In T. Barnes, M. Chi, & M. Feng (Eds.), *Proceedings of the 9th International Conference on Educational Data Mining, EDM 2016, Raleigh, North Carolina, USA, June 29 - July 2, 2016*: International Educational Data Mining Society (IEDMS), 135-156.

（续表）

维度	能力要素
	学生详细说明自己的陈述
	学生在听取队友的推理后改变自己的想法
调节解决问题	学生确定对话的目标
	学生建议团队采取下一步行动
	学生表达困惑/沮丧或缺乏理解
	学生表达对任务理解的进展
	学生反思团队所做的事情
	学生表达团队合作中解决问题所缺少的内容
	学生检查理解
	学生评估某些团队贡献是否有利于解决问题
	学生对团队表现表示满意
	学生指出团队决策中的不足
	学生识别任务完成中的问题
保持沟通	学生回答队友的问题
	学生设法使对话活跃起来
	学生在轮流发言之前等待队友发言完毕
	学生使用社交适当的语言(例如问候语)
	学生提供帮助
	学生为无意中的中断道歉
	学生没有合理的理由拒绝队友的建议
	学生输入了一些无意义的话语
	学生表现出对队友沮丧的理解

ETS合作科学评估模型为测评合作问题解决能力提供了一种创新的方法,通过游戏情境的设计,能够自动化地记录学生的合作过程行为。然而,如果需要多次追踪学生的合作问题解决能力,采用该工具进行测评可能会产生练习效应,从而影响评估结果的准确性。因此,在设计测评方案时需要考虑到这一问题,并采取一些措施来降低练习效应的影响,例如在不同时间段使用不同版本的游戏情境,或者通过与其他评估工具结合使用来提高评估的准确性。

此外,开发一款类似的游戏的成本较高,也需要考虑到经济方面的问题。在教学中,时间非常紧张,可能难以空出时间来专门给学生进行游戏化测评。因此,未来需要进一步探索可持续使用的测评工具,以便更好地满足教学需求,提高教学效果。

五、美国国家评估、标准和学生测试研究中心的团队合作模型

美国国家评估、标准和学生测试研究中心(National Center for Research on Evaluation, Standards, and Student Testing, CRESST)提出的团队合作模型[①]由六个子技能组成:(1)适应性(Adaptability)是指"通过意识到团队活动和与任务相关的因素来监测问题的来源和性质的技能"。适应性用于检测和纠正团队完成任务时出现的问题;(2)协调(Coordination)是"确保在特定时间限制内整合、同步和完成任务的过程中所必需的组织团队资源、活动和回应的技能",包括团队成员使用领域专业知识以确定概念之间的关系,团队成员对时间限制的意识以及他们适当回应的能力;(3)决策力(Decision Making)代表"通过整合信息,使用逻辑和明智的判断,识别可能的替代方案,选择最佳解决方案并评估结果的能力"。有效的团队会考虑所有可用信息做出决策,因此决策力被认为在绩效中起着重要作用;(4)人际能力(Interpersonal Ability)是通过解决团队成员的分歧或使用合作行为来改善团队成员互动质量的能力。良好的人际能力有助于最小化团队间的冲突,并促进团队间的相互依赖性;(5)领导力(Leadership)意味着"指导和协调其他团队成员的活动,评估团队绩效,分配任务,计划和组织,并建立积极的氛围"的能力,对团队绩效有积极影响;(6)沟通(Communication)是"在规定的方式和使用适当的术语的情况下,信息在两个或更多团队成员之间清晰准确地交换,以及澄清或确认接收信息的能力"。沟通对团队绩效有积极影响,团队在没有相互沟通的情况下无法成功完成任务。

有研究者基于此框架开发了相关的在线测评工具[②],依据团队成员在团队协作的不同行为表现推测其合作问题解决能力,如表3-7所示。然而,该测评框架的推广性存在一定的限制,受制于研究者所开发的评估平台。不是所有课堂合作任务都需要使用有"分享"(Share)或"下一个"(Next)按钮的操作系统。这也意味着,该测评框架需要根据不同的情境和任务进行相应的调整和优化,以确保其评估的准确性和有效性。

---

① O'Neil, H. F., Chuang, S.-H., & Chung, G. K. W. K. (2003). Issues in the Computer-based Assessment of Collaborative Problem Solving. *Assessment in Education: Principles, Policy & Practice*, 10(3), 361-373.

② Pasztor-Kovacs, A., Pasztor, A., & Molnár, G. (2021). Measuring collaborative problem solving: research agenda and assessment instrument. *Interactive Learning Environments*, 1-21.

表 3-7　CRESST 合作问题解决能力测评框架

维度	行为指标
适应性	发送预定义的消息"你想到了什么?"/"你怎么想?"
	发送预定义消息"你是怎么想的?"
协调	发送预定义的消息"如果你准备好了,请点击准备按钮。"/"画你的箭头。"/"请分享你的计划。"/"我们的计划还不太相似。"
	按下"分享"(Share)或"下一个"(Next)按钮
决策制定	发送预定义的消息"你同意吗?"/"我同意。"/"我不同意。"/"为什么?"/"这样我们可以更快地达到目标。"/"那样我们会超过目标。"/"我认为我们应该这样做。"/"那没问题。"
	使用"关系"(Relations)按钮发送任何语句(无论正确与否)
	通过"分享"(Share)按钮分享一个箭头或多个箭头
	在收到"你同意吗?"的消息后发送"是"或"否"
人际关系	发送预定义的消息"太棒了!"/"谢谢。"/"是的,没错。"/"你是对的。"/"继续这样做。"
	在伙伴使用"请求分享"按钮后按下"分享"(Share)按钮
	在收到预定义的消息"请分享我要求的内容。"后按下"分享"(Share)按钮
	在收到预定义的消息"请点击应用按钮。"后按下"应用"(Apply)按钮
	在收到预定义消息"请分享你的计划。"后按下计划(Plan)按钮
	在收到预定义的消息"如果你准备好了,请点击准备按钮。"后按下"准备"(Ready)按钮
	在"调整滑块"(Adjust the slider)按钮的提示下将滑块移动到指定位置
	在收到"画你的箭头"预定义消息后画箭头
	收到"等一下,请等我告诉你再点击"消息后保持不动
	在收到预定义消息"请分享我要求的内容"/"请点击应用按钮"/"如果你准备好了,请点击准备按钮"/"画你的箭头"/"等一下,请等我告诉你再点击"后发送"不"
领导力	发送预定义的消息"请分享我要求的内容。"/"请发送我要求的所有内容。"/"请点击应用按钮。"/"等一下,请等我告诉你再点击"/"嘿,你在吗?"/"我们可以继续吗?"
	按下"请求分享"或"调整滑块"按钮
交流	发送预定义的消息"我做到了。"/"是的。"/"不。"/"好的。"/"好的。"

六、基于协作游戏情境的合作问题解决能力框架

也有研究者关注协作游戏情境中的合作问题解决能力的测量。这些研究通过观察参与者在协作游戏中的行为和交互,来评估他们的合作问题解决能力。例如,一项研究招募了 303 名被试,分为 101 个远程小组,每个小组需在 45 分钟内协同玩一个名为"物理游乐场"(Physics Play ground)的教育游戏[①]。在这个游戏中,参与者需要使用鼠标来操作杠杆、跳板等适当的工具,使一个绿色的球击中一个红色的球。使用的工具越少,任务的成绩就越好。团队中的一名成员被随机分配为控制者,另外两个成员为贡献者。控制者负责操纵游戏界面,其屏幕通过 Zoom 共享,以便贡献者可以查看游戏过程并提供解决方案。控制者的角色随机轮换,以便每个参与者都能担任控制者。研究者记录了在线团队互动过程中发生的开放式言语行为,根据事先编写的合作行为框架(如表 3-8 所示)对其进行编码,计算各项合作行为的频率。回归分析表明,这些合作行为的频率能够有效预测在线合作情境中的团队成果(解决方案的质量),为合作问题解决能力的情境化测评提供了重要的参考。

表 3-8 基于协作游戏情境(Physics Play ground)的合作问题解决能力框架

一级维度	二级维度	行为指标
构建共享知识	谈论挑战情境	谈论挑战/游戏环境(例如,"那是干什么用的?";"起点在哪里?")
		谈论挑战/游戏机制(例如,"我怎样删除这个?";"我怎样重新开始这个关卡?")
		谈论挑战标准(例如,"我们需要得到金币";"使用尽可能少的物品")
		谈论玩家进入关卡时已经出现的东西(例如,"那是什么?";"那是一只蜘蛛吗?";"我们能删除那个吗?")
		谈论时间(例如,"还剩 10 分钟")
		谈论电脑错误、程序故障(例如,"它卡顿了","它不让我画 XX。")
	提出适当的想法	提出适当的想法来解决关卡(例如,"试着用一个固定的重物")
		提出适当的方法来修复失败的解决方案(例如,"让它更短","这个不起作用是因为……")

---

① Sun, C., Shute, V. J., Stewart, A. E. B., Beck-White, Q., Reinhardt, C. R., Zhou, G., ... D'Mello, S. K. (2022). The relationship between collaborative problem solving behaviors and solution outcomes in a game-based learning environment. *Computers in Human Behavior*, 128, 107-120.

(续表)

一级维度	二级维度	行为指标
	提出不适当的想法	提出不适当的想法来解决关卡(例如,想法不符合物理学原理)
		提出不适当的方法来修复失败的解决方案(例如,建议降低摆臂高度,但实际上应该增加高度)
	确认理解	询问澄清问题(例如,"什么?","你是在问这个吗?","下一步是什么?")
		重申或解释另一个人的想法(例如,"你想让我……","好的,让它更重一些")
	打断别人(反向计分)	当一个人正在讲话时,另一个人插话了。
协商和协调	提供支持解决方案的原因	原因应该是实质性的,并提供清晰的逻辑(例如,"希望它会弹起来撞到气球")。
	询问/纠正他人的错误	试图指出和/或纠正他人的想法/解决方案中的错误(例如,"我认为这会卡在绿线上","它不会撞到墙吗")
		确定解决方案失败的原因,并反思所做的事情(例如,"线太短了","不够重")
	提出放弃挑战(反向计分)	谈论放弃或转移到不同/更容易的级别(例如,"我们可以尝试另一个关卡吗?")
	制定策略以完成任务目标	明确表示选择不同的级别来实现任务目标(例如,"但我们只得到了银牌。我们怎样才能得到金牌?")
		建议使用更少的物品(例如,"重新开始。你已经画了很多东西")
	尝试快速保存几乎成功的尝试	当球几乎碰到气球时,使用快速的解决方案(例如,"点击球,点击球!")
维护团队功能	向其他人寻求建议	向其他人寻求可能的想法以促进协作。(例如,"你觉得怎么样?","我们怎么做?","我不知道该怎么办。")
		要求小组在两个先前讨论过的想法之间进行选择。
	称赞或鼓励其他人	支持彼此的想法/解决方案(例如,"让我们试试看","那是个好主意")
		在解决方案实施后鼓励他人(例如,"哦,我们快到了!""啊,就差一点!")
		对他人表示同情(例如,"是的,画图很难")
	发起与任务无关的话题(反向计分)	谈论与手头任务或挑战环境无关的任何事情(例如,"这里冷吗?","我很累","你玩过XX游戏吗?")

（续表）

一级维度	二级维度	行为指标
	参与与任务无关的话题（反向计分）	参与其他人的与任务无关的对话。
	提供指导支持	向控制玩家提供如何实现解决方案的指导(例如，"从这里开始画"，"你会做一个钩形")
	为自己的错误道歉	在建议的解决方案失败后道歉(例如，"我的错。它没有起作用。"，"哎呀，我错过了")
		在意外打断他人后道歉(例如，"对不起，请继续"，"对不起打断了。你在说什么?")
		因为糟糕的绘画而道歉(例如，"对不起，我的画画很糟糕"，"对不起，我太笨拙了")

这个测评工具的优点在于，它能够补充多人合作情境下的合作问题解决能力行为指标，这是该领域的一大进步。然而，目前该测评任务是基于物理学习情境的，因此未来需要进一步将研究延伸至其他学科，拓展合作问题解决能力测评的适用范围。在不同的学科领域中，学生需要展现出不同的合作问题解决能力和行为，因此测评工具的设计也需要根据不同的情境和要求进行相应的调整。

针对上述国际情境测评领域的前沿成果，我国研究者进行了分析总结，并提出我国教育测评也应紧随其发展步伐，通过构建复杂任务测量学生的高阶能力，实时地记录学生在真实情境中解决问题的合作过程，为改进教学提供更多有用的反馈信息[1]。近年来，我国也有一些学者尝试开发真实情境中合作问题解决能力的评价标准和策略，为合作学习课堂的合作问题解决能力测评提供了新的思路和方向。

七、合作问题解决能力测评模型

学者张娜和李峰[2]依照以证据为中心的设计(Evidence-Centered Design, ECD)模型，设计了中学生合作问题解决能力评价测试工具(CPS at group discussion，简称 CPSaGD)。首先，依据已有文献，将合作问题解决能力及其包含的各个指标作为学生模型中的潜在变量，形成

---

[1] 袁建林,刘红云.(2016).合作问题解决能力的测评:PISA2015 和 ATC21S 的测量原理透视.外国教育研究,43(12),45—56.
[2] 张娜,李峰.(2019).合作问题解决能力评价的本土化研究——基于以证据为中心的设计模型.中国考试(08),59—65.

评价指标体系。其次,招募中学生参加研究,并将他们以4人一组随机形成在线讨论组。每个小组在限定时间内合作完成一个问题情境下的一组任务(包含6~7个具体任务)。将各小组每个成员的时间线及发言文本导入电脑,对聊天文本进行元素以及维度的分类,并对文本进行计分,从而达到评价合作问题解决能力的目的。贺涵镜[1]检测了这一合作问题解决测评框架的效度,采用双因子模型进行检验,选取了4个特殊因子,且双因子模型具有良好的拟合效果,有较好的测量指标,最终证明这是一个有效的测评框架。汤磊[2]也基于此模型,增加了不同学校、不同任务情景下的数据构建了多面Rasch模型,分析不同的指标、时间段以及组别对学生能力区分程度的影响,进一步完善了合作问题解决能力的测量学分析。如表3-9。

表3-9 合作问题解决能力测评模型

指标	活动参与	观点获取	社会调节
表征与形成	是否深度参与讨论	是否能明白他人观点,并作回应	是否参与协商,并说服别人
计划与执行	是否参与任务,与成员配合完成任务	是否理解别人的动作、语义含义,并进而对自己行为进行调整	是否承担相应责任,是否主动
监控与反馈	是否与大家确认理解一致	是否理解别人关于结果的观点,并吸取同伴观点	知道自己或他人表现是否得体或适当

这个测评框架是建立在真实合作学习任务的基础之上的,对于实际教学中合作问题解决能力的测评和培养具备重要的参考价值。然而,需要注意的是,这个任务是线上的,无法完全模拟线下的合作学习情境。目前,线下学习仍然是主流,并且在线下,团队成员之间的互动更加丰富。因此,我们需要在使用这个测评框架的时候,注意到这些差异,并且适当地进行调整和优化,以确保其评估的准确性和有效性。

八、深化课堂情境化测评:加强评估对教学实践的指导意义

ATC21S和PISA 2015作为合作问题解决能力测评领域的先驱,分别为合作问题解决能力测评提供了"人人交互"与"人机交互"两种切实可行的方法体系,为后来的研究者打下了坚实的基础。

---

[1] 贺涵镜.(2019).基于"以证据为中心设计"模型的中学生合作问题解决能力评价研究(硕士学位论文).江西财经大学.

[2] 汤磊.(2021).初中生合作问题解决的测量模型检验和改进(硕士学位论文).江西财经大学.

PISA 2015 的"人机交互"模式最大的优点是保证测量的标准化。测量合作问题解决能力的关键之一是产生可比较的数据,每个学生都应该在完全相同的情境下进行测试,与相同的团队成员一起完成相同的任务。在现实情境中,这个设计是几乎不可能实现的。然而,技术能够提供一种可行的解决方案:以计算机代理为合作者[1]。在线评估环境中,协作伙伴不是另一个人,而是一种对话代理。计算机代理可以模拟真实情境,为每个测试者生成预先编程的相同反应。此外,PISA 2015 的"人机交互"模式能够预先定义学生在合作过程中的消息,排除了大量脱离任务的讨论[2],提高学生完成任务的效率。同时,"人机交互"模式可以根据设计好的计分点直接计分,不需要设计算法或者人工编码进行评分,操作简单,得分也更加客观。

虽然"人机交互"的条件能够提供标准化测试环境,且有利于学生解决问题,但是其生态效度一直存在争议。计算机代理难以表现出人类参与者可能具有的广泛情感以及非理性的思维。此外,如果参与者有机会发送自定义的消息,他们会迅速忽略发送预定义消息的机会,并转而输入自身生成的消息。如果消息不能涵盖所有可能的对话情况,参与者可能会感到沮丧[3]。仅提供预定义的信息严格限制了对话,这种形式的交流与真实的人人互动具有明显差距。ATC21S"人人交互"模式给学生提供环境和平台自然交流,是对真实情境中合作问题解决能力更有效的测量。与"人机交互"模式相比,"人人交互"具有更高的生态效度。

有许多研究者参考 ATC21S 和 PISA 2015,设计线上任务情境,评估个体的合作问题解决能力[4][5][6][7]。但是线上任务情境无法完全模拟真实课堂情境,可能会影响学生的合作问题解决能力和评价结果的准确性。学生合作问题解决能力的培养与发展大都嵌入在研究性学习、项目化学习、探究式学习等学生主体性活动之中。有关合作问题解决能力的教学通常不作为

---

[1] 吴忭,王戈,胡艺龄,祝嘉钰.(2019).基于会话代理的协作问题解决能力测评工具设计与效果验证.远程教育杂志,37(06),91—99.

[2] Chung, G. K. W. K., O'Neil, H. F., & Herl, H. E. (1999). The use of computer-based collaborative knowledge mapping to measure team processes and team outcomes. *Computers in Human Behavior*, 15(3), 463–493.

[3] Krkovic, K., Pásztor-Kovács, A., Molnár, G., & Greiff, S. (2014). New technologies in psychological assessment: The example of computer-based collaborative problem-solving assessment. *International Journal of e-Assessment*, 1, 1–13.

[4] Davier, A. A., Hao, J., Liu, L., & Kyllonen, P. (2017). Interdisciplinary research agenda in support of assessment of collaborative problem solving: lessons learned from developing a Collaborative Science Assessment Prototype. *Computers in Human Behavior*, 76, 631–640.

[5] Harold F. O'Neil, San-Hui (sabrina) Chuang & Gregory K. W. K. Chung (2003) Issues in the Computer-based Assessment of Collaborative Problem Solving, *Assessment in Education: Principles, Policy & Practice*, 10(3), 361–373

[6] Sun, C., Shute, V. J., Stewart, A. E. B., Beck-White, Q., Reinhardt, C. R., Zhou, G., ... D'Mello, S. K. (2022). The relationship between collaborative problem solving behaviors and solution outcomes in a game-based learning environment. *Computers in Human Behavior*, 128, 107–120.

[7] 张娜,李峰.(2019).合作问题解决能力评价的本土化研究——基于以证据为中心的设计模型.中国考试(08),59—65.

一个单独的学科来教,常在学科教学中嵌入式地培训①。作为研究者要建构真实课堂情境下的框架,将有效的合作行为指标信息转化成实际的课堂应用②。惟有在课堂情境中,采用过程的视角,将学生小组合作过程中的行为序列进行拆解,才能提供一套合作问题解决能力教学的指导材料,向学习者定义合作问题解决能力是怎样的,并分析学生的合作问题解决能力水平及可能存在的问题,以进行更明确细致的活动指导并提供相应的策略支持。

然而,当前基于真实课堂情境的合作问题解决能力评价研究大都直接划分维度水平③而忽略具体的行为指标,可能会导致评估结果的准确性下降。因为在实际的合作过程中,学生的表现是非常具体和细致的,仅仅对维度进行分析,可能会损失一定的信息。因此,我们需要在评估过程中,考虑将每个维度分解成具体的行为指标,并对各个维度以及行为指标进行综合评估,从而得出更加全面和准确的评估结果。下文以某本科课堂为例,初步探索如何在真实课堂情境下形成合作问题解决能力的测评框架。

第五节 课堂实例:合作问题解决能力的情境化测评

目前,ATC21S 与 PISA 是由国际大型组织开展,较为权威的合作问题解决能力测评项目。与 PISA 采用的"人机交互"测评模式不同,ATC21S 采用"人人交互"的测评方法,更接近真实课堂情境,具有更高的参考价值。此外,PISA 的合作问题解决能力测评是面向大型评估的,而 ATC21S 的测评工具不仅面向大型评估,还面向教学,可以用于改善教学质量。因此,本节采用 ATC21S 的合作问题解决能力维度作为测评框架,在大量阅读有关合作问题解决能力评价的相关研究基础上,结合真实课堂数据,对合作学习课堂中学生合作问题解决能力评价指标进行提炼,形成中国本土化的本科合作学习情境下合作问题解决能力的评价工具。

一、本科合作学习情境下的合作问题解决能力框架

参照 ATC21S④,本框架将合作问题解决能力定义为小组成员通过共同策划,彼此之间建立联系(每个成员的成果都建立在彼此所做贡献的基础之上)完成一项学习任务的能力,并将其分为三个维度,分别是参与、观点采择与社交协调。

---

① OECD. (2017). *PISA 2015 Assessment and Analytical Framework: Science, Reading, Mathematic, Financial Literacy and Collaborative Problem Solving, PISA*. Paris: OECD Publishing.
② Gillies, R., Ashman, A., & Terwel, J. (2008). *The Teacher's Role in Implementing Cooperative Learning in the Classroom*. New York: Springer.
③ Herro, D., Quigley, C., Andrews, J., & Delacruz, G. (2017). Co-Measure: developing an assessment for student collaboration in STEAM activities. *International Journal of Stem Education, 4*, 26.
④ Griffin, P., McGaw, B., & Care, E. (2012). *Assessment and teaching of 21st century skills*. Heidelberg: Springer.

1. 参与

参与是指个体分享信息与想法,投入到问题解决的意愿,是协作交互的最低要求,从量的方面来评价合作问题解决能力。根据社会建构理论[1],学习是"合法的边缘性参与"。新手只有在"参与"社会实践的过程中,进行同伴协作与交互,其真正深刻的学习才会发生。因此,参与是协作学习过程中的重要环节。研究发现,小组成员在任务中的参与程度与小组整体表现呈显著正相关[2]。此外,一项元分析以与同伴和教师互动的数量为标准衡量参与度,发现参与度对学习效果、学习满意度以及升学率具有积极影响[3]。

参与可以进一步细分为两个元素,即"任务完成"及"互动"。其中,"任务完成"指坚持完成某项任务。为了达到这一目标,应提出适当解决问题的建议,为任务做出实际贡献[4]。Sun 等人也认为,合作问题解决能力的典型表现之一就是提出适当的想法来解决关卡或修复失败的解决方案[5]。因此,"提出建议"是"任务完成"的重要行为指标。另一方面,"互动"指代与他人的互动和反馈。实证研究发现,在良好的协作互动中,提供同伴反馈与协助是至关重要的一环,高合作问题解决能力的学生会主动回应同伴,提供反馈[6]。此外,当同伴需要帮助时,团队成员的表现也能反映互动水平,高水平表现为"准确评估他人的需求和技能以提供帮助"[7]。在一个团队中,成员不仅需要为向他人提供反馈或帮助,还需要在必要时请求同伴帮助,及时与同伴交换信息[8]。基于此,本框架进一步细化"互动"的行为指标,包括"提供反馈"、"请求帮助"以及"协助同伴"。这些行为指标能够更加具体地反映学生在协作学习中的互动表现。

2. 观点采择

观点采择是指能否从他人的角度来看待问题,理解他人的观点,并使用他人可理解的方

---

[1] Lave, J., & Wenger, E. (1991). *Situated learning: Legitimate peripheral participation*. New York, NY, US: Cambridge University Press.

[2] Qureshi, M.A., Khaskheli, A., Qureshi, J.A., Raza, S.A., & Yousufi, S. Q. (2023). Factors affecting students' learning performance through collaborative learning and engagement. *Interactive Learning Environments*, 31(4), 2371–2391

[3] Hrastinski, S. (2008). What is online learner participation? A literature review. *Computers & Education*, 51(4), 1755–1765.

[4] Lipponen, L., Rahikainen, M., Lallimo, J., & Hakkarainen, K. (2003). Patterns of participation and discourse in elementary students' computer-supported collaborative learning. *Learning and Instruction*, 13, 487–509.

[5] Sun, C., Shute, V.J., Stewart, A.E., Beck-White, Q., Reinhardt, C.R., Zhou, G., ... & D'Mello, S.K. (2022). The relationship between collaborative problem-solving behaviors and solution outcomes in a game-based learning environment. *Computers in Human Behavior*, 128, 107–120.

[6] Wise, A.F., Speer, J., Marbouti, F., & Hsiao, Y.-T. (2012). Broadening thenotion of participation in online discussions: examining patterns in learners' online listening behaviors. *Instructional Science*, 41, 323–343.

[7] Zhuang, X., Maccann, C., Wang, L., Liu, O.L., & Roberts, R. (2008). Development and validity evidence supporting a teamwork and collaboration assessment for high school students. *ETS Research Report Series*, 2.

[8] Loughry, M.L., Ohland, M. W., & Moore, D.D. (2007). Development of a theory-based assessment of team member effectiveness. *Educational and Psychological Measurement*, 67(3), 505–524.

式来表述自我观点,是从质的方面来评价合作问题解决能力。观点采择的重要性在于,如果缺乏这种能力,人们就会受到自我中心偏见(Egocentric Bias)的影响,期望别人与自己高度相似,从而影响协作的效果[1]。观点采择包括"适应性回应"与"受众意识"。

"适应性回应"指忽视、接受或同化他人的贡献。低水平的表现为仅考虑同伴的想法或贡献,中等水平的表现为调整和合并同伴的想法或贡献,高水平的表现为基于同伴的想法或贡献解决问题。学者张娜和李峰提出的测评模型将"是否理解别人关于结果的观点,并吸取同伴观点"列为合作问题解决能力的重要指标[2]。ETC 的测评框架认为,重新表述或完善队友的陈述是高合作问题解决能力的表现[3]。根据小组合作课堂情境中协作问题解决的不同阶段,"适应性回应"可能表现在基于同伴贡献表达对任务的理解、向同伴提问、提出建议以及解决问题,并补充同伴观点等行为上。

"受众意识"指调整行为以增加对他人的适应性。在语言学领域,这种能力表现为话语中良好的"受众设计"(Audience Design),即参考背景信息将同伴的话语置于语境,并能根据同伴的需求和知识调整自己的话语[4]。在团队协作过程中,应考虑到同伴的利益和资源,应根据同伴的行为和感受调整反馈与帮助[5]。因此,本节将"征求他人意见"作为"受众意识"的行为指标。

3. 社交协调

小组通常由不同知识背景的成员所组成。这种多样性为小组带来了优势,但也带来了挑战。社交协调指在问题解决的不同过程中能否利用小组成员的多样化优势,协调小组内部的不同信息。在组织或团队中,仅仅将参与者分组并不能保证成员间的合作[6]。为了使合作有效进行,参与者必须参与共享知识构建,具有协调不同观点的能力,致力于共同目标,并一起评估他们的集体活动[7]。

共享心理模型(Shared Mental Models)理论强调团队中个体问题表征一致的重要性。如

---

[1] Zuckerman, M., Kernis, M. H., Guarnera, S. M., Murphy, J. F., & Rappoport, L. (1983). The egocentric bias: Seeing oneself as cause and target of others' behavior. *Journal of Personality*, 51(4), 621–630.

[2] 张娜,李峰.(2019).合作问题解决能力评价的本土化研究——基于以证据为中心的设计模型.中国考试(08),59—65.

[3] Flor, M., Yoon, S.-Y., Hao, J., Liu, L., & von Davier, A. (2016). *Automated classification of collaborative problem solving interactions in simulated science tasks*. Paper presented at the The 11th Workshop on Innovative Use of NLP for Building Educational Applications, San Diego, California, USA.

[4] Ahn, S., & Brown-Schmidt, S. (2020). Retrieval processes and audience design. *Journal of Memory and Language*, 115, 104–149.

[5] Zhuang, X., Maccann, C., Wang, L., Liu, O. L., & Roberts, R. (2008). Development and validity evidence supporting a teamwork and collaboration assessment for high school students. *ETS Research Report Series*, 2.

[6] Kreijns, K., Kirschner, P. A., & Jochems, W. (2003). Identifying the pitfalls for social interaction in computer-supported collaborative learning environments: A review of the research. *Computers in Human Behavior*, 19, 335–353.

[7] Kirschner, F., Paas, F., & Kirschner, P. A. (2009). A cognitive-load approach to collaborative learning: United brains for complex tasks. *Educational Psychology Review*, 21, 31–42.

果团队成员的个体问题表征(问题的个体心理模型)相似,团队就会有更好的问题解决表现[1]。在此基础上,罗斯切尔(Roschelle)和蒂斯利(Teasley)(1995)进一步提出共同问题空间(Joint Problem Space)的概念,并认为协作者之间需要持续的社交协调来创造和维持共同的问题空间,为合作行动奠定基础[2]。为了构建一个共同的问题空间,协作者必须有途径来引入和接受知识,对于不同的观点进行证据交换,并根据证据对不同的观点进行整合。

无论是 PISA 2015 还是 ATC21S,都不约而同地认为在个体与团队的融合中,沟通与共享理解是完成问题解决的前提和操作路径,在认知层面的共享促进了社会技能层面的合作,最后促成问题的最终解决。参与者需要交换和分享他们对问题的认识,他们对问题之间联系的看法,以及对如何采取小组社交行动的解释。加布里卡(Gabelica)等人认为,个体层面反馈的有效性取决于"共享"(Shareness)。如果小组能够彼此分享个体反馈,交换彼此信息,那么将会增加互相理解、提升小组一致性,从而增进小组学习结果[3]。因此,社交协调也是合作问题解决能力的重要组成部分,包括"自我检视""交互记忆""协商"以及"团队责任心"。

"自我审视"是认识自身的优势和不足之处,展现自身心理模型的能力。在协作中,每个人都应该监控和反思自己的知识和对小组的贡献[4],分析自身的优劣势有利于与团队同伴分享自己的观点和知识,让同伴了解自身的资源,以达成良好的团队协作。在王春丽的合作问题解决能力框架中,一项重要的行为指标就是"尝试让他人理解自己"[5]。要做到这一点,学生需要主动分享自己的想法和知识,并回答同伴的问题。本框架将"自我审视"的行为指标进一步细分为"表达对任务的理解""分享相关知识"以及"回答问题"。

为了达到良好的协作效果,参与者还必须监控和建立他们合作伙伴的观点,以实现和维护对任务及其解决方案的共同理解[6]。"交互记忆"指的是了解同伴优劣势,获取同伴心理模型的能力。具备良好合作问题解决能力的学生应积极倾听同伴的想法,批判地提出不同问题和意见[7]。"交互记忆"可以反映在"向同伴提问"和"提及同伴贡献"的行为上。向同伴提问,

---

[1] Klimoski, R., & Mohammed, S. (1994). Team mental model: Construct or metaphor? *Journal of Management*, 20(2), 403–437.

[2] Roseth, C. J., Saltarelli, A. J., & Glass, C. R. (2011). Effects of Face-to-Face and Computer-Mediated Constructive Controversy on Social Interdependence, Motivation, and Achievement. *Journal of Educational Psychology*, 103(4), 804–820.

[3] Gabelica, C., Bossche, P. V. d., Segers, M., & Gijselaers, W. (2012). Feedback, a powerful lever in teams: A review. *Educational Research Review*, 7(2), 123–144.

[4] Barron, B. (2000). Achieving coordination in collaborative problem-solving groups. *Journal of the Learning Sciences*, 9, 403–436.

[5] 王春丽. (2019). 发展学习者协作能力的设计研究(博士学位论文), 华东师范大学.

[6] Hmelo-Silver, C. E., & Barrows, H. S. (2008). Facilitating collaborative knowledge building. *Cognition and Instruction*, 26, 48–94.

[7] Herro, D., Quigley, C., Andrews, J., & Delacruz, G. (2017). Co-Measure: developing an assessment for student collaboration in STEAM activities. *International Journal of Stem Education*, 4, 26.

邀请同伴阐述想法,并仔细听取同伴观点,在同伴贡献的基础上共同建立彼此的想法,有助于小组成员注意到自己的心理模型与组中其他成员的心理模型之间的差异,参与有益的认知冲突和知识建构[1]。在协作学习中,这种行为能够更好地促进学生的自我反思和认知成长,以及团队成员间的相互理解和合作。此外,在协作过程中,团队容易出现确认偏见(Confirmation Bias),即不同意见的信息往往被团队成员所忽视[2]。为了更好地完成团队协作,达成"交互记忆",团队成员应确认其他人对问题的看法、解决问题的行动以及他们在解决问题时必须扮演的角色。孙(Sun)等人也认为,"询问澄清问题"及"重申或解释另一个人的想法"等确认理解的行为对于评估合作问题解决能力十分重要[3]。因此,"确认理解"也是"交互记忆"的重要行为指标之一。

"协商"指的是解决小组成员之间在问题表征、潜在的问题解决步骤、团队目标上的冲突。在合作过程中,冲突是难以避免的,能否通过协商化解冲突是衡量合作质量的关键[4]。ETS 提出,"表达对队友的不同意见""使用相关证据指出队友陈述中的不足""识别自己的和队友的想法之间的冲突"以及"在听取队友的推理后改变自己的想法"是协商想法的重要行为指标。由此可知,制定冲突解决策略的过程往往包括"反驳""解释""分析反方观点"以及"分析冲突原因"等行为。同时,试图让处于冲突中的团队成员冷静下来,澄清冲突中有争议的问题,礼貌地辩论与提出建议,并提供一个其他团队成员都同意的替代解决方案是促进团队效率的典型行为[5]。"提出替代解决方案"与"确认结果"也应纳入"协商"的测量指标中。

"团队责任心"指的是个体完成活动并向他人汇报活动的进展,承担团队责任,拥有"我们"意识。在集体努力模型(Collective Effort Model)[6]中,个体比其同伴付出更少努力的行为倾向,则是缺乏个体责任的表现,不利于团队合作。一般来说,在有不同角色分配的小组合作任务中,每个小组成员需要承担的学习任务是不同的,需要在完成自身任务的同时,互相检查对方的工作是否正确或是否有利于问题的解决。正如学者斯莱文(Slavin)等指出,在合作程

---

[1] Howley, I.K., Mayfield, E., & Rosé, C.P. (2013). Linguistic Analysis Methods for Studying Small Groups. In C. Hmelo-Silver, C. Chinn, C. Chan, & A. O'Donnell (Eds.), *The International Handbook of Collaborative Learning* (pp.184 - 203). New York: Routledge.

[2] Nickerson, R.S. (1998). Confirmation bias: A ubiquitous phenomenon in many guises. *Review of General Psychology, 2*(2),175 - 220.

[3] Sun, C., Shute, V.J., Stewart, A.E., Beck-White, Q., Reinhardt, C.R., Zhou, G., & D'Mello, S.K. (2022). The relationship between collaborative problem-solving behaviors and solution outcomes in a game-based learning environment. *Computers in Human Behavior, 128*,107 - 120.

[4] Zhuang, X., Maccann, C., Wang, L., Liu, O.L., & Roberts, R. (2008). Development and validity evidence supporting a teamwork and collaboration assessment for high school students. *ETS Research Report Series*,2.

[5] Taggar, S., & Brown, T.C. (2001). Problem-solving team behaviors: Development and validation of BOS and a hierarchical factor structure. *Small Group Research, 32*(6),698 - 726.

[6] Karau, S.J., & Williams, K.D. (1993). Social loafing: A meta-analytic review and theoretical integration. *Journal of Personality and Social Psychology, 65*(4),681 - 706.

度高的小组中,学生进行积极的互动,表现出相互支持的意愿,共同努力完成任务,实现目标[1]。这种"团队责任心"能够有效地促进成员对于合作学习的积极性,加强对于团队成果的关注和投入。"团队责任心"比较高的学生会在合作学习过程中感受到更多的义务,他们对于合作学习会更加认真与积极,倾向于向其他团队成员提醒团队的目标,引导团队成员参与目标相关的讨论,进而提升他们自己和小组合作学习所取得的效果。较被动的成员容易参与跑题的谈话或引导团队成员进行无关主题的讨论[2]。因此,当具备一定的"团队责任心",个体会引导团队成员向共同的目标前进,汇报进展并分配任务。同时,询问进展也是重要的行为指标之一。

综上所述,本章节结合自上而下的理论研究总结与自下而上的真实课堂数据,形成每个维度对应的行为指标,将学生的话语与合作问题解决能力的维度和要素一一对应编码,完成了评估工具的设计(如图3-1所示)。本章节的创新点在于我们收集了中国本土化的课堂数据,并将每个维度细分为具体的行为指标,以更全面和准确地评估学生的合作问题解决能力。这种方法提供了更多的细节和洞察力,帮助教育者更好地了解学生的实际表现,并根据这些数据制定更有针对性的教学计划和干预措施。同时,这种方法也使评估过程更客观和公正,避免了主观判断可能带来的偏见或误导。

二、如何从情境化测评中得到启示?

本章的课堂数据来自某本科量化统计课程,学生被随机分为4—5人一个小组,每组学生的性别、年龄等因素保持平衡。要求小组成员线上协作完成学习任务,每次间隔七天。限制每次任务时间最长为40分钟,无限制最短完成时间。任务内容基于课堂教授的教育统计知识,涉及差异检验、回归分析等,并结合具体现实问题进行设计,如附录B所示。相同的任务中所有参与者都被提供了相同的教学材料。线上协作在腾讯会议上完成,并通过腾讯云会议进行录制,方便后续的转录和分析。为了能够了解小组成员线上协作学习中的表现,助教以小组为单位对任务结果进行打分。

本章节选择两个小组的数据进行演示,两组(A组和B组)在协作任务上的表现评分显示,A组的得分高于B组,即A组的合作效果好于B组。根据最小意义单元对学生的话语进行划分,即结合上下文,该句(段)话语表达了完整的可解释的意义,则对该句进行编码。本章节收集了A组309条文本和B组297条文本,将学生的话语与合作问题解决能力的维度和要素一一对应编码,以探究以下两个问题:(1)两组在合作学习任务上的合作行为是否存在差异;

---

[1] Slavin, R. E. (2013). Cooperative learning and achievement: Theory and research. In *Handbook of psychology: Educational psychology, Vol.7, 2nd ed.* (pp.179-198). Hoboken, NJ, US: John Wiley & Sons, Inc.

[2] Taggar, S., & Brown, T. C. (2001). Problem-solving team behaviors: Development and validation of BOS and a hierarchical factor structure. *Small Group Research, 32*(6), 698-726.

第三章 情境化测评:成长中考验真实本领

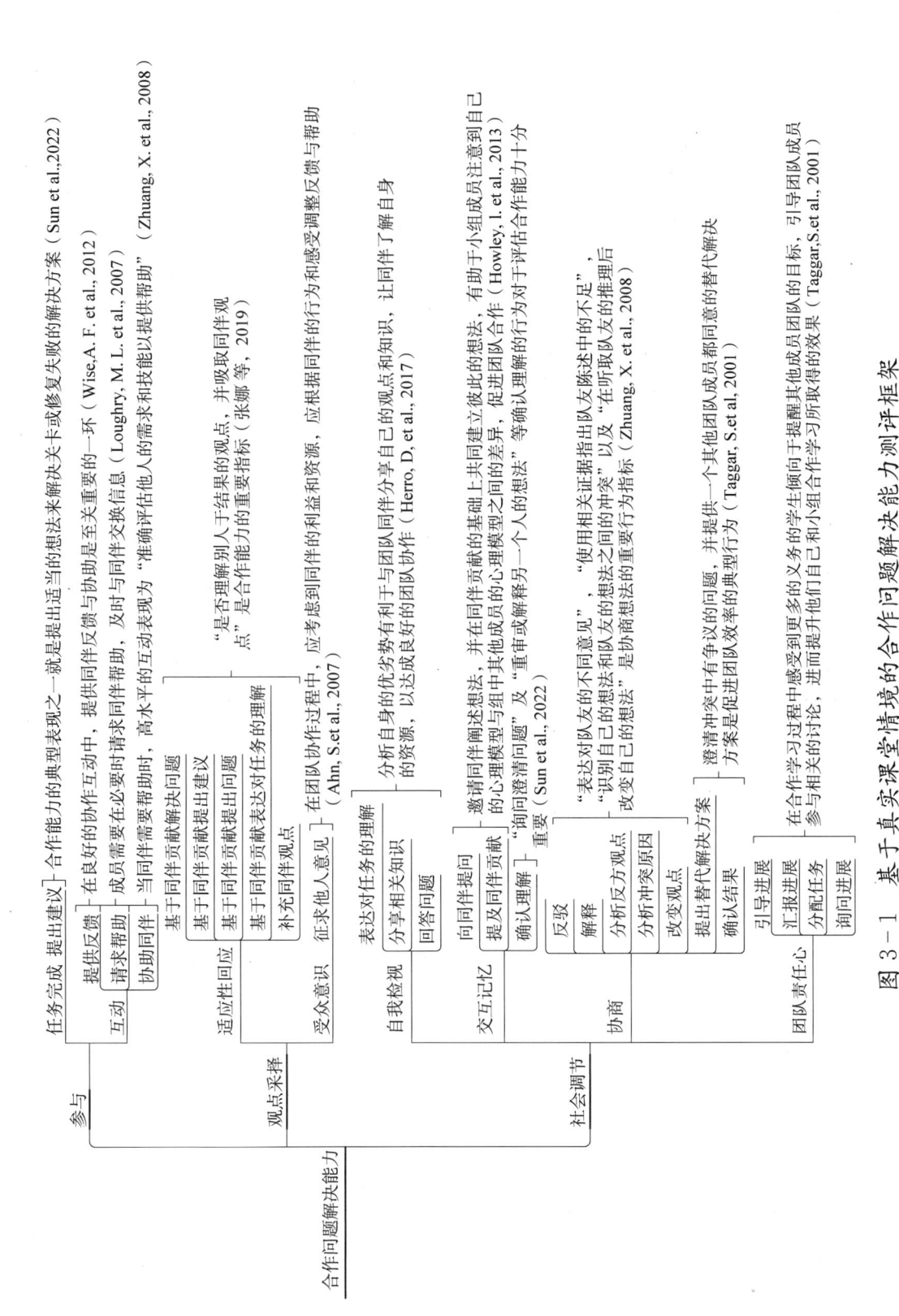

合作问题解决能力
├─ 参与
│ ├─ 任务完成 提出建议 —[合作能力的典型表现之一 就是提出适当的想法来解决卡关或反复失败的解决方案（Sun et al.,2022）]
│ │ └─ 提供反馈 —[在良好的协作互动中，提供同伴反馈与协助是至关重要的一环（Wise,A.F. et al.,2012）]
│ ├─ 互动
│ │ ├─ 请求帮助 —[成员需要在必要时请求同伴帮助，及时与同伴交换信息（Loughry, M. L. et al., 2007）]
│ │ └─ 协助同伴 —[当同伴需要帮助时，高水平的互动表现为"准确评估他人的需求和技能以提供帮助"（Zhuang, X. et al., 2008）]
│ ├─ 适应性回应
│ │ ├─ 基于同伴贡献解决问题
│ │ ├─ 基于同伴贡献提出问题 —["是否理解别人子结果的观点，并吸取同伴观点"是合作能力的重要指标（张娜 等，2019）
│ │ ├─ 基于同伴贡献表达对任务的理解
│ │ └─ 朴素同伴观点
├─ 观点采择
│ └─ 受众意识 征求他人意见 —[在团队协作过程中，应考虑到同伴的利益和资源（Ahn, S.et al., 2007）]
├─ 社会调节
│ ├─ 自我检视
│ │ └─ 表达对任务的理解
│ │   ├─ 分享相关知识 —[分析自身的优劣势有利于与团队同伴分享自己的观点和知识，让同伴了解自己的资源，以达成良好的团队协作（Herro, D, et al., 2017）]
│ │   └─ 回答问题
│ ├─ 交互记忆
│ │ └─ 向同伴提问
│ │   ├─ 提及同伴贡献 —[邀请同伴阐述想法，并在同伴贡献的基础上共同建立彼此的想法，有助于小组成员注意到自己的心理模型与组中其他成员之间的差异，促进团队合作（Howley, I. et al., 2013）]
│ │   └─ 确认理解 —["询问澄清问题"及"重审或解释另一个人的想法"等确认理解对于评估合作行为的重要行为指标（Sun et al., 2022）]
│ ├─ 协商
│ │ ├─ 反驳
│ │ ├─ 解释 —["表达对队友的不同意见"、"识别自己的想法与队友的想法之间的冲突"以及"在听取队友的推理后改变自己的想法"是协商高想法效率的重要行为指标（Zhuang, X. et al., 2008）]
│ │ ├─ 分析反方观点
│ │ ├─ 分析冲突原因
│ │ ├─ 改变观点
│ │ ├─ 提出替代解决方案 —[澄清冲突有争议的问题，并提供一个其他团队成员都同意的替代解决方案促进团队效率的典型行为（Taggar, S.et al., 2001）]
│ │ └─ 确认结果
│ └─ 团队责任心
│   ├─ 引导进展
│   ├─ 汇报进展 —[在合作学习过程中感受到更多的义务会提醒其他成员团队的目标，引导团队成员参与相关的讨论，进而提升他们自己和小组合作学习所取得的效果（Taggar,S.et al., 2001）]
│   ├─ 分配任务
│   └─ 询问进展

图 3-1 基于真实课堂情境的合作问题解决能力测评框架

161

（2）两组合作行为的认知网络模式有何不同。

问题1：两组在合作学习任务上的合作行为是否存在差异？

完成编码后，对各个合作问题解决能力要素进行频率分析，结果如表3－10所示。

表3－10　A组与B组合作行为频率分析

维度	要素	行为指标	A组频率	B组频率
参与	任务完成	提出建议	37	32
	互动	提供反馈	56	49
		请求帮助	2	0
		协助同伴	2	0
		总计	60	49
	总计		97	81
观点采择	适应性回应	基于同伴贡献解决问题	5	4
		基于同伴贡献提出建议	8	1
		基于同伴贡献提出问题	3	11
		基于同伴贡献表达对任务的理解	2	2
		补充同伴观点	8	3
		总计	26	21
	受众意识	征求他人意见	15	2
	总计		41	23
社会调节	自我检视	表达对任务的理解	45	57
		分享相关知识	18	10
		回答问题	7	37
		总计	70	104
	交互记忆	确认理解	6	6
		提及同伴贡献	2	0
		向同伴提问	19	35
		总计	27	41
	协商	反驳	18	6
		解释	21	10

(续表)

维度	要素	行为指标	A组频率	B组频率
		分析反方观点	2	0
		分析冲突原因	4	0
		改变观点	4	1
		提出替代解决方案	6	1
		确认结果	6	9
		分析冲突原因	4	0
		总计	65	27
	团队责任心	引导进展	13	6
		汇报进展	0	7
		分配任务	0	7
		询问进展	0	1
		总计	13	21
	总计		175	193
总计			309	297

为了确保评价框架的一致性信度,由两名参加培训后的人员对话语进行编码。结果显示,编码的 Kappa 系数为 0.972,说明该编码框架具备良好的一致性信度。

在合作行为要素上,A 组成员的解释、分析反方观点与冲突原因以及提出替代解决方案等协商行为频率高于 B 组,话语示例如表 3-11 所示。合作表现与协商行为有关,这与前人的研究结果一致:有研究者采用了随机森林分类器的方法,探究各个合作要素对于合作效能的相对重要性,结果也发现,协商行为是预测合作效率和能力的最有力指标[①]。这一定程度上体现了本研究框架具备一定的结果效度,构建的行为指标与合作效果密切相关。

---

① Hao, J., Liu, L., Davier, A.V., Kyllonen, P., & Kitchen, C. (2016). Collaborative Problem Solving Skills versus Collaboration Outcomes: Findings from Statistical Analysis and Data Mining. In T. Barnes, M. Chi, & M. Feng (Eds.), *Proceedings of the 9th International Conference on Educational Data Mining, EDM 2016, Raleigh, North Carolina, USA, June 29 - July 2, 2016*: International Educational Data Mining Society (IEDMS), 135-156.

表 3-11　A 组协商话语行为示例

话　　语	合作要素编码
1. 这应该是独立样本 T 检验吧?	表达想法
2. 因为他说的是两个嘛,就相当于一个是合作模式,另一个是传统模式下,其实是两类学生对吧?	解释
3. 我个人倾向是配对样本 T 检验。	反驳
4. 一个是实行合作模式前,另一个是实行的合作模式后。	解释
5. 不是,如果两个学生,先经过了合作模式,再经过传统模式或者先经过传统模式,再经过合作模式,那个测验的那个准确性就没了,因为都经历了。	反驳
6. 配对的话都是这样子的呀,那都没准确性了?	反驳
7. 其实就是看学生是不是同一批,如果是同一批的话,就是配对,如果不是的话,那就是独立。	分析冲突原因
8. 他们不就是同一批吗,同一个中学的,然后是实行这个合作教学前不就是传统模式吗? 后的话就是合作模式了呀。这不就是前后吗?	解释
9. 你们的意思是就是:这批学生先经历了传统模式,再经历创新模式。然后,他刚经历完传统模式是什么样的,再经历那个创新合作模式是怎么样的,是这样意思?	确认理解
10. 因为我觉得他没有很明显的两类的东西,他只是说合作方式。	解释
11. 其实这样我感觉也有道理,就是如果我们不去进行这个创新的话,它可能一直进行的本来就是传统,但是它进行了这个创新,就相当于多了一个新的东西。就是你在进行这个创新之前测了一下,创新后又测了一下就相当于得到了传统和创新模式,是这个意思。	分析反方观点
12. 我觉得你们说的有道理,题目还有一句话是说正在考虑实行这个东西的。	改变观点
13. 那要不先写,然后有问题,要不然我再问下老师,然后老师再说完之后我们再去修改。	提出替代解决方案

根据观察数据,A 组的话语总量为 309,B 组的话语总量为 297,整体差异不大。然而,进一步分析发现,A 组的参与度比 B 组高,A 组比 B 组更善于提出建议,并能够为组员提供更多反馈,善于利用同伴帮助以及帮助他人。并且,A 组的观点采择行为更多,更频繁地基于同伴贡献表达自己的观点并解决问题,且更倾向于征求同伴意见。A 组的参与行为与观点采择行为如表 3-12 所示。这些行为表明,A 组的成员更具有团队合作的精神和技能。

表 3-12　A 组参与以及观点采择话语行为示例

话　　语	合作要素编码
1. 我们要先说犯错误率为 5% 的情况下,对应区间为多少吧。	提出建议
2. 对。	提供反馈
3. 就是置信区间为 1 减去 5% 等于 95%。	基于同伴贡献解决问题
4. 然后下面一步是,样本均值,如果是在这个区间内或者是不在这个区间内我们就可以接受或拒绝零假设。	提出建议
5. 是的。	提供反馈
6. 你可以把那个发出来吗? 我找不到那个怎么写了,发群里给我看一下。	请求帮助
7. 我先算吧,先把式子列出来。	提出建议
8. 要说出来样本均值。	基于同伴贡献提出建议
9. 再说均值在这个执行区间内。	基于同伴贡献提出建议
10. 我们就接受吗? 不拒绝。	提出建议
11. 不拒绝,不能说接受。	基于同伴贡献提出建议

然而,B 组的社交协调行为略高于 A 组。其中,B 组自我审视、交互记忆行为和团队责任心的频率较高,但 A 组的协商行为频率较高。这意味着,A 组的成员更加注重在共同的目标上进行讨论和协商,可能的原因是,A 组通过较少的信息交换,就高效地完成了共同心理模型的构建。这表明,A 组的成员更加专注于任务本身,注重高效地完成任务,但较少关注团队合作的进程。而 B 组的成员在团队内部的知识构建中花费更多的时间,更注重在维持团队的任务执行,其自我审视、交互记忆话语行为示例如表 3-13 所示。

表 3-13　B 组自我审视以及交互记忆话语行为示例

话　　语	合作要素编码
这里好像是要通过 t 值来算 p 值。	表达对任务的理解
这个 p 是后面那个吧?	向同伴提问
这个吧,显著性水平。	回答问题
等一下,我想问一下,那个数据收集的第二个为什么要后面还有家长和老师?	向同伴提问

(续表)

话　　语	合作要素编码
因为它是个量表,就是对学生进行侧面评估。	回答问题
哦,就是家长和老师对学生进行的评估。	确认理解
我们这样本是小样本吗?	向同伴提问
小样本小于30。	分享相关知识
我们的样本是上海某中学。	分享相关知识
那我们的样本不是小样本。	回答问题

问题2:两组合作行为的认知网络模式有何不同?

分别对A组和B组进行认知网络分析(Epistemic Network Analysis, ENA),以网络节点为合作问题解决能力要素,通过节点间的强度,表征复杂的合作行为要素间的联系,结果如图3-2所示。红色网络为A组,蓝色网络为B组。

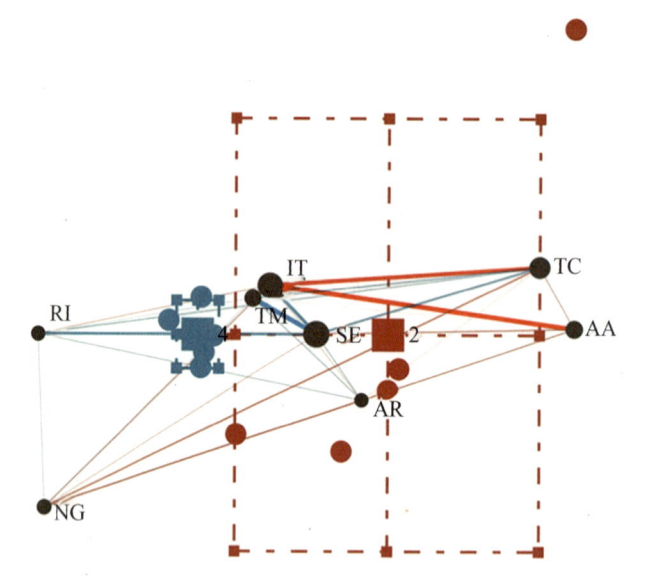

图3-2　A组和B组的认知网络分析

由上图可知,A组有一位离群者,且受众意识(AA)与互动(IT)间的联系更紧密:小组在互动过程中较多地考虑他人的想法。同时,互动(IT)与任务完成(TC)间的联系更紧密,说明小组成员提出建议时得到较多反馈。B组自我检视(SE)与互动(IT)间的联系更紧密,小组成员展现自身心理模型时得到较多反馈。交互记忆(TM)与自我检视(SE)间的联系更紧密,说明该小组成员的心理模型更依赖于相互构建。

A 组和 B 组的合作问题解决能力在不同方面上存在差异。为了提高 A 组和 B 组的合作问题解决能力,可以根据 A 组和 B 组在情境化测评中的表现,提出针对性的建议:A 组的团队成员可以通过共同制定团队目标、任务分工、进度安排等方式来提高团队责任感,加强团队合作意识。B 组可以通过更加高效的信息交流来减少自我审视的频率,提高协商的频率,从而更好地在共同的目标上进行讨论以完成任务。

三、需要改进的地方

第一,除了以个体为单位进行测评,评估团队合作问题解决能力也是一种重要的方式。在这种情况下,可以通过对整个团队的表现进行分析,来确定整个团队在合作任务中的表现。有研究者在合作学习社会认知监控策略分析中,把团队视频分为结构化的连续单元进行编码[1]。这种编码方式有助于揭示团队整体任务参与情况,包括任务进展、内容理解和社会认知挑战等方面。这种方法不仅可以帮助评估团队合作策略与能力,还可以为团队提供改进和优化的方向,帮助团队更好地完成任务。

第二,在团队合作中,小组成员之间的互动是至关重要的。团队成员之间是存在相互影响和依赖关系的,一个组员的发言或行动是否合适往往取决于上一个成员的发言或行动。因此,在评估团队表现时,某个计分点会受到先前计分点的影响。未来研究者可以通过滞后序列分析探讨团队成员的前后发言或行动与合作问题解决能力间的对应关系。

第三,未来需要进一步通过专家调查和认知访谈等方法对测评任务和行为编码表进行改进和优化。通过专家调查,研究者可以进一步获得专家对于各维度的重要性,以及各维度之间的区分度的看法,从而更好地评估团队成员之间的互动方式。同时,访谈参与的学生可以了解他们在完成小组合作学习任务过程中会有何种心理活动与认知过程,以及任务是否存在缺陷和不足,这将有助于完善测评任务和行为编码表。通过不断改进和优化测评任务和行为编码表,可以为团队合作研究提供更加精确和全面的评价方法。

第四,合作学习的评估需要考虑到多方面的因素。除了个体在协作学习活动中表现的行为,还需要考虑到人格特质和社交技巧[2],以及当时的情绪[3]、态度和动机[4]等因素。此外,从

---

[1] Näykki, P., Isohätälä, J., Järvelä, S., Pöysä-Tarhonen, J., & Häkkinen, P. (2017). Facilitating socio-cognitive and socio-emotional monitoring in collaborative learning with a regulation macro script-an exploratory study. *International Journal of Computer-Supported Collaborative Learning*, 12, 251-279.

[2] Morgeson, F. P., Reider, M. H., & Campion, M. A. (2005). Selecting individuals in team settings: The importance of social skills, personality characteristics, and teamwork knowledge. *Personnel Psychology*, 58(3), 583-611.

[3] Järvenoja, H., & Järvelä, S. (2009). Emotion control in collaborative learning situations: Do students regulate emotions evoked by social challenges? *The British journal of educational psychology*, 79(3), 463-481.

[4] Gomez, E. A., Wu, D., & Passerini, K. (2010). Computer-supported team-based learning: The impact of motivation, enjoyment and team contributions on learning outcomes. *Computers & Education*, 55(1), 378-390.

团队成员的构成来说,合作小组的团队规模、性别比例、角色分工以及小组成员的个人背景等因素也会影响个体在合作解决问题时的表现①。未来研究还需要考虑合作学习不同的脚本设计和任务类型对合作问题解决能力情境化测评的影响。脚本设计包括指向合作过程的宏脚本、支持对话的微脚本、针对角色功能的角色脚本等,这些脚本的设计对于学生的合作问题解决能力有着重要的影响。任务类型也是一个重要的考虑因素,达成共识任务、拼图任务和协商任务等不同类型的任务,对于学生的合作问题解决能力也有着不同的影响。因此,需要仔细考虑这些因素的影响,以便更加全面、客观地评价学生的合作问题解决能力。

本章小结　社会与情感能力情境测评的展望与挑战

与传统的问卷测评相比,采用情境测评所收集的数据更为丰富多样。情境测评可以帮助测评者更准确地了解学生在真实的情境中表现出来的能力和技能,从而更好地评估其社会与情感能力。

未来社会与情感能力的情境测评不仅可以关注文本交互、点击数据以及语音信息等单一模态数据,还可以使用多模态数据来对学生的社会与情感能力做出评估。比如,可以使用心理生理学和眼动追踪等技术,来获取学生的生理反应和视觉注意力等信息,从而更加全面地评估其社会与情感能力。这将有助于提高社会与情感能力的评价准确性和可靠性,为学生的发展和教育提供更加科学、有效的评估方法。

此外,虽然情境化测评在现阶段已经得到了广泛应用,但其评分仍然主要依赖于人工评分,这给研究者带来了巨大的工作量。面对面交流所收集到的质性数据需要耗费大量的时间和人力成本进行视音频数据的转录。同时,由于人工评分存在主观性的问题,这也大大限制了情境测评的广泛应用。因此,未来的发展需要研究如何更好地利用技术优势从这些海量的数据中客观推断受测者的社会与情感能力。近期,一些研究者已经开始采用机器学习的方法自动分析人们在情境中的非结构化文本数据。例如,卡内基梅隆大学开发的 LearnSphere 和 DANCE 工具可以处理中文文本,并用于对学生在真实情境中的讨论进行自动评分。通过这种方法,我们可以实时地监测学生的社会与情感能力,促进大规模、多情境的社会与情感能力评价,并针对性地进行智能干预。此外,自动化评分技术和机器学习等方法的应用还可以为情境测评提供更加全面和准确的评估指标,如情感分析、语言模型和网络分析等。这些技术可以帮助研究者更好地理解学生在不同情境下的行为

---

① Sun, C., Shute, V. J., Stewart, A. E. B., Beck-White, Q., Reinhardt, C. R., Zhou, G., ... D'Mello, S. K. (2022). The relationship between collaborative problem solving behaviors and solution outcomes in a game-based learning environment. *Computers in Human Behavior*, 128, 107–120.

和表现,通过建立大规模的数据集和开发更加精准的算法来解决数据质量和人工评分主观性等问题,更加准确地评估其社会与情感能力,为情境测评的广泛应用提供更加可靠、有效的技术支持。

同时,在教学实践中,仍缺乏测量社会与情感能力的情境化测评工具。当前世界各国的教育体系中,课程与教学改革注重开展综合教学活动例如项目化学习、探究式学习,其目标之一是创设真实问题情境培养社会与情感能力。社会与情感能力的培养是具体每一节课要完成的教学的目标。但是,缺乏社会与情感能力在课堂情境中的测评工具,使得一线教师难以有效把握学生社会与情感能力的现状,无法针对性地调整教学策略,难以发挥新型教学模式对培养学生社会与情感能力的优势。

在真实的课堂情境中,如何寻找社会与情感能力的证据,设计社会与情感能力的评估指标,成为了一个关键问题。教师需要采集学生社会与情感能力在课堂的表现,结合课堂实际过程的社会与情感能力评价。例如,观察学生在小组合作中的表现,能否有效地沟通、协作完成任务,是否能够妥善处理冲突等,这些都是评估学生社会与情感能力的有效指标。同时,也需要深入分析哪些较好的行为是社会与情感能力的表现,哪些行为不利于社会与情感能力的发展,对这些表现行为提出改进的建议等。这样,教师才能更加准确地了解学生社会与情感能力的现状,为学生提供个性化的发展方向和指导,并且也能够在实践中推动教育教学改革,促进学生社会与情感能力的全面发展。

附录

A：基于真实课堂情境的合作问题解决能力测评框架

维度	要素	行为指标	例子
参与	**任务完成**(Task completion, TC) 通过反复尝试或采取多种策略坚持完成任务	提出建议	"这应该是用 z 分布吧"
	互动(Interaction, IT) 在交流时对问题做出回应，并互帮互助	提供反馈	"好""可以""行"
		请求帮助	"你可以把那个发出来吗？"
		协助同伴	"嗯"
观点采择	**适应性回应**(Adaptive responsiveness, AR) 对同伴的观点做出回应，吸取同伴的想法来提出可能的解决方案	基于同伴贡献解决问题	"这应该是用 z""对应该是。因为它有那个标准误嘛"
		基于同伴贡献提出建议	
		基于同伴贡献提出问题	
		基于同伴贡献表达对任务的理解	
		补充同伴观点	"加减""1.96 个标准差"
	受众意识(Audience awareness, AA) 表达或行动时考虑他人的感受或建议	征求他人意见	"你们上个题看了吗？觉得可以不？"
社会调节	**自我检视**(Self evaluation, SE) 展现自身的心理模型	表达对任务的理解	"第一题好像不用 SPSS"
		分享相关知识	"一类是 H0 是对的，但是以为是错的"
		回答问题	"我想问一下那个数据收集为什么还有家长和老师？" "就是对他进行侧面评估。"
	交互记忆(Transactive memory, TM) 获取他人的心理模型	确认理解	"这个是 t 检验是吧"
		提及同伴贡献	"我知道他的意思就是…"
		向同伴提问	"我想问一下那个数据收集为什么还有家长和老师？"

(续表)

维度	要素	行为指标	例子
	协商(Negotiation, NG) 能够对分歧做出评论,试图达成共识,解决分歧	反驳	"但如果我们算 z 值的话,就不是置信区间的那套逻辑了"
		解释	"因为我们算 z 它其实是那个标准正态分布的。这里的话就那个值应该就要用那个整体样本来算"
		分析反方观点	"其实这样也我感觉也有道理,就是如果我们不去进行这个创新的话,它可能一直进行的本来就是传统,但是它进行了这个创新,就是你在进行这个创新之前测了一下"
		分析冲突原因	"其实就是看他学生是不是同一批,如果他是同一批的话,就是配对,如果他不是的话,那就是独立"
		改变观点	"对,那就不要了吧"
		提出替代解决方案	"那要不先写,然后有问题再问下老师,然后老师说完之后我们再去修改"
	团队责任心(Responsibility initiative, RI) 完成活动并向他人汇报活动的进展,承担团队责任,拥有"我们"意识	确认结果	"已经差不多了"
		引导进展	"那我们看第四题了"
		汇报进展	"我找到了"
		分配任务	"我截一下图,你们放一下"
		询问进展	"差什么没写呀"

B:合作学习任务

一、某心理学家认为一般汽车司机的视觉反应时间平均为 175 ms,于是他随机抽取 36 名汽车司机作为研究样本进行了测定,结果均值为 180 ms,标准差为 25 ms。

1. 我们想要根据样本验证心理学家的结论是否正确,请写出需要证明的原假设和备择假设。

2. 样本均值的标准误是多少?

3. 能否根据测试样本结果否定该心理学家的结论(假定人的视觉反应时间符合正态分布,设置显著性水平为 0.05)?

4. 在任何检验中,有两类可能的错误。请对上述假设进行决策可能产生的两类错误进行描述。

二、现在教育部越来越强调考评学生不仅要关注学生的学习成绩,更要注重培养学生的社会与情感能力,但究竟如何培养,教育工作者们正在积极探索。上海某中学正在考虑实行一种创新型的合作教学模式。该校将做一项实验来测试创新型的合作教学模式和传统教学模式下学生的社会与情感能力有无差异。请在最后的表中完成以下四个问题的阐述。

1. 你的假设是什么?
2. 你需要收集什么样的数据?
3. 请写出假设检验的基本步骤。
4. 解释结果。

	日常语言(描述)	统计语言(公式符号)
零假设		
备择假设		
数据收集(数据的类型) 数据分析(假设检验的基本步骤)		
结果: 如果　　　则不拒绝 H0 　　　　如果　　　则拒绝 H0		
结论:任选一种结果解释		

第四章　游戏化测评：趣味中见证多维素养

社会与情感能力是顺应现实生活和工作的需求而产生的，但目前传统测评仍无法支持这类需求，即传统评估中出现的问题通常是明确定义和结构化的，而现实生活中有关社会与情感能力的问题往往是复杂且非结构化的。除了前文所述的情境化测评，研究者在高速发展的科学技术的基础上逐渐探索出了另一条可行的解决思路，即通过精心设计的数字游戏来模拟甚至超越现实世界，来评估和发展人们所需的社会与情感能力。

长期以来，发展心理学一直认为游戏是最合适的学习形式之一。儿童在拥有完全的心理理论之前就很好地参与了"假装游戏"[①]，许多研究人员认为，游戏对儿童的认知、身体、社会和情绪发展有重要作用[②]。皮亚杰（Piaget）和维果茨基（Vygotsky）都认识到游戏对儿童发展的重要性，认为游戏有助于儿童的学习[③][④]。

游戏化测评早已广泛应用于人力资源领域，对于面试官来说，游戏化测评能够高效检验并筛选候选人是否符合他们要求的特质。对于候选人来说，游戏化测评操作更有意思且能避免偏见。目前研究者也正在尝试将游戏化测评扩展到学生的能力测量及培养领域。如何设计、开发和验证游戏化测评（Game-Based Assessment, GBA），以衡量学生的社会与情感能力？游戏化测评在社会与情感能力评估中具备怎样的优势？怎样从编制框架、证据的选取到信效度的验证等设计一个完整的游戏化测评？以上问题都可以在本章内容中找到答案。游戏化测评固然有其优势，然而任何测评方法都有其两面性，复杂数据的处理、有效性的威胁以及开

[①] Flavell, J. H., Flavell, E. R., & Green, F. L. (1987). Young children's knowledge about the apparent-real and pretend-real distinctions. *Developmental Psychology*, 23(6), 816.

[②] Lillard, A.S., Lerner, M.D., Hopkins, E.J., Dore, R.A., Smith, E.D., & Palmquist, C.M. (2013). The impact of pretend play on children's development: a review of the evidence. *Psychological Bulletin*, 139(1), 1.

[③] Piaget, J. (1962). *Play, dreams, and imitation in childhood*. New York, NY: W.W. Norton.

[④] Vygotsky, L.S. (1967). Play and its role in the mental development of the child. *Soviet Psychology*, 5(3), 6–18.

发中的人员配合都是在游戏化测评的开发和使用中无法避免的局限。这些局限一部分是出于游戏化这一形式本身等非人为因素，还有很大一部分是出于现今游戏化测评的发展水平的限制，例如游戏制作技术不成熟、开发成本无法满足实际需要和团队设置不完善等。总之，游戏化测评方兴未艾、蓄势待发，希望这篇章节所述内容能为后续的研究提供有价值的参考，以早日实现让学生在游戏中检测，在游戏中收获，在游戏中成长。

第一节 不仅仅是形式：什么是游戏化测评

发展心理学领域对早期童年经验的研究早已揭示了游戏在个人成长中扮演的重要作用，认识到游戏不仅是最自然的学习方式，而且是认知发展的核心机制。人们往往只注意到游戏的娱乐属性，但忽视了同样重要的是游戏创造的教育价值。萨伦（Salen）和齐默尔曼（Zimmerman）将游戏的空间视为一个魔法圈，认为其有自己的一套规则、价值观和逻辑[①]。在这个"魔法圈"中，游戏提供的虚拟情境不仅可以作为一种有效的学习工具，也可以作为一种测评的工具。在第一章中曾提到传统报告法的局限性，如信效度、社会称许效应、错误理解等问题，而游戏化测评作为一个飞速发展的测量领域，其对于解决社会与情感能力测评传统报告法这方面的问题有很大的优势，但同时也存在一系列其他的挑战和问题。在探讨社会与情感能力的游戏化测评之前，本部分首先将就游戏之于教育而言的发展进行历史性回溯，然后阐述游戏化测评的定义、内涵及它测评社会与情感能力的适用性。

一、从游戏到游戏化学习

尽管游戏很容易识别，但它很难定义。理论界对游戏的定义并没有达成一致，但大部分研究者认为游戏具有以下特征：(1)游戏是基于规则的，遵循明确定义的游戏规则；(2)游戏是响应性的，玩家采取行动，游戏能够提供系统反馈和响应；(3)游戏具有挑战性，包括具有不确定性这样的元素；(4)游戏中的进展通常是累积的，现在的游戏水平能够反映之前的游戏行为；(5)游戏对大部分人来说都是极具吸引力的，能够吸引玩家参与[②]。

游戏的吸引力作为一种娱乐的特征可能是大众对游戏最为普遍和直接的印象，电子游戏在 20 世纪 70 年代和 80 年代初获得了前所未有的成功，紧接着是家用游戏机和各种街机游戏陆续兴起。但是与任何新技术一样，人们对使用电子游戏作为研究工具以及研究电子游戏本身的影响都很感兴趣，许多研究从心理学的视角对游戏进行了深入的分析。例如马隆

[①] Salen, K., & Zimmerman, E. (2004). *Rules of Play: game design fundamentals.* Cambridge.
[②] Mayer, R.E. (2014). *Computer games for learning: An evidence-based approach.* Cambridge, MA: MIT Press.

第四章　游戏化测评:趣味中见证多维素养

(Malone)提出了激励游戏理论,描述了是什么使电子游戏具有高度的激励性和趣味性[1]。洛夫特斯(Loftus)等人从强化理论分析了游戏中的玩家行为以及从信息处理理论的角度分析了电子游戏如何支持学习[2]。

2005年左右,互联网的发展为电子游戏带来了新的前景,大型多人在线(Massive Multiplayer Online Game, MMO)游戏的出现让诸多教育工作者意识到将游戏应用到教育中是可能且有效的。研究证明MMO能够提高公民教育的参与度[3],有利于第二语言的学习[4]。这类游戏也为发展团队合作、解决问题、创造力和沟通等复杂的社会与情感能力提供机会。例如,知名网游"魔兽世界"(该网游目前已退出中国市场)作为最经典的MMO游戏之一,已被证明涉及一系列可以帮助玩家发展这些能力的活动[5]。尽管人们也会担忧视频游戏有时会包含暴力、性或不道德的内容而带来不良影响,但对电子游戏潜在积极影响的兴趣仍在继续增长。各大软件公司也陆续发布了一些流行游戏的教育版,如"刺客信条:起源-探索模式、我的世界"。

游戏的非娱乐特征逐渐被人们发掘并重视,有学者提出"严肃游戏"(Serious Game)的概念。具体是指,游戏的目的不是娱乐玩家,而是通过娱乐的形式将游戏用于培训、教育、卫生、公共政策等战略目标[6]。游戏的理性认识被人们深入挖掘,其被定义为是基于一套商定的规则和约束[7],并且通常是一个指向具体挑战目标的交互活动[8]。此外,游戏持续提供反馈——无论是作为分数还是作为游戏本身的变化,这使玩家能够监控自身并朝着目标前进[9]。值得注意的是,游戏既包括电子游戏,也包括非电子游戏(如棋类运动),但由于计算机技术的迅猛发展及其对研究的便利性,目前人们对前者更感兴趣,有关严肃游戏的研究主要以电子游戏为主。并且随着计算机技术的发展,近年来关于游戏化学习(Game-Based Learning, GBL)的研究也是越来越火热。

二、游戏如何支持学习和能力增长

GBL可以被认为是游戏和学习联系最紧密的领域之一,这是一种创新的学习方法,通过

---

[1] Malone, T.W. (1981). Toward a theory of intrinsically motivating instruction. *Cognitive Science*, 5(4), 333–369.
[2] Loftus, G.R., & Loftus, E.F. (1983). *Mind at play: The psychology of video games*. Basic Books, Inc..
[3] Curry, K. (2010). Warcraft and civic education: MMORPGs as participatory cultures and how teachers can use them to improve civic education. *The Social Studies*, 101(6), 250–253.
[4] Thorne, S.L. (2008). Transcultural communication in open internet environments and massively multiplayer online games. In S. Magnan (Ed.), *Mediating discourse online* (pp. 305–327). Amsterdam, Netherlands: John Benjamins.
[5] Steinkuehler, C. (2008). Massively multiplayer online games as an educational technology: An outline for research. *Educational technology*, 10–21.
[6] Zyda, M. (2005). From visual simulation to virtual reality to games. *Computer*, 38(9), 25–32.
[7] Garris, R., Ahlers, R., & Driskell, J.E. (2002). Games, motivation, and learning: A research and practice model. *Simulation & gaming*, 33(4), 441–467.
[8] Malone, T.W. (1981). Toward a theory of intrinsically motivating instruction. *Cognitive Science*, 5(4), 333–369.
[9] Prensky, M. (2003). Digital game-based learning. *Computers in Entertainment (CIE)*, 1(1), 21–21.

开发针对特定学习目标、体验和结果的游戏,能够提供身临其境和有吸引力的学习体验[1]。目前,游戏化学习(GBL)已经成功地应用于各种学校科目的不同领域。许多游戏和教育应用程序专注于科学和数学主题,例如有研究发现,学龄前儿童的积木游戏可以预测其之后在数学方面的学术成就[2]。玩积木、拼图和形状游戏等空间玩具有助于空间能力的发展,并与入学准备有关,尤其是在 STEM 领域[3]。德夫林(Devlin)认为,从书本上学习数学应主要关注掌握能力,而不是概念,反而会抑制学习者发展数学思维的能力[4]。然而,电子游戏因将数学学习置于应用情境中,为数学学习提供了理想的环境,使学习者更容易理解数学概念及其应用场景。换句话说,电子游戏可以赋予学习数学的意义,这会激励玩家发展掌握能力,从而在游戏中取得成功。

游戏也被用于人文、艺术和语言的学习中。文明系列游戏是在玩家中享有盛名的历史模拟类游戏,其被用于教授社会和历史学科[5][6]。在语言学习中,对于二语学习者来说,在练习或游戏的情境下使用第二语言,这可以为学习语言时犯错误提供一种所谓的"安全空间"[7]。例如,玩家可以加入 MMO 游戏服务器,在高度专注游戏的同时,通过游戏学习第二语言。游戏的内容不仅是用第二语言呈现的,与其他玩家的现场聊天也是通过第二语言[8]。

甚至有研究通过游戏直接干预与教育相关的认知能力。一系列研究表明,射击类游戏(即第一人称和第三人称射击游戏)可以增强各种感知和认知功能,包括与学习相关的能力[9][10]。例如,格林(Green)和巴韦利埃(Bavelier)首次证明,经常玩动作电子游戏的参与者在视觉空间注意力的许多测量方面表现明显更好[11]。近年的一项研究中,研究者开发了一款游

---

[1] De Freitas, S. (2006). Learning in immersive worlds: A review of game-based learning.
[2] Wolfgang, C. H., Stannard, L. L., & Jones, I. (2001). Block play performance among preschoolers as a predictor of later school achievement in mathematics. *Journal of Research in Childhood Education*, 15(2), 173-180.
[3] Verdine, B. N., Golinkoff, R. M., Hirsh-Pasek, K., & Newcombe, N. S. (2014). Finding the missing piece: Blocks, puzzles, and shapes fuel school readiness. *Trends in Neuroscience and Education*, 3(1), 7-13.
[4] Devlin, K. (2011). *Mathematics education for a new era: Video games as a medium for learning*. CRC Press.
[5] Pagnotti, J., & Russell III, W. B. (2012). Using Civilization IV to engage students in world history content. *The Social Studies*, 103(1), 39-48.
[6] Squire, K. D. (2004). *Replaying history: Learning world history through playing "Civilization III"*. Indiana University.
[7] Broner, M. A., & Tarone, E. E. (2001). Is it fun? Language play in a fifth-grade Spanish immersion classroom. *The Modern Language Journal*, 85(3), 363-379.
[8] Thorne, S. L. (2008). Transcultural communication in open internet environments and massively multiplayer online games. In S. Magnan (Ed.), *Mediating discourse online*. Amsterdam, Netherlands: John Benjamins, 305-327.
[9] Bavelier, D., Green, C. S., Pouget, A., & Schrater, P. (2012). Brain plasticity through the life span: learning to learn and action video games. *Annual Review of Neuroscience*, 35, 391-416.
[10] Bediou, B., Adams, D. M., Mayer, R. E., Tipton, E., Green, C. S., & Bavelier, D. (2018). Meta-analysis of action video game impact on perceptual, attentional, and cognitive skills. *Psychological Bulletin*, 144(1), 77.
[11] Green, C. S., & Bavelier, D. (2006). Effect of action video games on the spatial distribution of visuospatial attention. *Journal of experimental psychology: Human perception and performance*, 32(6), 1465.

戏(*The Alien Game*),这是一款专门为训练执行功能而开发的电子游戏[①]。为了评估执行功能的变化,该研究在干预前后进行了2个经典的衡量执行功能的任务:维度变化卡片排序(the Dimensional Change Card Sort, DCCS)任务和Flanker任务。

在DCCS中,计算机向儿童展示了一系列图像,这些图像会在颜色和形状两个维度上变化。学生们首先被要求根据一个维度(例如颜色)进行分类。例如,如果显示一张蓝色船的图像,他们必须按键将图像放在"蓝色"框中。然后规则发生了变化,学生们必须根据其他维度(例如形状)进行排序。例如,蓝色的船现在必须被分类到"船"框中,而不考虑颜色。通常执行功能越强的学生,越能快速适应规则的切换。

在Flanker任务中,学生们必须指出出现在屏幕中心的项目是朝右还是朝左(对于年龄较小的儿童,项目是鱼,而对于年龄较大的儿童,项目是箭头)。而潜在的干扰物,即类似的刺激会出现在目标刺激的两侧。两侧的刺激要么是与中心项目方向一致的(即鱼或箭头的朝向和中心项目相同),要么是不一致的(方向相反)。通常执行功能越强的学生,越能抑制两侧不一致刺激的干扰。对于这两项任务,评分时都会考虑准确性和反应时间。这两项任务都针对儿童早期至成年晚期进行了规范化,并被证明具有良好的可靠性和有效性[②]。

这项研究的干预措施是*The Alien Game*这款游戏,这是由发展心理学家和游戏设计师合作开发的数字游戏。该游戏被设计为具有与DCCS类似的认知要求,特别是要求玩家在越来越复杂的排序规则之间不断切换。在游戏中,饥饿或口渴的外星人需要获得食物和饮料。外星人在两个维度上发生变化:眼睛的颜色和数量。在每一关之前,玩家都会得到特定的规则,规定哪个外星人需要哪种食物或饮料。例如,蓝色的外星人饿了需要食物,红色的外星人渴了需要饮料。完成一个关卡后,规则颠倒(即蓝色外星人口渴,红色外星人饥饿)。随着游戏级别的提高,规则变得越来越复杂,包括复合的规则(例如,独眼红色外星人和两只眼睛蓝色外星人口渴)。在游戏中,不同的外星人出现在屏幕的顶部,并向底部飞去。玩家必须使用位于屏幕底部的"食物枪"在每个外星人到达屏幕底部之前向其射击正确的物品(根据当前的规则)。如果成功,外星人会变得高兴,玩家会得到分数;否则,如果外星人到达屏幕底部或被给予错误的食物,它会变得悲伤/愤怒,并且玩家失去分数。玩家会立即得到他们行动的反馈,能够看到他们的总体得分,并能看到总体的"外星人的幸福感"(见图4-1)。随着级别的提高,难度会增加。在更高的级别中,规则变得更加复杂,涉及更多的变化,并且玩家需要更快

[①] Homer, B. D., Plass, J. L., Raffaele, C., Ober, T. M., & Ali, A. (2018). Improving high school students' executive functions through digital game play. *Computers & Education*, 117, 50–58.

[②] Zelazo, P. D., Anderson, J. E., Richler, J., Wallner-Allen, K., Beaumont, J. L., & Weintraub, S. (2013). II. NIH toolbox cognition battery (CB): *Measuring executive function and attention. Monographs of the Society for Research in Child Development*, 78(4).

图 4-1 干预措施游戏截图

的反应时间,因为外星人会以更快的速度坠落。

干预持续六周,每周 20 分钟,该干预显著提高了高中生在执行功能任务上的表现。另一项研究中,Parong 等人在 2017 年发现,与对照组相比,大学生在四节课上玩了两个小时游戏后,其在执行功能的转换能力方面有显著提高[1]。

在非认知能力上,有研究开发了针对社会与情感能力的游戏化测评和干预项目——Zoo U(该项目会在后续的案例部分详细描述),通过让参与者在游戏情境中表现出参与解决社会问题的能力和批判性思维,对六种社会与情感能力进行基于表现的评估[2]。之前也有提到的 MMO 游戏,比如魔兽世界,可以帮助玩家发展一系列社会与情感能力[3]。比较近的一篇关于 GBL 和 21 世纪能力的综述表明,基于游戏的学习方法可能会有效地促进学生 21 世纪能力的发展[4]。

三、游戏化测评的定义和分类

随着 GBL 的不断发展,了解学习者在这些环境中做什么的需求也在不断发展。尤其是随着 GBL 涉及的领域逐渐扩大,学习和游戏本身也越来越复杂,收集这样的学习结果数据变得势在必行。此外,许多人认为,这些环境提供了一个巨大的机会,即可以收集各种维度的关键

---

[1] Parong, J., Mayer, R.E., Fiorella, L., MacNamara, A., Homer, B.D., & Plass, J.L. (2017). Learning executive function skills by playing focused video games. *Contemporary Educational Psychology*, 51, 141-151.

[2] DeRosier, M.E., Craig, A.B., & Sanchez, R.P. (2012). Zoo U: A stealth approach to social skills assessment in schools. *Advances in Human-Computer Interaction*, 22, 22.

[3] Steinkuehler, C. (2008). Massively multiplayer online games as an educational technology: An outline for research. *Educational Technology*, 10-21.

[4] Qian, M., & Clark, K.R. (2016). Game-based Learning and 21st century skills: A review of recent research. *Computers in Human Behavior*, 63, 50-58.

第四章 游戏化测评:趣味中见证多维素养

数据,特别是传统测评上无法很好评估的元素,如"协作问题解决能力"和"系统思维"。因此,游戏情境不仅可以用于支持学习,也可以用于衡量学习[1][2],即可以通过游戏引出游戏者目标能力的证据[3]。

这样一种新的测验方式被称为游戏化测评(GBA)。近年来,随着严肃游戏领域的深入,有关 GBA 的研究越来越丰富,其本质是通过一种预先设计好的游戏来衡量学习者获得相关知识的程度或目前具备的某种能力水平,并作为一种工具起到支持学习过程和实现教育目标的作用。

目前可以肯定的是,GBL 和 GBA 不是一回事。有些基于游戏的学习工具不收集数据,也不一定能适应或响应学习者的需求。还有一些类似游戏的环境被设计成测评,但在游戏中几乎没有学习。不过,这一领域的开发者普遍认为,这两者之间是有重叠的,测评能够促进最终的学习[4]。

在过去的十几年里,人们对使用游戏作为测评工具的兴趣和努力都有了巨大的增长,最近的一篇关于 GBA 的综述提到,有关 GBA 的文献逐年增多,并且 GBA 应用最频繁的领域是 K-16 教育[5],因为儿童和青少年是受到游戏影响的主要群体之一,例如 Glasslab 在商业游戏 *SimCity* 中加入测评,创建了 *SimCityEDU*,评估学生的科学、语言、艺术、批判性思维和系统建模。虽然 GBA 目前主要在教育中被应用,但在其他领域下也具有巨大的潜力。在工作领域,有研究已经开始探讨在招聘员工和选拔过程中加入游戏[6]。在医疗领域中,也有少量 GBA 的使用,例如通过创建一个虚拟环境进行精确和完整的认知评估,从而帮助治疗阿尔茨海默病[7]。

与 GBL 类似,GBA 也主要涉及评估 STEM 以及人文社会科学相关内容。这是因为许多研究都是在学校进行的,因此游戏目的自然也和学校比较关注的学科内容紧密相关,例如利

---

[1] Delacruz, G.C., Chung, G.K., & Baker, E.L. (2010). Validity Evidence for Games as Assessment Environments. CRESST Report 773. *National Center for Research on Evaluation, Standards, and Student Testing (CRESST)*.

[2] Shute, V.J., Leighton, J.P., Jang, E.E., & Chu, M.W. (2016). Advances in the science of assessment. *Educational Assessment*, 21(1), 34–59.

[3] Mislevy, R.J., Behrens, J.T., Dicerbo, K.E., Frezzo, D.C., & West, P. (2012). Three things game designers need to know about assessment. *Assessment in game-based learning: Foundations, innovations, and perspectives*, 59–81.

[4] Groff, J., Clarke-Midura, J., Owen, V.E., Rosenheck, L., & Beall, M. (2015). Better learning in games: A balanced design lens for a new generation of learning games.

[5] Gomez, M.J., Ruipérez-Valiente, J.A., & Clemente, F.J.G. (2022). A Systematic Literature Review of Game-based Assessment Studies: Trends and Challenges. *IEEE Transactions on Learning Technologies*.

[6] Nikolaou, I., Georgiou, K., & Kotsasarlidou, V. (2019). Exploring the relationship of a gamified assessment with performance. *The Spanish Journal of Psychology*, 22, E6.

[7] Vallejo, V., Wyss, P., Rampa, L., Mitache, A.V., Müri, R.M., Mosimann, U.P., & Nef, T. (2017). Evaluation of a novel Serious Game based assessment tool for patients with Alzheimer's disease. *PLoS One*, 12(5), e0175999.

用 GBA 测评和帮助学习物理学和生物学[①][②]。也有一些研究侧重于发展和衡量认知能力，目前尚缺乏对游戏情境中社会与情感能力的研究，如创造力和批判性思维[③]。

游戏化测评目前还处于快速发展的阶段，如果按照游戏模式进行分类，有学者将其分为4类（如表4-1所示）[④]。其中包括：(1)目标游戏(Targeted Games)，指针对某个领域甚至一项能力的单独应用程序；(2)线性游戏(Linear Games)，围绕一条故事线展开并解决一系列递进的问题；(3)沙盒游戏(Sandbox Games)，能够为玩家提供工具，利用游戏规则来构建游戏中的项目或成果；(4)虚拟世界游戏(Virtual Game Worlds)，让玩家参与问题和任务。这些问题和任务通常包含一系列主题（例如基于具体问题的任务，要求学习者/玩家使用生物学、数学、

表4-1 游戏化测评的游戏类型

游戏类型	例子	
	教育目的	商业目的
目标游戏 针对某个领域的某个技能或方面的单个应用程序。 支持对离散事实、技能和知识的学习和评估，例如"物理知识"。	Supercharged！ Newton's Playground	Angry Birds
线性游戏 围绕一条故事线展开并解决一系列递进的问题 支持基础技能概念的学习和评估，如"代数思维"。	Lure of the Labyrinth	Ninja Garden
沙盒游戏 玩家使用游戏内工具和环境来构建项目或结果。 支持各种各样的技能和能力，这取决于游戏的设计和应用，包括"系统思维"和"协作"。	Minecraft SimCityEDU	Civilization SimCity
虚拟世界游戏 玩家参与的问题和任务往往融合了一系列的主题。 最能支持多种技能和能力，具体取决于游戏的设计和应用，包括"批判性思维"和"协作解决问题"。	Quest Atlantis The Radix Endeavor	World of Warcraft

---

① Shute, V. J., Ventura, M., & Kim, Y. J. (2013). Assessment and learning of qualitative physics in newton's playground. *The Journal of Educational Research*, 106(6), 423-430.

② Conrad, S., Clarke-Midura, J., & Klopfer, E. (2014). A framework for structuring learning assessment in a massively multiplayer online educational game: Experiment centered design. *International Journal of Game-Based Learning (IJGBL)*, 4(1), 37-59.

③ Hussein, M. H., Ow, S. H., Elaish, M. M., & Jensen, E. O. (2022). Digital game-based learning in K-12 mathematics education: a systematic literature review. *Education and Information Technologies*, 1-33.

④ Groff, J. S. (2018). The potentials of game-based environments for integrated, immersive learning data. *European Journal of Education*, 53(2), 188-201.

第四章 游戏化测评:趣味中见证多维素养

数据分析等方面的知识)。值得注意的是,有许多商用游戏虽然是为娱乐而设计的,但也可以在课堂上被用作教学工具,包括上面提到的文明系列游戏、魔兽世界和刺客信条等。

从游戏视角还有一种分类方式,就是根据游戏所运行的平台。游戏化测评目前主流还是运行在 PC 上,移动端(如智能手机和平板设备)已经有一些关于游戏化学习的研究,但专门对于游戏化测评的研究还较少[①]。虚拟现实(Virtual Reality, VR)和增强现实(Augmented Reality, AR)或许是下一个潮流,随着技术的进步人们对 VR 和 AR 应用于教育的兴趣越来越浓厚;然而,这方面的应用近年来有些遇冷,其成本和应用前景并不明朗,目前还需要更多的研究来探索如何充分利用 VR 和 AR 的可行性[②]。

米斯勒维(Mislevy)等人在 2014 年从测评形式出发对 GBA 进行了分类,认为目前存在三种游戏化测评的形式[③]。第一种是游戏外测评,游戏本身是为了探索、游玩、学习和解决问题,测评是基于游戏外部的证据或成果,如学生的最终解决方案、展示和自我报告等,由评分者判断产品的质量。第二种是游戏内测评,测评基于的证据或产品位于游戏内部,例如预先编程为游戏内容的测评项目或者游戏内部从简单到复杂的游戏任务,由玩家在游戏中输入。第三种是在更复杂和互动性强的游戏中捕获玩家在整个游戏过程中生成的数据流(例如日志文件),玩家可以选择如何在游戏空间中移动、调查情况和实现目标,任何玩家的输入都可以为理解玩家的策略使用和能力水平提供证据,这些大量的输入被用作识别和评分证据以成为评估的基础。然而,识别和解释这些大量和复杂的数据对测评设计者和教育工作者来说是一个令人兴奋的挑战,研究者可能需要创建专门的评分算法。

在本章所讲述的关于社会与情感能力的游戏化测评中,内容主要是涉及第二种和第三种,即游戏内部的测评,因为该形式更能够测评社会与情感能力。

四、游戏化测评和社会与情感能力

相比传统测评,游戏化测评依托游戏情境,从而为测评社会与情感能力带来优势,具体可以概括为三个方面:发展性、生态性和交互动态性,这三个方面可以帮助 GBA 充分展现社会与情感能力的全貌,但如何实现这些优势也是测评不得不面对的挑战。

1. 发展性:使获得连续数据流成为可能

首先,学生在游戏过程中的互动会被记录并转录为相互关联的数据流,每个数据点都为

[①] Troussas, C., Krouska, A., & Sgouropoulou, C. (2020). Collaboration and fuzzy-modeled personalization for mobile game-based learning in higher education. *Computers & Education*, 144.

[②] Akçayır, M., & Akçayır, G. (2017). Advantages and challenges associated with augmented reality for education: A systematic review of the literature. *Educational Research Review*, 20, 1–11.

[③] Mislevy, R. J., Oranje, A., Bauer, M. I., von Davier, A. A., & Hao, J. (2014). *Psychometric considerations in game-based assessment*. GlassLabGames.

学习提供了具体的证据①②。GBA 可以提供基于连续数据流的持续评估,而不是以标准化测试为特征的离散数据。因此,通过 GBA,教育工作者可以监测学生个体内部能力随时间的进展③。

大多数评估都假设被评估者的能力在观察过程中是恒定的,并使用体现这一假设的测量模型。然而,在 GBA 中,对于测量能力不会发生变化的传统印象必须要改变,因为基于情境的测评方式可能会导致能力随着时间的推移而变化。上文也提到,游戏化测评和干预的界限并不是绝对清晰,从建构主义的视角来看,游戏化测评的情境无疑给参与者提供了主动建构自己经验的过程,学习中个体会和环境相互作用。一个明显的例子是 Zoo U 项目,它既是一个测评社会与情感能力的游戏项目,同时也能促进社会与情感能力的培养④。

一个测评项目如果具有干预效果可能会给测评本身带来一些滞后的测量误差。对测评来说,为了防止目标变量的估计值滞后于当前的真实值,一个解决思路是采取更复杂的模型对数据进行处理,例如使用动态贝叶斯网络或其他模型进行分析,丁等(Ting、Phon Amnuaisuk 和 Chong)于 2018 年在他们物理学习的探索性学习环境中具体阐述了动态贝叶斯网络⑤。另一个解决思路是更新使用的模型,或者将数据的权重按照时间发展进行增加来重新估计,阶段性地迭代游戏化测评的模型。

事实上,游戏化测评中最常用的统计模型之一就是贝叶斯网络(Bayesian Network,BN)⑥⑦,其中 BN 是一种概率图形模型,通过对依赖于不可观测变量的可观测指标进行操作化定义,将其作为心理测量模型进行应用⑧。BN 通过不可观测变量和可观测指标之间统计关系的图形表示来生成学生能力的条件概率。此外,BN 可以动态更新关于学生能力的表现,因

---

① DiCerbo, K., Shute, V. J., & Kim, Y. J. (2017). The future of assessment in technology rich environments: Psychometric considerations. In J. M. Spector, B. Lockee, & M. Childress (Eds.), *Learning, design, and technology: An international compendium of theory, research, practice, and policy*. New York, NY: Springer, 1 - 21.
② Levy, R. (2019). Dynamic Bayesian network modeling of game-based diagnostic assessments. *Multivariate Behavioral Research*, 54(6), 771 - 794.
③ Shute, V. J., Leighton, J. P., Jang, E. E., & Chu, M. W. (2016). Advances in the science of assessment. *Educational Assessment*, 21(1), 34 - 59.
④ Craig, A. B., Brown, E. R., Upright, J., & DeRosier, M. E. (2016). Enhancing children's social emotional functioning through virtual game-based delivery of social skills training. *Journal of Child and Family Studies*, 25, 959 - 968.
⑤ Ting, C. Y., Phon-Amnuaisuk, S., & Chong, Y. K. (2008). Modeling and intervening across time in scientific inquiry exploratory learning environment. *Journal of Educational Technology & Society*, 11(3), 239 - 258.
⑥ de Klerk, S., Veldkamp, B. P., & Eggen, T. J. (2015). Psychometric analysis of the performance data of simulation-based assessment: A systematic review and a Bayesian network example. *Computers & Education*, 85, 23 - 34.
⑦ Mislevy, R. J., Oranje, A., Bauer, M. I., von Davier, A. A., & Hao, J. (2014). *Psychometric considerations in game-based assessment*. GlassLabGames.
⑧ Almond, R. G., & Mislevy, R. J. (1999). Graphical models and computerized adaptive testing. *Applied Psychological Measurement*, 23(3), 223 - 237.

此可以跨时间生成实时数据,从而形成学习进展的概况[1][2]。

2. 生态性:更适用于迁移实际

同时,与静态常规评估相比,基于游戏的任务可以通过计算机更好地呈现复杂的和交互式的场景,从而更准确地反映现实生活中的问题。这些任务有助于评估批判性思维知识和现实技能的应用[3],从而可以预测学生在现实生活中会做什么,并具有更高的生态有效性。游戏的模拟为学生提供了一个很好的与场景互动的机会,因此可以获得更深入的认知和非认知能力的过程性证据。

在 GBA 中,生态性对于测评社会与情感能力尤为重要。一方面,社会与情感能力只有在更真实、具有生态性的情境中才能更好地激发。另一方面,GBA 在努力维持生态性的同时,提供了一个低风险、标准化、全面化的环境。在 GBA 中,即使是最真实的问题情境,也不会带给游戏者过高的社会与情感的压力,反而给其安全、无威胁的环境进行测评和练习。同时,任何参与者面临的都是一样的 GBA,排除了现实问题情境中的不同干扰。并且,针对不同人群、不同年龄乃至不同场所,社会与情感能力的表现也会有所差异,GBA 允许开发适合不同人群、年龄段以及多个不同任务场景,进行某项能力的全面化测评。但从另一方面考虑,游戏化测评是否支持对其他情境的推断是一个值得思考的问题,也就是说目标变量是否具有在不同时空、人群中的可比性。对测评的情境视角固然能够促进测评的生态性,但针对具体情境进行的开发也会促使人们产生游戏化测评是否可迁移的质疑。游戏化测评是根据在特定情况下的资源进行开发的,但在其他条件下,研究者感兴趣的概念或能力是否发生了变化,这或许需要进行数据的验证。

3. 交互动态性:提供理解和及时反馈

除了与现实生活中的问题挂钩外,游戏化测评还具备动态性、互动性等特征。社会与情感能力不应通过个体对一类静态问题的回答来评估,而应该在真实的任务情境中或通过创设游戏任务模拟现实生活场景,通过收集他们在情境动态互动过程中的言语和非言语信息来更好地衡量目标能力。这是因为通过动态的交互可以带来概念上的理解和帮助解决问题,并且有关社会与情感能力的实践超越了课堂上常见的基本内容知识[4]。斯坦奎勒(Steinkuehler)和

---

[1] Shute, V.J. (2011). Stealth assessment in computer-based games to support learning. In S. Tobias & J.D. Fletcher (Eds.). *Computer games and instruction*. Charlotte, NC: Information Age Publishers, 503–524.

[2] Shute, V. J., Leighton, J. P., Jang, E. E., & Chu, M. W. (2016). Advances in the science of assessment. *Educational Assessment*, 21(1), 34–59.

[3] DiCerbo, K.E. (2014). Game-based assessment of persistence. *Journal of Educational Technology & Society*, 17(1), 17–28.

[4] Eseryel, D., Ge, X., Ifenthaler, D., & Law, V. (2011). Dynamic modeling as a cognitive regulation scaffold for developing complex problem-solving skills in an educational massively multiplayer online game environment. *Journal of Educational Computing Research*, 45(3), 265–286.

邓肯(Duncan)发现,虚拟世界中的玩家经常参与社会知识构建①。相关综述也发现,协作、角色扮演(RPG；Role-Playing Game)、叙事、探索和复杂性是社会与情感能力的 GBL 中最频繁的元素。这表明,游戏中的动态交互元素对于社会与情感能力的表现十分关键②。

准确和动态的 GBA 还可以为学习者提供及时的支架(即提供特定的学习支持),从而在游戏中提供自适应功能③④。例如,根据学习者当前的能力评估,可以将游戏任务难度调整到适合学习者的水平⑤。此外,基于证据和有效的推断,可以提供及时和个性化的反馈来增强学习,从而为学习者提供个性化支持⑥⑦。

事实上,适应性测试早就已经可以根据学生现有的表现来选择任务或材料⑧。研究者采用多维项目反应理论(MIRT)模型的自适应程序可以为学生选择、构建或修改任务,这些任务根据学生的能力水平在不同方面有针对性地变得更具挑战性或更容易,从而高效而精准地测评学生的能力水平⑨。

而游戏设计者也可以将玩家视为一个不断努力提高水平的学习者,他们通过游戏掌握能力。持续处于焦虑或无聊的状态会让玩家望而却步,而不断取得的成就会激励玩家。一个好的游戏不仅可以不断适应玩家的能力水平,而且还具有一定的稳定性,不会在一段时间内变得太难或太容易。巧合的是,这是一个游戏设计、教学设计和测评设计中的共同规律:玩家沉浸于能力和难度的平衡状态,也就是齐克森米哈利(Csíkszentmihályi)所说的"心流"⑩,心理学家维果茨基所称的学习中的最近发展区,以及计算机自适应测试的设计目的⑪。

---

① Steinkuehler, C., & Duncan, S. (2008). Scientific habits of mind in virtual worlds. *Journal of Science Education and Technology*, 17, 530–543.

② Qian, M., & Clark, K. R. (2016). Game-based Learning and 21st century skills: A review of recent research. *Computers in Human Behavior*, 63, 50–58.

③ Plass, J. L., Homer, B. D., & Kinzer, C. K. (2015). Foundations of game-based learning. *Educational Psychologist*, 50(4), 258–283.

④ Virk, S., Clark, D., & Sengupta, P. (2015). Digital games as multirepresentational environments for science learning: Implications for theory, research, and design. *Educational Psychologist*, 50(4), 284–312.

⑤ Kanar, A. M., & Bell, B. S. (2013). Guiding learners through technology-based instruction: The effects of adaptive guidance design and individual differences on learning over time. *Journal of Educational Psychology*, 105(4), 1067.

⑥ Cheng, M. T., Lin, Y. W., & She, H. C. (2015). Learning through playing Virtual Age: Exploring the interactions among student concept learning, gaming performance, in-game behaviors, and the use of in-game characters. *Computers & Education*, 86, 18–29.

⑦ Shute, V. J., Leighton, J. P., Jang, E. E., & Chu, M. W. (2016). Advances in the science of assessment. *Educational Assessment*, 21(1), 34–59.

⑧ Wainer, H., Dorans, N. J., Flaugher, R., Green, B. F., & Mislevy, R. J. (2000). *Computerized adaptive testing: A primer*. Routledge.

⑨ Segall, D. O. (2009). Principles of multidimensional adaptive testing. In *Elements of adaptive testing*. New York, NY: Springer New York, 57–75.

⑩ Csíkszentmihályi, M. (2000). *Beyond boredom and anxiety*. Jossey-bass.

⑪ Vygotsky, L. S. (1978). *Mind in society: The development of higher psychological processes*. Cambridge, MA: Harvard University Press

第二节 不仅仅是有趣：游戏化测评能带来什么

上述部分讲述了什么是游戏化测评、游戏化测评的分类，以及游戏化测评和社会与情感能力之间的联系。其中有提到游戏化测评能够为社会与情感能力的测评带来的优势和挑战，除此之外，游戏化测评还具有更多优点，这将在本节中详细阐述。

一、构造复杂沉浸的虚拟世界

除了内容知识外，GBA 非常适合评估复杂的能力（如问题解决能力和创造力），这些能力通常很难用传统的方法进行评估，这是因为这些高度抽象概括、结构复杂的能力本身需要更复杂的信息媒介才能更好地表现出来。这些能力通常也很难用较短的离散项目进行有效测量，也就是通常所说的社会与情感能力，如创造力、协作、批判性思维、沟通、适应性、跨文化能力、主动性、领导力和生产力等[1]。所有这些能力本质上都是复杂的，并且可以在基于自我报告的测量中被伪造。GBA 可以为学生提供展示这些能力而不是报告这些能力的环境。在这种情况下，角色扮演的虚拟游戏可以提供真实的情境，在这些具体的情境中，玩家需要使用复杂的能力来解决问题。

具体而言，游戏化测评能提供丰富多样的多感官信息，包括文本、图像、视频、音频、数据可视化和触觉（如手持设备的震动）等。这些不同感觉通道信息的使用可以创设沉浸式的模拟环境来评估更复杂的能力，如角色扮演和解决问题，从而能够大大扩展和丰富学生认知过程的体验和性质。想象一下，学生在游戏化情境中会有一个自己的虚拟角色，作为本人在游戏中的"化身"。这个化身进入屏幕，在计算机的三维虚拟世界中行动。模拟的环境除了可以提供丰富的信息体验外，参与者还可以在其中与数字对象和工具进行交互，例如历史物品或场景。此外，学生也可以通过文本聊天和游戏中的指令等媒介进行新形式的相互交流[2]。

这种沉浸式体验使测评开发者能够创设非常复杂的测评情境内容，虽然不如现实世界复杂，但要比 K-12 教室中简单的结构化练习更为生动和沉浸。游戏化测评还能够帮助测评开发者构建个人和共享的模拟体验，而这在学校环境中是很难做到的。近十年来，许多研究者进行了一系列准实验设计研究，以确定虚拟环境是否可以模拟真实世界，并为学生提供引人

---

[1] Stecher, B. M., & Hamilton, L. S. (2014). *Measuring Hard-to-Measure Student Competencies: A Research and Development Plan. Research Report*. RAND Corporation. PO Box 2138, Santa Monica, CA 90407-2138.

[2] Clarke, J., Dede, C., & Dieterle, E. (2008). Emerging technologies for collaborative, mediated, immersive learning. *International handbook of information technology in primary and secondary education*, 901-909.

入胜、有意义的学习体验,从而提高学习和探究的成就。结果表明,这些虚拟环境能够促使学生参与真实的探究任务(问题发现和实验设计),并提高学生的参与度和自我效能[1][2]。

因此,GBA可以提供有效的方法来评估复杂能力,并且可以在课堂上难以模拟的场景中评估学生的表现,例如危险或复杂的科学实验、自然现象或想象场景。

二、看不见的隐形评估

游戏化测评是一种看不见的隐形评估(Stealth Assessment),隐形评估是指直接融入游戏环境的基于证据的评估[3]。隐形评估通常使用以证据为中心的设计来创建相关的概念和计算模型[4],这些模型无缝嵌入游戏中,以便在不被学生注意到的情况下评估知识或能力[5]。隐形评估及其技术并不旨在传达任何类型的欺骗,而是反映了对游戏数据的隐形捕捉,以及随后对信息的形成性使用,从而帮助学习者。

在游戏过程中,学生在执行复杂任务时会产生丰富的动作序列,也就是说,玩家与游戏本身的互动(即记录在日志文件中的游戏过程)提供了评估能力所需的证据。例如,学生正在纠结的任务选项,鼠标的移动、选择的时间、结果等都能成为正在收集的所有行为数据点。通过将数据收集融入游戏中,研究者可以直接评估与情境相关的虚拟社会情境中的社会问题解决情况,同时最大限度地减少社会期望偏差对所收集数据准确性的影响[6]。与传统测评相比,游戏化测评能直接让儿童参与,而不是依赖外部的评分员(以及他们的固有主观偏见)。可以说,隐形评估的一大优点是避免了人工评分中预先存在的不一致和偏见。

此外,隐形评估的另一个优点是消除或减轻测验焦虑的影响。对许多学生来说,考试是焦虑的根源,考试焦虑会对学习成绩会产生不利影响。由于评估被无形地嵌入在游戏中,学生不会注意到他们正在接受评估[7][8]。因此,GBA可以在不会干扰学生学习过程的同时,而对

---

[1] Ketelhut, D.J. (2007). The impact of student self-efficacy on scientific inquiry skills: An exploratory investigation in River City, a multi-user virtual environment. *Journal of Science Education and Technology*, 16, 99–111.

[2] Nelson, B.C. (2007). Exploring the use of individualized, reflective guidance in an educational multi-user virtual environment. *Journal of Science Education and Technology*, 16, 83–97.

[3] Shute, V.J. (2011). Stealth assessment in computer-based games to support learning. In S. Tobias & J.D. Fletcher (Eds.). *Computer games and instruction*. Charlotte, NC: Information Age Publishers, 503–524.

[4] Mislevy, R., Steinberg, L., & Almond, R. (2003). On the structure of educational assessments. *Measurement: Interdisciplinary Research and Perspective*, 1(1), 3–62.

[5] Shute, V.J., & Ventura, M. (2013). *Measuring and supporting learning in games: Stealth assessment*. Cambridge, MA: MIT Press.

[6] Paulhus, D.L. (1991). Measurement and control of response bias.

[7] Delacruz, G.C., Chung, G.K., & Baker, E.L. (2010). Validity Evidence for Games as Assessment Environments. CRESST Report 773. *National Center for Research on Evaluation, Standards, and Student Testing (CRESST)*.

[8] Shute, V.J. (2011). Stealth assessment in computer-based games to support learning. In S. Tobias & J.D. Fletcher (Eds.). *Computer games and instruction*. Charlotte, NC: Information Age Publishers, 503–524.

学生的学习持续监控①②。可见,游戏化测评既能支持学习,也能在不牺牲有效性和可靠性的同时消除(或减少)考试焦虑③。

三、集成设计:去人力化的可靠工具

虽然在所有测评方法中,主观偏见、情境影响和随机误差在某种程度上都是固有的,但计算机辅助技术可以减少这些因素对数据结果的影响,例如,计算机技术正被用来使情境因素更加标准化④。软件标准化了社会问题解决任务的呈现和评分,以消除可能破坏数据准确性的人为错误因素⑤。

GBA 允许将评估机制直接构建到游戏中,包括游戏和评估的集成设计。因此,研究人员和设计者可以确保学习目标和评估任务之间的标准化和一致性,从而能够从 GBA 中准确估计学生的知识、能力和属性⑥⑦。

这样做的便利在于:一方面,它能够节省执行评估和记录结果的时间。传统纸笔测验在实施过程中往往会出现一些失误或意外,这会使得管理较为困难,往往需要对人员进行广泛的培训来进行管理,而对于那些动手任务,教育工作者还要满足参与者材料和工具的需求。在实际测评中,尤其是那些大型测评项目如 OECD 的社会与情感能力测评,需要对教师进行培训,这整个过程需要花费大量的时间(例如,培训、管理、评分、报告等),其成本并不低,也容易出现失误。但由于计算机软件本身可以统一复制并且包含引导,因此游戏化测评可以尽可能减少过程中的人员培训和管理成本,并且大大减少了偶尔出现重大错误的可能性。

另一方面,游戏化测评能够在一次评估中提供各种证据和场景。对传统的基于任务表现

---

① DiCerbo, K., Shute, V. J., & Kim, Y. J. (2017). The future of assessment in technology rich environments: Psychometric considerations. In J. M. Spector, B. Lockee, & M. Childress (Eds.), *Learning, design, and technology: An international compendium of theory, research, practice, and policy*. New York, NY: Springer, 1-21.

② Shute, V. J., Leighton, J. P., Jang, E. E., & Chu, M. W. (2016). Advances in the science of assessment. *Educational Assessment*, 21(1), 34-59.

③ Shute, V. J., Hansen, E. G., & Almond, R. G. (2008). You can't fatten A hog by weighing It-Or can you? evaluating an assessment for learning system called ACED. *International Journal of Artificial Intelligence in Education*, 18(4), 289-316.

④ Soland, J., Hamilton, L. S, & Stecher, B. M. (2013). *Measuring 21st century competencies*. Santa Monica, CA: RAND Corporation.

⑤ Clauser, B. E. (2000). Recurrent issues and recent advances in scoring performance assessments. *Applied Psychological Measurement*, 24(4), 310-324.

⑥ Ke, F. & Shute, V. J. (2015). Design of game-based stealth assessment and learning support. In C. Loh, Y. Sheng, & D. Ifenthaler (Eds.). *Serious games analytics*. New York, NY: Springer, 301-318.

⑦ Plass, J. L., Homer, B. D., & Kinzer, C. K. (2015). Foundations of game-based learning. *Educational Psychologist*, 50(4), 258-283.

的测评发现,学生在不同的测试场景(Occasion)中的表现有所不同[1],并且学生表现的差异来自人、任务和测试场景(例如,直接观察、笔记本、计算机模拟、纸笔方法等),其中任务和测试场景的影响往往难以区分[2]。因此,沙维尔森(Shavelson)等人建议设置多个测试场景来对学生的表现进行对等的观察。不同的测评场景和方法可以提供各种证据,用于对学生的表现进行验证,如三角互证测量。因此,从长远来看,游戏化测评作为一个包容各种场景的工具,其成本效益更高,也更容易管理和为学校评分服务,且可以通过设计丰富多样的游戏任务来提高测评的可靠性。

最后,游戏化测评丰富了不同人群的参与机会,因为数字游戏的形式允许以更低的成本接触更广泛的受众。教师可以在线访问基于网络的游戏,以便随时在课堂上使用。父母和学生也可以在家访问网站,在任何设备(电脑、平板电脑、智能手机)上玩,这也降低了与实施测评相关的时间成本。

四、促发心流:把学习变成消遣的技术

游戏在所有性别、种族和社会经济阶层都很流行,游戏具有引人入胜的功能,包括连续的强化时间表、吸引人的感官输入(视觉、听觉和触觉)、认知挑战和社交联系。很早以前,研究人员就对电子游戏玩家表现出的高水平参与感兴趣[3][4]。正是这种高水平的参与使教育工作者认为游戏可以是很好的学习工具[5][6]。当玩一款好的电子游戏时,玩家通常会描述自己处于深度沉浸状态,这是电子游戏教育潜力的一部分[7]。

齐克森米哈利(Csikszentmihályi)及其同事[8][9]对处于深度参与的状态进行了大量研究,这种状态被描述为处于心流状态。当处于心流状态时,个人会深入而轻松地参与他们当前的活

---

[1] Cronbach, L.J., Linn, R.L., Brennan, R.L., & Haertel, E.H. (1997). Generalizability analysis for performance assessments of student achievement or school effectiveness. *Educational and Psychological Measurement*, 57(3), 373–399.

[2] Shavelson, R.J., Ruiz-Primo, M.A., & Wiley, E.W. (1999). Note on sources of sampling variability in science performance assessments. *Journal of Educational Measurement*, 36(1), 61–71.

[3] Loftus, G.R., & Loftus, E.F. (1983). *Mind at play: The psychology of video games*. Basic Books, Inc..

[4] Malone, T.W. (1981). Toward a theory of intrinsically motivating instruction. *Cognitive science*, 5(4), 333–369.

[5] Gee, J.P. (2007). *Good video games+good learning: Collected essays on video games, learning, and literacy*. Peter Lang.

[6] Plass, J.L., Homer, B.D., & Kinzer, C.K. (2015). Foundations of game-based learning. *Educational psychologist*, 50(4), 258–283.

[7] Hamari, J., Shernoff, D.J., Rowe, E., Coller, B., Asbell-Clarke, J., & Edwards, T. (2016). Challenging games help students learn: An empirical study on engagement, flow and immersion in game-based learning. *Computers in Human Behavior*, 54, 170–179.

[8] Csikszentmihályi, M. (1997). Flow and the psychology of discovery and invention. *Harper Perennial, New York*, 39, 1–16.

[9] Nakamura, J., & Csikszentmihalyi, M. (2014). The concept of flow. In M. Csikszentmihalyi (Ed.), *Flow and the foundations of positive psychology* (pp.239–263). Dordrecht, Netherlands: Springer.

动,而不会考虑其他事情,比如日常生活中的麻烦。在这种状态下,人们对自己的行为有一种控制感,自我意识减弱,而且往往会感觉时间飞逝。当一个人面临挑战时,通常会产生心流状态,这些挑战会激发他们的能力,并通过明确的目标和即时反馈表明他们取得了进步。由于游戏可以满足心流的要求标准,齐克森米哈利认为游戏是诱导心流状态的理想媒介[1]。

齐克森米哈利还指出,在教育环境中,心流状态很重要,因为它可以缓解自我意识的困扰,而自我意识会阻碍学习。通过减少自我意识,学习者可以将注意力资源集中在处理重要的教育信息上。此外,心流状态体验能够产生进行重复性任务的动机。考虑到这一点,通过有趣的心流体验,游戏可以为学习提供额外的认知资源,并激励学习者在具有挑战性或重复性的任务中坚持下来。学生能够专注地参与虚拟的互动任务,也会减少焦虑对考试成绩可能产生的负面影响[2]。因此,基于游戏的评估是一种合适且有吸引力的测评形式。

第三节　不仅仅是游戏:怎样进行游戏化测评

一、游戏化测评≠游戏

在讨论如何开发游戏化测评工具之前,一个值得注意的点是游戏化测评并不是单纯的游戏:出于测评目的而设计的游戏与在现有任务或活动中添加类似游戏的元素(以增加参与度或动机)二者在这里需要进行区分[3]。添加游戏元素的一个例子是在课堂活动中添加排行榜、徽章、个性化头像或进度条等,虽然这可能有助于提高学生的参与度或学习动机,但这不属于本章节所讨论的游戏化测评的范畴。

人们必须承认,大多数学生都不喜欢传统的测评体验[4][5]。尽管越来越多的证据支持游戏化测评的益处[6],但要记住,为了享受而玩的游戏与用于测评的游戏在目的上有内在差异。游

---

[1] Csikszentmihalyi, M. (2014). *Applications of flow in human development and education.* Dordrecht, Netherlands: Springer.

[2] Mavridis, A., & Tsiatsos, T. (2017). Game-based assessment: Investigating the impact on test anxiety and exam performance. *Journal of Computer Assisted Learning*, 33(2), 137–150.

[3] Deterding, S., Dixon, D., Khaled, R., & Nacke, L. (2011, September). From game design elements to gamefulness: defining "gamification". In *Proceedings of the 15th international academic MindTrek conference: Envisioning future media environments*, 9–15.

[4] Nichols, S.L., & Dawson, H.S. (2012). Assessment as a context for student engagement. *Handbook of research on student engagement*, 457–477.

[5] Madaus, G., & Russell, M. (2010). Paradoxes of high-stakes testing. *Journal of Education*, 190(1-2), 21–30.

[6] Hamari, J., Shernoff, D.J., Rowe, E., Coller, B., Asbell-Clarke, J., & Edwards, T. (2016). Challenging games help students learn: An empirical study on engagement, flow and immersion in game-based learning. *Computers in Human Behavior*, 54, 170–179.

戏化测评的独特之处在于，测评的目标和游戏的目标需要平衡。如果过多专注于实现测评目标，那么所构建的GBA环境实际上可能不像是一场游戏，因为游戏的重要元素如挑战和参与（心流体验），可能会丢失。相比之下，如果过于强调游戏性，那么支持游戏性的功能可能会阻碍学习。因此，设计过程必须仔细权衡这两个设计目标中的每一个。

总之，GBA需要满足更严格的科学评估标准，即有效性、可靠性、可比性和公平性，这意味着参与和沉浸于游戏中的可能性没那么高，或者至少在性质上有所不同[①]。简单地说，基于游戏的测评可能不如"真实"的游戏那么有趣。

二、游戏化测评的设计框架——以证据为中心的设计

使用游戏或使用基于游戏的功能来提高测评的参与度和评估复杂的能力结构并不是一个最近才产生的新想法[②]。近十几年来，使用GBA的一些例子包括测评认知能力，如科学探究能力[③][④]、系统思维能力[⑤]、创造力[⑥]和解决问题能力[⑦]。此外，GBA也被用于评估不同学科的内容知识，如数学[⑧]、城市规划[⑨]、物理学[⑩]和生物学[⑪]。测评领域对如何更好地实施游戏化测评，以及如何更好地使用其中产生的过程性数据这方面的知识仍在不断增长和成熟。

事实上，研究者已经尝试建立了游戏化测评的设计框架，其中GBA最常用的评估设计框

---

① Oranje, A., Mislevy, B., Bauer, M. I., & Jackson, G. T. (2019). Summative game-based assessment. *Game-based Assessment Revisited*, 37-65.

② Cordova, D. I., & Lepper, M. R. (1996). Intrinsic motivation and the process of learning: Beneficial effects of contextualization, personalization, and choice. *Journal of Educational Psychology*, 88(4), 715.

③ Baker, R. S., Clarke-Midura, J., & Ocumpaugh, J. (2016). Towards general models of effective science inquiry in virtual performance assessments. *Journal of Computer Assisted Learning*, 32(3), 267-280.

④ Clarke-Midura, J., & Dede, C. (2010). Assessment, technology, and change. *Journal of Research on Technology in Education*, 42(3), 309-328.

⑤ Shute, V. J., Masduki, I., & Donmez, O. (2010). Conceptual framework for modeling, assessing and supporting competencies within game environments. *Technology, Instruction, Cognition & Learning*, 8(2).

⑥ Kim, Y. J., & Shute, V. J. (2015). Opportunities and challenges in assessing and supporting creativity in video games. In G. Green & J. Kaufman (Eds.), *Research Frontiers in Creativity*. San Diego, CA: Academic Press, 100-121.

⑦ Shute, V. J., Wang, L., Greiff, S., Zhao, W., & Moore, G. (2016). Measuring problem solving skills via stealth assessment in an engaging video game. *Computers in Human Behavior*, 63, 106-117.

⑧ Delacruz, G. C., Chung, G. K., & Baker, E. L. (2010). Validity Evidence for Games as Assessment Environments. CRESST Report 773. *National Center for Research on Evaluation, Standards, and Student Testing (CRESST)*.

⑨ Rupp, A. A., Gushta, M., Mislevy, R. J., & Shaffer, D. W. (2010). Evidence-centered design of epistemic games: Measurement principles for complex learning environments. *The Journal of Technology, Learning and Assessment*, 8(4).

⑩ Shute, V. J., Ventura, M., & Kim, Y. J. (2013). Assessment and learning of qualitative physics in newton's playground. *The Journal of Educational Research*, 106(6), 423-430.

⑪ Conrad, S., Clarke-Midura, J., & Klopfer, E. (2014). A framework for structuring learning assessment in a massively multiplayer online educational game: Experiment centered design. *International Journal of Game-Based Learning (IJGBL)*, 4(1), 37-59.

架是以证据为中心的设计(Evidence-Centered Desigh，ECD)①。Mislevy 等人将游戏化测评的步骤划分为以下三个阶段：领域分析和建模(Domain Modeling)、概念评估框架(Conceptual Assessment Framework)和测评实施(Assessment Delivery)②。

开发者首先要对 GBA 的目标领域进行分析，包括所涉及的概念和活动类型、人们的使用情况和方式等。设计团队的所有成员，例如游戏设计师、主题专家、心理测量专家和教师，他们的专业知识必须汇集在一起，才能设计出一个好的 GBA。在领域分析和建模阶段中，各方成员都有自己的观点和工具，他们可以讨论各自领域的目标、约束和方法。团队需要为学生创设情境，让学生在游戏中使用针对性的知识和能力，说或做一些能证明目标能力的事情。为了更好地进行社会与情感能力的游戏化测评，研究者需要预先考虑目标心理结构的具体特征及其对学习者和数据收集的潜在影响③。实际的心理测量机制在概念评估框架(CAF)中规定，在测评实施中建立并运行，但其含义在领域建模阶段中确定。

接下来，开发者们需要建立概念评估框架(CAF)，也就是测评工具的建立，其中包含 3 个主要模型分别是学生/能力模型、证据模型和任务模型(如图 4-2 所示)。

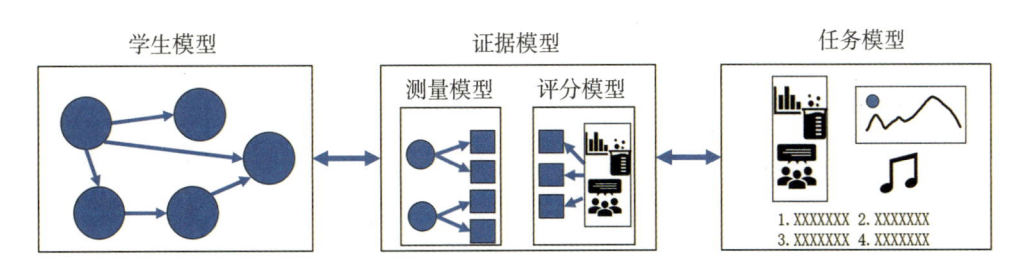

图 4-2 学生/能力模型、证据模型和任务模型

学生/能力模型用于确定对学生目标能力方面的要求，它们的数量和性质取决于评估的目的。GBA 可以指向不同能力的多个方面，这些方面可能在不同的情况下以不同的方式进行测评，并且可能随着学生与系统的交互(例如，学习)而改变。目标能力的情境意义将由开发者为学生设计的情境中的行为模式决定。这和传统测评类似，游戏化测评的设计者必须先验地确定游戏试图测量的确切内容，以及每个基于游戏的元素是如何提供这方面的证据，这包括从理论层面列出想要研究的社会与情感能力的指标，确定获取这些指标所需的证据，以及

---

① Mislevy, R., Steinberg, L., & Almond, R. (2003). On the structure of educational assessments. *Measurement: Interdisciplinary Research and Perspective*, 1(1), 3-62.

② Mislevy, R.J., Corrigan, S., Oranje, A., DiCerbo, K., Bauer, M.I., von Davier, A., & John, M. (2016). Psychometrics and game-based assessment. *Technology and testing: Improving educational and psychological measurement*, 23-48.

③ Shute, V.J., & Ventura, M. (2013). *Measuring and supporting learning in games: Stealth assessment*. Cambridge, MA: MIT Press.

对这些证据的确切量化。在测评团队开始制定游戏的开发规则之前,他们必须首先概述他们打算测量的理论内容以及如何实现从理论到实践的跨越。

任务模型描述了测评所在游戏情境的显著特征,包括任务的形式、数量和特征等。任务模型是为了引出玩家与游戏互动时出现的关于目标能力证据,这类似于在游戏情境中搭建不同的功能,这些功能能够激发玩家的思考,并为玩家提供了行动方向,从而帮助开发者捕捉到玩家在游戏时的思考痕迹。任务模型还包括任务成果和表现的模式,或者玩家所说或所做的内容。在传统的评估中,这些内容是离散的回答、文本和问题解决方案,但 GBA 的数据表现可以包括游戏状态和学生动作的详细痕迹(如各种日志文件等),这些行动都为玩家的能力提供了证据。

这项重要的基础工作不能事后完成,因为这通常会导致心理测量性能差或缺乏可解释性。研究者可以选择将一个现成的游戏改编为测评工具,乍一看可能每位玩家会生成大量数据,但这些数据可能会产生与所需目标能力结构不太一致的项目,即使有些项目表现出高度的相关性,但其很可能是无用的。并且现成的游戏可能对目标人群来说太容易或太难。因此,任务模型的设计过程应该在整个项目开始时进行,设计 GBA 需要考虑大量的理论目标和预先条件,而错误的代价可能非常高昂。

证据模型在任务行为和目标能力之间架起了桥梁。为此,研究者首先要评估和识别任务模型中的任务表现,即模型中的可观测变量。这些变量可以像二分变量一样简单,也可以从更复杂的任务结果中收集到更复杂的特征(例如,玩家的效率、采取行动的顺序)。总之,研究者需要完成任务表现的量化,构建评分模型,识别游戏化测评中的过程性信息。

证据模型还要求研究者构建任务模型中可观测变量到学生模型中目标变量的测量模型。最简单的测量模型是经典测验理论模型,直接计算可观测变量的得分;也可以根据变量性质、任务情况等因素采取更复杂的测量模型,如项目反应理论或贝叶斯网络,对目标变量进行预测和分析。

测评需要提前构建证据模型,正如 Mislevy 所指出的[1],"设计游戏化测评最糟糕的方法是设计一个看起来很棒的游戏,然后收集一些观察结果以获得游戏提供的任何行为信息,然后将数据交给心理测量学家或数据科学家,以'找出如何评分'。"虽然作为一种事后探索性分析未尝不可,但它不应该成为一个人如何在评估中得分的驱动机制。

在最后的测评实施阶段,阿尔蒙德(Almond)的四阶段流程(The Four-Process Architecture)在这里适用于对 GBA 的实施流程进行总结(如图 4-3 所示)[2]。其中,活动选择

---

[1] Mislevy, R.J. (2018). *Sociocognitive foundations of educational measurement*. Routledge.

[2] Almond, R., Steinberg, L., & Mislevy, R. (2002). Enhancing the design and delivery of assessment systems: A four-process architecture. *The Journal of Technology, Learning and Assessment*, 1(5).

过程(The Activity Selection Process)是指测评者需要负责从任务/证据组合库中选择任务(或项目)并对其排序的流程,而在游戏化测评中是可以加强这一过程,根据之前的回答提出针对性的活动。演示过程(The Presentation Process)涉及向参与者演示任务,即测评中具体的学生和游戏的参与互动。反应过程(Response Processing)是指在测评中识别和记录参与者当前知识和能力的证据,这些证据即为观察变量,传递给下一过程。汇总得分过程(Summary Scoring Process)是指通过测量模型将观察变量总结为目标变量的得分,用于统计推断和产生得分报告。简而言之,测评的实施需要测评者充分把握这四个阶段,保证学生的顺利参与,完成数据的收集和处理过程。

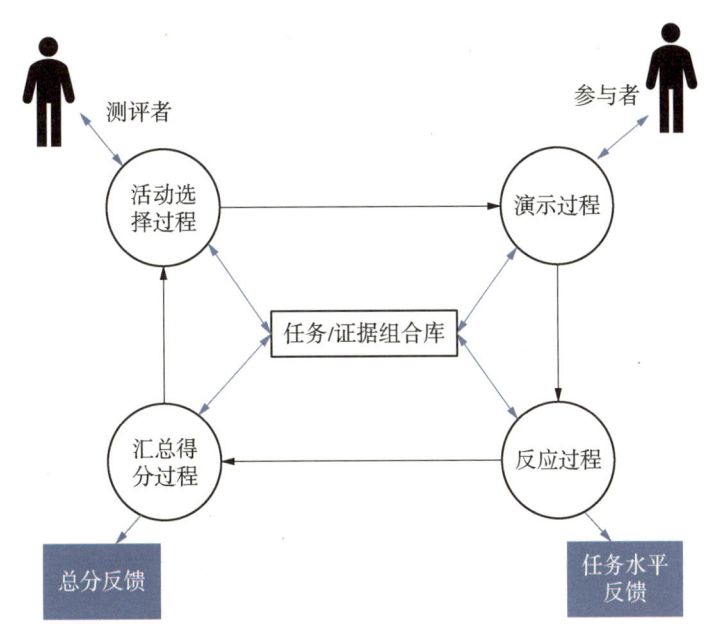

图 4-3 测评实施的四阶段流程

综上,ECD 特别适用于 GBA 设计。研究人员可以根据理论,通过学生模型建立目标变量(即潜变量)的属性和建构,通过任务模型描述引发个体表现的游戏情境和个体成果,而证据模型在二者之间起连接作用,确定引发这些行为的任务特征(即可观察变量),以及分配给这些行为的评分值[1]。为了从游戏中提取相关数据,重要的是识别相关能力的学生-任务互动,这些互动在行为和能力之间提供了明确的联系。例如,确定要收集的可观察变量的水平,以及如何选择适当的测量模型来积累和解释证据[2]。

---

[1] Mislevy, R., Steinberg, L., & Almond, R. (2003). On the structure of educational assessments. *Measurement: Interdisciplinary research and perspective*, 1(1), 3-62.

[2] Levy, R. (2013). Psychometric and evidentiary advances, opportunities, and challenges for simulation-based assessment. *Educational Assessment*, 18(3), 182-207.

为了更好地介绍 ECD 如何为游戏化测评开发提供了框架,接下来将以物理游乐场(Physics Playground,PP)这个游戏为例,具体描述如何通过 ECD 的框架在游戏中评估创造力[1]。PP 作为一款 PC 游戏,旨在评估和支持学生对物理概念的理解。具体而言,在 PP 中,玩家用鼠标在屏幕上绘制各种对象,一旦绘制完成,这些对象就会成为具有物理属性(重力、摩擦力等)的物体,与其他的游戏内物体进行互动。PP 的游戏机制背后是牛顿三大运动定律,包括平衡、质量、重力以及能量和动量守恒等概念[2]。这些物理原理是通过具体的游戏内装置体现的,包括斜坡、杠杆、钟摆和弹簧板,游戏中每个关卡的目的是通过绘制物体将绿色球移动到屏幕上的红色气球上。PP 中的许多关卡可以通过绘制多种物体来解决。因此,PP 允许玩家发挥创意,产生出游戏设计者没有想到的有趣的解决方案。

为了评估游戏中的这些创造性行为,研究者通过文献整理确定了三个代表创造力的能力模型变量——流畅性、灵活性和独创性,并确定了为这些能力模型提供证据的游戏内可观察性证据(即证据模型变量)。表 4-2 总结了 PP 中的能力模型和证据模型变量。以下是这些变量在 PP 背景下如何评估玩家创造力的说明。文章并没有介绍 PP 的任务模型,这一方面或许是因为 PP 并不是一款专门为创造力测评而开发的游戏(更多是为了帮助中学生理解物理),并且任务目的和设计较为简单;另一方面是 PP 允许用户自行编辑关卡并分享,游戏设计者有专门的指标对关卡的等级进行评定,因此任务模型在 PP 的开发中被淡化了。

表 4-2 PP 中测评创造力的能力模型变量和证据模型变量

能力模型变量	证据模型变量
流畅性	问题中使用的装置数量
	每个已解决问题的绘制对象数
	每个未解决问题的绘制对象数
灵活性	在问题中尝试的正确装置数
	装置使用频率之间的标准偏差(R)
	连续使用不正确的装置(R)
独创性	解决方案中的球轨迹与预期轨迹之间的差异

注:R 代表反向打分。

---

[1] Kim, Y.J., & Shute, V.J. (2015). Opportunities and challenges in assessing and supporting creativity in video games. In G. Green & J. Kaufman (Eds.), *Research frontiers in creativity*. San Diego, CA: Academic Press, 100-121.

[2] Shute, V. J., Ventura, M., & Kim, Y. J. (2013). Assessment and learning of qualitative physics in newton's playground. *The Journal of Educational Research*, 106(6), 423-430.

第四章 游戏化测评:趣味中见证多维素养

图 4-4(a)是其中一个关卡,玩家的任务是将绿色球移动到屏幕上的红色气球上。PP 玩家中最常见的解决方案(也是设计者所预期的)是绘制杠杆并通过重物落下将球抛向气球(如图 4-4(b)所示)。任何偏离图 4-4(b)所示轨迹的球轨迹都可以为独创性提供证据,因为这很可能是一种罕见的解决方案。

事实上,只有少数玩家通过绘制钟摆(敲击球提供力)和一个斜坡(将球引导到气球),创建了类似于图 4-4(c)的解决方案。这样的解决方案为创造力的流畅性和独创性维度提供了有效的证据。在 PP 中,游戏会在成功的解决方案中跟踪玩家的球的轨迹(即 X、Y 坐标集),并将其保存为日志文件中的一系列向量值。然后,可以将这些向量值与最常见的轨迹进行比较,因此轨迹之间的巨大差异是独创性的证据。

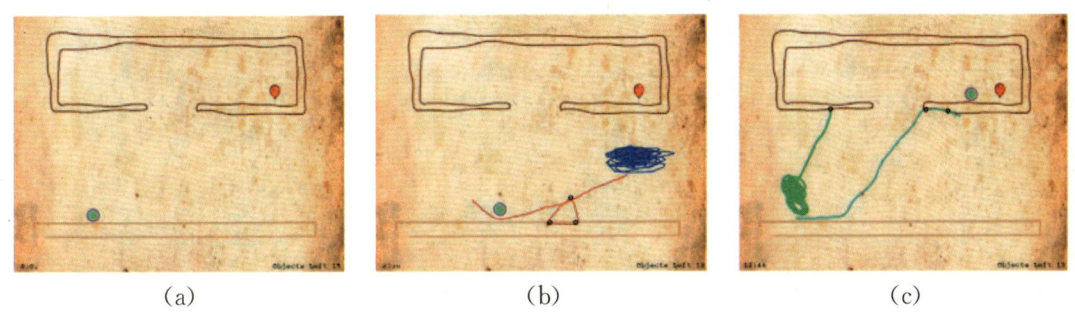

(a)　　　　　　　　　(b)　　　　　　　　　(c)

图 4-4　PP 中某关卡的两种解决方案

上述例子说明了 ECD 作为一种通用的设计框架是如何帮助开发 GBA 的,但对于如何设计 GBA 也有研究者基于游戏特性提出了改进的、更具针对性的设计框架。例如,米斯勒维(Mislevy)等人针对游戏中的 ECD 进行了一定的更新[1],将其称作以证据为中心的游戏设计(ECgD, evidence-centered game design),他们使用一款由 Glass Lab 及其合作伙伴创建的名为 *SimCityEDU* 的游戏作为运行示例,并展示如何确保 GBA 的可靠性和有效性。框架包括如何针对性地定义现实世界的能力,并将游戏世界与现实世界的能力保持一致,如何将形成性的反馈系统隐形地集成到游戏中,以及如何迭代设计过程,最终创建具有吸引力的嵌入式测评游戏,以支持学生深度学习。

金姆(Kim)等人也是基于游戏物理游戏场描述了如何通过十个步骤来让游戏和评估设计者、开发人员迭代设计、开发和修改 GBA,并在这个过程中着重强调了构建贝叶斯网络[2]。

---

[1] Mislevy, R.J., Oranje, A., Bauer, M.I., von Davier, A.A., & Hao, J. (2014). *Psychometric considerations in game-based assessment*. GlassLabGames.

[2] Kim, Y.J., Almond, R.G., & Shute, V.J. (2016). Applying evidence-centered design for the development of game-based assessments in physics playground. *International Journal of Testing*, 16(2), 142-163.

图 4-5 概述了这十个步骤，其可以应用于任何使用贝叶斯网络作为评分模型的 GBA 中。这些步骤分为四个不同的阶段：(1)设计游戏中的级别(即 Task Authoring)；(2)创建评估模型(即 CAF)；(3)使用贝叶斯网络作为评估机制将所有评估模型组合在一起(即 Nuts & Bolts)；(4)评估和完善测量模型(即 Debugging)。尽管图 4-5 显示了贯穿各阶段的线性流程，但在实际实现中，该过程是迭代的(如虚线箭头所示)，如果在后续步骤中出现问题，开发者通常需要重新审视先前做出的设计决策。

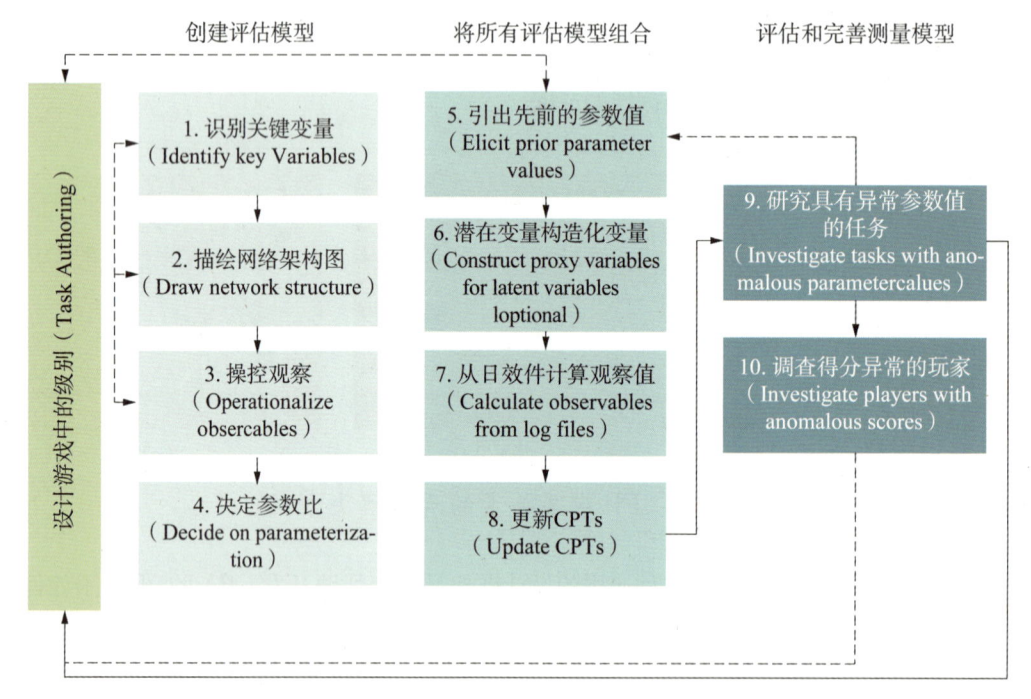

图 4-5 金提出的结合贝叶斯网络开发 GBA 的 10 个步骤

除了现有的评估设计框架外，还有一些针对特定游戏类型和领域的自制框架。康拉德(Conrad)等人[1]在大型多人在线角色扮演游戏(MMORPG; Massive Multiplayer Online Role-Playing Game)中在 ECD 的基础上开发了一个修改版的 XCD(即以实验为中心的设计，Experiment-Centered Design)，专门用于学生进行科学实验，以适应 MMORPG 的需求。具体而言，该游戏名为 *The Radix Endeavor*，其构造了一个开放世界游戏的虚拟环境，游戏中玩家需要通过科学发现来改变落后的社会。由于开放世界 MMORPG 的结构为玩家提供了探索交流的自由，并为玩家搭建好了游戏的框架，如何设计实验和任务来让玩家进行探索成为该

---

[1] Conrad, S., Clarke-Midura, J., & Klopfer, E. (2014). A framework for structuring learning assessment in a massively multiplayer online educational game: Experiment centered design. *International Journal of Game-Based Learning (IJGBL)*, 4(1), 37-59.

类型游戏的重中之重。经典的 ECD 是从较为微观的视角出发,构建一个详细的、定制化的测评框架;但是 MMORPG 本身是一个复杂且自由的游戏系统,这是 ECD 难以面面俱到的,因此 XCD 是从一个更偏宏观的视角出发,用来开发任务和任务线。学生在任务中进行实验,通过一系列有关学习概念的实验进行学习和相应的测评,可以说,实验是设计、玩和从任务中学习的关键。并且由于游戏的开放性,隐形评估在 XCD 框架中被着重强调,Conrad 等人认为数据挖掘是分析大量日志数据的趋势。

尼尔森(Nelson)等人研究了如何在大型多人在线(MMO)虚拟游戏中构建学习和评估的活动和数据[①]。他们确定了数据提取的三个主要来源(如表 4-3 所示):(1)玩家在游戏中的位置、轨迹和移动模式;(2)交互的对象和类型;(3)交互活动的类型、内容和目的。他们以各种虚拟游戏为例,阐明了如何利用每个数据源来寻找行为数据的种类以及如何解释数据。此外,他们强调,游戏玩家的互动通常至少涉及三个来源中的两个。因此,长时间、连续地跟踪和分析来自不同来源的数据可以在游戏过程中及时反馈,也可以进行事后分析。

表 4-3 MMO 中的证据来源

位置/移动	对象交互	交互活动
位置跟踪:	对象:	类型:
访问了地点 X	观点	通话
在 X 上花费的时间	选择	反应选择
坐标	点击	表情
移动跟踪:	操纵	角色扮演
方向	捡拾	玩家与 NPC
速度	解除	目标导向与社会导向
加速/减速	对象类型:	
传送	艺术品	
运动模式:	工具	
移动顺序	NPC	
移动响应	玩家	
随时间移动路线	信息	

---

① Nelson, B.C., Erlandson, B., & Denham, A. (2011). Global channels of evidence for learning and assessment in complex game environments. *British Journal of Educational Technology*, 42(1), 88-100.

总之，目前 GBA 的开发还是以 ECD 的设计框架为主，但具体如何开发也要根据游戏自身做出一些调整。其中关键点在于，测评开发者需要以理论驱动去设计游戏化测评，因为这能极大地帮助后续研究处理复杂的游戏化测评本身，包括识别相关证据和选择测量模型来跟踪和处理游戏/学习数据，以及帮助研究人员和设计师提前考虑如何解释从标准游戏情境中得出的证据。

三、"用户"驱动的测评迭代开发

用户的参与应该贯穿于整个游戏设计和开发过程中，这里的用户主要是指参与测评的学生及其老师、父母等行为主体。事实上，研究者、开发者以及用户的参与过程对游戏化测评的设计至关重要，因为这样才能确保最终游戏原型对目标群体来说是合适可行的。开发团队需要参考用户的行为和意见进行决策，如适合该年龄组的内容和语言、目标受众所需的最基本的社会与情感能力，以及在学校或家中实施的细微差别。在整个过程中，测评开发需要与用户进行多次协商以决定游戏化测评的最终内容和偏好，以确保游戏化测评的内容是用户驱动的，从而增强游戏吸引力。用户的参与过程包括开发具体的原型，试验测评方法的不同组合，以及根据游戏和能力的特征对测评可行性进行评估。具体而言，在测评设计和游戏化测评开发周期的每一步，结构化的用户输入都有助于形成测评所需能力的要素。

在开发的初始阶段，当测评开发人员定义了他们想要测量的内容和测评的预期用途时，用户可以提供测评内容在实际中的重要性和相关性，以及如何使其更重要、更相关。用户还可以为测评中预期出现的问题提供宝贵的见解。

游戏化测评的开发并非一蹴而就，甚至是非常昂贵且耗时的。为了对测评进行验证，测评设计者有必要先开发一个 GBA 的原型，它可以帮助快速证明一些想法，可以理解为 GBA 的草稿。原型的形式可以是一个测评场景或者简陋的功能模块，方便进行迭代测试，筛选开发者想要留下的测评内容。测试的内容包括试点项目、文字内容、系统流程和用户界面等，这个过程除了收集游戏存在的技术性问题外（如 bug 或某些游戏内的"捷径"），测评开发人员还可以并行收集用户输入数据。用户输入一方面是用于获得关于 GBA 体验的反馈，如是否易学，难度是否合适，测评的效率、满意度，以及询问现场测试期间用户使用的问题和改进建议。另一方面，测评开发人员还可以根据预先的设计框架，建立数据收集和能力测评模型，同时寻求用户的意见。这些输入可以在多次迭代测试中收集，并用于修改原型，直到测评设计达到可用性和可行性的标准，从而使最终的 GBA 能够对预期的用户有用。

在完成游戏原型之后，开发者还需要继续根据专家和用户的反馈对游戏中的更多行为场景进行修订，以改进迭代游戏。总之，GBA 的开发是一个复杂而持续的流程，需要满足社会情感、教育和行为测评的目标，并在测评的同时创造有趣的叙事和引人入胜的故事，让用户沉浸在游戏体验中。

最后,GBA 的实施需要对社会与情感能力的编码和测评进行一定的培训,因为当游戏化测评推广到现场时,这些测评的实施需要了解 GBA 从而实现其潜力。根据测评目标、背景和预期用途,这可能包括教师培训,了解社会与情感能力是什么、为什么重要、评估目标、所选社会与情感能力的属性、游戏化测评和教学之间的关系,以及解释和使用社会与情感能力的得分进行决策。

四、测评的质量:信效度和可比性

除了建立测评的基础结构(如能力、证据、任务模型等)外,设计师和研究人员还需要确保测评的质量,即测评的信效度、可比性和公平性[1][2],其中关于公平性的部分将放在"未来方向和挑战"这一环节来详细阐述。

信度或可靠性涉及评估数据中证据的一致性和稳定性。和传统测评类似,Cronbach α 系数以及内部相关性等指标在 GBA 中作为信度系数仍然有效。不过重测信度可能并不适用于游戏化测评,因为游戏的内容对参与者来说是一次性的。除非在实际开发过程中,使用 A/B 测试(两个游戏版本进行对照的测试)或进行实验室中的游戏测试,这能更好地比较一致程度的数据证据。

效度,即有效性,体现了基于评估数据对学生能力的推断和行动的合理性。相比传统测验,GBA 中效度某种程度上可以在实验中进行验证。例如,在 A/B 测试中,不同版本的游戏通过在某些部分使用不同的规则或设计,来比较个体在哪个游戏中有更好的表现或更快的进步。当然,开发者也可以直接寻找合适的变量作为校标,关于校标的有效性证据包括目标变量的成熟心理测验工具,在测评后报告中进行的学生反馈(例如兴趣、难度、参与度和满意度等),学生学业表现,甚至是与同伴讨论游戏和相关主题。测评也可以使用外部测量工具对 GBA 的聚合效度或区分效度进行检验。

事实上,ECD 的设计框架本身是内部效度良好的一个保证,因此开发者可以沿着 ECD 的思路对效度进行验证。例如,检验从分数中推断目标变量的合理性,并测试其强度和可信度。由于有效性与推理和行动有关,验证研究应该对不同的 GBA 采取不同的形式。对于所有 GBA 的开发者,充分的 ECD 过程能够为效度提供很大的保障,ECD 框架有助于明确这项研究

---

[1] DiCerbo, K., Shute, V. J., & Kim, Y. J. (2017). The future of assessment in technology rich environments: Psychometric considerations. In J.M. Spector, B. Lockee, & M. Childress (Eds.), *Learning, design, and technology: An international compendium of theory, research, practice, and policy*. New York, NY: Springer, 1–21.

[2] Mislevy, R.J., Oranje, A., Bauer, M.I., von Davier, A.A., & Hao, J. (2014). *Psychometric considerations in game-based assessment*. GlassLabGames.

是如何体现在其要素和过程中的。

从这个角度讲,GBA 的设计环节无比关键,如果设计的游戏任务未能唤起目标能力的某些方面,则效度得不到保证。与传统测评的一个差异是,GBA 的效度受到测评之外因素的威胁,例如学生缺乏背景知识,不知道如何使用界面,不知道预期是什么,甚至学生必须使用她/他不喜欢的 GBA,这些情况对效度都是一个大问题。

虽然这些问题可以通过教师指导或合适的新手引导解决,但也从某种程度上说明 GBA 的可比性一开始并不确定,即测验的结果是否具有可推广性需要被验证。这或许是与游戏内部环境的复杂性和针对性有关,例如,某款游戏要求学生进行科学实验[①],但是科学实验的背景知识往往是因学生而异,有的学生对知识点更熟悉,有的则可能不了解。因此,即使在同一个 GBA 中,不同的学生:(1)可能会走不同的道路;(2)对设备、界面和游戏模式的熟悉程度不同;(3)由于游戏的内容质量和难度压力,GBA 的吸引力不同,参与度也会有所差异。综上,不同 GBA 之间的可比性是一个值得思考的问题,游戏需要考虑情境背景知识、互动和参与等诸多因素。不过如果当 GBA 的目的更多是学习时,可比性可能就不那么重要了。

除了学习者自身的特点之外,GBA 的实施环境也影响测验的信效度。例如,如果学生在家中进行 GBA,父母的技术知识或游戏体验可以发挥重要作用,可能会提供与技术或游戏相关的问题的帮助。如果在学校环境中实施,教师的技术知识和教师对 GBA 作为教学工具的态度也可能影响结果,这一点应该考虑在内。此外,应避免在实验室环境中进行 GBA 有效性研究,因为内在动机在学习过程中发挥着重要作用。总之,在 GBA 的开发中,需要尽量解决不同群体、不同条件之间的可比性问题,其中关于公平性的问题将放在后文进行说明。

GBA 的质量问题可以取决于游戏的目的,例如在研究人员无法控制的情况下探究在家通过 GBA 学习数学的表现,这种情况下信效度就没那么重要。为了解决测评质量指标的问题,GBA 需要实现特定于游戏环境的其他控制措施,例如收集关于游戏的日志数据,或者增加后续的研究,以控制短期的新颖性效应。在测评实施过程中,可以通过减少混淆变量的影响,并通过调整除游戏之外的潜在变异源的分析,来提高内部有效性。外部有效性可以通过确保现实世界实施环境中存在的元素的相似性来最大化,例如在自然集体中的实施(如现有班级组),教室里有一位熟悉的老师,提供程序帮助等。

---

① Conrad, S., Clarke-Midura, J., & Klopfer, E. (2014). A framework for structuring learning assessment in a massively multiplayer online educational game: Experiment centered design. *International Journal of Game-Based Learning (IJGBL)*, 4(1), 37-59.

五、数据处理的复杂性

在游戏化测评中,由于可观测变量的数量之多以及每个可观测变量与学生表现之间的各种潜在关系,如何进行数据分析变得极其复杂①。在 GAB 中的可观测变量往往是特定的行为动作(例如学生用鼠标点击了某物体),数据是一系列行为步骤的日志信息,而在传统测试中,学生数据是由明确的答案组成(例如学生选择了 A 选项)。在 GBA 中,学生表现的关键特征必须从学生玩游戏时自动生成的日志文件中提取,但分析这些数据存在许多实际问题。

首先,日志文件代表了大量的数据②,这使得对它们的处理和解释成为研究人员面临的挑战之一。例如,大约 135 名受试者玩一个简单的益智游戏约半小时,就可以轻松生成超过 400 000 行的日志数据。除了提供的大量数据外,从这些日志文件中获得的具体信息有时并不容易被解释清楚③,因为在教育游戏中,个别学生的反应高度依赖于情境④,很难想象学生的知识或能力是如何体现在游戏过程中采取的特定动作的水平上。最后,游戏化测评虽然能够轻松跟踪学生做出的每一个决定或行为(例如,菜单响应选择、她点击什么、做出选择的具体时长等),能够收集大量的行为数据,但很难确定哪些动作代表了学生表现的关键特征,或许要到分析之后,人们才知道哪些动作与学习相关。

虽然数据比较复杂,但随着数据挖掘等处理大数据方法的发展,严肃游戏领域已经进行了相关技术和工具的广泛应用。例如,可视化技术和工具被用于展示学习者的行为模式并跟踪游戏中的学习进度⑤⑥。时间序列建模技术,如贝叶斯知识跟踪和动态贝叶斯网络,被用于对学习者的学习进度进行建模⑦。此外,认知诊断模型和项目反应模型等心理测量模型也被

---

① Frezzo, D.C., Behrens, J.T., Mislevy, R.J., West, P., & DiCerbo, K.E. (2009, April). Psychometric and evidentiary approaches to simulation assessment in Packet Tracer software. In *2009 Fifth International Conference on Networking and Services*, 555-560.

② Romero, C., González, P., Ventura, S., Del Jesús, M.J., & Herrera, F. (2009). Evolutionary algorithms for subgroup discovery in e-learning: A practical application using Moodle data. *Expert Systems with Applications*, 36(2), 1632-1644.

③ Romero, C., & Ventura, S. (2007). Educational data mining: A survey from 1995 to 2005. *Expert systems with applications*, 33(1), 135-146.

④ Rupp, A.A., Gushta, M., Mislevy, R.J., & Shaffer, D.W. (2010). Evidence-centered design of epistemic games: Measurement principles for complex learning environments. *The Journal of Technology, Learning and Assessment*, 8(4).

⑤ Minović, M., Milovanović, M., Šoševic, U., & González, M.Á.C. (2015). Visualisation of student learning model in serious games. *Computers in Human Behavior*, 47, 98-107.

⑥ Liu, M., Lee, J., Kang, J., & Liu, S. (2016). What we can learn from the data: A multiple-case study examining behavior patterns by students with different characteristics in using a serious game. *Technology, Knowledge and Learning*, 21, 33-57.

⑦ Cui, Y., Chu, M.W., & Chen, F. (2019). Analyzing Student Process Data in Game-Based Assessments with Bayesian Knowledge Tracing and Dynamic Bayesian Networks. *Journal of Educational Data Mining*, 11(1), 80-100.

用来模拟学生在严肃游戏中的学习[①②③]。用各种机器学习技术也被用于分析大量日志文件。例如,聚类算法等无监督学习技术被用于识别学习者的策略和表现[④⑤]和 GBA 设计的关键特征[⑥];神经网络和决策树等监督学习技术被用来预测学习者的学习表现[⑦⑧]。Fu 等人[⑨]和 Alonso-Fernández 等人[⑩]也总结了其他一些用于严肃游戏的数据挖掘或统计方法。

而在 GBA 领域,数据处理挑战主要在于证据识别,即如何从这些过程性数据中提取研究者预期测评的复杂能力?玩家的哪些行为数据对应他们的社会与情感能力?如何给每一个行为数据赋分?具体的评分规则是什么?

在传统的评估中,学生的表现指标是明确和结构化的(例如,学生的评估任务得分);而 GBA 中 ECD 的证据识别和建模可能更具有挑战性和复杂性[⑪],开发者既需要考虑学生明确的任务表现(例如,问题的答案),也要注意更细粒度的行为(例如,选择答案时的鼠标运动)。为此,开发者也可以结合机器学习的技术,例如,克尔(Kerr)和钟(Chung)利用聚类分析从日志文件中识别出学生的解决策略和错误模式是学生表现的关键特征,这些特征可以作为揭示学生如何思考和使用策略来解决任务的证据,从而对学生的能力进行更精细的评估。

在模型建立方面,在之前的研究中,已经使用了各种方法来建立可观测指标和目标能力

[①] Lamb, R.L. (2013). *The application of cognitive diagnostic approaches via neural network analysis of serious educational games*. George Mason University.

[②] Lamb, R.L., Annetta, L., Vallett, D.B., & Sadler, T.D. (2014). Cognitive diagnostic like approaches using neural-network analysis of serious educational videogames. *Computers & Education*, 70, 92–104.

[③] Loh, C.S., & Sheng, Y. (2015). Measuring expert performance for serious games analytics: From data to insights. *Serious games analytics: Methodologies for performance measurement, assessment, and improvement*, 101–134.

[④] Kerr, D., Chung, G.K., & Iseli, M.R. (2011). The Feasibility of Using Cluster Analysis to Examine Log Data from Educational Video Games. CRESST Report 790. *National Center for Research on Evaluation, Standards, and Student Testing (CRESST)*.

[⑤] Lotfi, E., Amine, B., & Mohammed, B. (2014). Players performances analysis based on educational data mining case of study: Interactive waste sorting serious game. *International Journal of Computer Applications*, 108(11).

[⑥] Kerr, D.S., & Chung, G.K. (2012). Using Cluster Analysis to Extend Usability Testing to Instructional Content. CRESST Report 816. *National Center for Research on Evaluation, Standards, and Student Testing (CRESST)*.

[⑦] Keshtkar, F., Burkett, C., Li, H., & Graesser, A.C. (2014). Using data mining techniques to detect the personality of players in an educational game. *Educational Data Mining: Applications and Trends*, 125–150.

[⑧] Rowe, E., Asbell-Clarke, J., & Baker, R.S. (2015). Serious games analytics to measure implicit science learning. *Serious games analytics: Methodologies for performance measurement, assessment, and improvement*, 343–360.

[⑨] Fu, J., Zapata-Rivera, D., & Mavronikolas, E. (2014). Statistical Methods for Assessments in Simulations and Serious Games (ETS Research Report Series No. RR-14-12). *Princeton, NJ: Educational Testing Service*.

[⑩] Alonso-Fernández, C., Calvo-Morata, A., Freire, M., Martínez-Ortiz, I., & Fernández-Manjón, B. (2019). Applications of data science to game learning analytics data: A systematic literature review. *Computers & Education*, 141, 103612.

[⑪] Kerr, D., & Chung, G.K. (2012). Identifying key features of student performance in educational video games and simulations through cluster analysis. *Journal of Educational Data Mining*, 4(1), 144–182.

之间的联系①。根据克拉克(De Klerk)等人的综述,贝叶斯网络是 GBA 中最常用的证据建模方法之一。为了使用贝叶斯网络,研究人员需要定义一个有向图形模型,将潜在目标能力和可观察变量结合起来,然后在模型中指定父节点和子节点之间的条件概率②。此外,处理时间数据的方法,如贝叶斯知识跟踪(Bayesian Knowledge Tracing)和动态贝叶斯网络(Dynamic Bayesian Networks),也能够被考虑用于证据模型的搭建,从而能够识别学生的能力水平随时间的变化③。最近,一些研究人员提议使用深度学习方法进行证据建模。例如,在一个基于深度学习的 GBA 中,闵(Min)等人通过学生在游戏中的动作序列(通过热点编码量化)、测试前得分、态度和自我效能作为证据来推断他们的能力水平④。具体而言,通过长短期记忆(Long Short-Term Memory, LSTM)网络训练游戏动作的特征和一些外部特征来预测学生的测试后表现,该模型达到了中等的预测准确率(60%以上)。他们的框架展示了使用原始和低级交互数据进行证据建模的潜力。值得注意的是,从日志文件中提取的学生行为特征与他们的学习结果联系起来是预测学习分析研究领域中一种常见做法⑤。

总的来说,教育数据挖掘技术的快速发展正在催化 GBA 证据识别和模型建立方面的发展。因此,设计者不仅应该使用传统测评所必需的心理测量的数据分析方法,他们还应该利用 GBA 生成的丰富的额外数据,应用机器学习等领域的新方法,尽可能提取关于学生社会与情感能力或其他结构的更有用的信息⑥。

第四节　基于游戏的社会与情感能力测评案例集锦

上一节详细介绍如何开发 GBA 的基本步骤,并简单列举了一些例子。由于 GBA 目前还是一个崭新的领域,关于社会与情感能力的 GBA 更是稀少,因此,本小节将举几个基于游戏的社会与情感能力测评案例,方便读者更好、更全方位地理解 GBA。

---

① De Klerk, S., Veldkamp, B.P., & Eggen, T.J. (2015). Psychometric analysis of the performance data of simulation-based assessment: A systematic review and a Bayesian network example. *Computers & Education*, 85, 23–34.

② Kim, Y.J., Almond, R.G., & Shute, V.J. (2016). Applying evidence-centered design for the development of game-based assessments in physics playground. *International Journal of Testing*, 16(2), 142–163.

③ Cui, Y., Chu, M.W., & Chen, F. (2019). Analyzing Student Process Data in Game-Based Assessments with Bayesian Knowledge Tracing and Dynamic Bayesian Networks. *Journal of Educational Data Mining*, 11(1), 80–100.

④ Min, W., Frankosky, M.H., Mott, B.W., Rowe, J.P., Smith, A., Wiebe, E., ... & Lester, J.C. (2019). DeepStealth: Game-based learning stealth assessment with deep neural networks. *IEEE Transactions on Learning Technologies*, 13(2), 312–325.

⑤ Cui, Y., Chen, F., Shiri, A., & Fan, Y. (2019). Predictive analytic models of student success in higher education: A review of methodology. *Information and Learning Sciences*, 120(3/4), 208–227.

⑥ Gobert, J.D., Baker, R.S., & Wixon, M.B. (2015). Operationalizing and detecting disengagement within online science microworlds. *Educational Psychologist*, 50(1), 43–57.

一、悠动物园(Zoo U)

悠动物园(Zoo U)是一款基于游戏的社会与情感能力测评工具。Zoo U 使用故事驱动的内容和定制的游戏机制来对儿童的社会能力进行基于表现的评估[1][2]。Zoo U 是一个类似学校的虚拟世界,学生们在这里学习成为动物园管理员。这个故事世界提供了一个与真实学校环境相似但不完全相同的环境,以呈现类似于通常学校经历的虚拟社交场景。学生们可以用任何一种带耳机的电子设备(如平板电脑、笔记本电脑、台式机)以自定节奏的方式使用该软件(以免打扰他人,因为 Zoo U 中的所有文本都会大声朗读给学生听)。在学校环境中,Zoo U 可以在个人或团体环境中实施,几乎不需要教师的监督。如图 4-6 所示,当学生们第一次登录软件时,他们会进行如下几个准备步骤(大约 5 分钟)。

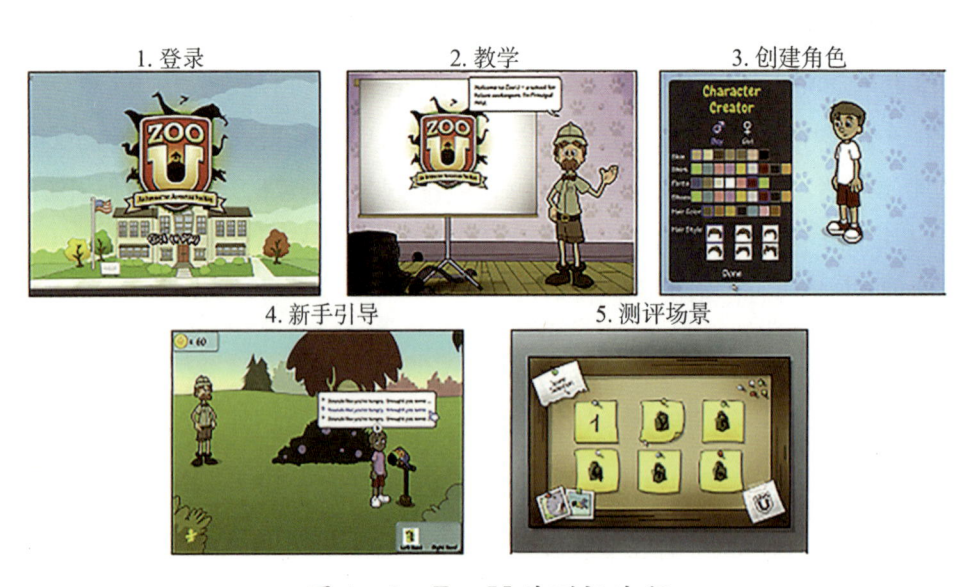

图 4-6 Zoo U 的测评流程

首先,教学这个环节提供了一个简短的介绍、设置说明(例如,确保学生能够充分听到),以及指示。然后,学生在角色创建环节通过定制特征(包括性别、皮肤和头发颜色、发型和服装)来创建个人角色(即虚拟故事世界中的自我形象)。接下来,作为这个定制的个性化角色,学生将完成一个简短的游戏引导教程,帮助学生知道如何使用软件(例如,如何点击移动,如何与其他角色交谈,如何选择菜单选项)。完成这些步骤后,学生需要通过界面依次完成六个

---

[1] Craig, A. B., Brown, E. R., Upright, J., & DeRosier, M. E. (2016). Enhancing children's social emotional functioning through virtual game-based delivery of social skills training. *Journal of Child and Family Studies*, 25, 959–968.
[2] DeRosier, M. E., Craig, A. B., & Sanchez, R. P. (2012). Zoo U: A stealth approach to social skills assessment in schools. *Advances in Human-Computer Interaction*, 22, 22.

第四章 游戏化测评:趣味中见证多维素养

Zoo U 测评场景(见图 4-7),在前一场景完成之后才能解锁下一场景。每个 Zoo U 场景大约需要 2—4 分钟才能完成,总时间约为 20 分钟。

场景1:情绪调节
在情绪激动的情况下,参与者能控制自己言行的程度
任务:
大厅里的欺凌者试图强迫参与者付过路费,然后才允许他去上课。在与欺凌者的互动中,参与者可以选择被动(P)、攻击(AG)和自信(AS)

场景2:冲动控制
在解决问题的过程中,参与者能保持专注的程度
任务:
老师指导参与者在课间休息前喂大象。为了完成这项任务,参与者必须从剪贴板(提供喂养指示)和老师那里收集信息

场景3:交流
参与者在与另一个角色的谈话中能够认真和尊重地交流,以及准确地倾听的程度
任务:
参与者必须与大厅管理员沟通,找出她的班级在哪里,并得到一个大厅通行证去找他们

场景4:同理心
参与者表现出对另一个角色的关心和理解程度
任务:
操场边有个男孩显然很沮丧。参与者需要用一种关心和体贴的方式来理解是什么让这个男孩不开心

场景5:合作
为了解决问题而与另一个学生合作的程度
任务:
参与者需要弄清楚如何抓住在教室里飞来飞去的鹦鹉。为了成功,参与者必须与另一个角色合作

场景5:社交触发
参与者适当地与其他角色进行社交游戏的程度
任务:
参与者在操场上,可以选择和长颈鹿互动,或者和其他三个角色一起参加一个游戏

图 4-7 Zoo U 的测评场景[①]

[①] DeRosier, M. E., & Thomas, J. M. (2018). Establishing the criterion validity of Zoo U's game-based social emotional skills assessment for school-based outcomes. *Journal of Applied Developmental Psychology*, 55:52-61.

Zoo U 利用儿童在游戏中的自然行为倾向,让他们表现出参与解决社会问题的能力和批判性思维,对社会与情感能力进行基于表现的评估。在开发 Zoo U 测评场景时,研究者基于教育发展理论以及实证研究成果,采用以证据为中心的设计[①],开发了此游戏化测评。如前所述,概念评估框架(CAF)有三个组成部分:能力模型、证据模型和任务模型。首先,研究者定义了他们想要测评的能力,以及为这些能力提供证据的现实世界行为。然后,他们根据实证研究开发了游戏中的任务,任务是与目标能力和现实世界行为有关。

具体而言,在基于大量研究后,研究者确定了促进小学儿童积极同伴关系的特定社会行为[②③],最终瞄准了六种社会与情感能力:沟通、合作、情绪调节、同理心、冲动控制和社交触发,这六项社会与情感能力形成了 Zoo U 对社会能力的总体概念,即该测评的能力模型。如图 4-7 所示,Zoo U 向学生们展示了一系列六个虚拟场景,这些场景是专门制作的,目的是引出目标能力,并要求应用该社会能力来解决所提出的社交挑战。

在每个场景中,玩家都会遇到一个需要解决的社会问题。例如,在冲动控制场景中,玩家需要在课前喂大象。玩家可以访问两个 NPC(老师和同伴,非玩家操纵的游戏角色),学生可以与他们对话并寻求帮助来解决所呈现的任务(例如,学生向老师问一个关于动物名字的特定问题,而不是问一个无关的关于课间休息的问题)。学生也可以和许多可点击的对象(例如,食物箱)进行互动,其中一些物体与问题解决有关(例如,墙上的剪贴板,提供喂养大象的说明),另一些则作为问题之外的干扰物(例如,食物箱,其中没有一个装有大象可以吃的食物)。对于干扰性质的 NPC 和对象,游戏允许学生进行一些探索(例如,允许学生与任务无关的同伴交谈一次)。然而,如果他们与问题解决行为偏离太远,就会获得较低的冲动控制分数。因此,玩家需要控制自己的冲动,不去点击干扰的物体,并将全部注意力集中如何喂养大象上。当然,在 Zoo U 的每一项社会与情感能力都有独特的要求,每一个场景中与 NPC 和物体的互动都有所不同。

每个场景是为了引出可测量的玩家行为和对话选择,这些行为和选择是每个场景中评估的社会与情感能力的证据。具体而言,这些证据主要来自三方面,第一方面来自对话选择,用来衡量学生与 NPC 沟通解决问题的质量。例如,当学生向 NPC 询问信息时,当选择任务内的选项时,会给予分数,而当选择任务外的对话选项时,不会给予分数。与现实世界的社会情况

---

① Mislevy, R., Steinberg, L., & Almond, R. (2003). On the structure of educational assessments. *Measurement: Interdisciplinary Research and Perspective*, 1(1),3-62.

② Coie, J.D., Cillessen, A.H., Dodge, K.A., Hubbard, J.A., Schwartz, D., Lemerise, E.A., & Bateman, H. (1999). It takes two to fight: a test of relational factors and a method for assessing aggressive dyads. *Developmental Psychology*, 35(5),1179.

③ Merrell, K.W., & Gimpel, G. (2014). *Social skills of children and adolescents: Conceptualization, assessment, treatment*. Psychology Press.

一样,Zoo U 的对话选择会影响场景中 NPC 的反应,以及后续选项。因此,对话选择的分数既反映了单个对话选择的质量,也反映了这些选择的顺序。

与这种对话选项选择驱动的评分方法相反,其他两个方面则评估了学生在与场景互动时的行为质量。第二方面衡量了在问题解决活动与在不适当活动上所花费的时间。例如在冲动控制场景中,这一部分的得分通过参与适当的问题解决行为(如阅读剪贴板上提供的说明)所花费的总时间与非任务时间(如选择非任务对话选项和点击分心物)的百分比来反映。第三方面测量了在完成场景时任务内行为与任务外行为的比率。例如在冲动控制场景中,这是通过计算冲动点击的次数来实现的,包括对无关对象的点击,以及对解决问题没有帮助的对象的点击。Zoo U 以定制的方式将基于对话选择的评分和行为评分相结合,生成了每个场景的对应能力表现评分。该分数可以作为连续变量,也可以根据等级分为高/中/低三个性能水平。

Zoo U 也进行了一系列对于测评质量的验证,通过行为评分量表将儿童在每个场景中的表现与相同能力对应的独立教师报告进行数据的比较[1],分析显示 Zoo U 场景得分与教师对对应社会与情感能力的评分之间存在显著的一致性。后续也有相关研究已证实 Zoo U 在高年级小学生中的可接受性和可用性,以及教师和学校使用的可行性[2][3]。此外,研究也发现儿童的社交能力知识(即对社交能力的认知理解)与他们的 Zoo U 表现显著相关[4]。

二、太空危机(Crisis in Space)

太空危机(Crisis in Space)是由某公司开发的游戏化测评,旨在评估中学生(ISCED-2)的合作解决问题(Collaborative Problem Solving, CPS)和相关社会与情感能力。该游戏是一款双人合作游戏,参与玩家必须通过共享信息来解决一系列难题[5]。游戏一次由两个人玩,他们在火星任务中交替扮演宇航员和工程师。每个二人组经历一系列(五个)任务,总共包括十六个子任务。参与者必须合作应对潜在的危险和威胁,以确保任务成功。虽然并非所有参与者都能成功完成任务,但所有参与者都表示对游戏的参与度很高。他们的具体任务包括解码加

---

[1] DeRosier, M. E., Craig, A. B., & Sanchez, R. P. (2012). Zoo U: A stealth approach to social skills assessment in schools. *Advances in Human-Computer Interaction*, 22, 22.

[2] Craig, A. B., Brown, E. R., Upright, J., & DeRosier, M. E. (2016). Enhancing children's social emotional functioning through virtual game-based delivery of social skills training. *Journal of Child and Family Studies*, 25, 959-968.

[3] DeRosier, M. E., & Craig, A. B. (2014). Zoo U game platform for social skills assessment (SSA). In M. DeRosier (Ed.), *Social skills assessment through games: The new best practice* (pp.173-186). Charleston, SC: Interlink Press.

[4] Craig, A. B., Brown, E. R., Upright, J., & DeRosier, M. E. (2016). Enhancing children's social emotional functioning through virtual game-based delivery of social skills training. *Journal of Child and Family Studies*, 25, 959-968.

[5] Chopade, P., Edwards, D., & Khan, S. (2019). Designing a digital jigsaw game-based measurement of collaborative problem-solving skills. In *Companion Proceedings of the 9th International Learning Analytics and Knowledge Conference (LAK 2019)*, Tempe, Arizona, 26-31.

密信息,避免小行星撞击,并将探测卫星送入火星轨道等。虽然文中并没有明确提到使用了ECD 的框架,但该团队也是通过具体任务来让参与者展示其 CPS 和社会与情感能力,从而评估其合作质量和属性[①]。该研究结合前人文献将协作中的认知过程分为 4 个部分,还分析了 3 种社会情感能力(领导力、融洽关系和心理弹性)。在其中一个名为 Keypad 的任务中能力和行为证据的对应关系如表 4-4 所示,该任务中,工程师需要提供给宇航按下一系列按钮的正确顺序。

该研究的第一大亮点是收集了五种不同形式的数据,包括:(1)游戏日志;(2)聊天日志;(3)带有屏幕截图的眼动追踪;(4)人像视频;(5)音频文件。为此,具体的数据收集工作如下:每个参与者坐在一个房间里,带着一台笔记本电脑、一台相机、一个麦克风、一个扬声器和一些刮纸。参与者通过 Skype 通话相互连接,通过此设置以实现数据源之间的同步,以及语音的简单隔离(电话质量)。

该研究的第二大亮点是,研究者为了分析视频、音频、眼动和日志数据等不同形式的数据,通过手动标注各种交互的显著部分来训练机器学习算法,这也反过来指导了对 CPS 能力的测量。在同步多个数据流后,研究者使用标注软件 ELAN 进行多模式的标注。例如,揭示情绪的语音、眼动数据和其他语气元素被标注为认知内容(例如,描述任务、描述任务元素)或社会情感内容(例如承认、困惑、道歉)。然后,研究者使用深度学习算法来检测面部表情(效价和唤醒)、手势、笑声、语义相似性、眼动和点击模式,以自动预测这些行为标签。

表 4-4　Keypad 任务分析

认知技能	引发行为的顺序
信息收集和交换	1. 任务开始 2. Keypad 任务的定位 　a. 宇航员对符号进行口头描述或使用词语符号或形状 　i. 点击 Keypad 窗口上的事件或凝视 Keypad 窗口 　b. 工程师导航至 Keypad 选项卡 　i. 凝视并点击 Keypad 选项卡上的事件。可能包括口头承认 3. 符号的位置和命名 　a. 宇航员用语言和手势描述四个符号 　i. 凝视一个特定的符号 　b. 工程师确认或要求再次澄清

---

① Andrade, A., Maddox, B., Edwards, D., Chopade, P., & Khan, S. (2019). Quantitative multimodal interaction analysis for the assessment of problem-solving skills in a collaborative online game. In *Advances in Quantitative Ethnography: First International Conference, ICQE 2019, Madison, WI, USA, Proceedings 1*. Springer International Publishing, 281-290.

(续表)

认知技能	引发行为的顺序
信息综合和采取行动	4. 将符号映射到符号集 a. 工程师直观地识别符号集 b. 工程师口头和用手势传达按下按钮的顺序 c. 宇航员可能要求重复/澄清 d. 宇航员按下符号窗口上的符号按钮 i. 宇航员可能口头确认点击或工程师可能要求确认
	5. 评估框： a. 如果任务成功， i. 宇航员确认任务已成功完成，并且宇航员点击后退按钮，进入下一个任务 ii. 工程师和宇航员增加他们的积极效价 b. 如果任务没有成功， i. 宇航员确认任务未成功完成 ii. 工程师和宇航员增加他们的消极效价 ii. 重复步骤3
社会情感技能	可观察的行为
领导力	Ⅰ话轮和单词的占比，话语中表示自信、开放的语气和身体姿势
融洽关系	Ⅱ微笑(积极效价)、大笑、凝视同伴的次数，积极和同情的话语
心理弹性	Ⅲ给予不成功任务的积极词语和效价，或澄清声明

例如，检测手势使用深度学习算法首先预测一只手出现在视频帧中的可能性，然后预测手的出现是否正在产生交流手势的可能性。为了检测笑声，研究使用了一种预先训练的笑声识别算法，然后使用手动标注来提高算法的精度。同样，通过预训练的网络检测并预测参与者面部表情和情绪状态的可能性，并将标注的数据来细化预测。此外，机器学习技术也被用来单独分析参与者的音频数据，以及将其映射到合作问题解决能力(CPS)。具体而言，研究者采用自然语言处理(Natural Language Processing, NLP)，自动提取有意义的话语证据，目标是从中抽取出量化的特征，以代表可能映射到合作解决问题能力的对话的各个方面。研究采用了双管齐下的方法：(1)使用词袋技术(Bag-of-Words Analysis)来表示合作对话的一般方面；(2)使用话轮分析(Turn-by-Turn Analysis)来表示更细粒度的即时对话信息。

该研究证明，基于机器学习的分析框架能够支持以证据为中心的协作问题解决能力的评价设计，并帮助团队在复杂的情况下运作。这项工作的潜在应用包括支持美国国土安全部(DHS)和美国陆军发展以学习者和团队为中心的培训、团队认知、行为和社会与情感能力(Social and Emotional Learning)评价。研究者认为可以开发类似 *Crisis in Space* 的游戏，用于不同实时情景下的协作问题解决能力的评价和分析。

从这个案例可以看到,将 AI 技术和话语分析技术相结合有很大的应用前景。在未来的工作中,通过提取低级别特征,研究者可以使用贝叶斯网络模型(BNM)和卷积神经网络(CNNs)对提取的音频特征进行分类和回归分析,从而摆脱以往人力分析音频的繁琐、机械工作。但在 AI 应用于该领域的初期,毫无疑问这项工作将要求主题材料专家(Subject Mater Experts, SME)使用相关的标签手动编码收集社会与情感子能力数据的各个方面。

三、Noah Kingdom

Noah Kingdom 是一个用于测评批判性思维的模拟游戏。该游戏化测评的开发基于批判性思维的 Toulmin 模型[①],将批判性思维和互动的游戏形式深入结合,并贴近日常的生活情况。测评从 Toulmin 模型中提取了四项核心能力,即收集证据、评估、匹配论点和决策。游戏为了引出相应的行为证据,采用对话式的测评方案,让学生在不同的立场产生和评价批判性思维的论点。游戏也构建了相应的任务模型,具体而言,在游戏 *Noah Kingdom* 中,研究者在三个游戏场景中设计了需要不同批判性思维能力的互动游戏活动,以此评估了学生们是如何构建和评估论点的,具体如表 4-5 所示。整个过程花了大约 60 分钟才完成。为了开始游戏,学生们被要求扮演国王/王后的角色。

表 4-5 *Noah Kingdom* 每个场景的活动和对应能力

场景	游戏任务	评估的技能	活动的详细信息
读报	证据仓库	收集证据	将证据拖到"证据仓库"
	评估新闻	评估-评估	对每个新闻点击"查询"或"已阅读"
与部长们交谈	查询	评估-查询	点击"查询"。从弹出的意见中找出正确的意见
	驳斥	评估-驳斥	点击"驳斥",从证据仓库中提取证据
做决策	剔除无效证据	收集证据	剔除无效证据
	旋转转盘	匹配论点	旋转三层转盘以匹配相应的证据并给出理由
	进行决策	决策	考虑双方论点,并输入支持决策的理由

在第一个场景中,学生需要通过阅读报纸片段来了解故事(选美比赛)的背景。因此,学生必须完成两项任务,即收集证据和评估新闻。他们被要求将他们认为是证据的新闻信息拖到对话框中。除了选择证据外,学生们还被要求评估论点的质量。学生如果把正确的证据拖进对话框,可以得到 1 分,而两次错误的尝试将扣 1 分,正确评估也可以得 1 分。

---

① Toulmin, S. E. (1958). *The uses of argument.* Cambridge University Press.

在第二个场景中,国王/王后出席了与两位大臣的会议。这两位大臣对"选美比赛"是否应该继续持相反意见。在这里,学生将完成三项任务:在大臣对话中收集证据,评估意见,以及用新闻中显示的证据反驳意见。在这个过程中,对证据的正确反馈也会有相应的得分。

在第三个场景中,完成选美比赛后,国王/王后会进行最终的角色扮演。具体而言,国王/王后将删除无效证据,并保留支持其决定的证据,做出决定。学生需要选择他们的观点,并选择支持他们观点的证据。证据、观点和角色的有效匹配将获得2分。在他们选择了支持证据后,计算机程序的设计使得会弹出一个反例或关于证据的相关问题。然后,学生们被要求考虑两个相互矛盾的证据,并在提供的空白处回答一个开放式问题。开放式问题也有相应的评分标准。

在完成上述的批判性思维的游戏化测评及其开发之外,研究者同时也采取测量手段进行了信效度的验证,主要是流行的批判性思维测量工具 HCTA[1]、用户反馈表以及学生的学业成绩。结果也显示,批判性思维的游戏化测评可以与其他流行的批判性思维工具相媲美。并且从学生的反馈中可以明显看出,大多数学生对这项游戏评估感到满意和投入。

四、岛屿任务(*Poptropica*),牛顿的游乐场(*Newton's Playground*)及其他毅力相关案例

迪尔博(DiCerbo)在一款名为 *Poptropica* 的在线游戏中应用 ECD 创建了与毅力相关的两个特征(时间和完成度)[2],并在三项任务中使用基于这两个特征的分数进行了验证性因素分析。在岛屿任务(*Poptropica*)的虚拟世界中,玩家可以在其中探索包含各种主题和任务的"岛屿",并通过步行、跳跃等行为来选择进入哪些岛屿并在这个虚拟世界中游玩。每个岛屿的任务通常包括25个或更多步骤,例如收集和使用物品,通常按特定顺序完成。

游戏的后端能够捕获每个玩家带有时间戳的日志数据,例如,任务完成步骤、修改自己的角色、收集物品等。平均每天有35万名玩家生成8000万条活动线路。一般来说,毅力需要在难度高的任务中体现出来[3],因为简单的任务不会带来挑战和失败,从而表现出毅力。衡量难度的一种方法是玩家成功完成任务的百分比。在 *Poptropica* 的各个岛屿上,完成率从3%到9%不等,这表明这些任务难度较高,能够起到衡量毅力的效果。

---

[1] Halpern, D. F. (2012). Halpern critical thinking assessment: Test manual. *Schuhfried GmbH., Ed.). Mödling, Austria*.

[2] DiCerbo, K. E. (2014). Game-based assessment of persistence. *Journal of Educational Technology & Society*, 17(1), 17-28.

[3] Ventura, M., & Shute, V. (2013). The validity of a game-based assessment of persistence. *Computers in Human Behavior*, 29(6), 2568-2572.

一开始为了测评对困难任务的反应,迪尔博根据花费的时间、完成的任务和失败后的尝试,考虑了四个潜在指标:(1)花费在任务上的总时间,(2)完成任务的数量,(3)在成功完成单个任务上花费的最长时间,(4)在退出游戏前花费在最后一个任务上的时间。但不幸的是,来自个别任务的数据,也就是(3)(4)两个指标,都被证明是高度可变和不可靠的指标,受到太多意外的干扰。因此,该研究确定了每个任务的两个指标:花费在任务相关事件上的总时间和完成任务事件的数量,这些指标是根据每个玩家的日志文件计算得出的。

该游戏化测评的第一大亮点是游戏在数据收集的刚开始就对玩家群体进行了筛选,挑选了那些为完成任务而努力的玩家样本。事实上,研究者也对整体玩家群体数据进行了测评和建模,但是发现感兴趣的指标之间普遍缺乏相关性。这是因为毅力概念本身是指向特定目标前进过程中体现的,只有对那些有特定目标的人进行测量,才能产生一个非常吻合的模型。

该游戏化测评的第二大亮点是通过验证性因素分析进行了测试,很少有来自游戏日志文件的指标组合来衡量潜在结构的例子,因此这个研究可以作为这方面初步工作的一个例子。结果表明,可能有一个潜在因素解释了这些指标之间的差异,研究中对独立样本进行了交叉验证,证实了结构和因子负荷。并且这些指标产生的分数在各个年级水平上都会增加,这提供了基于外部效度的初步证据。但研究并未提供更多与外部关系的证据,如评级量表或其他环境中的衡量标准,以确定通过这种游戏方法获得的结果与通过其他方式获得的结果相对应,从而进一步证明这实际上是在衡量毅力。缺乏外部来源的验证限制了目前应从该措施中得出的结论。

但毅力和经典的自我报告量表形式的相关可能并不高。本图拉(Ventura)和舒特(Shute)在 *Newton's Playground*(NP,与之前在 ECD 应用部分中提到的 PP 游戏机制一样,用于促进物理的学习)对毅力的效度问题进行了探究[1],得到类似的结果。虽然和上面 *Poptropica* 的游戏内容不同,但游戏内衡量毅力的指标非常类似,前者的一个指标是在困难任务上花费的时间,NP 中则是在未解决问题上的时间。

除了游戏内衡量毅力的指标 GAP(Game-based Assessment of Persistence),研究者使用了多种验证有效性的指标,其中有游戏外专门衡量毅力的指标,自我报告量表(Self p; Self-report Measure of Persistence),也有毅力的行为表现测量 PMP(Performance Measure of Persistence)[2],其中 Self p 是从国际人格项目库(International Personality Item Pool)中选取,而 PMP 是通过行为表现衡量参与者在特别困难的问题上花费的时间。其他有关效度的指标还

---

[1] Ventura, M., & Shute, V. (2013). The validity of a game-based assessment of persistence. *Computers in Human Behavior*, 29(6), 2568-2572.

[2] Ventura, M., Shute, V., & Zhao, W. (2013). The relationship between video game use and a performance-based measure of persistence. *Computers & Education*, 60(1), 52-58.

第四章 游戏化测评:趣味中见证多维素养

有游戏内表现(金牌或银牌的游玩时间)、物理后测成绩,以及控制变量喜爱度和游戏经历。有趣的发现是,GAP 和 PMP 显著相关,但是和 Self p 不相关。并且从外部效度来看,物理后测成绩和 GAP、PMP 显著相关,但是和 Self p 不相关。

从上面的例子可以看出测量毅力的一些要注意的点。首先,确定毅力的结果或目标可能是探究毅力这个社会与情感能力的第一步[①]。这一点之所以重要,至少有两个原因。首先,在游戏化测评中,人们必须意识到,游戏是非常开放的空间,玩家可能在游戏中追求各种目标,例如,在游戏中取得成就、探索和与他人社交[②]。如果要根据玩家的行为进行任何类型的推断,那么明确他们在游戏中的动机和目标。其次,许多人对在游戏之外的目标十分有毅力,例如完成学校教育[③],但在游戏中可能并非如此,况且并非所有完成学校教育的人都有相同的目标。因此,任何关于毅力的研究都应该考虑到目标的问题。

其次,自我报告的毅力测量与 GAP 之间可能缺乏显著的关系,这可能是由于多种原因造成的。第一点,使用不同评估方法,相关性肯定会受到影响。包括最近一项调查科学性 IAT(内隐联想测试)的研究同样发现,IAT 尽责性与尽责性的自我报告测量之间没有关系[④]。第二,由于 GBA 的隐形性质,基于表现的评估可能不太容易受到社会期望效应的影响[⑤]。第三,PMP 和 GAP 可以说比毅力的自我报告测量具有更大的生态效度,因为毅力的理论定义(在困难任务上花费的努力)与游戏化测评本身非常相似(在 NP 中花费在未解决的任务上的时间)。

最后,毅力作为一种社会与情感能力在游戏化测评中可能具有被测评的通用性。也就是说,只要是任何涉及高难度任务的游戏情境,都能在一定程度上激发玩家毅力的行为表现,例如最常用的指标花费时间、完成任务数量等。例如游戏 NP,本意是通过游戏来促进对物理知识的学习,但却通过坚持的时间来衡量毅力。包括金姆(Kim)等人开发的一款用于测评空间推理能力的游戏 *Shadowspect*[⑥],也是通过三个维度计算了毅力的得分:解决每个任务的时间、尝试次数和任务次数。因此,毅力或许能够被广泛地在 GBA 中进行测评,因为游戏化测评的

---

① Meier, G., & Albrecht, M. H. (2003). The persistence process: Development of a stage model for goal-directed behavior. *Journal of Leadership & Organizational Studies*, 10(2), 43-54.

② Bartle, R. (1996). Hearts, clubs, diamonds, spades: Players who suit MUDs. *Journal of MUD Research*, 1(1), 19.

③ Brown, S.D., Tramayne, S., Hoxha, D., Telander, K., Fan, X., & Lent, R.W. (2008). Social cognitive predictors of college students' academic performance and persistence: A meta-analytic path analysis. *Journal of Vocational Behavior*, 72(3), 298-308.

④ Vianello, M., Robusto, E., & Anselmi, P. (2010). Implicit conscientiousness predicts academic performance. *Personality and Individual Differences*, 48(4), 452-457.

⑤ Ventura, M., & Shute, V. (2013). The validity of a game-based assessment of persistence. *Computers in Human Behavior*, 29(6), 2568-2572.

⑥ Kim, Y.J., Knowles, M.A., Scianna, J., Lin, G., & Ruipérez-Valiente, J.A. (2023). Learning analytics application to examine validity and generalizability of game-based assessment for spatial reasoning. *British Journal of Educational Technology*, 54(1), 355-372.

模式基本都需要用户解决问题。并且,不只毅力,某些社会与情感能力可能也具有通用性,可以在不同形式、不同目的的游戏中得以体现,例如除了毅力,创造力可以通过新颖的(与他人相比较罕见的)解决问题路径得以体现,协作能力可以在多人任务中的交流次数等得以体现,冲动控制可以通过被干扰物影响的次数等得以体现。当然,即使是这些简单的指标也需要能力的相关概念和理论出发,并且简单的指标更多是提供一个社会与情感能力展现的"窗口",无法让玩家更全面地展现表现某项社会与情感能力。

第五节　征途漫漫:从"赶上时代"到"引领时代"

最后,本章节要讨论社会与情感能力 GBA 目前所面临的挑战和未来方向。这是一个非常新颖的研究领域,面临着一系列挑战,但幸运的是,人们的关注也越来越大,随着技术的发展,GBA 或许是社会与情感能力测评的未来方向。

一、群体差异和公平性问题

游戏化测评可能存在人口统计学上的差异。首先是在性别层面,圣地亚哥一所公立学校的实验证据表明,教育游戏中学习的性别差异可能取决于所使用的技术平台[1],这同样适用于 GBA 中的表现。在一款名为 First colony 的教育游戏中,11 年级的学生需要应用静电学的概念完成游戏。玩家扮演宇航员的角色,被派去带回珍贵的水晶。由于水晶很脆弱,宇航员只能用电力移动它。由于游戏运行平台的不同,一共有两个游戏平台,分别是多鼠标平台(Multiple Mice Version)和虚拟现实平台(Augmented Reality Version)。

在多鼠标平台的游戏版本中,学生三人一组玩,每个学生控制一个鼠标。使用鼠标,学生可以移动宇航员,改变他们的电荷值和极性,并激活他们的电荷与水晶相互作用。在 AR 平台中,学生可以使用平板电脑执行相同的动作。在 AR 中,教室与游戏世界融为一体,通过 AR 系统可以在现实的桌子上"放置"虚拟物体。该系统使用屏幕顶部的网络摄像头,通过检测每个学生与纸笔的相对位置来确定每个学生宇航员的位置。

虽然学生在使用多鼠标平台玩游戏时没有观察到性别差异,但男孩在使用 AR 平台玩同一游戏时表现优于女孩,且统计学差异显著。由于女孩们似乎更难使用 AR 平台,因此将该技术用于 GBA 可能会使她们处于不利地位,而这个差距与预期要测评的学习或社会与情

---

[1] Echeverría, A., Améstica, M., Gil, F., Nussbaum, M., Barrios, E., & Leclerc, S. (2012). Exploring different technological platforms for supporting co-located collaborative games in the classroom. *Computers in Human Behavior*, 28(4), 1170–1177.

第四章　游戏化测评:趣味中见证多维素养

感能力本身无关。在某款游戏中,也发现了性别差异这个现象,男生要比女生更多地参与社会活动①。可见,GBA 运行平台的选择可能会造成与能力测评无关的性别差异。

其次,Zoo U 的结果显示存在显著的年级差异,但教师对社会与情感能力的评分却没有显著差异,这表明 Zoo U 在对发展差异的敏感性方面可能优于教师报告②。同样,与教师报告一样,Zoo U 似乎能够检测到小学高年级社会与情感能力的性别差异③。并且,Zoo U 也报告了显著的种族差异,其中被认定为白人的儿童得分显著高于被认定为"其他"组的儿童,"其他"组的得分又显著高于被认为是非裔美国人的儿童。虽然 Zoo U 不同种族亚组的差异模式与教师报告的社会与情感能力的差异模式一致,但教师评分也可能受到固有种族偏见的影响④。

游戏化测评在不同人群中的差异无疑和游戏类型和题材本身的差异有所关系。事实上,大多数商业游戏都是为特定玩家群体(即市场)构建的。例如,一款动作射击游戏主要面向男性(青少年及以上),换装游戏主要面向青春期前的女孩。但为了测评社会与情感能力,未来的研究无疑要侧重于复杂的游戏设计,而不是典型的简单问答设计,采用多种游戏设计的元素,如协作、角色扮演、叙事、探索和复杂性⑤,但这些设计元素和群体差异的关系还需要进一步被验证。

但测评必须要平等地惠及每个学生⑥,因此要如何解决公平性的问题,如何让 GBA 不偏袒任何普通人群(例如,男性与女性,游戏玩家与非游戏玩家)。要做到这一点,开发者首先需要在游戏类型和机制上进行考虑,从公平的角度进行仔细审查。例如在开放性游戏中,一些学生可能没有获得与其他学生相同的机会来展示他们的能力,因为他们可能没有遇到类似的问题需要解决。除了要审查 GBA 的类型、结构和背景知识等,开发者还需要进行实验研究,以证实公平性的主张。特别是,确保目标能力的关键特征在不同群体中以类似的方式出现是很重要的,充分考虑测评的能力模型和证据模型是否能够发挥作用。总之,关于 GBA 公平性

---

① Ruiperez-Valiente, J. A., Gaydos, M., Rosenheck, L., Kim, Y. J., & Klopfer, E. (2020). Patterns of engagement in an educational massively multiplayer online game: A multidimensional view. *IEEE Transactions on Learning Technologies*, 13(4), 648–661.

② DeRosier, M.E., & Thomas, J.M. (2018). Establishing the criterion validity of Zoo U's game-based social emotional skills assessment for school-based outcomes. *Journal of Applied Developmental Psychology*, 55, 52–61.

③ Merrell, K.W., & Gimpel, G. (2014). *Social skills of children and adolescents: Conceptualization, assessment, treatment*. Psychology Press.

④ Riegle-Crumb, C., & Humphries, M. (2012). Exploring bias in math teachers' perceptions of students' ability by gender and race/ethnicity. *Gender & Society*, 26(2), 290–322.

⑤ Qian, M., & Clark, K. R. (2016). Game-based Learning and 21st century skills: A review of recent research. *Computers in Human Behavior*, 63, 50–58.

⑥ Timmis, S., Broadfoot, P., Sutherland, R., & Oldfield, A. (2016). Rethinking assessment in a digital age: Opportunities, challenges and risks. *British Educational Research Journal*, 42(3), 454–476.

的研究还较少。未来的研究显然需要包括足够大的样本,以便对不同群体进行更细致的检查。

最后,关于公平性问题 GBA 需要考虑的另一个挑战是需要让残疾学生无障碍使用。尽管近几十年来教育测量领域在这一主题取得了重大进展,但将通用学习设计等框架①扩展到基于游戏的评估需要仔细设计、广泛测试,在某些情况下,新方法和新技术的发明,如触觉反馈技术,能够实现基于触摸的用户界面,从而对视觉障碍学生进行评估②。

二、数据挖掘和 AI 的挑战和机遇

人工智能、机器学习、教育数据科学、计算机视觉和情感计算领域的最新进展使研究人员能够分析和评分更广泛的反应数据。这些技术进步扩展了可用于表征学生知识、能力和属性的反应数据类型。因此除了心理测量创新,基于机器学习和人工智能发展的技术创新也为 GBA 带来了新的机会③。

首先,随着大量可用数据的挖掘,研究者可以通过探索性数据分析和教育数据挖掘来细化和改进项目得分。尽管这种数据挖掘不应取代上述理论导向的设计过程,但经验表明,这里的计算机辅助迭代可以通过增加关于学生表现的有用信息量来提高游戏化测评的可靠性和效率④。

不过,许多先进技术的一个重要限制是它们的可解释性低。研究显示,随着机器学习模型的日益使用,人们对开发可解释模型产生了兴趣⑤。然而,目前研究这些模型是否达到预期效果的实验研究相对较少。因此,开发新的模型以在 GBA 环境中提供更好的可解释性及其验证仍然是一个悬而未决的挑战。另一方面,目前大多数评估都是用小样本进行的,通常与一个班级的规模相对应,因此这些研究的统计能力较低,检测实际效果的机会不够充足⑥。因此,研究必须使用更大的数据样本来提高结果的通用性和有效性。

---

① Rose, D. (2000). Universal design for learning. *Journal of Special Education Technology*, 15(4), 47-51.

② Darrah, M. A. (2013). Computer haptics: A new way of increasing access and understanding of math and science for students who are blind and visually impaired. *Journal of Blindness Innovation and Research*, 3(2), 3-47.

③ Ciolacu, M., Tehrani, A. F., Binder, L., & Svasta, P. M. (2018, October). Education 4.0-Artificial Intelligence assisted higher education: early recognition system with machine learning to support students' success. In *2018 IEEE 24th International Symposium for Design and Technology in Electronic Packaging(SIITME)* (pp.23-30). IEEE.

④ Mislevy, R. J., Oranje, A., Bauer, M. I., von Davier, A. A., & Hao, J. (2014). *Psychometric considerations in game-based assessment*. GlassLabGames.

⑤ Poursabzi-Sangdeh, F., Goldstein, D. G., Hofman, J. M., Wortman Vaughan, J. W., & Wallach, H. (2021, May). Manipulating and measuring model interpretability. In *Proceedings of the 2021 CHI conference on human factors in computing systems* 1-52.

⑥ Petri, G., & von Wangenheim, C. G. (2017). How games for computing education are evaluated? A systematic literature review. *Computers & Education*, 107, 68-90.

并且,游戏化测评带来的大量数据也将带来相关的道德挑战,即知情同意、数据隐私、数据所有权和信息控制等相关问题,所有这些都与教育工作者对儿童和青少年(以及更成熟的学生)的道德责任有关。目前游戏化测评方兴未艾,但可以想象,会产生许多敏感的数据,因此,人们对同意以及如何收集、使用和存储这些数据提出了复杂而重要的伦理问题。事实上,教育部门内部、课堂、机构和国家层面的数据已经非常丰富。这不仅引发了学生对此类数据的收集及其使用的同意程度的道德问题,同样重要的是他们如何访问、拥有或控制自己的个人数据。一个更紧急的问题涉及研究者要评估的社会与情感能力,这类能力更敏感,这就引发了难题,即是否应该评估这些个人特征,如果应该,应该如何保护这些信息。所有人员必须要考虑以下道德问题[①②③]:如何保护学生数据?谁拥有这些数据,拥有多长时间?如何使用数据以获得最佳优势?

最后,AI 的发展或许能为 GBA 带来新的前景,其能够与游戏开发深入结合。例如,AI 可以嵌入游戏内部,构造一个更为灵活真实的模拟情境,让游戏中的 NPC 更具有智能和逼真性,使游戏更具有挑战性和可玩性。AI 可以自动能够校准游戏的难度,丰富并拓展了游戏化测评的能力范围,确保所有测试者充分发挥社会与情感的能力。从测评开发和成本的角度来说,AI 可以帮助研究者和游戏开发者更快、更准确地制作出游戏化测评的程序。例如,AI 可以在游戏开发过程中进行自动化测试和调试,减少开发环节中的错误和缺陷,提高游戏的品质和稳定性同时,AI 可以丰富游戏内容,自动生成游戏中的场景、任务、道具等内容,使游戏更加多样化和丰富化。

三、社会与情感能力的 GBA 任重道远

戈麦斯(Gomez)等人在综述中对 65 篇不同领域的 GBA 文献进行了分析,发现虽然近年来人们 GBA 的兴趣越来越大,但这 65 篇中只有 12 篇是关于社会与情感能力的[④],从中可以看出这方面仍有很大的进展空间。不过虽然有关社会与情感能力的 GBA 研究目前很少,但各个具体的社会与情感能力基本都涉及相应的 GBA 进行测评,甚至本文提到的 GBA 大部分都可以同时测评多个不同的能力,如表 4-6 所示。

[①] Pardo, A., & Siemens, G. (2014). Ethical and privacy principles for learning analytics. *British Journal of Educational Technology*, 45(3), 438-450.

[②] Shute, V. J., Leighton, J. P., Jang, E. E., & Chu, M. W. (2016). Advances in the science of assessment. *Educational Assessment*, 21(1), 34-59.

[③] Timmis, S., Broadfoot, P., Sutherland, R., & Oldfield, A. (2016). Rethinking assessment in a digital age: Opportunities, challenges and risks. *British Educational Research Journal*, 42(3), 454-476.

[④] Gomez, M. J., Ruipérez-Valiente, J. A., & Clemente, F. J. G. (2022). A Systematic Literature Review of Game-based Assessment Studies: Trends and Challenges. *IEEE Transactions on Learning Technologies*.

表 4-6 本章涉及到的部分 GBA

游戏名称	游戏类型	测评能力	群体	参考文献
Zoo U	线性；RPG	六项社会与情感能力：沟通、合作、情绪调节、同理心、冲动控制和社交触发	小学学生（n=270；3—4年级）	(Craig et al., 2016; DeRosier et al., 2012)
SimCityEDU	沙盒；模拟	系统思维；问题解决能力	初中学生（n=751）	(Dicerbo et al., 2015)
The Radix Endeavor	虚拟；MMORPG	学习表现；参与度	初高中学生（n=4 904；6—12年级）	(Conrad et al., 2014; Ruiperez-Valiente et al., 2020)
Physics Playground	目标游戏	物理；创造性	初中学生（n=167；8—9年级）	(Kim & Shute, 2015)
Newton's Playground	目标游戏	物理；毅力	初中学生（n=158；8—9年级）	(Ventura & Shut, 2013)
Shadowspect	目标游戏	空间推理；毅力	初中学生（n=44）	(Kim et al., 2022)
Crisis in Space	线性；RPG	协作问题解决能力；3项社会与情感能力：领导力、融洽关系、心理弹性	成年人（n=34；实习生和团队成员）	(Chopade et al., 2019)
Use Your Brainz	线性；塔防	问题解决能力；创造力	初中学生（n=55；7年级）	(Shute et al., 2016)
Poptropica	线性；RPG	毅力	6—14岁（n=892）	(DiCerbo, 2014)
Noah Kingdom	线性；RPG	批判性思维	高中学生（n=185）	(Wang et al., 2022)

事实上，其中许多游戏本意并不是为了测评某个社会与情感能力而开发，例如 *Use Your Brainz* 是由商业游戏改编而来，*Physics Playground* 和 *Newton's Playground* 是为了促进物理知识的学习。但由于这些游戏本身是以解决问题为导向的，解决这些问题本身就是各种能力进行组合并发挥作用的过程，这点在毅力案例那一部分也有所体现。这一方面其实说明社会与情感能力是一种通用且底层的能力，相对于认知能力，社会与情感能力可能在一些实际解决问题的任务中更为重要和容易表现，而游戏恰好提供了这样一个模拟的环境，成为体现社会与情感能力的重要途径；另一方面，如何构造这样一个针对社会与情感能力的游戏环境

可能并不容易,因为游戏也只能提供一个社会与情感能力在某个模拟情境的行为表现的"切面",无法确定游戏能够让玩家完整表现某项社会与情感能力。

这又回到如何开发社会与情感能力的话题。之前的内容从测评的角度,阐述了 ECD 对于游戏化测评开发的重要性。现在回到游戏设计的视角,游戏化学习和社会与情感能力的综述发现,协作是这类 GBL 中最常见的游戏设计元素,其中协作和竞争作为游戏设计元素,用于让玩家参与社交互动,从而持久参与游戏[1]。角色扮演是这些论文中第二常见的游戏设计元素。游戏世界中的角色扮演可以让玩家在游戏中有一种身份感,并有效地提高学生在现实世界中的能力。角色扮演的体验,可以让学习者参与到与真实世界一样甚至超出真实世界的活动中。因此,为了设计出能够测评社会与情感能力的游戏,大型多人在线角色扮演游戏(MMORPG)或许是一个理想的选择,因为其不仅包含游戏中的各种挑战,还鼓励合作解决问题[2],完全能够模拟现实世界的社会与情感挑战,从而使个人有机会表现多种社会与情感能力。

但更多的游戏元素意味更复杂的游戏设计、更复杂的数据处理要求和更高的成本,目前游戏化测评对这类复杂的能力和游戏的研究和实践还不够发达,还需要更多的支持和探索。但基于游戏化测评和社会与情感能力的前景,本文对未来社会与情感能力的游戏化测评的潜力持乐观态度。

四、游戏制作技术和成本问题

游戏化测评的一个直接问题涉及成本效益[3],创造合适且充分的游戏内容需要较高的金钱和时间成本。现有的经验表明,建立有效、可靠和公平的基于游戏的评估比传统的测试开发要复杂得多,也更具挑战性。

一个游戏化测评项目的成功需要一个拥有广泛能力的跨学科团队,包括游戏设计师、最好具有游戏背景的软件工程师、认知科学家,以及开发评估所需的测试设计师、内容专家、教育研究人员和心理测量学家。因此,构建 GBA 相对昂贵,并且如果作为是测量简单结构的方法,可能并不值得。例如,虽然 GBA 的优势已经吸引并完成了许多评估的项目,如 PISA 和美国国家教育进步评估(NAEP)都增加了游戏或模拟组件,但由于成本原因,他们也是以有限的方式这样做,游戏化测评是与更传统的测评项目类型相结合,作为混合方法的一部分[4]。同

---

[1] Qian, M., & Clark, K. R. (2016). Game-based Learning and 21st century skills: A review of recent research. *Computers in Human Behavior*, 63, 50–58.

[2] Steinkuehler, C. (2008). Massively multiplayer online games as an educational technology: An outline for research. *Educational Technology*, 10–21.

[3] Moreno-Ger, P., Burgos, D., Martínez-Ortiz, I., Sierra, J. L., & Fernández-Manjón, B. (2008). Educational game design for online education. *Computers in Human Behavior*, 24(6), 2530–2540.

[4] Bergner, Y., & von Davier, A. A. (2019). Process data in NAEP: Past, present, and future. *Journal of Educational and Behavioral Statistics*, 44(6), 706–732.

时,构建一个设计良好的 GBA 也非常耗时,而且通常是特定于领域的。因此,一个 GBA 对其他游戏或学科的适用性仍然是一个需要商榷的领域①②。

虽然目前的确面临开发成本上的问题,但相关技术的迅猛发展或许能够在未来大大降低 GBA 开发的门槛和成本,这主要来自游戏开发工业化的三个方面。首先,游戏引擎(即用于开发游戏的工具)已经发生了巨大的变化,除了在视觉效果上的惊人改进(例如,从 2D 到 3D),游戏引擎的功能愈发丰富和完善,目前已经有专门的游戏引擎应用在游戏化学习上的例子③④。

其次,游戏的开发和编程正在被简化,尤其是在教育目的上,教师在未来可以应用相关工具,甚至拥有成为游戏设计师的权力。Scratch 编程语言⑤和类似的程序(例如 MIT 的 MIT App Inventor 和微软的 Kodu)就是例证。通常,这种方法是在教育背景下使用的。学生可以通过定义好的代码模块,学习可视化编程的基础知识。这种方法可以用于创建动画、交互式场景,甚至小型的电子游戏。由于目标受众通常由学习者自己组成,即使是缺乏经验的教师也可以使用编程语言来创建自己的教学游戏。因此,与现成的游戏相比,教师可以访问游戏中的信息。这可以用于收集过程数据。当然,这类技术相比专业的游戏引擎功能还是比较普通,难以进行复杂的游戏制作。

第三,用户可以在游戏内创作内容(UGC, User Generated Content),相互分享和交流。一些游戏依赖于用户生成的内容,这大大缓解了开发者产生足够游戏内容的压力。一个例子是"我的世界"在教育环境中的使用⑥。玩家可以方便地进行游戏的合作,游戏的内容充满了开放性。在这些游戏制作或修改的过程中,玩家可以创建带有教育目的的小片段或环境,供其他人玩和学习。同样,研究人员和教师可以在*我的世界*中创建任务,用于隐形评估,而无需深入的编程知识。

总之,虽然游戏化测评在制作成本上对开发者有很高的要求,但是目前游戏相关技术的发展能极大地提高游戏的开发效率,降低相关成本以及门槛。

---

① Baker, R. S., Clarke-Midura, J., & Ocumpaugh, J. (2016). Towards general models of effective science inquiry in virtual performance assessments. *Journal of Computer Assisted Learning*, 32(3), 267 - 280.

② Wang, L., Shute, V., & Moore, G. R. (2015). Lessons learned and best practices of stealth assessment. *International Journal of Gaming and Computer-Mediated Simulations (IJGCMS)*, 7(4), 66 - 87.

③ Nebel, S., Beege, M., Schneider, S., & Rey, G. D. (2016). The higher the score, the higher the learning outcome? Heterogeneous impacts of leaderboards and choice within educational videogames. *Computers in Human Behavior*, 65, 391 - 401.

④ Nebel, S., Schneider, S., Beege, M., & Rey, G. D. (2017). Leaderboards within educational videogames: The impact of difficulty, effort and gameplay. *Computers & Education*, 113, 28 - 41.

⑤ Maloney, J., Resnick, M., Rusk, N., Silverman, B., & Eastmond, E. (2010). The scratch programming language and environment. *ACM Transactions on Computing Education (TOCE)*, 10(4), 1 - 15.

⑥ Nebel, S., Schneider, S., & Rey, G. D. (2016). Mining learning and crafting scientific experiments: a literature review on the use of Minecraft in education and research. *Journal of Educational Technology & Society*, 19(2), 355 - 366.

五、开发中的配合如何掌握

最后,开发游戏化测评面临的一个挑战是平衡和整合测评研究者、开发者和教育工作者之间的不同优先事项。不同人员在很大程度上关注相同的问题,但将这些考虑因素按不同的优先级排列,有时会导致社会与情感能力测评的质量与其用户的需求不匹配。这里的挑战是如何将不同的优先级放在平等的基础上,以便社会与情感能力测评的游戏化测评顺利展开。

一方面,开发游戏化测评的一个重点是研究人员向游戏开发者提供基于理论和证据的游戏设计流程,以弥合理论和实践差距,从而确保游戏化测评是在健康环境下进行的基于证据的开发[1]。例如,从游戏设计师的角度来看,对玩家的参与度是比较关注的,这侧重于增加游戏的乐趣或娱乐性,并提高故事情节或叙事沉浸感[2]。与此同时,教育专家、教师等需要为社会与情感能力设定了优先事项,这些能力对哪些目标人群最为关键,并确保语言和内容适合儿童的发展状况并与儿童相关。

并且研究者和开发者还存在这样一种风险,即技术决定论。这种观点的出发点是,技术本身是变革的推动者,这种变革是由技术的存在预先决定的。这可能导致开发人员对教育中使用技术的问题和挑战过于简单化。也就是说,具有计算机科学背景的同事往往被技术创新所驱动(尤其是在学习分析领域),很少考虑这些技术的教育目的。总之,解决的一种方法是跨学科团队合作,弥合他们在技术强化学习方面不同理念之间的关系,并认识到正是由于不同学科视角之间的联系和冲突,才可能出现问题的解决方案。研究需要强调,测评实践应基于对学习的原则和理论的理解,重视反馈在评估中的作用,从而进行稳健有效的研究[3]。也就是说,游戏化测评应该建立以教学为驱动,而不是技术驱动的模式。

另一方面,研究者和教育工作者对社会与情感能力测评的看法截然不同:对于教育工作者来说,突出的是效用的考虑,例如测评是否能解决实践的一个重要问题,是否能帮助他们更好地完成工作,是否可用和可行,以及评估的内容是否有助于支持学生的成绩。一些实证研究讨论了在课堂上实施GBA的挑战,但一个重大问题是,许多教师不确定也不了解如何将游戏活动与常规课程相结合。因此,为教师提供指导方针以方便其更容易、更灵活地在课堂上部署游戏是一个至关重要的现实挑战[4]。但这些问题对于测评开发者和研究者来说,重要但

---

[1] Baranowski, T., Lyons, E. J., & Thompson, D. (2019). Experimental design to systematically develop a knowledge base for effective games for health. *Games for Health Journal*, 8(5), 307-312.

[2] Baranowski, T., Blumberg, F., Buday, R., DeSmet, A., Fiellin, L. E., ... & Young, K. (2016). Games for health for children—Current status and needed research. *Games for Health Journal*, 5(1), 1-12.

[3] Hattie, J. A., & Brown, G. T. (2007). Technology for school-based assessment and assessment for learning: Development principles from New Zealand. *Journal of Educational Technology Systems*, 36(2), 189-201.

[4] Gomez, M. J., Ruipérez-Valiente, J. A., Martínez, P. A., & Kim, Y. J. (2021). Applying learning analytics to detect sequences of actions and common errors in a geometry game. *Sensors*, 21(4), 1025.

不那么直接,他们更关注的是测评是否可靠,是否有效。换言之,对于测评开发人员和教育从业者来说,他们目标的优先级和重要性可能截然不同。本章相信,测评的严谨性和实际效用并不是作为零和命题而存在的——它们可以是同等的考虑因素。

不过有理由相信,占主导地位的是开发人员和研究者的观点,而不是教育者从业者的观点。研究显示,教育工作者对 SEL 评估结果的评价参差不齐,CASEL 的一项报告发现,尽管大多数校长(71%)认为可以评估学生的 SEL 能力,(1)只有少数研究(24%)评估所有学生的 SEL 发展,(2)大多数使用 SEL 评估的人(60%)认为这些评估不是很有用,以及(3)大多数人认为他们的老师不知道如何使用 SEL 评估数据来进行教育的实践①。同样,在一项调查中显示②,大多数教育工作者(87%)表示,衡量"非学术"能力很重要,但只有十分之一的人表示,他们学校使用的评估很好地衡量了这些能力。这些发现表明,教育工作者评估社会和情感能力的意愿与他们对评估的实际应用之间存在差距。

GBA 或许能一定程度上弥合社会与情感能力测评和教育实践之间的差距,因为从建构主义的视角来看,GBA 的形式提供给参与者主动构建自身知识的机会,因此能够在测评的同时产生对社会与情感能力的促进和干预。包括之前也提到,GBA 和 GBL 存在共通之处。不过,为了尽量缩小测评和教育实践之间的差距,我们可以主动加强社会与情感能力的 GBA 和传统教育实践之间的联系。

一个思路是将社会与情感能力的 GBA 和传统学科教学结合起来,事实上,目前对于学科教学的 GBA 并不在少数,例如数学③,物理学④和生物学⑤等,其数量要远多于专门针对社会与情感能力的 GBA⑥,但二者并不一定是泾渭分明的。目前看来,针对学科教学的 GBA 往往是通过任务成果和问题解决来衡量学科水平和促进教学的,而社会与情感能力则可以通过解决学科问题过程中的过程性数据来得以表现,例如上文提到的毅力和创造力,可以通过坚持时间、完成路径的新颖性等指标去测评。通过充分利用 GBA 中的过程性数据和结果数据,未来的研究可以同时捕捉学科任务和社会与情感能力的表现,将社会与情感能力的 GBA 落到

---

① DePaoli, J.L., Atwell, M.N., & Bridgeland, J. (2017). Ready to Lead: A National Principal Survey on How Social and Emotional Learning Can Prepare Children and Transform Schools. A Report for CASEL. *Civic Enterprises*.

② Gallup. (2018). *Assessing soft skills: Are we preparing students for successful futures?* Washington, DC: Author.

③ Delacruz, G.C., Chung, G.K., & Baker, E.L. (2010). Validity Evidence for Games as Assessment Environments. CRESST Report 773. *National Center for Research on Evaluation, Standards, and Student Testing (CRESST)*.

④ Shute, V.J., Ventura, M., & Kim, Y.J. (2013). Assessment and learning of qualitative physics in newton's playground. *The Journal of Educational Research*, 106(6), 423–430.

⑤ Conrad, S., Clarke-Midura, J., & Klopfer, E. (2014). A framework for structuring learning assessment in a massively multiplayer online educational game: Experiment centered design. *International Journal of Game-Based Learning (IJGBL)*, 4(1), 37–59.

⑥ Gomez, M.J., Ruipérez-Valiente, J.A., & Clemente, F.J.G. (2022). A Systematic Literature Review of Game-based Assessment Studies: Trends and Challenges. *IEEE Transactions on Learning Technologies*.

第四章 游戏化测评:趣味中见证多维素养

实处。

另一个可能的解决方案是要增加 GBA 数据的可访问性。研究人员认为,学习者和教师应该能够获得测评数据,让学生监测他们的学习进展,并帮助教师确定何时以及如何进行必要的干预[1][2]。这就要求在测评后,GBA 能够为教师和学习者提供一个持续且稳定的反馈机制。也就是说,在 GBA 开发中可能需要制定相应的功能,方便长久的一个运营和反馈。将游戏或工具进行开源或许会对这方面的研究人员和教育工作者尤其有帮助。不幸的是,目前在研究中没有发现任何可用的开源 GBA。

综上所述,为了整合教学、学习和评估,本章节主张在 GBA 设计过程中,游戏设计师、研究人员、心理测量学家、教育从业者和其他利益相关者之间进行密切合作,这是社会与情感能力 GBA 的应有之义和必由之路。

---

[1] Clarke-Midura, J., & Dede, C. (2010). Assessment, technology, and change. *Journal of Research on Technology in Education*, 42(3), 309-328.

[2] Timmis, S., Broadfoot, P., Sutherland, R., & Oldfield, A. (2016). Rethinking assessment in a digital age: Opportunities, challenges and risks. *British Educational Research Journal*, 42(3), 454-476.

第五章　社会与情感能力测评的中国实践

本章采用量化研究和质化研究相结合的方法,以2019年OECD在苏州的社会情感能力测评为依托,探索社会情感能力测评的中国实践经验。首先,将通过量化研究,对OECD-苏州的调查数据进行分析,通过多质多法的验证分析检验社会与情感能力测评工具在中国教育实践和文化背景中的可靠性和有效性,从测评工具的角度对社会与情感能力大规模测评进行反思;其次,以直接参与此次大规模调查的学生和教师为访谈对象,以质化研究的方式对参与测试学生和教师进行访谈,明确其在参与测评过程中的真实感受、遇到的困惑、面临的挑战以及对未来测评的建议,并从被测评者的角度提供社会与情感能力测评的真实经验;再次,以组织大规模调查的校长(或学校负责人)为调查对象,通过一对一访谈了解学校领导者对社会情感能力测评的真实态度和看法,从组织者的角度为后续提升社会与情感能力测评效果提供现实依据;最后,基于调查结果,综合多角度的测评事实与反馈,形成社会与情感能力测评的中国经验。

第一节　青少年社会与情感能力测评的工具检验

一、OECD社会与情感能力测评工具概览

社会与情感能力测评项目主要包括四类测评问卷:(1)学生调查问卷主要涵盖学生对其社会与情感能力的自我测评,但也包含有关学生学校和家庭环境的题项。(2)家长调查问卷包括有关孩子的社会与情感能力、孩子的成长背景、家庭环境以及家长的社会和情感能力等问题。(3)教师调查问卷收集教师对学生社会与情感能力的测评以及教师关于学校学习环境的报告。(4)校长调查问卷涵盖学校及其学生的更广泛的社会背景,以及旨在改善学习环境

的学校现有的资源和计划。具体而言,2019 OECD 社会与情感能力正式测评为苏州测评现场提供了 7 份在线测评问卷。有两份学生问卷调查,一份针对 10 岁组,另一份针对 15 岁组,这两个年龄组的父母问卷调查是相同的。教师问卷包括两个部分:第一部分由两个年龄组的教师完成,包括教师问卷调查和辅测定锚题。每位参与的教师都完成这一部分。第二部分包括两个版本,一个针对 10 岁组,另外一个针对 15 岁组。教师被要求为每个"他/她最了解"的学生完成这一部分,两个年龄组的主要问卷调查是相同的。表 5-1 列出了 OECD 社会与情感能力研究所使用的问卷调查信息。

表 5-1 OECD 社会与情感能力研究所使用的问卷调查

学生问卷调查	家长问卷调查
10 岁/15 岁组测评量表	10 岁/15 岁组测评量表
1. 辅测定锚题	1. 辅测定锚题
2. 直接评估工具	2. 间接评估工具
3. 行为指标	3. 行为指标
4. 学生问卷调查	4. 父母问卷调查
教师问卷调查	校长问卷调查
第一部分	1. 校长问卷调查
1. 辅测定锚题	/
2. 教师问卷调查	/
10 岁/15 岁组测评量表	/
1. 间接评估工具	/
2. 行为指标	/

二、OECD 社会与情感能力测评工具的测量学分析

在经过 2017 年的题项筛选、2018 年的现场测试后,结合 2019 年的正式测试结果,OECD 的社会与情感能力的正式测评最终确定学生问卷包含 65 个问题(15 岁组有 68 个问题);家长问卷包含 53 个问题;教师问卷包含 34 个问题;以及校长问卷包括 32 个问题。其中学生直接和家长间接评估社会与情感量表中,每项社会与情感能力各有 8 个题项,共 120 个题项。教师间接评估量表中,每项社会与情感能力各有 3 个题项,共 45 个题项。值得注意的是,OECD 综合所有参与国家或城市的数据分析后删减有些不太符合测量学标准的题项,表 5-2 呈现了学

生直接评估和家长间接评估量表中各项社会与情感能力的删减题项。为了保持国际标准,本部分沿用 OECD 2019 社会与情感能力研究最终筛选后的各子能力测评题项分别进行测量学分析。

表 5-2 学生和家长量表中 15 项社会与情感能力测评题项的删减

能力	学生量表		家长量表	
	保留数	删除题项	保留数	删除题项
果敢	7	ASS07	7	ASS07
合作	7	COO05	7	COO05
创造性	6	CRE03	6	CRE03
		CRE08		CRE08
好奇心	6	CUR01	8	/
		CUR03		/
情绪控制	7	EMO05	6	EMO01
				EMO06
共情	6	EMP05	6	EMP02
		EMP08		EMP08
活力	7	ENE07	7	ENE04
乐观	7	OPT04	8	/
毅力	7	PER06	8	/
责任感	6	RES02	6	RES02
		RES07		RES07
自控力	6	SEL05	6	SEL05
		SEL06		SEL06
乐群	6	SOC06	6	SOC06
		SOC08		SOC08
抗压力	6	STR06	7	STR07
		STR08		
包容度	7	TOL08	7	TOL03
信任	6	TRU03	7	TRU03

分析数据来源于 OECD-苏州青少年社会与情感能力调查。苏州市下辖的 6 个区和 4 个县级市共 151 所中小学校的 7 268 名学生完成全部测试。其中,10 岁组学生占 50.2%($N=3 647$),15 岁组学生占 49.8%($N=3 621$)。男生占 52.8%($N=3 838$),女生占 47%($N=3 417$),性别不详占 0.2%($N=13$)。另有 7 136 名家长(10 岁组:$N=3 606$ 和 15 岁组:$N=3 530$)和 3 732 名教师(10 岁组:$N=1 400$ 和 15 岁组:$N=2 332$)也分别参与整个测评项目的家长和教师问卷。

学生自评、家长和教师间接评价的 15 项社会与情感能力原始分数经过赋分、参数估计、加权似然估计、默认反应风格校正与线性变换后,最终能力值为均值 500 分(所有城市 10 岁组均值)、标准差 100 分(所有城市 10 岁组标准差)的标准分。

表 5-3 列出使用的主要分析类型及其相应的测量学指标。在适用的情况下,这些分析是在分组水平上进行的,包括按年龄进行分析。由于进行了大量的分析,本报告这一部分的结果仅包含部分发现,以突出相关问题。总体来看,15 项社会与情感能力测评工具在中国文化背景下的信效度符合测量学标准。

表 5-3 本书中使用的测量学指标

统计指标	取值范围	解释说明
信度系数 (alpha 系数和 Omega 系数)	<0.60	信度低
	0.60—0.70	可接受信度
	>0.70	信度高
验证性因子分析	/	/
比较拟合指数(CFI)	<0.90	拟合较差
	>0.90	拟合较好
	>0.95	拟合合理
近似误差均方根(RMSEA)	>0.10	拟合较差
	0.08—0.10	拟合一般
	<0.08	拟合合理
标准化残差均方根(SRMR)	>0.08	拟合较差
	0.06—0.08	拟合一般

(一) 信度分析

表 5-4 和表 5-5 分别列出了根据学生自评和家长间接评估数据估计的 15 项社会与情

感能力量表的信度(alpha 系数 α 和 omega 系数 Ω)。可以看出,无论是总体数据,还是基于 10 岁组或 15 岁组数据,学生和家长问卷调查中所有 15 项社会与情感能力各子量表的信度都相对较高(alpha 和 omega 系数均高于 0.70)。而且相对于 10 岁组学生,根据 15 岁组学生自评和其家长间接评估数据估计的量表信度要更好。

表 5-4　15 项社会与情感能力的信度系数(学生自评量表)

	总体		10 岁组		15 岁组	
	α	Ω	α	Ω	α	Ω
果敢	0.80	0.85	0.77	0.84	0.84	0.88
合作	0.83	0.88	0.82	0.87	0.81	0.86
创造性	0.81	0.86	0.77	0.80	0.82	0.84
好奇心	0.81	0.87	0.77	0.84	0.81	0.87
情绪控制	0.81	0.85	0.78	0.82	0.81	0.85
共情	0.78	0.85	0.77	0.83	0.76	0.83
活力	0.79	0.85	0.73	0.81	0.81	0.84
乐观	0.84	0.86	0.79	0.82	0.86	0.89
毅力	0.85	0.88	0.81	0.85	0.85	0.90
责任感	0.79	0.85	0.75	0.82	0.80	0.85
自控力	0.74	0.82	0.74	0.83	0.74	0.84
乐群	0.75	0.87	0.70	0.79	0.76	0.87
抗压力	0.83	0.88	0.80	0.84	0.83	0.89
包容度	0.73	0.76	0.70	0.76	0.77	0.80
信任	0.85	0.89	0.86	0.90	0.87	0.90

表 5-5　15 项社会与情感能力的信度系数(家长间接评估量表)

能力	总体		10 岁组		15 岁组	
	α	Ω	α	Ω	α	Ω
果敢	0.83	0.87	0.82	0.87	0.85	0.88
合作	0.83	0.87	0.82	0.87	0.84	0.86
创造性	0.81	0.86	0.81	0.86	0.82	0.87
好奇心	0.84	0.87	0.84	0.87	0.85	0.88

(续表)

能力	总体		10岁组		15岁组	
	α	Ω	α	Ω	α	Ω
情绪控制	0.80	0.84	0.80	0.84	0.79	0.84
共情	0.79	0.84	0.79	0.84	0.80	0.85
活力	0.70	0.76	0.68	0.78	0.71	0.77
乐观	0.79	0.83	0.79	0.83	0.80	0.83
毅力	0.86	0.89	0.86	0.89	0.85	0.88
责任感	0.79	0.83	0.77	0.82	0.79	0.84
自控力	0.76	0.82	0.76	0.83	0.74	0.81
乐群	0.77	0.86	0.75	0.85	0.77	0.84
抗压力	0.83	0.86	0.83	0.86	0.83	0.86
包容度	0.78	0.81	0.77	0.81	0.79	0.82
信任	0.79	0.81	0.79	0.81	0.79	0.83

表5-6显示了15项社会与情感能力量表中，教师对学生间接评估数据的量表信度。由于每个量表只有三个项目，因此预计信度低于根据学生和家长评估数据估计的信度，尤其是合作、活力与自控力量表的比较低（alpha和omega系数均低于0.70）。然而，有一些量表的信度非常高，如毅力量表约为0.90。根据教师数据估计的量表信度在10岁和15岁组中差别不大。

表5-6 15项社会与情感能力的信度系数（教师间接评估量表）

能力	总体		10岁组		15岁组	
	α	Ω	α	Ω	α	Ω
果敢	0.82	0.83	0.84	0.85	0.79	0.80
合作	0.67	0.73	0.73	0.77	0.59	0.68
创造性	0.84	0.85	0.87	0.87	0.81	0.81
好奇心	0.78	0.81	0.83	0.85	0.69	0.75
情绪控制	0.67	0.70	0.71	0.73	0.62	0.65
共情	0.84	0.84	0.86	0.86	0.80	0.81
活力	0.64	0.66	0.68	0.69	0.58	0.62
乐观	0.76	0.78	0.79	0.80	0.72	0.74

(续表)

能力	总体		10 岁组		15 岁组	
	α	Ω	α	Ω	α	Ω
毅力	0.89	0.89	0.92	0.92	0.85	0.85
责任感	0.74	0.76	0.80	0.81	0.65	0.69
自控力	0.57	0.67	0.64	0.71	0.46	0.59
乐群	0.83	0.83	0.85	0.85	0.80	0.80
抗压力	0.69	0.71	0.67	0.70	0.71	0.72
包容度	0.81	0.81	0.83	0.84	0.78	0.78
信任	0.75	0.77	0.78	0.79	0.78	0.79

(二) 结构效度:验证性因子分析

为了进一步检验学生直接评估、家长和教师间接评估 15 项社会与情感能力测评工具的结构效度,本部分采用 Mplus7.4 分别基于总样本、10 岁组和 15 岁组子样本对这些测评工具进行验证性因子分析(Confirmatory Factor Analysis,简称 CFA)分析。CFA 的基本思想在于将所有的测量项(即所有因子对应的测量量表题项)放在一个因子里面,然后进行分析。为了保持国际标准,本部分沿用 OECD 组织基于所有参与 2019 社会与情感能力测评项目的国家或城市数据分析,最终筛选出的各子能力测评题目分别进行 CFA 分析(参见表 5-2)。

判断各测量模型是否达到心理测量学可接受标准,主要依据卡方自由度比,RMSEA,SRMR, CFI 等不太受样本大小影响的指标。如表 5-3 所示,若 CFI(比较拟合指数)大于 0.90,RMSEA(近似误差均方根)小于 0.08, SRMR(标准化残差均方根)小于 0.06,则模型拟合良好[1]。如果测量模型拟合指标无法达标,即说明所有的测量项并不应该同属于一个因子。此时,可考虑根据模型修正指数(Model Indices, MI)修正模型直到上述各个指数达到可接受水平。如果因子与测量题项间的载荷系数低于 0.40,也可考虑删除某测量项。

(1) 学生直接评估量表

对于学生直接评估数据,表 5-7 到表 5-9 分别呈现基于总体样本、10 岁和 15 岁年龄组学生所有 15 项社会与情感能力的 CFA 模型各拟合指标信息。结果显示,最终量表的测量模型几乎所有指标都达到了测量学可接受水平,表明模型拟合良好,而且标准化因子载荷系数(各因子与测量项之间的系数)均大于 0.40,说明每项社会与情感能力与其相对应的所有测量

---

[1] Beauducel, A., & Wittmann, W. W. (2005). Simulation study on fit indexes in CFA based on data with slightly distorted simple structure. Structural Equation Modeling, 12, 41-75.

项之间有着良好的对应关系，结构效度好。对于10岁组的学生数据，活力这一能力的测量模型指标CFI=0.890，略小于0.90，模型拟合度一般。而对于15岁组的学生数据，好奇心和情绪控制两个能力的测量模型拟合度一般。根据模型修正指数显示，自由估计好奇心的第2题和第6题的误差方差相关系数，以及情绪控制的第3题和第8题的误差方差相关系数之后，这两种能力的测量模型拟合度良好。

表5-7　15项社会与情感能力测量模型拟合指标信息（总样本）

测量模型	$x^2(df)$	RMSEA[90% CI]	CFI	BIC	SRMR
果敢	528.277(14)	0.071[0.066,0.076]	0.939	142 177.448	0.034
合作	640.098(14)	0.079[0.073,0.084]	0.928	110 079.783	0.037
创造性	227.168(9)	0.058[0.051,0.064]	0.971	106 223.130	0.025
好奇心	705.264(9)	0.103[0.097,0.110]	0.906	104 600.913	0.046
情绪控制	871.614(14)	0.092[0.087,0.097]	0.910	138 205.822	0.042
同情心	146.424(9)	0.046[0.040,0.053]	0.977	101 235.364	0.020
活力	719.422(14)	0.083[0.078,0.089]	0.918	140 259.194	0.040
乐观	537.650(14)	0.072[0.067,0.077]	0.950	134 472.908	0.034
毅力	634.254(14)	0.078[0.073,0.083]	0.941	119 039.550	0.033
责任感	414.971(9)	0.079[0.072,0.085]	0.936	106 880.247	0.034
自控力	254.878(9)	0.061[0.055,0.068]	0.961	109 679.055	0.032
乐群	304.809(9)	0.067[0.061,0.074]	0.955	116 169.452	0.032
抗压力	561.520(9)	0.092[0.086,0.099]	0.947	121 556.099	0.032
包容度	313.786(14)	0.054[0.049,0.060]	0.943	131 370.499	0.030
信任	131.339(9)	0.043[0.037,0.050]	0.986	108 560.586	0.016

注：数据来源于苏州市10岁和15岁年龄组学生直接评估社会与情感能力数据。

表5-8　15项社会与情感能力测量模型拟合指标信息（10岁组）

测量模型	$x^2(df)$	RMSEA[90% CI]	CFI	BIC	SRMR
果敢	189.161(14)	0.059[0.051,0.066]	0.955	76 127.993	0.028
合作	269.59(14)	0.071[0.064,0.078]	0.936	57 710.082	0.034
创造性	120.206(9)	0.058[0.049,0.068]	0.963	55 872.204	0.028

(续表)

测量模型	X2(df)	RMSEA[90% CI]	CFI	BIC	SRMR
好奇心	206.675(9)	0.078[0.069,0.087]	0.934	54527.111	0.037
情绪控制	333.821(14)	0.079[0.072,0.087]	0.918	72205.682	0.039
共情	44.415(9)	0.033[0.024,0.043]	0.988	52201.855	0.016
活力	347.688(14)	0.081[0.074,0.088]	0.890	73334.459	0.042
乐观	187.434(14)	0.058[0.051,0.066]	0.955	69810.756	0.031
毅力	282.232(14)	0.073[0.065,0.080]	0.936	62284.111	0.036
责任感	185.009(9)	0.073[0.064,0.083]	0.931	55849.160	0.034
自控力	72.67(9)	0.044[0.035,0.054]	0.979	57657.546	0.023
乐群	63.416(9)	0.041[0.032,0.050]	0.978	60029.197	0.021
抗压力	304.265(9)	0.095[0.086,0.104]	0.934	64348.768	0.036
包容度	132.896(14)	0.048[0.041,0.056]	0.949	70016.596	0.028
信任	70.203(9)	0.043[0.034,0.053]	0.985	57509.657	0.017

注：数据来源于苏州市10岁年龄组学生直接评估社会与情感能力数据。

表5-9　15项社会与情感能力测量模型拟合指标信息(15岁组)

测量模型	X2(df)	RMSEA[90% CI]	CFI	BIC	SRMR
果敢	263.73(14)	0.070[0.063,0.078]	0.956	62332.493	0.028
合作	444.74(14)	0.092[0.085,0.100]	0.905	51207.295	0.046
创造性	111.787(9)	0.056[0.047,0.066]	0.977	48646.385	0.023
好奇心	301.76(8)	0.101[0.091,0.111]	0.929	48283.742	0.041
情绪控制	420.52(13)	0.093[0086,0.101]	0.926	64381.430	0.044
共情	166.548(9)	0.070[0.061,0.079]	0.944	47401.354	0.032
活力	440.021(14)	0.092[0.084,0.099]	0.917	65059.972	0.043
乐观	404.959(14)	0.088[0.081,0.095]	0.939	62519.071	0.038
毅力	378.971(14)	0.085[0.078,0.092]	0.931	54681.336	0.037
责任感	223.096(9)	0.081[0.072,0.090]	0.942	49523.042	0.035
自控力	215.756(9)	0.080[0.071,0.089]	0.938	50767.042	0.042

（续表）

测量模型	x2(df)	RMSEA[90% CI]	CFI	BIC	SRMR
乐群	226.686(9)	0.082[0.073,0.091]	0.946	53 883.923	0.038
抗压力	278.213(9)	0.091[0.082,0.100]	0.950	55 472.028	0.031
包容度	219.013(14)	0.064[0.056,0.071]	0.939	58 963.497	0.033
信任	68.963(9)	0.043[0.034,0.053]	0.988	49 515.226	0.016

注：数据来源于苏州市15岁年龄组学生直接评估社会与情感能力数据。

（2）家长间接评估量表

对于家长间接评估数据，表5-10到表5-12分别列出了基于总体、10岁和15年龄组学生15种社会与情感能力的CFA模型各拟合指标信息。最终量表的测量模型中几乎所有指标都达到了测量学可接受水平，表明模型拟合良好，而且标准化因子载荷系数（各因子与测量项之间的系数）均大于0.40，说明每种社会与情感能力与其相对应的所有测量项之间有着良好的对应关系，结构效度好。与学生直接评估数据一致，对于家长间接评估10岁年龄组和15岁年龄组的数据，活力这一能力的测量模型指标CFI分别为0.890和0.90，模型拟合度一般。对于家长间接评估10岁和15岁年龄组的数据，好奇的情绪控制和共情的测量模型拟合度一般。

表5-10　15项社会与情感能力测量模型拟合指标信息（总体）

测量模型	x2(df)	RMSEA[90% CI]	CFI	BIC	SRMR
果敢	379.37(14)	0.061[0.055,0.066]	0.966	108 918.963	0.024
合作	673.98(14)	0.081[0.076,0.087]	0.932	92 384.364	0.035
创造性	228.826(9)	0.059[0.052,0.065]	0.974	87 861.480	0.021
好奇心	665.74(19)	0.069[0.065,0.074]	0.947	114 567.305	0.036
情绪控制力	625.728(8)	0.104[0.097,0.111]	0.922	97 087.130	0.056
共情	577.561(9)	0.094[0.088,0.101]	0.926	86 440.783	0.041
活力	715.635(13)	0.087[0.082,0.093]	0.878	122 562.346	0.050
乐观	471.085(20)	0.056[0.052,0.061]	0.951	119 153.871	0.035
毅力	762.121(19)	0.074[0.070,0.079]	0.944	120 587.771	0.043

(续表)

测量模型	χ2(df)	RMSEA[90% CI]	CFI	BIC	SRMR
责任感	105.657(8)	0.041[0.035,0.049]	0.985	99 000.089	0.017
自控力	484.029(9)	0.086[0.080,0.093]	0.935	96 787.145	0.042
乐群	269.256(9)	0.064[0.057,0.070]	0.964	93 379.739	0.025
抗压力	206.333(14)	0.044[0.039,0.049]	0.983	112 335.448	0.021
包容度	161.757(14)	0.039[0.033,0.044]	0.978	94 138.826	0.019
信任	83.887(14)	0.037[0.030,0.045]	0.980	48 361.847	0.020

注：数据来源于苏州市家长间接评估学生社会与情感能力总体数据。

表5-11　15项社会与情感能力测量模型拟合指标信息（10岁组）

测量模型	χ2(df)	RMSEA[90% CI]	CFI	BIC	SRMR
果敢	218.16(14)	0.064[0.056,0.071]	0.959	56 415.426	0.027
合作	362.221(14)	0.083[0.076,0.091]	0.928	47 573.777	0.036
创造性	106.541(9)	0.055[0.046,0.065]	0.976	45 338.326	0.021
好奇心	601.61(20)	0.090[0.084,0.096]	0.901	58 742.994	0.049
情绪控制力	329.007(8)	0.106[0.096,0.116]	0.921	50 266.181	0.057
共情	295.182(9)	0.094[0.085,0.103]	0.925	44 799.481	0.041
活力	286.00(13)	0.076[0.069,0.084]	0.890	62 201.313	0.045
乐观	241.385(20)	0.056[0.049,0.062]	0.948	61 325.328	0.035
毅力	381.788(19)	0.073[0.067,0.079]	0.947	62 523.162	0.040
责任感	52.116(8)	0.039[0.029,0.050]	0.987	51 097.030	0.017
自控力	254.674(9)	0.087[0.078,0.097]	0.934	49 966.338	0.043
乐群	191.642(9)	0.075[0.066,0.085]	0.944	47 661.555	0.031
抗压力	113.883(14)	0.045[0.037,0.052]	0.982	58 565.666	0.022
包容度	184.82(14)	0.058[0.051,0.066]	0.954	55 939.370	0.032
信任	83.887(14)	0.037[0.030,0.045]	0.980	48 361.847	0.020

备注：数据来源于苏州市家长间接评估10岁年龄组学生社会与情感能力数据。

表 5-12　15 项社会与情感能力测量模型拟合指标信息(15 岁组)

测量模型	X2(df)	RMSEA[90% CI]	CFI	BIC	SRMR
果敢	179.118(14)	0.058[0.051,0.066]	0.972	52168.590	0.023
合作	287.060(14)	0.074[0.067,0.082]	0.943	44651.209	0.032
创造性	97.748(9)	0.053[0.044,0.063]	0.980	42209.154	0.019
好奇心	538.916(20)	0.086[0.080,0.092]	0.917	55481.871	0.043
情绪控制力	287.062(8)	0.100[0.090,0.110]	0.926	46667.130	0.056
共情	293.102(9)	0.095[0.086,0.104]	0.928	41602.916	0.042
活力	313.618(12)	0.085[0.077,0.093]	0.900	59720.010	0.044
乐观	242.286(20)	0.056[0.050,0.063]	0.955	57606.937	0.034
毅力	386.041(19)	0.074[0.068,0.081]	0.942	57945.769	0.046
责任感	64.250(8)	0.045[0.035,0.055]	0.982	47723.865	0.019
自控力	236.004(9)	0.085[0.076,0.094]	0.932	46560.129	0.042
乐群	98.409(9)	0.053[0.044,0.063]	0.977	45403.232	0.021
抗压力	114.113(14)	0.045[0.038,0.053]	0.983	53567.129	0.022
包容度	203.590(14)	0.062[0.055,0.070]	0.954	52400.636	0.032
信任	93.179(14)	0.040[0.033,0.048]	0.977	45855.524	0.020

注:数据来源于苏州市家长间接评估 15 岁年龄组学生社会与情感能力数据。

(3) 教师间接评估量表

不同于学生直接和家长间接评估量表,教师间接评估量表中每一项社会与情感能力各有 3 个测量题项,共 45 个题目,由最熟悉学生的教师来完成。验证性因子分析理论上要求每个因子至少有三个测量题项,因此,教师间接量表中每一项能力的测量模型都有且只有三个题项,是一个饱和模型。这些模型的自由度为零,CFI=1.00,RMSEA=0.00,SRMR=0.00(Brown, 2006)。

(三) 测量等值性检验:多组 CFA

如前所述,OECD 社会与情感能力测评项目主要抽取 10 岁和 15 岁年龄组学生参加,要比较不同年龄组或同一年龄组不同性别学生社会与情感能力的发展水平差异,首先要确保 15 项社会与情感能力的组间年龄和性别比较具有真实性和有效性。因此,社会与情感能力的测评工具必须具备跨年龄和跨性别测量等值性,这是组间比较的前提条件[①]。

具体而言,我们使用 Mplus7.4 对每项社会与情感能力量表进行了三种测量等值检验:形态等值(无约束)、弱等值(因子载荷等值)和强等值(因子负荷和截距等值)。至少在满足强等值之后,组间比较才真实有效[②]。一般来说,模型拟合度会随着模型约束的增加而降低,因为模型中约束越多,说明组间差异的空间就越小。为了判断测量等值的程度,除了每个模型的整体拟合外,还可以查看模型拟合的相对变化。

表 5-13 列出了模型拟合指数以及这些统计数据在不同模型约束条件下的变化,这些指数变化用于评估测量模型等值水平。一般认为,当 RMSEA≤0.08,CFI≥0.90 以及 SRMR≤0.06 时,模型达到较好的拟合水平。[③] 值得注意的是,卡方检验受样本量影响明显,随着样本量增大,即使很小的差异也可能会得到差异显著的结果,因此采用模型拟合指数 CFI 和 RMESA 的差异(即 ΔCFI 和 ΔRMESA)来评估测量等值性[④]。当 ΔCFI<0.01 或 ΔRMESA<0.015 时,表明两个嵌套模型不存在显著差异,即认为模型等值可接受[⑤]。值得注意的是,用静态临界水平确定测量等值水平是不合适的,因为拟合指数只是指示性的,没有科学确定的接受或不接受标准。然而,当进行跨组差异比较(不同性别或不同年龄组)得出结论时,应记住量表测量等值性水平,以避免错误解读研究结果。

表 5-13 测量等值模型拟合指数信息

等值水平	拟合指数	数值
形态等值	RMSEA	≤0.08
	SRMR	≤0.06
	CFI	≥0.90
弱等值	ΔRMSEA	≤0.015
	ΔSRMR	≤0.03
	ΔCFI	≤0.01
	ΔBIC	≤0.00

---

① French, B. F., & Finch, W. H. (2006). Confirmatory factor analytic procedures for the determination of measurement invariance. *Structural Equation Modeling A Multidisciplinary Journal*, 13,378-402.

② Chen, F. (2007). Sensitivity of Goodness of Fit Indexes to Lack of Measurement Invariance. *Structural Equation Modeling: A Multidisciplinary Journal*, 14,464-504.

③ Satorra, A., & Bentler, P. M. (2001). A scaled difference chi-square test statistic for moment structure analysis. *Psychometrika*, 66,507-514.

④ OECD (2019). *TALIS 2018 Technical Report*. Paris: OECD Publishing.

⑤ 王孟成.(2014).潜变量建模与 Mplus 应用.基础篇.重庆:重庆大学出版社.

(续表)

等值水平	拟合指数	数值
强等值	ΔRMSEA	≤0.015
	ΔSRMR	≤0.03
	ΔCFI	≤0.01
	ΔBIC	≤0.00

(1) 跨年龄组测量等值检验

运用多组验证性因素分析分别检验15项社会与情感能力量表在10岁和15岁年龄组的测量等值性,结果如表5-14所示。首先检验形态等值,即检验潜变量的构成形态是否相同,同时也为下一步检验设定基线模型。在形态等值检验中,允许各种参数自由估计,得到的拟合指数见表5-14的M1。各拟合指数均达到心理测量学要求,形态等值成立,形态等值模型可以作为下一步检验的基线模型。在基线模型M1的基础上进行弱等值,即检验同一题项在不同年龄组载荷等值。年龄弱等值检验的拟合结果(见表5-14的M2)显示 ΔRMSEA≤0.015,ΔSRMR≤0.030,或 ΔCFI≤0.01,这一结果支持各量表对应题项的因子载荷跨年龄组等值,即弱等值成立。在此基础上检验强等值,分别设定每个指标在10岁和15岁两个年龄组别的截距等值。跨年龄组强等值检验的拟合结果(见表5-14的M3)ΔRMSEA≤0.015,ΔSRMR≤0.030,或 ΔCFI≤0.01,这些结果说明了各题项跨年龄组的截距等值成立,即强等值成立。然而对于好奇心、乐观、乐群和包容度四项能力,有些题项的截距在10岁和15岁两个年龄组是不等的。自由估计好奇心的第6题,乐观的第5题,乐群的第4和第5题,以及包容度的第3题的截距之后,模型拟合指标均达到可接受水平,所以部分强等值成立。

表5-14 15项社会与情感能力跨年龄组测量等值模型拟合信息

能力	测量等值模型	X2(df)	RMSEA[90% CI]	CFI	BIC	SRMR
果敢	M1.形态等值	626.350(28)	0.077[0.072,0.082]	0.958	138 489.598	0.028
	M2.弱等值	678.726(34)	0.072[0.068,0.077]	0.955	138 488.637	0.038
	M3.强等值	2 425.287(40)	0.128[0.124,0.133]	0.832	140 181.861	0.088
	M4.部分强等值	1 236.660(38)	0.093[0.089,0.098]	0.916	139 011.008	0.061
合作	M1.形态等值	1 024.756(28)	0.099[0.094,0.104]	0.931	108 946.490	0.040
	M2.弱等值	1 134.07(34)	0.094[0.090,0.099]	0.924	109 002.466	0.065
	M3.强等值	1 295.308(40)	0.093[0.089,0.097]	0.913	109 110.367	0.079

（续表）

能力	测量等值模型	$\chi^2(df)$	RMSEA[90% CI]	CFI	BIC	SRMR
创造性	M1.形态等值	326.978(18)	0.069[0.062,0.075]	0.973	104 543.542	0.026
	M2.弱等值	341.179(23)	0.062[0.056,0.068]	0.972	104 513.295	0.032
	M3.强等值	891.011(28)	0.092[0.087,0.097]	0.924	105 018.679	0.072
好奇心	M1.形态等值	613.486(16)	0.101[0.095,0.108]	0.949	102 768.291	0.036
	M2.弱等值	647.821(21)	0.091[0.085,0.097]	0.947	102 758.179	0.044
	M3.强等值	982.870(26)	0.101[0.095,0.106]	0.919	103 048.781	0.069
	M4.部分强等值	846.100(25)	0.095[0.090,0.101]	0.930	102 920.899	0.052
情绪控制力	M1.形态等值	778.078(26)	0.089[0.084,0.095]	0.945	136 429.563	0.039
	M2.弱等值	824.582(32)	0.083[0.078,0.088]	0.942	136 422.729	0.048
	M3.强等值	986.543(38)	0.083[0.079,0.087]	0.931	136 531.352	0.052
共情	M1.形态等值	297.879(18)	0.065[0.059,0.072]	0.970	99 628.163	0.025
	M2.弱等值	371.366(23)	0.065[0.059,0.070]	0.962	99 657.203	0.049
	M3.强等值	897.533(28)	0.093[0.087,0.098]	0.906	100 138.922	0.092
活力	M1.形态等值	789.217(28)	0.087[0.081,0.092]	0.906	138 423.544	0.043
	M2.弱等值	839.501(34)	0.081[0.076,0.086]	0.901	138 419.006	0.050
	M3.强等值	1 033.628(40)	0.083[0.078,0.087]	0.878	138 581.155	0.055
	M4.部分强等值	909.613(39)	0.078[0.074,0.083]	0.893	138 435.975	0.052
乐观	M1.形态等值	593.979(28)	0.075[0.069,0.080]	0.945	132 358.939	0.035
	M2.弱等值	707.365(34)	0.074[0.069,0.079]	0.934	132 444.387	0.057
	M3.强等值	1 195.857(40)	0.089[0.085,0.094]	0.887	133 004.224	0.075
	M4.部分强等值	985.669(39)	0.082[0.077,0.086]	0.908	132 744.821	0.067
毅力	M1.形态等值	662.562(28)	0.079[0.074,0.084]	0.933	116 994.560	0.036
	M2.弱等值	756.240(34)	0.077[0.072,0.081]	0.924	117 043.028	0.056
	M3.强等值	946.494(40)	0.079[0.075,0.083]	0.905	117 216.351	0.077
责任感	M1.形态等值	408.879(18)	0.077[0.071,0.084]	0.937	105 397.155	0.035
	M2.弱等值	537.877(23)	0.079[0.073,0.084]	0.917	105 521.382	0.071
	M3.强等值	788.599(28)	0.087[0.081,0.092]	0.877	105 780.713	0.087

(续表)

能力	测量等值模型	χ2(df)	RMSEA[90% CI]	CFI	BIC	SRMR
自控力	M1.形态等值	294.854(18)	0.065[0.059,0.072]	0.956	108 449.542	0.034
	M2.弱等值	305.717(23)	0.058[0.052,0.064]	0.956	108 411.598	0.036
	M3.强等值	633.680(28)	0.077[0.072,0.082]	0.905	108 777.077	0.061
乐群	M1.形态等值	289.837(18)	0.065[0.058,0.071]	0.958	113 938.074	0.030
	M2.弱等值	350.536(23)	0.063[0.057,0.069]	0.949	113 971.246	0.048
	M3.强等值	1 061.928(28)	0.101[0.096,0.106]	0.840	114 804.302	0.087
	M4.部分强等值	437.091(26)	0.066[0.061,0.072]	0.936	114 047.943	0.055
抗压力	M1.形态等值	582.233(18)	0.093[0.087,0.100]	0.943	119 845.749	0.034
	M2.弱等值	656.531(23)	0.087[0.081,0.093]	0.936	119 873.020	0.045
	M3.强等值	731.292(28)	0.083[0.078,0.088]	0.929	119 899.502	0.053
包容度	M1.形态等值	356.062(28)	0.057[0.052,0.062]	0.943	129 009.206	0.031
	M2.弱等值	411.726(34)	0.055[0.051,0.060]	0.934	129 025.385	0.044
	M3.强等值	1 179.786(40)	0.089[0.084,0.093]	0.802	129 936.901	0.076
	M4.部分强等值	524.646(39)	0.059[0.054,0.063]	0.916	129 108.554	0.048
信任	M1.形态等值	139.153(18)	0.043[0.037,0.050]	0.986	107 049.837	0.017
	M2.弱等值	215.880(23)	0.048[0.042,0.054]	0.978	107 111.718	0.052
	M3.强等值	351.613(28)	0.056[0.051,0.062]	0.964	107 242.855	0.075

注:数据来源于OECD社会与情感能力测评项目苏州市10岁和15岁年龄组总体数据。

(2) 跨性别测量等值检验

多组验证性因子分析结果表明,15项社会与情感能力量表分别在总体样本、10岁和15岁亚群体组中具备跨性别测量等值性,结果如表5-15到表5-17所示。在形态等值检验中,允许各种参数自由估计,得到的模型拟合很好(RMSEA≤0.08,CFI≥0.90以及SRMR≤0.06),形态等值成立(见表6-15到表6-17的M1)。当设定同一题项在男女样本中的因子载荷相等(弱等值,见表6-15到表6-17的M2)后,嵌套模型比较分析发现两模型差异不显著(指标变化参见表6-13),从简约原则考虑应接受简洁模型M2,即弱等值成立。进一步设定每个题项在男女样本中的截距相等(强等值见表5-15到表5-17的M3),模型拟合指数变化不显著,强等值成立。然而对于15岁年龄组,模型修正指显示活力的第5题在男女中的截距不相等,允许自由估计之后,模型拟合指标均达到可接受水平,活力的部分强等值成立。

表5-15　15项社会与情感能力跨性别测量等值模型拟合信息(总样本)

能力	测量等值模型	X2(df)	RMSEA[90% CI]	CFI	BIC	SRMR
果敢	M1.形态等值	774.330(28)	0.086[0.081,0.091]	0.942	141808.167	0.034
	M2.弱等值	790.934(34)	0.078[0.074,0.083]	0.941	141771.444	0.037
	M3.强等值	839.029(40)	0.074[0.070,0.079]	0.938	141766.213	0.039
合作	M1.形态等值	983.174(28)	0.097[0.092,0.102]	0.939	109720.794	0.038
	M2.弱等值	1003.714(34)	0.089[0.084,0.094]	0.938	109688.007	0.044
	M3.强等值	1084.555(40)	0.085[0.081,0.089]	0.933	109715.522	0.050
创造性	M1.形态等值	356.281(18)	0.072[0.066,0.079]	0.972	105969.774	0.026
	M2.弱等值	369.286(23)	0.064[0.059,0.070]	0.971	105938.340	0.031
	M3.强等值	380.598(28)	0.059[0.054,0.064]	0.971	105905.214	0.031
好奇心	M1.形态等值	558.699(16)	0.097[0.090,0.104]	0.958	103657.400	0.034
	M2.弱等值	568.753(21)	0.085[0.079,0.091]	0.958	103623.016	0.037
	M3.强等值	888.375(26)	0.096[0.090,0.101]	0.933	103898.200	0.057
情绪控制力	M1.形态等值	1189.31(28)	0.107[0.102,0.112]	0.920	137795.865	0.042
	M2.弱等值	1209.009(34)	0.098[0.093,0.102]	0.919	137762.238	0.045
	M3.强等值	1286.639(40)	0.093[0.088,0.097]	0.914	137786.540	0.046
共情	M1.形态等值	280.730(18)	0.063[0.057,0.070]	0.974	101005.583	0.022
	M2.弱等值	284.774(23)	0.056[0.050,0.062]	0.974	100965.189	0.024
	M3.强等值	315.132(28)	0.053[0.048,0.059]	0.972	100951.108	0.028
活力	M1.形态等值	756.516(28)	0.085[0.080,0.090]	0.916	139744.070	0.040
	M2.弱等值	793.118(34)	0.079[0.074,0.083]	0.913	139710.489	0.043
	M3.强等值	1001.059(40)	0.081[0.077,0.086]	0.889	139884.801	0.054
	M4.部分强等值	896.925(39)	0.078[0.074,0.082]	0.901	139767.487	0.048
乐观	M1.形态等值	563.904(28)	0.073[0.068,0.078]	0.950	134041.356	0.034
	M2.弱等值	603.664(34)	0.068[0.063,0.073]	0.947	134018.272	0.040
	M3.强等值	699.268(40)	0.067[0.063,0.072]	0.938	134057.005	0.046
毅力	M1.形态等值	638.842(28)	0.078[0.072,0.083]	0.942	118584.773	0.034
	M2.弱等值	679.848(34)	0.072[0.068,0.077]	0.939	118550.787	0.038
	M3.强等值	764.307(40)	0.071[0.066,0.075]	0.932	118569.685	0.044

(续表)

能力	测量等值模型	X2(df)	RMSEA[90% CI]	CFI	BIC	SRMR
责任感	M1.形态等值	427.399(18)	0.079[0.073,0.086]	0.937	106 536.304	0.034
责任感	M2.弱等值	444.536(23)	0.071[0.065,0.077]	0.935	106 499.332	0.036
责任感	M3.强等值	484.233(28)	0.067[0.062,0.072]	0.930	106 477.989	0.038
自控力	M1.形态等值	288.395(18)	0.064[0.058,0.071]	0.959	109 457.506	0.033
自控力	M2.弱等值	304.730(23)	0.058[0.052,0.064]	0.957	109 427.103	0.036
自控力	M3.强等值	328.004(28)	0.054[0.049,0.060]	0.954	109 394.077	0.038
乐群	M1.形态等值	321.179(18)	0.068[0.062,0.075]	0.955	115 909.460	0.032
乐群	M2.弱等值	326.773(23)	0.060[0.055,0.066]	0.954	115 866.887	0.033
乐群	M3.强等值	390.796(28)	0.060[0.055,0.065]	0.946	115 884.667	0.037
抗压力	M1.形态等值	551.516(18)	0.090[0.084,0.097]	0.949	121 164.649	0.032
抗压力	M2.弱等值	604.045(23)	0.084[0.078,0.089]	0.945	121 157.878	0.040
抗压力	M3.强等值	690.646(28)	0.081[0.076,0.086]	0.937	121 189.502	0.047
包容度	M1.形态等值	327.257(28)	0.054[0.049,0.060]	0.944	130 618.457	0.030
包容度	M2.弱等值	355.762(34)	0.051[0.046,0.056]	0.940	130 598.545	0.038
包容度	M3.强等值	523.306(40)	0.058[0.053,0.062]	0.909	130 742.962	0.049
信任	M1.形态等值	150.978(18)	0.045[0.039,0.052]	0.986	108 272.011	0.017
信任	M2.弱等值	162.978(23)	0.041[0.035,0.047]	0.985	108 237.967	0.022
信任	M3.强等值	195.697(28)	0.041[0.035,0.046]	0.982	108 225.118	0.027

注：数据来源于OECD社会与情感能力测评项目苏州市10岁和15岁年龄组总体数据。

表5-16　15项社会与情感能力的跨性别测量等值模型(10岁组)

能力	测量等值模型	X2(df)	RMSEA[90% CI]	CFI	BIC	SRMR
果敢	M1.形态等值	263.618(28)	0.068[0.061,0.076]	0.956	76 086.527	0.029
果敢	M2.弱等值	273.490(34)	0.062[0.056,0.069]	0.955	76 047.207	0.033
果敢	M3.强等值	294.622(40)	0.059[0.053,0.066]	0.953	76 019.148	0.034
合作	M1.形态等值	421.622(28)	0.088[0.081,0.095]	0.946	57 619.637	0.034
合作	M2.弱等值	425.981(34)	0.080[0.073,0.086]	0.946	57 574.804	0.037
合作	M3.强等值	451.322(40)	0.075[0.069,0.082]	0.943	57 550.953	0.042

(续表)

能力	测量等值模型	x2(df)	RMSEA[90% CI]	CFI	BIC	SRMR
创造性	M1.形态等值	189.222(18)	0.072[0.063,0.082]	0.964	55 840.328	0.029
	M2.弱等值	192.076(23)	0.064[0.055,0.072]	0.964	55 802.189	0.031
	M3.强等值	207.533(28)	0.059[0.052,0.067]	0.962	55 776.652	0.033
好奇心	M1.形态等值	287.094(18)	0.091[0.082,0.100]	0.948	54 451.038	0.037
	M2.弱等值	297.799(23)	0.081[0.073,0.089]	0.947	54 420.751	0.043
	M3.强等值	388.592(28)	0.084[0.077,0.092]	0.930	54 470.553	0.057
情绪控制力	M1.形态等值	458.526(28)	0.092[0.085,0.099]	0.926	72 193.198	0.040
	M2.弱等值	468.805(34)	0.084[0.077,0.091]	0.925	72 154.286	0.043
	M3.强等值	488.213(40)	0.079[0.072,0.085]	0.923	72 124.502	0.044
共情	M1.形态等值	103.950(18)	0.051[0.042,0.061]	0.982	52 060.537	0.020
	M2.弱等值	108.599(23)	0.045[0.037,0.054]	0.982	52 024.194	0.025
	M3.强等值	138.630(28)	0.047[0.039,0.055]	0.977	52 013.233	0.033
活力	M1.形态等值	372.241(28)	0.082[0.075,0.090]	0.888	73 295.767	0.043
	M2.弱等值	382.797(34)	0.075[0.068,0.082]	0.887	73 256.543	0.046
	M3.强等值	436.883(40)	0.074[0.068,0.080]	0.871	73 258.563	0.052
乐观	M1.形态等值	210.911(28)	0.060[0.053,0.068]	0.954	69 738.240	0.033
	M2.弱等值	233.551(34)	0.057[0.050,0.064]	0.950	69 716.144	0.043
	M3.强等值	262.927(40)	0.055[0.049,0.062]	0.944	69 692.600	0.047
毅力	M1.形态等值	289.158(28)	0.072[0.064,0.079]	0.938	62 214.558	0.037
	M2.弱等值	308.485(34)	0.067[0.060,0.074]	0.935	62 178.233	0.042
	M3.强等值	344.338(40)	0.065[0.058,0.071]	0.928	62 159.272	0.048
责任感	M1.形态等值	196.657(18)	0.074[0.065,0.083]	0.931	55 763.702	0.034
	M2.弱等值	200.391(23)	0.065[0.057,0.074]	0.931	55 726.383	0.036
	M3.强等值	218.919(28)	0.061[0.054,0.069]	0.926	55 696.961	0.038
自控力	M1.形态等值	81.018(18)	0.044[0.034,0.054]	0.980	57 601.332	0.023
	M2.弱等值	87.420(23)	0.039[0.031,0.048]	0.979	57 566.995	0.029
	M3.强等值	101.193(28)	0.038[0.030,0.046]	0.976	57 538.543	0.031

(续表)

能力	测量等值模型	x2(df)	RMSEA[90% CI]	CFI	BIC	SRMR
乐群	M1.形态等值	78.541(18)	0.043[0.034,0.053]	0.976	59961.131	0.022
	M2.弱等值	80.718(23)	0.037[0.029,0.046]	0.977	59925.129	0.027
	M3.强等值	106.921(28)	0.039[0.032,0.047]	0.968	59912.644	0.035
抗压力	M1.形态等值	301.952(18)	0.093[0.084,0.103]	0.937	64308.899	0.036
	M2.弱等值	319.684(23)	0.084[0.076,0.093]	0.934	64281.933	0.040
	M3.强等值	351.705(28)	0.080[0.072,0.087]	0.928	64264.592	0.043
包容度	M1.形态等值	140.204(28)	0.047[0.039,0.055]	0.953	69910.986	0.029
	M2.弱等值	147.490(34)	0.043[0.036,0.050]	0.952	69870.51	0.032
	M3.强等值	178.092(40)	0.044[0.037,0.050]	0.942	69853.022	0.036
信任	M1.形态等值	87.817(18)	0.046[0.037,0.056]	0.983	57432.936	0.019
	M2.弱等值	100.790(23)	0.043[0.035,0.052]	0.981	57408.331	0.031
	M3.强等值	120.380(28)	0.043[0.035,0.051]	0.978	57386.077	0.037

注：数据来源于OECD社会与情感能力测评项目苏州市10岁年龄组数据。

表5-17 跨性别测量等值模型分析(15岁组)

能力	测量等值模型	x2(df)	RMSEA[90% CI]	CFI	BIC	SRMR
果敢	M1.形态等值	396.299(28)	0.085[0.078,0.093]	0.958	62094.579	0.029
	M2.弱等值	413.012(34)	0.079[0.072,0.085]	0.957	62062.149	0.036
	M3.强等值	518.644(40)	0.081[0.075,0.088]	0.946	62118.636	0.044
合作	M1.形态等值	638.732(28)	0.110[0.103,0.117]	0.916	51004.350	0.047
	M2.弱等值	663.712(34)	0.101[0.095,0.108]	0.914	50980.187	0.057
	M3.强等值	734.262(40)	0.098[0.092,0.104]	0.905	51001.592	0.062
创造性	M1.形态等值	167.161(18)	0.068[0.059,0.077]	0.977	48509.339	0.024
	M2.弱等值	186.365(23)	0.063[0.055,0.071]	0.975	48487.591	0.039
	M3.强等值	204.069(28)	0.059[0.052,0.067]	0.973	48464.342	0.040
好奇心	M1.形态等值	368.130(16)	0.110[0.101,0.120]	0.947	47842.149	0.039
	M2.弱等值	373.240(21)	0.096[0.088,0.105]	0.947	47806.305	0.042
	M3.强等值	658.401(26)	0.116[0.109,0.124]	0.904	48050.513	0.068

（续表）

能力	测量等值模型	$\chi^2(df)$	RMSEA[90% CI]	CFI	BIC	SRMR
	M4.部分强等值	394.770(24)	0.093[0.085,0.101]	0.944	47803.263	0.041
情绪控制力	M1.形态等值	536.961(26)	0.104[0.097,0.112]	0.934	64070.176	0.045
	M2.弱等值	563.108(32)	0.096[0.089,0.103]	0.931	64047.180	0.050
	M3.强等值	647.347(38)	0.094[0.088,0.101]	0.921	64082.275	0.051
共情	M1.形态等值	248.080(18)	0.084[0.075,0.094]	0.947	47353.156	0.033
	M2.弱等值	250.253(23)	0.074[0.066,0.082]	0.947	47314.376	0.034
	M3.强等值	269.046(28)	0.069[0.062,0.077]	0.944	47292.216	0.035
活力	M1.形态等值	457.915(28)	0.092[0.085,0.100]	0.916	64660.174	0.044
	M2.弱等值	478.017(34)	0.085[0.078,0.092]	0.913	64620.611	0.047
	M3.强等值	686.034(40)	0.095[0.088,0.101]	0.873	64810.817	0.062
	M4.部分强等值	576.251(39)	0.087[0.081,0.094]	0.895	64685.309	0.052
乐观	M1.形态等值	438.105(28)	0.090[0.083,0.098]	0.937	62298.892	0.039
	M2.弱等值	456.575(34)	0.083[0.076,0.090]	0.935	62259.634	0.043
	M3.强等值	535.678(40)	0.083[0.077,0.089]	0.924	62289.755	0.053
毅力	M1.形态等值	401.041(28)	0.086[0.079,0.094]	0.931	54432.920	0.038
	M2.弱等值	414.857(34)	0.079[0.072,0.086]	0.930	54389.310	0.040
	M3.强等值	462.126(40)	0.076[0.070,0.083]	0.922	54378.391	0.045
责任感	M1.形态等值	230.499(18)	0.081[0.072,0.090]	0.944	49311.781	0.035
	M2.弱等值	248.038(23)	0.074[0.066,0.082]	0.941	49286.479	0.045
	M3.强等值	299.235(28)	0.073[0.066,0.081]	0.929	49295.603	0.053
自控力	M1.形态等值	252.925(18)	0.085[0.076,0.095]	0.931	50634.302	0.046
	M2.弱等值	265.973(23)	0.077[0.068,0.085]	0.928	50603.233	0.049
	M3.强等值	306.397(28)	0.074[0.067,0.082]	0.918	50597.566	0.051
乐群	M1.形态等值	226.359(18)	0.080[0.071,0.090]	0.949	53748.626	0.038
	M2.弱等值	237.764(23)	0.072[0.064,0.080]	0.947	53716.471	0.042
	M3.强等值	289.408(28)	0.072[0.065,0.080]	0.936	53726.907	0.044
抗压力	M1.形态等值	283.529(18)	0.090[0.081,0.100]	0.951	55228.375	0.032
	M2.弱等值	307.250(23)	0.083[0.075,0.091]	0.948	55205.668	0.040

(续表)

能力	测量等值模型	X2(df)	RMSEA[90% CI]	CFI	BIC	SRMR
	M3.强等值	385.503(28)	0.084[0.077,0.092]	0.934	55246.136	0.054
包容度	M1.形态等值	259.387(28)	0.068[0.060,0.075]	0.934	58344.912	0.035
包容度	M2.弱等值	288.044(34)	0.064[0.058,0.071]	0.928	58330.327	0.052
	M3.强等值	459.834(40)	0.076[0.070,0.083]	0.880	58485.821	0.074
信任	M1.形态等值	83.818(18)	0.045[0.036,0.055]	0.987	49421.869	0.018
信任	M2.弱等值	92.389(23)	0.041[0.032,0.050]	0.986	49390.311	0.028
	M3.强等值	117.523(28)	0.042[0.034,0.050]	0.982	49376.614	0.031

注:数据来源于OECD社会与情感能力测评项目苏州市15岁年龄组数据。

上述分析表明,15项社会与情感能力量表不仅在10岁和15岁年龄组学生样本中跨年龄等值,而且分别在总体样本、10岁和15岁组亚群体中男女跨性别等值,从而确保这些能力的跨年龄和跨性别比较真实有效。

(四) 三角互证:多质多法分析

针对自我报告法的研究缺陷,OECD在调查中除收集学生的自我报告外,还对同一问题收集了来自教师与父母等观察者的报告,将学生自我报告与教师、父母等观察者报告相结合,以"三角互证"的形式对学生的社会与情感能力进行测量。

虽然三角互证的测量设计在理论上避免了单一自我报告或观察者报告的局限性,为测评工具的科学性提供了理论保障,但是在具体实践中,特别是在中国文化背景下,OECD社会与情感能力三角互证的测量设计是否科学有效,能否准确反映出我国学生社会与情感能力的真实水平尚未得到技术检验。对于扎根中国教育实践的社会与情感能力测评工具的检验,当前只有《中国青少年社会与情感能力测评之技术报告》一项研究,而该研究旨在对学生、教师与家长分量表的信度与效度进行检验,如通过具体计算Alpha系数分别检验学生、教师与家长社会与情感能力量表的信度,通过一系列验证性因子分析分别检验三个量表的结构效度,[①]却未能将三个量表进行联合检验,即验证"三角互证"设计中社会与情感能力测评工具的构想效度。

要检验"三角互证"的社会与情感能力测评工具的构想效度,就要采用心理学测量中的"多质多法"(Multitrait-Multimethod, MTMM)模型进行分析。"多质多法"是一种对采用多种

---

① 张静,唐一鹏,郭家俊,邵志芳.(2021).中国青少年社会与情感能力测评之技术报告.华东师范大学学报(教育科学版),39(09),109—126.

方法测评多种特质的测评工具进行构想效度检验的方法,测评工具的构想效度主要包含两个指标,一是会聚效度,二是区分效度。具体而言,会聚效度是指采用不同方法所测量的同一特质之间的相关程度,如父母、教师、学生对同一子能力评价得分之间的相关系数,相关程度越高,测评工具的会聚效度越高,即不同方法在同一特质上的趋同增强了该特质的解释力与代表性;而区分效度是指采用同一方法或不同方法所测量的不同特质之间的相关程度,如学生自评中的各个子能力之间或父母评价中的子能力 A 与学生评价中的子能力 B 之间的相关系数,相关程度越低,说明测评工具的区分效度越高,即不同特质具有不同的潜在结构,且能被有效区分。[①] 多质多法的设计检验可以更加准确有效地反映出所测目标能力的结构以及不同测评方法的有效性,降低甚至避免由同类测评者或单一测评方法施测所带来的信息偏差与缺失,使所获得的结论更具有推广性与适用性。[②③]

综上所述,将通过多质多法的研究设计对我国社会与情感能力调查数据进行分析,检验在中国文化背景下,社会与情感能力测评工具的会聚效度与区分效度,为三角互证设计下社会与情感能力测评工具的科学性与有效性提供技术检验与数据支持,以期发挥社会与情感能力测评工具的发展功能,使其成为发展素质教育的有力抓手,推动我国学生社会与情感能力的培养进程,提高素质教育成效。

表 5-18 呈现了学生自评、家长和教师间接评价三种视角下的五大维度各自的三项子能力之间的多质多法相关矩阵。表中黑体数值表示相同测评方法评定不同能力之间的相关(异质同法),学生自评的五大维度各项子能力两两之间的相关系数范围在 0.40 到 0.78 之间;家长评价的五大维度各项子能力两两之间的相关系数范围在 0.48 到 0.77 之间;教师评价的五大维度各项子能力两两之间的相关系数范围在 0.14~0.82 之间。该结果显示三种测评方法各自评价的不同社会与情感能力之间几乎都具有中到高等程度的相关性。表中斜体的数值表示不同方法测评相同能力之间的相关(同质异法),学生自评和家长评定的五大维度各项子能力两两之间的相关系数平均 $r=0.20$。学生自评和教师评定的各项子能力两两之间的相关系数平均 $r=0.10$。家长评价和教师评价的五大维度各项子能力两两之间的相关系数平均 $r=0.10$。无论是同质异法还是异质同法两者都高于不同方法不同能力间的相关(异质异法)。同质异法和异质同法均提供了会聚效度指标,异质异法提供了区分效度指标。说明社会与情

[①] Campbell D T, Fiske D. (1959). Convergent and discriminant validation by the Multitrait-Multimethod matrix. Psychological Bulletin, 56,81-105.

[②] 王姝琼,张文新,陈亮,李海垒,李春,周利娜.(2011).儿童中期攻击行为测评的多质多法分析.心理学报,43(03),294—307.

[③] Geiser, C., Eid, M., Nussbeck, F. W., Courvoisier, D. S., &Cole, D. A. (2010). Analyzing true change in longitudinal Multitrait-Multimethod studies: Application of a Multimethod change model to depression and anxiety in children. Developmental Psychology, 46,29-45.

感能力的评估主要受能力本身的影响,跨评定者的三因子结构是合理的。但是异质同法的显著相关说明在社会与情感能力的评定上存在着评定者偏见效应即不同方法会影响到社会与情感能力的评估。

表5-18 三种方法测评三种社会与情感能力的相关分析结果

方法	能力	交往能力							
		学生自评			家长评价			教师评价		
		果敢	活力	乐群	果敢	活力	乐群	果敢	活力	乐群
学生自评	果敢	1.00								
	活力	**0.42**	1.00							
	乐群	**0.40**	**0.64**	1.00						
家长评价	果敢	*0.31*	0.19	0.18	1.00					
	活力	0.17	*0.28*	0.20	**0.48**	1.00				
	乐群	0.22	0.27	*0.33*	**0.50**	**0.60**	1.00			
教师评价	果敢	*0.15*	0.08	0.09	*0.14*	0.08	0.08	1.00		
	活力	0.12	*0.13*	0.12	0.11	*0.10*	0.10	**0.40**	1.00	
	乐群	0.12	0.10	*0.11*	0.12	0.09	*0.11*	**0.55**	**0.48**	1.00
		协作能力							
		学生自评			家长评价			教师评价		
		合作	共情	信任	合作	共情	信任	合作	共情	信任
学生自评	合作	1.00								
	共情	**0.78**	1.00							
	信任	**0.61**	**0.55**	1.00						
家长评价	合作	*0.20*	0.19	0.14	1.00					
	共情	0.19	*0.22*	0.12	**0.74**	1.00				
	信任	0.17	0.19	*0.18*	**0.65**	**0.57**	1.00			
教师评价	合作	*0.09*	0.07	0.06	*0.10*	0.09	0.05	1.00		
	共情	0.09	*0.08*	0.05	0.11	*0.10*	0.05	**0.69**	1.00	
	信任	0.09	0.08	*0.07*	0.09	0.08	*0.04*	**0.61**	**0.76**	1.00

（续表）

		开放能力								
		学生自评			家长评价			教师评价		
		创造性	好奇心	包容度	创造性	好奇心	包容度	创造性	好奇心	包容度
学生自评	创造性	1.00								
	好奇心	**0.67**	1.00							
	包容度	**0.52**	**0.64**	1.00						
家长评价	创造性	**0.26**	0.22	0.14	1.00					
	好奇心	0.25	**0.28**	0.18	**0.76**	1.00				
	包容度	0.22	0.23	**0.24**	0.63	**0.72**	1.00			
教师评价	创造性	**0.10**	0.11	0.10	**0.11**	0.13	0.10	1.00		
	好奇心	0.09	**0.12**	0.10	0.12	**0.15**	0.11	**0.67**	1.00	
	包容度	0.09	0.09	**0.09**	0.09	0.11	**0.10**	**0.74**	**0.53**	1.00

		任务表现								
		学生自评			家长评价			教师评价		
		毅力	责任感	自控力	毅力	责任感	自控力	毅力	责任感	自控力
学生自评	毅力	1.00								
	责任感	**0.76**	1.00							
	自控力	**0.60**	**0.58**	1.00						
家长评价	毅力	**0.13**	0.16	0.15	1.00					
	责任感	0.10	**0.18**	0.15	**0.77**	1.00				
	自控力	0.03	0.07	**0.15**	**0.67**	**0.59**	1.00			
教师评价	毅力	**0.09**	0.11	0.09	**0.17**	0.18	0.15	1.00		
	责任感	0.10	**0.11**	0.10	0.16	**0.18**	0.15	**0.82**	1.00	
	自控力	0.07	0.09	**0.09**	0.16	0.17	**0.16**	**0.70**	**0.72**	1.00

		情绪调节								
		学生自评			家长评价			教师评价		
		情绪控制	乐观	抗压力	情绪控制	乐观	抗压力	情绪控制	乐观	抗压力
学生自评	情绪控制	1.00								

（续表）

		情绪调节								
		学生自评			家长评价			教师评价		
		情绪控制	乐观	抗压力	情绪控制	乐观	抗压力	情绪控制	乐观	抗压力
	乐观	**0.68**	1.00							
	抗压力	**0.70**	**0.65**	1.00						
家长评价	情绪控制	*0.17*	0.12	0.12	1.00					
	乐观	0.18	*0.24*	0.17	**0.64**	1.00				
	抗压力	0.13	0.13	*0.17*	**0.65**	**0.57**	1.00			
教师评价	情绪控制	*0.07*	0.06	0.04	*0.09*	0.07	0.04	1.00		
	乐观	0.08	*0.11*	0.08	0.06	*0.08*	0.06	**0.44**	1.00	
	抗压力	0.06	0.07	*0.07*	0.01	0.03	*0.02*	**0.41**	**0.14**	1.00

第二节　被测者眼中的社会与情感能力测评

为探究被测者视角的社会与情感能力测评实践,本节将采用质化研究的方法,对直接参与OECD社会与情感能力测评的学生和教师进行一对一访谈。因第一轮测试于2019年开始,距今已有4年之久,参与调查的学生与教师对测评体验的反馈较为模糊,因此为提高调查数据的及时性与有效性,以参与第二轮社会与情感能力的济南学生与教师为调查对象,探究被测评师生在参与测评过程中的真实感受、遇到的困惑、面临的挑战以及对未来测评的建议,从被测评者的角度提供社会与情感能力测评的真实经验,进而为改善社会与情感能力测评,提高测评有效性提供依据。

采用目的抽样的方法对访谈对象进行招募与选择。不同于量化研究,质性研究的数据收集强调丰富性与多样性,遵循"最有生产性与最有利于理论生成"的数据收集逻辑,因此样本量的确定多以"饱和"作为依据,即所得数据与主题已能较为充分地回应研究问题,新增样本无法持续为理论类属的发展带来新的贡献时,即可不再增加样本量[①]。因此,以性别、年级、所

[①] 谢爱磊,陈嘉怡.(2021).质性研究的样本量判断——饱和的概念、操作与争议.华东师范大学学报(教育科学版),39(12),15—27.

教学科等因素作为被试选择标准,采用"滚雪球"式的方式联系对象,最终获得并确定9名学生和6名教师作为研究对象。访谈对象信息见表5-19.

表5-19 访谈对象信息表

参与者编码	性别	(任教)年级	所教学科	访谈时间
T01	女	职高一年级	英语	20230619
T02	女	职高一年级	数学	20230619
T03	女	职高一年级	英语	20230619
T04	女	普高一年级	语文	20230620
T05	女	高一	语文	20230621
T06	女	小学五年级	语文	20230624
S01	女	普高一年级	—	20230620
S02	女	职高一年级	—	20230619
S03	男	普高一年级	—	20230619
S04	男	职高一年级	—	20230620
S05	男	职高一年级	—	20230620
S06	男	小学五年级	—	20230621
S07	男	高一	—	20230622
S08	男	高一	—	20230621
S09	男	小学五年级	—	20230621

注释:S表示学生,T表示教师。

访谈法是质性研究的主要策略之一,相比采用演绎思路的问卷法等量化研究方法,访谈法是归纳式的研究思路,通过开放式的交流与访谈能够更为详细地了解被试对特定问题的态度与想法,更加深入地挖掘问题或现象的本质,拓展与丰富研究资料与研究发现,与量化研究方法互为补充。本节针对教师和学生群体的不同特点编制了学生版和教师版的访谈提纲(见附录1和附录2),对6名教师和9名学生被试进行了一对一的半结构化访谈,访谈采用线下访谈、线上访谈或电话访谈等方式,访谈时长在60—80分钟不等。对于访谈内容的编码,研究者采用开放编码到主轴编码的形式,运用Nvivo 13.0软件,基于个体经验、已有文献与数据资料的循环互动,将访谈数据中浮现的主题进行开放式编码,将开放式编码中相类似的主题进行归类,形成主轴编码;最后将主轴编码结果与相关文献进行分析对比与归纳整理[①],形成被测者视角下的社会与情感能力检测结果。

一、能力认识:从"不知"到"知之"

一项测评是否有效会受到被测者对于测评目标的认知与理解程度,然而在社会与情感能力的测评中,90%的受访者表示在进行社会与情感能力测试前,对于社会与情感能力"不了解""没太关注过"。在受访的9名学生中,有4名学生表示"完全不了解",其他几名学生只对社会与情感能力有一个模糊的认知,例如S05表示:"不太了解,只觉得是关于社交方面的能力";S07谈到:"社会情感在这方面之前没大有过接触,参加这次活动之后,有了大体的一些了解";S09则认为:"可能是关于事业观之类的?对家长的感情吧"。受访教师对于社会与情感能力的认知情况与学生相似,教师T03表示:"说实话不是特别了解,我一开始以为是心理测试,当时主任发给我之后,我才仔细看了看,哦,原来这个名字是社会与情感能力认知";教师T04则表示:"对于社会与情感能力的认知主要是来源于书籍,应该是在社会交往中的人际关系和情感各方面的能力,像是情商"。

受访师生对于"社会与情感能力"一词的陌生可能是缘于该名词是一个集合多种能力的抽象名词,若将社会与情感能力具体分解为共情、合作、情绪控制等子能力,师生便会有更直观与具象的认知,因此在参加实际测试后,被测师生对于"社会与情感能力"有了更清晰的认知。学生S01表示:"测试之后,我认识到社会与情感能力测试就是测试自己的情商,日常生活中用到的能力,还有处理生活中问题的能力,比如在家里有没有和家长沟通,在学校有没有同学孤立你";S05则表示:"测试之后,我觉得社会与情感能力不仅仅是社交能力,还包括看待事情的方法、事情处理以及心理健康等方面"。受访教师T02表示:"感觉社会情感能力涉及的面很多,对学生、老师还有学校的发展都很重要。我觉得包括个人情绪、心里的想法、与人交往等";参与测评的经历也激发了教师对社会与情感能力的兴趣,督促他们进行了积极自学,教师T03说道:"做完问卷之后,学校很多老师,包括我也上网去查,我发现这个东西还是挺实用的,让我挺想了解的,因为我们现在所教的学生处于青春期叛逆期,我觉得如果能从比较专业的角度了解一些这些方面的知识,不管是上课也好,还是带班也好,应该都是有一些帮助的"。

受访师生的调查结果启示我们,社会与情感能力测评要想获得真实有效的结果,测试前对被测师生进行"社会与情感能力"的解释与说明,让师生从概念到内容全面了解社会与情感能力的内涵与外延,能够促进测评的准确性与有效性。

[①] 李琳琳.(2017).时不我待:中国大学教师学术工作的时间观研究.北京大学教育评论,15(01),107—119+190.

二、测评动机：意义驱动下的积极态度

对于参与社会与情感能力测评的意义，受访师生都给出了积极回应，其中学生群体作为社会与情感能力的测评与培养主体，对测评意义的认识更为具象。学生 S01 表示："社会与情感能力测试能够关心中小学生的心理健康，了解学生真实想法。对我自己来说能够对自己有更好的了解。"学生 S07 表示："通过测评能大体地了解当下处于我们这个阶段的青少年，社会情感发展的大体情况，有助于提高我们的智慧情感，培养我们这种社会情感的能力。"学生 S02 则从参与经历的角度谈到参与测评给他带来的改变和重要意义："参加测评让我开始思考日常方面的影响，比如家庭书籍数量的问题让我思考到家庭的教育环境会对我的社会情感能力发展产生影响。"

对于教师，社会与情感能力测评则促进了他们对于教学内容与教学理念的反思与再审视。教师 T02 表示："以后我会更加关注学生的情感教学，我觉得在教学中要鼓励学生勇敢表达自己的想法，让学生在学习中感受到快乐、充满朝气，不能让学生太丧、没精神。教师的精神面貌肯定会影响学生，高社会情感能力的教师会潜移默化影响学生，如果一个老师的情绪控制很差，课堂教育环境就会比较差，学生在心里也是不认可老师、反感老师的。"教师 T05 说道："这个测试能让我们教师更加全面细致地了解一下社会情感能力有哪些，让我们意识到关注这些能力的重要性，毕竟在教学中我们对这一点的关注的确还不是太多。"教师 T04 认为："社会与情感能力测评首先是了解学生和教师的社会与情感能力的水平，最终要服务于教学实践，比如教师可以怎样更好的教授以提高学生的能力"。

在这些重要意义的驱动下，师生对于参与社会与情感能力多持有"认同""认真"等积极态度。受访学生有 60% 明确表示"很有意义，不会是负担"，有 30% 表现出"好奇""高兴"等态度。例如，学生 S05 表示："好奇有高兴也有，因为这些题我都没有做过，我就感觉挺好玩的，也很高兴我能被选上可以去做那些题。"教师们则表现出了明显的态度转变，教师 T02 表示："测试前我觉得无所谓，就是参加一次测评，但是参加了测评之后，态度发生了转变，很认真对待这次测评，并且在测试后，我还与同事交流此次测评，感觉社会情感能力还是很重要的。"教师 T05 表示："我觉得挺好的，我们也在学习。我们通过这个调查了解到学生的情况，也通过这样的调查来反思自己的教学工作，怎样才有助于孩子进一步的发展？用什么样的方式？因为每一代孩子的特点都不太一样，怎么样才能适合他们？"

三、作答感受：易懂的题目与难明的目的

直观的作答感受是改善提高测评成效的重要参考。在访谈中，大部分师生对于题目是否

易于理解给出了肯定回答。例如,学生 S01 表示:"看到题目的第一反应是题挺多的,但是题目内容都符合实际,也很简单。做了大概半个小时,没有不理解的地方。"学生 S08 也表示:"就是很平常啊,因为这些问题都是经常能遇到的,很容易就理解了。"但是也有小部分学生是对于一些词语的含义理解不到位,需要进一步咨询教师再作答,例如,学生 S06 表示:"大部分题目都是理解的,但是有一些词我是不大理解的。不过我是会请教,当时是请教的一个老师,老师告诉我那个词的意思后,我才做的。"对于教师而言,大部分题目都是教师可理解并可作答的,有些题目仍需要仔细思考后作答,教师 T02 表示:"社会与情感能力涉及的内容很多,测评的范围也很广。测评的大部分题目是理解的,不太理解的题目不能说一点都不理解,还是理解一部分的,根据当时的现场理解和第一反应来答题。"教师 T05 表示:"也有个别的地方不是很好明白,得仔细地去想一想,然后看看下面的选项,再做出最后的选择。大部分都是比较明确的,看了选项之后还是可以理解的。"

相比题目内容的通俗易懂,测评本身的目的成了困扰被测评师生的主要问题。面对"对于这次调查,你有什么困惑吗?"这一问题,有近 50% 的学生表示不明白为什么要进行这次调查,学生 S01 表示:"我不知道调查结果是用来干什么的";学生 S08 则表示:"我很想问在这个调查中,问这些问题的目的是什么";学生 S09 具体举例说道:"我有一个困惑是为什么要调查我们家电子产品的数量。是为了预防我们视力下降和我们电子产品使用过度吗?"相比学生,教师们在测评数据的使用方向上存在着较大的疑惑。例如,教师 T02 表示:"这个测评是单纯为了研究,还是说因为反映了一些社会问题,检验之后要根据结果提供对应的解决方案?这个测评对于学校工作有什么指导意义?"教师 T06 发问:"测评是哪里组织的? 为什么要组织这个测评?"

由此可见,测评前组织相关动员大会,对测评本身的组织构成、测评目的和测评内容进行详细说明是被测评师生较为关注的内容,测评后,收集被测评师生对于测评存在的困惑进行集中有效作答是提高测评成效的有力举措。

四、未来建议:丰富形式并及时反馈

从被测者角度考察其对未来测评的建议可以很好地窥见本次测评存在的不足与需要改善的地方,通过对被测者未来建议的梳理可以为下次测评提供改善依据。在访谈中,被测师生由于身份的不同对于未来测评的建议有着较大的区别。

于学生而言,丰富测评形式,调动参与测评的积极性是他们最为期待的。例如,学生 S06 表示:"我希望第二次调查可以不只是使用机器,可以用面对面谈话的方式,这样可以让我们更好地了解一些内容。比如说选择题,它只有"好、不好、中等、一般"这样的选项,就没有其他的内容了。"学生 S07 也表示:"如果有第二次测评的话,我更希望面对面的那种交谈,不是那种

线上的问卷。"当然,也有学生表示,使用机器不仅不能问出更多具体的内容,还容易受到网络的限制,学生 S09 表示:"尽量题不要太多,我上次答题太多,直接答到 11 点也没答完。可能是跟网络有点关,而且我第一次登的时候直接登录 11 次也没登进去,第 12 次才登进去。"

于教师而言,及时给予测评反馈是他们最希望的改进内容。有 90% 的教师表示,在测评后希望获得及时的反馈与指导。例如,教师 T01 表示:"希望能够得到更及时的反馈,比如做完之后的半小时或几天。"教师 T04 表示:"很想知道的是这个测评对教师会有什么样的影响,根据测评结果,教师要怎样在课堂当中开展实践,希望有一些建议。"教师 T07 也说道:"我能够从中看到什么?收获什么,就是通过学生的测评,我们应该有什么要注意的事项,有什么好的建议,这些是我想要知道的。"

虽然师生在测评中关注的焦点不同,但是其给出的建议为未来社会与情感能力测评的改进指明了方向。在未来,如何通过丰富测评形式提高学生参与测评的积极性与获得感,如何为教师提供及时有效的反馈,满足他们对于测评结果应用于教学实践的需要,都是值得思考与探索的问题。

通过对参与社会与情感能力测试的 9 名学生和 6 名教师的访谈发现:测评前,被测评师生对于"社会与情感能力"一词的理解不足,90% 的受访者表示对于社会与情感能力"不了解""没太关注过",但当师生们具体参与测评后,对于社会与情感能力的内涵与具体内容有了更好的把握,意识到社会与情感能力与日常生活中所培养的各种能力之间的联系,经历了从"无知"到"有知"的过程;对于参与测评的动机,大部分师生都能够较好地认识到社会与情感能力的重要意义,这可能得益于测评前的学校的动员与讲解,积极的意义肯定激发了师生参与社会与情感能力测评的积极态度,使得测评师生将参与社会与情感能力测评视为"有意义,无负担";虽然被测师生从宏观层面能够理解与阐释进行社会与情感能力测评的意义,但是当具体到本次测评的目的与数据使用方向时,受访师生就表现出了较大的困惑,不能准确捕捉到本次测评的具体目的与数据使用方向,与测评目的难以琢磨形成鲜明对比的是,受访师生均表示测评题目与实际联系密切,易于理解与作答;对于未来测评的改进方向,受访学生希望丰富测评方式,改变使用机器作答的单一形式,增加面对面访谈等测评方式,让学生将自己想要表达的内容更详细地呈现给测评者,受访教师则希望测评组织者根据测评数据给予及时反馈,让他们根据测评反馈更好地改进教学实践。

第三节 学校组织者眼中的社会与情感能力测评

社会与情感能力测评的顺利实施离不开学校组织者的支持与配合,学校组织者的深度认同与大力支持将会正向促进学校参评师生的参与积极性与测评态度。因此,探索组织者视角下的社会与情感能力测评,可以更近距离地了解学校组织者对测评的真实态度和看法,为后续提升测评效果提供现实依据。

采用目的抽样的方法对访谈对象进行招募与选择。研究以性别、学校类型作为被试选择标准,采用"滚雪球"式的方式联系对象,最终获得并确定5名校长作为研究对象。5名校长分别来自L校、D校、Y校、Z校和F校。其中,L校是一所市教育局直属的公办职业学校,也是一所普职融通的高中阶段学校,学校以导游服务、幼儿保育等文科专业见长;D校一所全日制、公办普通中等专业学校,以机电技术应用等工科专业见长;Y校是一所全日制普通高中,学生是寄宿制的;Z校是一所省级重点中学,包含高中与初中两个学段;F校是一所市直属小学,拥有百余年的建校历史,是一所老牌小学。访谈对象信息见表5-20。

表5-20 访谈对象信息表

参与者编码	性别	学校类型	访谈时间
P01	女	中等专业学校	20230620
P02	女	中等专业学校	20230620
P03	女	普通高中	20230620
P04	女	普通高中	20230624
P05	男	小学	20230625

针对校长群体的特征编制了校长版的访谈提纲(见附录3),对5名校长进行了一对一的半结构化访谈,访谈采用线下访谈、线上访谈或电话访谈等方式,访谈时长在60—80分钟不等。对于访谈内容的编码,研究者采用开放编码到主轴编码的形式,运用Nvivo 13.0软件,基于个体经验、已有文献与数据资料的循环互动,将访谈数据中浮现的主题进行开放式编码,将开放式编码中相类似的主题进行归类,形成主轴编码;最后将主轴编码结果与相关文献进行分析对比与归纳整理[①],形成被测者视角下的社会与情感能力检测结果。

一、更新认知:测评推动学生全面发展

虽然在测试开始前,项目组组织了对参与测评学校人员的培训,但是对于社会与情感能力的认知与了解,五位校长几乎都表示,在测试前"了解不多"。校长P03表示:"了解不多,组织培训后有一些了解,包括情商和智商,情商可能会更重要。"校长P05表示:"并不是很全面!

[①] 李琳琳.(2017).时不我待:中国大学教师学术工作的时间观研究.北京大学教育评论,15(01),107—119+190.

在调查之前,也是通过自己查询的资料简单了解了一下社会与情感能力到底是个什么样的内容。社会与情感能力的范畴也简单了解了一下。"

随着测试的开展,组织测评的校长们不仅对社会与情感能力的内容有了较为全面的了解,对于社会与情感能力培养的重要性和积极意义也有了新的认识。校长 P01 表示:"这次测评对今后在教育工作中如何提高学生的情感能力,应该涉及哪些教育元素都具有指导的意义,对制定教育路径起到了推动作用。我们之前的教育教学工作也会涉及很多促进学生社会情感能力发展的活动,但是调研之前,我们不清楚这就叫做社会与情感能力,调研后,我们对这个能力也是有了进一步认识和思考,有了接下来发展的目标和方向。要加大培养学生社会与情感能力的力度,也说明我们目前的工作是有价值的,给了我们更多信心去做促进学生社会与情感能力发展的工作。"校长 P02 表示:"我觉得本次测评对教育工作者有着触动和提醒的作用,社会与情感能力对学生的身心健康、社会关系和事业具有很大的影响,是非常重要的能力,提醒我们在教学教育工作中提高学生的社会与情感能力,更加关注学生的社会与情感能力的培养。"校长 P03 反思道:"我们应该多引导学生全方面的发展,高中阶段更多看重分数,这是需要改变的,活动、社会实践、依托传统文化和社会志愿服务,现在可能形式大于内容。但是参与这样的活动学生很容易受到感染,学校应该多引导。"校长 P05 也表示:"参加完了以后就感觉,作为一个教育工作者来说,需要对学生进行整体的评价,评价应该更加全面。不仅仅是看学业上的成绩,更多的是看一些孩子的综合素养!与人交往、社会适应能力、协作、包括这个思想品质各个方面。对孩子这个评价是一个非常全面的一个系统。"

从受访校长的表述中可以发现,社会与情感能力测评的前期培训虽然在一定程度上向学校组织者介绍了社会与情感能力的概念内涵和测评意义,但是单一的讲解并未让组织者们具体详实地了解社会与情感能力为何?何为?导致组织者们普遍表示"了解不多",组织者对于社会与情感能力的认识不足会直接影响学校参与测评师生对社会与情感能力的认知程度和测评态度,因此在未来,关注测前培训是提高测评效果的重要内容。

二、理念赋能:办学理念带动能力培养

办学理念是一所学校办学的灵魂,是一所学校在教育工作中所遵循的基本原则、价值观念和发展方向,指导着学校的教育教学工作、教师专业发展、家长和社会参与等工作。受访校长虽然对于"社会与情感能力"的整体概念不够了解,但是当谈及具体的能力时,校长们均表示,这些关键能力的培养是学校教育活动中的重要内容,有些甚至体现在学校的办学理念当中,校长们期望通过办学理念的引领与规范,培养学生的关键能力和核心素养,以此促进学生的全面发展。

例如,F 校作为一所百年老校,将"追求卓越,敢为人先"作为校风和校训,并在建校 120 周

年之际提出了"百年立新,守正则远"的发展观,学校致力于打造成为一所具有中国精神、视野、眼光,历史使命,现代追求的卓越校园。其中,创新能力和专注力是学校重点培养的关键能力,在创新能力培养方面,F校通过智慧校园建设推进创新能力的培养,学校建立了创客中心,在创客中心开设一系列课程,通过活动、各级各类的比赛为学生们创造平台,让学生们学会创作,学会发明来激发学生的创新能力,培养创新思维。在专注力的培养方面,F校在小幼衔接当中会给学生们发放从零开始爱在附小的入学指导手册,指导手册当中有各方面的要求,以及未来这一年学生通过一年的教育和教学会成为什么样,让孩子更早地适应小学生活。学校会通过微视频的方式向家长和学生推送亲子互动的课程。亲子互动的课程当中就重点关注专注力训练,如穿豆子,夹豆子类似的这种专注力的训练等等。此外,学校还专门开发心理健康教育课程,内容涵盖:如何交友;如何化解自己学习和生活当中那些不良的情绪;如何进行更科学的自我认知;哪些问题不是问题,哪些问题属于需要通过寻求帮助的问题;用哪种方式寻求帮助;帮助的渠道是哪些。作为一所百年老校,向学生提供个性化的课程选择,提高课程的深度和丰厚度,是学校努力的方向。

在D校的办学理念和办学举措当中也将社会与情感能力培养深深植入,通过学校开展的"三园建设":最温暖的家园、最优雅的校园、最幸福的乐园,让学生和家长感受到校园的温暖和幸福,培养学生丰富细腻的情感体验;推行爱的教育、导师制,让老师在情感上更加关爱孩子们,在学业上提供指导,将情感输入学生,让学生有输出情感的能力;小蚂蚁集结号志愿行,通过社会志愿服务让学生关注社会、关爱社会、服务社会,以此培养学生的社会与情感能力。

三、积极参与:多方联动促进测评开展

社会与情感能力测评采取教育主管部门牵头,学校师生与家长共同参与的组织模式。因此,在这一过程中,涉及到政府、学校、教师、学生以及家长等多方主体。多主体参与的测评模式极易受到各方测评态度的影响,如果测评各方都能够积极参与,主动配合,测评结果就会更科学准确,不仅可以服务于教师教学与学生学习,还能为教育改革与发展提供可靠依据与有力支持。当然,如果测评各方之间缺乏信任与合作精神,也会导致测评结果失真,会降低测评效率,浪费时间和精力,还会削弱测评的权威性和可信度。

访谈中,当问及参与社会与情感能力的模式与态度时,校长们表示测评参与模式以上级安排为主,学校也会进行积极报名,由上级主管部门根据一定的条件对报名学校进行筛选,最终确定参与测评的学校。由于上级部门的重视与学校对学生全面发展的关注,参与测评的学校、师生以及家长的态度都较为积极。校长P02表示:"虽然是上级安排,但是我们所有的老师和学生都非常认真对待这件事情,态度很端正地参加这次调查,也感谢上级给我们这样一个机会来推动我校社会与情感能力的发展。"校长P04表示:"我们学校一直是挺重视的,包括

从校长到分管校长,以及从我们各个部门的联动来说,我们是很支持很重视的,任何研究我都希望能够以严谨的态度去做,获得非常有效的数据,这样就能指导未来的工作了,能有一个很好的研究成果应用到我们的教育教学过程中来,可能需要较长的一段时间,但是我觉得就我们学校来说,肯定是愿意配合的。"

当谈及测评过程中遇到的困难时,大部分校长表示,由于师生、家长以及上级部门的有效配合,测评进行得很顺利,联动效果良好。校长 P02 表示:"难度不大,因为我们学校各方资源都很充足,老师也认真负责,学生积极参与,设备也很先进,有条不紊地严格按照上级要求开展此次调查。"校长 P03 表示:"因为之前我们学校呢,每年每学期都会对学生进行一些心理方面的普测,所以对于这些测评,基本的流程,包括师生的认知,领导的重视,我们都是有的,再加上我们学校硬件条件也不错,学生老师的素质都比较高,所以说没感觉有太大的难度,家长也很支持。"校长 P05 表示:"老师本人、学生本人对这个事情很抵触都没有。测评也没有影响到整个学校的教育教学工作。从学校内部协调来说,因为测评牵涉的面并不是很大。即使未来可能牵涉人多的话,作为学校也可以进行优化和调整。"

四、实践变革:主题活动增进学生能力

社会与情感能力测评的最终目的是服务于学生的发展,对于社会与情感能力测评效果的检验,我们需要关注的不仅仅是测评本身的科学性和准确性,更要看它是否能够推动学校教育实践的变革。如果测评结果能够引导学校、教师调整教学方法,提高教学的质量,促进学生发展,那么这就是对测评效果的积极检验。反之,如果测评结果并未产生实质性的影响,那么测评就未能达到其应有的作用。

访谈中,当问及社会与情感能力测评对于学校的影响,以及采取何种措施来提升学生的社会与情感能力时,校长们给出了让人惊喜的回答。

校长 P02 表示:"我们学校目前正在做也是要持续做的工作是开展孝道教育,让学生反哺父母,布置德育作业,用温柔的语言与温暖的活动,让家长感受到孩子的情感输出,为父母做饭,和父母一起劳动等等,提高孩子对父母情感的责任。让学生为社会奉献爱:加大社会服务力度。此外,我们还要积极开展职业教育,实现'家校社企研'五育一体,让学生深入了解自己的专业,更好地与企业前辈的交流对学生进行爱国、爱党、爱工作教育。"校长 P03 表示:"未来学校可以组织活动,积极进行引导。济南市一直组织的活动是 525 心理健康周,比如班级团建、送卡片、感恩卡、励志卡。守护天使,默默地为另一个同学做一些事情,感触比较深的是学生能够积极参与这些活动,也乐于参加。学生在这些活动里会有触动,未来会进一步加大活动力度与效度。"校长 P05 表示:"作为学校,通过什么样的方式来提升学生的社会与情感能力,我们还需要更专业性的指导。但就我目前的思考和感受来说,可以通过研学旅行、家校互

动等方式来充分挖掘社会的资源。目前来说,老师对内部的资源挖掘是比较深,比较多的。但校外的资源,校外的场所、校外的图书馆、校外的历史古迹等等还没有被很好地利用。所以,加强校外资源和校内资源之间的有机结合,未来我们想更好地利用社会大课堂,来提升孩子的综合的素养,社会与情感能力。"

受访校长不约而同地将主题活动作为未来培养学生社会与情感能力的突破口,这启示我们,要关注主题活动在学生社会与情感能力中的重要作用,通过开展以特定内容为核心的一系列主题活动来达到教育目的。相比其他教育教学形式,主题活动有着针对性强、多元化、互动性强以及实践性强等优点,能够提高学生的学习兴趣和积极性,增强学生的自信心和自我意识,促进学生的全面发展。通过参与主题活动,学生可以更好地理解和体验社会中的各种情感和关系,增强他们的社会意识和社会责任感。同时,主题活动也可以帮助学生学会如何处理复杂的情感问题,培养他们的情感管理能力和人际交往能力。因此,探索更丰富、有效的主题活动是未来学校教育实践努力的方向之一。

通过对5名组织社会与情感能力测试的校长的访谈可以发现,社会与情感能力测试的组织与开展对学校的教育教学实践产生了较为显著的积极影响。首先,社会与情感能力测评更新了学校领导者对于社会与情感能力的认知,前期培训与测评的开展让校长们对社会与情感能力有了更深入的了解,让他们意识到社会与情感能力在促进学生全面发展方面的重要意义,拓展了其对素质教育内涵与外延的认识;其次,社会与情感能力测评为校长们提供了一次反思、梳理办学经验的契机,访谈中大部分校长提出,社会与情感能力所涉及的关键能力的培养是学校教育活动中的重要内容,有些甚至体现在学校的办学理念当中,校长们期望通过办学理念的引领与规范,培养学生的关键能力和核心素养,以此促进学生的全面发展;再次,社会与情感能力测评各方积极参与,在上级部门的认真部署下,学校参与测评的积极性较高,学校的积极推进使得教师、家长和学生对测评意义有了较为正确的认识,也使得他们对参与测评持有积极态度,这在一定程度上保障了测评结果的准确性和可靠性,同时,各方的积极参与也有助于提高测评的权威性和可信度;最后,主题活动作为促进学生社会与情感能力的主要教育途径被广泛关注,校长们认为,通过开展特定内容的主题活动,学校能够提高学生的学习兴趣和积极性,增强他们的自信心和自我意识,促进学生的全面发展。

第四节 社会与情感能力测评的中国实践

社会与情感能力是21世纪教育的关键能力,它不仅关系到学生个人的全面发展,也关系到整个社会的稳定和繁荣。为了更好地培养学生的社会与情感能力,近年来,中国教育者聚焦社会与情感能力的测评,与 OECD 开展国际合作,在中国积极推进社会与情感能力的测评工作,积累了一定的经验。本节通过总结梳理受访者在参与社会与情感能力测评中的感受、困惑与思考,基于调查结果,综合多角度的测评事实与反馈,形成了社会与情感能力测评的中国经验。

一、丰富测评方法,增强测评效度

社会与情感能力的识别与培养在很大程度上依赖于社会与情感能力的准确测量与有效评估,而社会与情感能力的准确测量与评估又直接依赖于测评工具的科学性与有效性。中国社会与情感能力测评工具的多质多法模型分析的结果显示,学生自评、家长评定和教师评定测评青少年社会与情感能力具有一定的汇聚效度,但其区分效度较低;青少年社会与情感能力的测评结果受评定者(学生自己、家长和教师)因素的影响明显,即相同测评方法的因子载荷高;总体上,学生自己和家长测评青少年社会与情感能力的有效性高于教师测评。测评工具检验的中国实践为我们提供了如下启示。

(一) 自评与他评结合,规范使用测评方法

由于自我报告法受限于报告者的认知发展水平与报告意愿,社会赞许性偏见会导致报告者对可取行为或态度的过度评价,并且报告者对于选项的主观性理解容易导致测量缺乏一致性。因此不同于以往以学生自评的方式所进行的社会与情感能力测评(例如 SSL、ERQ、EQ-I),OECD 克服了自我报告法的测量缺陷,在调查中除收集学生对其社会与情感能力的自我报告外,对同一问题还收集了来自教师与父母等观察者的报告,希望将学生自我报告与教师、父母等观察者报告相结合,以"三角互证"的形式对学生的社会与情感能力进行测量。本研究多质多法分析的结果显示,青少年社会与情感能力的测评结果受评定者(学生自己、家长和教师)因素的影响明显,并且学生自己和家长相比于教师是测评青少年社会与情感能力更为有效的评定者。

教师作为学生的重要他者,在对学生进行评价时,通常会受到学生的学业成绩或学习行为等因素的影响,由此导致教师评定信效度的降低。相关研究表明,教师对学生进行人格特征评价时,通常会利用学生学习行为方面的信息,教师对学生学习行为相关的个人格特征的评定结果准确性更高,而对其他人格特征的评定结果往往高于或低于学生的真实情况。[①] 此外,班级学生人数较多可能也会影响教师对学生其他心理和行为表现的了解程度。而家长作为评定者因其只了解自己的孩子,缺乏与其他孩子的比较,容易导致其评价标准不够客观;另

[①] Kormos C, Gifford R. (2014). The validity of self-report measures of proenvironmental behavior: A meta-analytic review. *Journal of Environmental Psychology*, 40, 359–371.

外家长通常所具有的"家丑不可外扬"的心态也会使得家长的评价更为主观与积极。

因此,学校在对学生、家长和教师发放调查问卷时,应向其说明测评所需要的真实性与客观性,采取多种办法规避由其个人主观因素所带来的测量偏差,同时应尽可能从多位观察者角度来进行测评,通过多方互证来提高测量的客观性与准确性。此外,同伴是学生彼此天然的观察者,他们经常一起玩耍、一起活动、发展成为朋友,甚至会形成小团体,在同伴面前学生也会更为真实地表达自己,不受限制,因此相较于成人观察者,同伴观察更为详细与真实,更有利于有效地测评青少年的社会与情感能力。为此,学校还应重视同伴观察者报告,尽可能综合同伴、家长和教师等观察者报告来测评学生的社会与情感能力,通过自评与他评相结合的方法,提高测评的有效性。

(二)善用情景测评,增设具体行为指标

由于报告法往往不能较好地保证测评效度,所以OECD社会与情感能力测评工具在使用问卷报告法的基础上,增加了辅测定锚,通过为被试提供真实的生活情景,来客观反映学生的社会与情感能力。这是因为在实践中,青少年的社会与情感能力大都是在一定的情境中才会表现出来,因此社会与情感能力的培养与测评有必要根植于具体的情景以获得真实、有效的结果。由班杜拉的三元交互作用论可知,环境、主体与行为三者之间相互影响,相互作用。[1] 社会与情感能力作为主体的非认知能力,不仅受到具体情景的影响与作用,而且对情景与行为发挥着调节与控制的作用。因此对于社会与情感能力的测量要善用情景测量法,通过虚拟情景锚定法的设计为被试提供客观可比的虚拟情景,同时将自我报告与虚拟情景结合,获得可用于不同文化、不同群体被试进行比较的"真实值"[21],更为准确地反映出学生社会与情感能力的发展水平。

此外,OECD的社会与情感测评工具还将具体的行为指标融入教师与家长问卷,让家长和教师对学生的相关行为做描述性判定,以减少他者评定中的主观任意性。在社会与情感能力的测评中,适当增加具体的行为指标,通过考查学生在跨情境中行为一致性来测评其社会与情感能力会更有效、更准确。因为行为维度本身就是不同情境中具体行为的集合,因此内涵比较清晰,行为描述直接,判断标准明确,这样既减轻了评定者的认知负荷,又容易对被试的行为做出客观评分。

二、关注测前培训,提升培训效果

无论是参与测评的师生还是组织测评的校长,对于测评前培训效果的反馈都体现出测前

---

[1] 李锋.(2019).虚拟情景锚定法如何提高问卷调查的可比性——以公民诉求影响力的测度与分析为例.甘肃行政学院学报(03):50—59+127.

培训仍有待提高的方面：测前培训并没有很好地解答师生以及校长对于"社会与情感能力"这一概念以及构成内容的困惑；师生对于为什么要参与这次测评、测评结果的使用方向以及测评由哪里组织的这些基础性问题了解不清；对于培训的形式，部分受访师生或校长也表示，单纯讲解的形式不够吸引人，希望丰富培训形式，提高培训效果。基于此，对于社会与情感能力测评的测前培训，可以从以下几方面着手。

(一) 强化"社会与情感能力"的内涵解释

测评组织可以通过加强宣传和解释、增加案例分析和实践操作、建立互动平台和反馈机制等方式，提高师生和校长对"社会与情感能力"的认知水平和应用能力，从而更好地支持测试的开展。具体而言，在测前培训中，可以通过多种方式加强对于"社会与情感能力"这一概念的宣传和解释。例如，可以组织专题讲座、发放宣传资料、制作海报等形式，向师生和校长详细介绍"社会与情感能力"的概念、意义和构成内容，以便他们更好地理解和掌握相关知识。通过增加案例分析和实践操作等方式，让师生和校长更好地了解"社会与情感能力"的具体应用场景和实际操作方法。如邀请专业人士进行现场讲解和演示，或者组织实践活动，让师生和校长亲身体验"社会与情感能力"的应用过程。可以建立互动平台和反馈机制，鼓励师生和校长积极参与讨论和交流。可以设置微信群、QQ群等在线交流平台，或者组织小组讨论、座谈会等活动，让师生和校长就"社会与情感能力"的相关问题进行深入探讨和交流。同时，还应该建立反馈机制，及时收集师生和校长的意见和建议，以便不断改进和完善测前培训的内容和方式。

(二) 明确测评意义，畅通交流渠道

对于受访师生提到的，对基础性问题了解不清这一问题，一方面测评组织者可以在测评前，通过多种渠道加强对于测评基础性问题的科普与说明。如在学校网站上发布测评相关信息，在班级群里发布测评通知，向师生详细介绍测评的目的、意义、内容和使用方向等信息，以便他们更好地理解和掌握相关知识。另一方面，可以组织宣讲会和座谈会等形式，邀请专业人士对测评进行详细的讲解和说明。通过面对面交流的方式，让师生和校长更加深入地了解测评的内容和意义，同时，及时收集师生和校长的意见和建议。例如，可以设置问卷调查、意见箱等方式，让师生和校长就测评结果的使用方向、改进措施等方面提出自己的意见和建议，为师生们答疑解惑，不断优化测评的质量和效果。此外，还可以组织家长会、学生代表座谈会等活动，让师生和校长就测评相关的内容进行深入探讨和交流，加强与师生和校长的沟通和互动，让他们更好地了解测评的结果和使用方向。

三、注重及时反馈，推进实践改革

社会与情感能力测评的最终目的是促进学生的全面发展，使其适应复杂多变的社会生

活,在学习与生活中取得成功。因此,测评结果的反馈与应用就成了参与测评师生以及校长最为关注的内容。及时反馈测评结果不仅可以帮助学生了解自己的优势和不足之处,从而有针对性地进行学习和提高,还能推动教师以及学校的教育教学改革。访谈中,不论是校长还是教师,对于测评结果的反馈都抱有热切的期待。受访教育工作者表示,希望能够获知学生们的测评结果,并且期待测评专家能够基于测评结果给出针对性的指导意见,帮助他们改善教育教学,提高育人效果。这就启示我们,采取合理方式对社会与情感能力的测评结果进行及时有效的反馈,发挥测评的应有之义。

(一) 建立及时反馈机制

首先,组织者要确定明确的反馈时间和方式。在进行测评之前,与被测者或相关人员商定测评结果反馈的时间和方式,这样可以确保被测者能够及时收到反馈,提高参与测评的积极性。其次,建立有效的沟通渠道,及时向被测者提供反馈。组织者可以通过电子邮件、短信、电话等方式或者使用在线平台或应用程序来提供实时反馈。再次,确定关键指标和标准。在进行测评时,应该明确关键指标和标准,在将其纳入到测评结果的同时也提供给受测者,以便帮助被测者更好地了解自己的表现,并为后续改进提供指导。

提供具体的建议和行动计划,除了简单的肯定或否定外,组织者还应该提供具体的建议和行动计划,帮助被测者进一步改善自己的表现。最后建立持续跟进和评估机制,在提供反馈后,应该持续跟进和评估被测者的进展情况,以确保他们已经采取了相应的行动,并且取得了预期的成果。

(二) 采取多种反馈方法

在对社会与情感能力的测评结果进行反馈时,除了传统的书面反馈外,还可以通过口头反馈、视频展示等方式进行反馈。其中,口头反馈是一种非常直接和有效的反馈方式,测评组织者可以召开座谈会、工作坊、电话会议等方式,通过面对面的交流,更好地传达测评结果信息,帮助被测者更好地理解学生的表现,并及时调整自己教学的行为。视频展示作为一种有效的反馈方式,通过视频展示,可以更加直观、生动地呈现被测者的表现情况,同时也可以更好地记录和保存这些信息。此外,多种反馈方式的综合运用也是非常重要的。不同的反馈方式适用于不同的情况和场合,组织者可以根据具体情况选择合适的方式进行反馈。例如,在面对一些比较复杂或者需要详细解释的问题时,书面反馈可能更为合适;而在面对面交流或者需要更加直观地呈现问题的时候,口头反馈或视频展示则更为有效。多种反馈方式的综合运用可以更好地满足不同情况下的需求,提高测评结果的准确性和可靠性。

(三) 反馈结果与教学实践相结合

在教师获得社会与情感能力测评结果的反馈后,要积极运用测评结果来改进自己的教学实践，提高学生的学习效果和综合素质。一方面，教师可以利用社会与情感能力测评结果了解学生的个性特点、非认知风格和爱好倾向，从而根据不同的情况采取不同的教学策略。例如，对于内向的学生，教师可以采用更加互动式的教学方式，鼓励他们参与课堂讨论和活动；对于外向的学生，教师则要注重培养他们的合作意识和团队精神，让他们更好地融入集体。另一方面，教师可以根据社会与情感能力测评结果制定个性化的教学计划。通过分析学生的测评结果，教师可以了解到学生的弱点和优点，并针对性地制定教学计划，帮助学生克服困难、提高能力。例如，如果发现某个学生在社交能力方面存在问题，教师可以安排一些社交活动或者小组讨论，让学生有机会锻炼自己的社交技能。此外，教师还可以通过社会与情感能力测评结果进行教学反馈和评估，将测评结果作为教学评估的重要依据之一，对学生的学习情况进行全面评价，为后续的教学改进提供参考。

四、加强能力培养，理念实践融合

办学理念是一所学校的灵魂和精神，是学校长期发展的方向和目标。作为学校的发展指南，办学理念为学校的发展提供了明确的指导方向，只有制定科学合理的办学理念，才能真正发挥学校立德树人的根本使命。受访师生以及校长的访谈显示，重视社会与情感能力培养，将社会与情感能力培养纳入学校办学理念，用理念引领学校相关教育教学实践的学校，师生以及校长对于社会与情感能力测评的认识更为深刻，参与测评的态度也更积极，这将显著影响着学校师生社会与情感能力的发展。基于此，建立基于办学理念的能力培养实践，可以从以下几方面努力。

（一）明确社会与情感能力，加强顶层设计

要想培养学生的社会与情感能力，学校首先应该明确什么是社会与情感能力。通过文献查阅、实践调研等方式了解社会与情感能力的内涵与外延，明晰其对于一个人的成长和发展的重要性。在此基础上进行顶层设计，如制定教育目标，明确社会与情感能力教育的目标，包括培养学生的社会责任感、情商、人际交往能力、团队协作能力、创新思维等方面的能力；确定课程内容，根据教育目标，确定相应的课程内容，包括社会实践、情感教育、团队合作、领导力、创新思维等方面的课程；建立教学模式，根据课程内容和学生特点，建立适合的教学模式，包括课堂教学、实践活动、课外拓展等多种形式；加强师资培训，提高教师的社会与情感能力教育水平，加强教师的专业发展和培训，让他们具备更好的教学能力和方法；建立评估机制，建立科学合理的评估机制，对学生的社会与情感能力进行全面评估，及时发现问题并采取措施加以改进；加强家校合作，让家长了解学校的社会与情感能力教育目标和内容，共同关注学生的成长和发展。

(二) 发展校园文化，建设培养环境

校园文化建设是培养学生社会与情感能力的重要途径之一，学校可以通过校园文化建设促进学生的社会与情感能力培养。例如，建立积极向上的校园文化氛围，学校应该营造积极向上、乐观向善、尊重他人、关爱环境的文化氛围，让学生在这种氛围中感受到正能量的力量，激发他们的积极性和创造力；加强团队合作和交流，学校可以组织各种团队活动和社交活动，让学生在互动中学习合作、沟通和协商的能力，培养他们的团队协作精神和领导力；学校可以组织各种公益活动，让学生亲身参与其中，了解社会问题和困难，培养他们的社会责任感和同情心；学校应该为学生提供多元化的教育资源，包括图书馆、实验室、艺术教室等，让学生在不同的领域中探索和发展自己的兴趣爱好和潜能；建立师生互动平台，如心理咨询室、家长会等，让学生和教师之间建立起良好的沟通关系，增强学生的信任感和归属感。通过校园文化建设，可以为学生提供一个全面、多元的学习和发展环境，让他们在实践中学习和成长，培养他们的社会与情感能力。

(三) 加强教师培训，提升育人效果

教师是学生社会与情感能力教育的重要引导者和推动者，通过教师培训可以提高教师的教育水平和专业素养，从而更好地培养学生的社会与情感能力。学校要加强教师的情感教育能力培训，教师具备情感教育的基本知识和技能，能够有效地引导学生表达自己的情感，了解他人的情感需求，培养同理心和关爱之心；提高教师的团队协作能力培训，教师具备团队协作的基本能力和技巧，能够与同事合作、协调和沟通，共同推进学生的全面发展；加强教师的创新思维能力培训，教师具备创新思维的基本知识和技能，能够激发学生的创新意识和创新能力，引导他们探索未知领域，解决问题和创造价值；提高教师的多元文化意识培训，教师具备跨文化交流和理解的能力，能够尊重不同文化背景的学生，促进多元文化的交流和融合；此外，学校应该建立科学的教师评估机制，对教师的教学效果和专业发展进行评估和监督，及时发现问题并采取措施加以改进。总之，通过教师培训，可以提高教师的教育水平和专业素养，让教师更好地发挥引导作用，帮助学生全面发展，培养他们的社会与情感能力。

本章小结　社会与情感能力测评中国实践的启示

本章聚焦社会与情感能力测评的中国实践，采用量化研究和质化研究相结合的方法，对参与OECD社会与情感能力测评的师生、家长以及校长开展调查研究。研究采用量化研究的方法，对OECD-苏州的调查数据进行分析，通过多质多法的验证分析检验社会与情感能力测评工具在中国教育实践和文化背景中的可靠性和有效性。研究发现，学生自评、家长评定和

教师评定测评青少年社会与情感能力具有一定的汇聚效度,但其区分效度较低;青少年社会与情感能力的测评结果受评定者(学生自己、家长和教师)因素的影响明显,即相同测评方法的因子载荷高;总体上,学生自己和家长测评青少年社会与情感能力的有效性高于教师测评。

研究采用质性研究的方法从被测评者的角度提供社会与情感能力测评的真实经验,对部分参与测评的师生进行了一对一访谈。结果发现,社会与情感能力测评的开展使得受测师生对于社会与情感能力的认知经历了从"无知"到"有知"的过程,对社会与情感能力的认识更加深入;大部分受测师生能够正确认识社会与情感能力测评的意义,对于参与测评持有积极肯定态度;测评题目贴近生活实际,便于师生理解与作答,但是对于本次测评的具体目的与数据使用方向,受访师生表示存在一定的困惑,希望能够在测评前有相关的说明与解释;在未来的改进方面,学生群体希望增加面对面访谈等更多的测评方式,以便更详细地呈现自己的想法;而受访教师则希望测评组织者能够根据测评数据及时反馈,以便他们更好地改进教学实践。

社会与情感能力测评不仅更新了学校领导者对于社会与情感能力的认知,也拓展了其对素质教育内涵和外延的认识,使得校长们将培养学生的社会与情感能力视为促进学生全面发展的重要内容;社会与情感能力培养被融入到学校的办学理念之中,部分学校以办学理念为引领培养学生的社会与情感能力;测评的顺利开展得益于教育主管部门、学校、教师、家长以及学生的主动参与、积极配合,这种积极性也在一定程度上保障了测评结果的准确性和可靠性;主题活动被学校视为促进学生社会与情感能力发展的主要教育途径,多数学校通过开展特定内容的主题活动增强学生的自信心和自我意识,为学生提供实践机会,将理论应用到实践中去。

社会与情感能力测评的中国实践为后续测评提供了四点启示:一是要丰富测评方法,增强测评效度,将自评与他评相结合,提高测评的有效性,规范测评方法的使用;在社会与情感能力测评问卷的基础上,增加了辅测定锚等,通过为被试提供真实的生活情景,来客观反映学生的社会与情感能力;将具体的行为指标融入教师与家长问卷,让家长和教师对学生的相关行为做描述性判定,以减少他者评定中的主观任意性。二是关注测前培训,提升培训效果,在测评前培训中,通过加强宣传和解释、增加案例分析和实践操作、建立互动平台和反馈机制等方式强化"社会与情感能力"的内涵解释;通过多种渠道加强对于测评基础性问题的科普与说明,让师生和校长更加深入地了解测评的内容和意义,及时收集师生和校长的意见和建议。三是注重及时反馈,推进实践改革,测评组织者要在测评建立测评结果的及时反馈机制,从测评时间、方式、沟通渠道、关键指标以及行动计划和评估反馈等方面完善反馈机制;采用口头反馈、视频展示等多种方式进行结果反馈;鼓励教师在获得社会与情感能力测评结果的反馈后,积极运用测评结果来改进自己的教学实践,提高学生的学习效果和综合素质。四是加强能力培养,理念实践融合。从制定教育目标、确定课程内容、建立教学模式等方面明确社会与情感能力,加强顶层设计;通过积极向上的校园文化建设为学生提供社会与情感能力发展的良好环境,促进学生的社会与情感能力培养;加强教师的情感教育能力、团队协作能力、创新思维能力、多元文化意识等方面的培训,通过教师培训,提高教师的教育水平和专业素养,发挥教师的引导作用,促进学生社会与情感能力的培养。

附 录

附录1:学生访谈提纲

1. 在参加这次社会与情感能力调查前,你对社会与情感能力的了解有多少?
2. 参加过这次调查之后,你对社会与情感能力有了怎样的认识?
3. 你觉得进行这样大规模测评的意义是什么?
4. 你对参加这次社会与情感能力调查的态度是怎样的?(高兴?抗拒?好奇……)
5. 当你看到问卷的时候,你的第一反应是什么?问卷里的题目你都理解吗?有不理解的吗?面对不理解的问题你是怎么做的?
6. 在回答问题的过程中,你是完全按照自己的真实情况作答的吗?有没有遇到一些题目,你作答给出的分数高于或低于自己的实际情况?你这样做的理由是什么?
7. 对于这次调查,你有什么困惑吗?比如为什么要进行这样的调查,调查结果要用来做什么等等?
8. 如果还有第二次调查,你希望第二次调查是怎样的?能给出一些建议吗?
9. 还有需要补充的吗?

附录2:教师访谈提纲

1. 在参加这次社会与情感能力调查前,你对社会与情感能力的了解有多少?
2. 参加过这次调查之后,你对社会与情感能力有了怎样的认识?
3. 你觉得进行这样大规模测评的意义是什么?
4. 你对参加这次社会与情感能力调查的态度是怎样的?(高兴?抗拒?好奇……)
5. 当你看到问卷的时候,你的第一反应是什么?问卷里的题目你都理解吗?有不理解的吗?面对不理解的问题你是怎么做的?
6. 在回答问题的过程中,你是完全按照学生的真实情况作答的吗?有没有一些因素干扰到你对学生的评价，比如考虑到学校整体的调查结果、学生日常表现的好坏等等？

7. 你期待得到这次调查结果的反馈吗？为什么？

8. 对于这次调查，你有什么困惑吗？比如为什么要进行这样的调查，调查结果对教师有什么影响等等？

9. 在参加这次调查过程中，你都遇到了哪些挑战？（可提示，如信息技术使用等）

10. 如果还有第二次调查，你希望第二次调查是怎样的？能给出一些建议吗？

11. 您在以后的教学实践中会不会测量学生的社会与情感能力？怎样和学科结合？教师的社会与情感能力能影响到学生？

12. 哪些能力是您最需要的？哪些是您想要提高的？哪些能力是您已经做得比较好了？

13. 还有需要补充的吗？

附录3：校长访谈提纲

1. 在参加这次社会与情感能力调查前，你对社会与情感能力的了解有多少？

2. 参加过这次调查之后，你对社会与情感能力有了怎样的认识？

3. 社会与情感能力是贵校办学理念中所倡导或关注的吗？如果是能否具体讲一下，如果没有，为什么过去没有关注到学生的社会与情感能力呢？（或者没有在办学理念中提到，但在日常的教学活动中有涉及，这里访谈者注意拓展和追问）

4. 你觉得进行这样大规模测评的意义是什么？对自身学校办学有什么帮助吗？

5. 贵校参加这次调查是通过报名申请还是上级安排的？你对学校参加这次社会与情感能力调查的态度是怎样的？（高兴？抗拒？好奇……）

6. 作为组织者，你觉得组织学生和教师进行这样的标准化测试，难度大吗？在组织过程中有没有遇到一些困难和挑战？你是怎样克服的？

7. 测评结束后，你有关注学校的测评结果吗？有没有根据测评结果对学校的办学进行相关的调整？

8. 如果还有第二次调查，你希望第二次调查是怎样的？从组织者的角度你能给出一些建议吗？

主要参考文献

中文文献

[1] 曹梅.(2018).打开课堂合作学习的黑箱:来自 CSCL 的经验.教育发展研究,38(20),68-74.

[2] 邓赐平,桑标.(2003).不同任务情境对幼儿心理理论表现的影响.心理科学(02),272-275.

[3] 杜媛,毛亚庆.(2018).基于关系视角的学生社会情感能力构建及发展研究.教育研究(08),43-50.

[4] 郭治辰.(2021).人格迫选测验中结合反应时间的 IRT 模型开发与应用(硕士学位论文).江西师范大学.

[5] 贺涵镜.(2019).基于"以证据为中心设计"模型的中学生合作问题解决能力评价研究(硕士学位论文).江西财经大学.

[6] 黄泽文,叶宝娟,杨强,徐璐.(2020).社会情绪能力对青少年生活满意度的影响:一个链式中介模型.中国临床心理学杂志,28(03),615-618.

[7] 黄忠敬.(2020).社会与情感能力:影响成功与幸福的关键因素.全球教育展望(06),102-112.

[8] 黄忠敬.(2022).从"智力"到"能力"——社会与情感概念史考察.教育研究(10),83-94.

[9] 寇曦月,熊建辉.(2021).疫情应对:美国中小学社会情绪学习的策略与实践.比较教育学报(02),77-90.

[10] 兰国帅,周梦哲,魏家财,曹思敏,张怡,黄春雨.(2021).社会和情感教育评估:内涵、框架、原则、工具、指标及路径——基于欧盟的框架.开放教育研究(06),24-36.

[11] 冷静,路晓旭.(2020).题库型游戏评测批判性思维能力研究.开放教育研究(01),82-89.

[12] 李锋.(2019).虚拟情景锚定法如何提高问卷调查的可比性——以公民诉求影响力的测度与分析为例[J].甘肃行政学院学报(03):50-59+127.

[13] 李琳琳.(2017).时不我待:中国大学教师学术工作的时间观研究.北京大学教育评论,15(01),107-119+190.

[14] 刘航,刘秀丽,陈憬,黄琪钰.(2017).学前儿童情绪表达自发性控制的发展及心理理论的作用.教育研究,38(11),91-99.

[15] 刘珈牟,冯剑峰,秦鑫鑫.(2023).中小学教师从教动机对职业倦怠感的影响研究——教师社会情感能力的中介作用.教师教育研究(02),97-104.

[16] 刘茜,徐建平,许诺.(2013).人事选拔中作假的内涵及测量方法.心理科学进展,21(02),372-380.

[17] 刘云生.(2019).抢占教育智能化评估的制高点.教育发展研究(03),3.

[18] 卢立涛.(2008).回应、协商、共同建构——"第四代评价理论"述评.内蒙古师范大学学报(教育科学版)(08),1-6.

[19] 骆方,刘红云,张月.(2010).应聘情境下作假识别量表的开发.心理学报,42(07),791-801.

[20] 骆方,张厚粲.(2007).人格测验中作假的控制方法.心理学探新(04),78-82.

[21] 毛亚庆,杜媛,易坤权,闻侍.(2018).基于学生社会情感能力培养的学校改进——教育部-联合国儿童基金会"社会情感学习"项目的探索与实践.中小学管理(11),31-33.

[22] 明志君,陈祉妍,王雅芯,刘亚男,翟婧雅.(2021).采用夸大检测技术进行精神障碍名称知晓问卷的编制.中国心理卫生杂志,35(08),664-669.

[23] 潘鑫,张睿,张志华.(2021).基于教育游戏数据挖掘的科学探究能力测评研究.物理与工程(06),25-32.

[24] 潘逸沁,骆方.(2017).社会称许性反应的测量与控制.心理科学进展,25(10),1664-1674.

[25] 邵志芳,庞维国.(2019).高中生实时估分的性别差异.全球教育展望,6,38-45.

[26] 苏林雁,李雪荣,万国斌,等.(1996).Achenbach儿童行为量表的湖南常模:中国临床心理学杂志,4(1),24-28.

[27] 汤磊.(2021).初中生合作问题解决的测量模型检验和改进(硕士学位论文).江西财经大学.

[28] 田瑾,毛亚庆,田振华,杜媛.(2021).变革型领导对教师幸福感的影响——社会情感能力与师生关系的中介作用.教育学报(03),154-165.

[29] 王春丽.(2019).发展学习者协作能力的设计研究(博士学位论文),华东师范大学.

[30] 王佳.(2020).中小学教师"社会-情绪能力"问卷编制与应用研究(硕士学位论文).上海师范大学.

[31] 王孟成.(2014).潜变量建模与Mplus应用.基础篇.重庆:重庆大学出版社.

[32] 王珊,骆方,刘红云.(2014).迫选式人格测验的传统计分与IRT计分模型.心理科学进展,22(03),549-557.

[33] 王姝琼,张文新,陈亮,李海垒,李春,周利娜.(2011).儿童中期攻击行为测评的多质多法分析.心理学报,43(03),294-307.

[34] 王帅国.(2017).雨课堂:移动互联网与大数据背景下的智慧教学工具.现代教育技术(05),26-32.

[35] 卫旭华,张亮花.(2019).单题项测量:质疑、回应及建议.心理科学进展,27(07),1194-1204.

[36] 吴忭,王戈,胡艺龄,祝嘉钰.(2019).基于会话代理的协作问题解决能力测评工具设计与效果验证.远程教育杂志,37(06),91-99.

[37] 谢爱磊,陈嘉怡.(2021).质性研究的样本量判断——饱和的概念、操作与争议.华东师范大学学报(教育科学版),39(12),15-27.

[38] 徐建平,陈基越,张伟,李文雅,盛毓.(2015).应聘者在人格测验中作假的反应过程:基于工作赞许性的眼动证据.心理学报,47(11),1395-1404.

[39] 徐俊怡,李中权.(2021).基于游戏的心理测评.心理科学进展(03),394-403.

[40] 杨丽珠,王江洋,刘文,等.(2005).3~5岁幼儿自我延迟满足的发展特点及其中澳跨文化比较.心理学报(02),224-232.

[41] 杨玲,杨小青,龚良运.(2016).民族地区中小学教师社会情感能力现状与培养.教育导刊(01),68-72.

[42] 杨元魁.(2012).在"做中学"中培养孩子的情绪能力.小学科学(教师论坛)(03),3.

[43] 叶仁敏,玛丽·罗斯巴特,庞正建,张蕴年,邬白妹,杨静娟.(1990).《儿童行为问卷表》(CBQ)的测定研究.应用心理学(04),6-11.

[44] 俞国良,侯瑞鹤,罗晓路.(2006).学习不良儿童对情绪表达规则的认知特点.心理学报(01),85-91.

[45] 袁建林,刘红云.(2016).合作问题解决能力的测评:PISA2015和ATC21S的测量原理透视.外国教育研究,43(12),45-56.

[46] 袁建林,李美娟,刘红云.(2023).情境化测验的进展与挑战.中国考试,371(03),17-26.

[47] 袁振国,黄忠敬,李婧娟,张静.(2021).中国青少年社会与情感能力发展水平报告.华东师范大学学报(教育科学版),39(09),1-32.

[48] 张会杰.(2016).核心素养本位的测评情境及其设计.教育测量与评价,188(09),9-16.

[49] 张劲松.(1995).NYLS《3—7岁儿童气质量表》测试报告.中国心理卫生杂志(05),203-205.

[50] 张静,金泽梁.(2022).OECD青少年社会与情感能力测评研究与启示.教育参考(05),5-10+34.

[51] 张静,金泽梁,黄忠敬.(2023).社会与情感能力能否有效减少学生受欺凌?——基于OECD社会与情感能力测评的实证分析.华东师范大学学报(教育科学版),41(04),46-55.

[52] 张静,刘笛月.(2021).社会与情感能力测评三问[J].中国教育学刊(02),18-24.

[53] 张静,唐一鹏,郭家俊,邵志芳.(2021).中国青少年社会与情感能力测评之技术报告.华东师范大学学报(教育科学版),39(09),109-126.

[54] 张娜,李峰.(2019).合作问题解决能力评价的本土化研究——基于以证据为中心的设计模型.中国考试(08),59-65.

[55] 张致祥,左启华,雷贞武,陈荣华,黄录碧,和光祖,袁燕畴,李倬珍,刘权章,张纯,汪梅先,刘晓燕.(1995)."婴儿—初中学生社会生活能力量表"再标准化.中国临床心理学杂志,3(01),12-15.

[56] 钟晓钰,李铭尧,李凌艳.(2021).问卷调查中被试不认真作答的控制与识别.心理科学进展,29(02),225-237.

英文文献

Abrahams, L., Pancorbo, G., Primi, R., Santos, D., Kyllonen, P., John, O.P., & De Fruyt, F. (2019). Social-emotional skill assessment in children and adolescents: Advances and challenges in personality, clinical, and educational contexts. *Psychological Assessment*, 31(4), 460-473.

Ackerman, P.L., & Heggestad, E.D. (1997). Intelligence, personality, and interests: evidence for overlapping traits. *Psychological Bulletin*, 121(2), 219.

Adams, J.S. (1965). Inequity in social exchange. In *Advances in Experimental Social Psychology* (2), Elsevier, 267-299.

Ahn, S., & Brown-Schmidt, S. (2020). Retrieval processes and audience design. *Journal of Memory and Language*, 115, 104149.

Akçayır, M., & Akçayır, G. (2017). Advantages and challenges associated with augmented reality for education: A systematic review of the literature. *Educational Research Review*, 20, 1-11.

Aldrup, K., Carstensen, B., Köller, M.M., & Klusmann, U. (2020). Measuring teachers' social-emotional competence: Development and validation of a situational judgment test. *Frontiers in Psychology*, 11, 892-892.

Alicke, M.D. (1985). Global self-evaluation as determined by the desirability and controllability of trait adjectives. *Journal of Personality and Social Psychology*, 49(6), 1621.

Alliger, G.M., Lilienfeld, S.O., & Mitchell, K.E. (1996). The susceptibility of overt and covert integrity tests to coaching and faking. *Psychological Science*, 7(1), 32-39.

Allport, G.W., & Odbert, H.S. (1936). Trait-names: A psycho-lexical study. *Psychological Monographs*, 47(1), i-171.

Almeida, L.S., Prieto, L.P., Ferrando, M., Oliveira, E., & Ferrándiz, C. (2008). Torrance Test of Creative Thinking: The question of its construct validity. *Thinking Skills and Creativity*, 3(1), 53-58.

Almond, R., Steinberg, L., & Mislevy, R. (2002). Enhancing the design and delivery of assessment systems: A four-process architecture. *The Journal of Technology, Learning and Assessment*, 1(5).

Alonso-Fernández, C., Calvo-Morata, A., Freire, M., Martínez-Ortiz, I., & Fernández-Manjón, B. (2019). Applications of data science to game learning analytics data: A systematic literature review. *Computers & Education*, 141, 103612.

Anderson, C., Brion, S., Moore, D.A., & Kennedy, J.A. (2012). A status-enhancement account of overconfidence. *Journal of Personality and Social Psychology*, 103(4), 718.

Andrade, A., Maddox, B., Edwards, D., Chopade, P., & Khan, S. (2019). Quantitative multimodal interaction analysis for the assessment of problem-solving skills in a collaborative online game. In *Advances in Quantitative Ethnography: First International Conference, ICQE 2019, Madison, WI, USA, October 20-22, 2019, Proceedings 1*. Springer International Publishing, 281-290.

Anglim, J., Horwood, S., Smillie, L. D., Marrero, R. J., & Wood, J. K. (2020). Predicting psychological and subjective well-being from personality: A meta-analysis. *Psychological Bulletin*, 146(4), 279-323.

Armsden, G. C., & Greenberg, M. T. (1987). The inventory of parent and peer attachment: Individual differences and their relationship to psychological well-being in adolescence. *Journal of Youth and Adolescence*, 16(5), 427-454.

Arthur, W., Woehr, D. J., & Graziano, W. G. (2001). Personality testing in employment settings: Problems and issues in the application of typical selection practices. *Personnel Review*, 30(6), 657-676.

Asch, S. E. (1956). Studies of independence and conformity: I. A minority of one against a unanimous majority. *Psychological Monographs: General and Applied*, 70(9), 1-70.

Asendorpf, J. B., & Motti-Stefanidi, F. (2018). Mediated disposition-environment transactions: The DAE model. *European Journal of Personality*, 32(3), 167-185.

Ashdown, D. M., & Bernard, M. E. (2012). Can explicit instruction in social and emotional learning skills benefit the social-emotional development, well-being, and academic achievement of young children?. *Early Childhood Education Journal*, 39(6), 397-405.

Assessment Work Group. (2019). Student social and emotional competence assessment: The current state of the field and a vision for its future. Chicago, IL: Collaborative for Academic, Social, and Emotional Learning Keeping SEL Developmental: The Importance of a Developmental Lens for Fostering and Assessing SEL Competencies.

Atkins, P. W., & Wood, R. E. (2002). Self-versus others' ratings as predictors of assessment center ratings: Validation evidence for 360-degree feedback programs. *Personnel Psychology*, 55(4), 871.

Austin, Z., & Gregory, P. A. (2007). Evaluating the accuracy of pharmacy students' self-assessment skills. *American Journal of Pharmaceutical Education*, 71(5).

Baker, R. S., Clarke-Midura, J., & Ocumpaugh, J. (2016). Towards general models of effective science inquiry in virtual performance assessments. *Journal of Computer Assisted Learning*, 32(3), 267-280.

Bandura, A. (1977). Self-efficacy: toward a unifying theory of behavioral change. *Psychological Review*, 84(2), 191.

Bandura, A. (1986). *Social foundations of thought and action: A social cognitive theory*. Englewood Cliffs, NJ, US: Prentice-Hall, Inc.

Baranowski, T., Blumberg, F., Buday, R., DeSmet, A., Fiellin, L. E., ... & Young, K. (2016). Games for health for children—Current status and needed research. *Games for Health Journal*, 5(1), 1-12.

Baranowski, T., Lyons, E. J., & Thompson, D. (2019). Experimental design to systematically develop a knowledge base for effective games for health. *Games for Health Journal*, 8(5), 307-312.

Bar-On, R. (1997). The emotional quotient inventory (EQ-i): A test of emotional intelligence. Toronto, Canada: Multi-Health Systems.

Bar-On, R., & Parker, J. D. A. (2000). *Bar-On Emotional Quotient Inventory: Youth version*. Toronto: Multi-Health system, Incorporated.

Barrett, L. F., Williams, N. L., & Fong, G. T. (2002). Defensive verbal behavior assessment. *Personality and Social Psychology Bulletin*, 28(6), 776-788.

主要参考文献

Barrick, M. R., & Mount, M. K. (1996). Effects of impression management and self-deception on the predictive validity of personality constructs. *Journal of Applied Psychology*, 81(3), 261.

Barron, B. (2000). Achieving Coordination in Collaborative Problem-Solving Groups. *The Journal of the Learning Sciences*, 9, 403–436.

Bartle, R. (1996). Hearts, clubs, diamonds, spades: Players who suit MUDs. *Journal of MUD research*, 1(1), 19.

Bartram, D. (2007). Increasing validity with forced-choice criterion measurement formats. *International Journal of Selection and Assessment*, 15(3), 263–272.

Baumert, A., Schlösser, T., & Schmitt, M. (2014). Economic games: A performance-based assessment of fairness and altruism. *European Journal of Psychological Assessment*, 30(3), 178–192.

Baumert, A., Schmitt, M., Perugini, M., Johnson, W., Blum, G., Borkenau, P., ... Wrzus, C. (2017). Integrating personality structure, personality process, and personality development. *European Journal of Personality*, 31(5), 503–528.

Bavelier, D., Green, C. S., Pouget, A., & Schrater, P. (2012). Brain plasticity through the life span: learning to learn and action video games. *Annual Review of Neuroscience*, 35, 391–416.

Beauducel, A., & Wittmann, W. W. (2005). Simulation study on fit indexes in CFA based on data with slightly distorted simple structure. *Structural Equation Modeling*, 12, 41–75.

Becker, T. E., & Colquitt, A. L. (1992). Potential versus actual faking of a biodata form: An analysis along several dimensions of item type. *Personnel Psychology*, 45(2), 389–406.

Bediou, B., Adams, D. M., Mayer, R. E., Tipton, E., Green, C. S., & Bavelier, D. (2018). Meta-analysis of action video game impact on perceptual, attentional, and cognitive skills. *Psychological Bulletin*, 144(1), 77.

Benn, R., Akiva, T., Arel, S., & Roeser, R. W. (2012). Mindfulness training effects for parents and educators of children with special needs. *Developmental Psychology*, 48(5), 1476.

Bensch, D., Paulhus, D. L., Stankov, L., & Ziegler, M. (2019). Teasing apart overclaiming, overconfidence, and socially desirable responding. *Assessment*, 26(3), 351–363.

Berg, J., Osher, D., Same, M. R., Nolan, E., Benson, D., & Jacobs, N. (2017). *Identifying, defining, and measuring social and emotional competencies*. Washington, DC: American Institutes for Research.

Bergner, Y., & von Davier, A. A. (2019). Process data in NAEP: Past, present, and future. *Journal of Educational and Behavioral Statistics*, 44(6), 706–732.

Bing, M. N., LeBreton, J. M., Davison, H. K., Migetz, D. Z., & James, L. R. (2007). Integrating implicit and explicit social cognitions for enhanced personality assessment: A general framework for choosing measurement and statistical methods. *Organizational Research Methods*, 10(2), 346–389.

Binkley, M., Erstad, O., Herman, J., Raizen, S., Ripley, M., Miller-Ricci, M., & Rumble, M. (2012). Defining twenty-first century skills. In P. Griffin, B. McGaw, & E. Care (Eds.), *Assessment and Teaching of 21st Century Skills* (pp. 17–66). Dordrecht: Springer Netherlands.

Bjork, R. A. (1999). F 5 assessing our own competence: Heuristics and illusions. *Attention and performance XVII: Cognitive regulation of performance: Interaction of Theory and Application*, 435.

Bogg, T., & Berts, B. W. (2004). Conscientiousness and health-related behaviors: a meta-analysis of the leading behavioral contributors to mortality. *Psychological Bulletin*, 130(6), 887.

Borkenau, P., & Ostendorf, F. (1992). Social desirability scales as moderator and suppressor variables. *European Journal of Personality*, 6(3), 199–214.

Brandt, N. D., Becker, M., Tetzner, J., Brunner, M., Kuhl, P. (2021). What teachers and parents can add to personality ratings of children: Unique associations with academic performance in elementary school. *European Journal of Personality, 35*, 814-832.

Broner, M. A., & Tarone, E. E. (2001). Is it fun? Language play in a fifth-grade Spanish immersion classroom. *The Modern Language Journal, 85*(3), 363-379.

Brown, A., & Maydeu-Olivares, A. (2011). Item response modeling of forced-choice questionnaires. *Educational and Psychological Measurement, 71*(3), 460-502.

Brown, J. S., Collins, A., & Duguid, P. (1989). Situated Cognition and the Culture of Learning. *Educational Researcher, 18*(1), 32-42.

Brown, S. D., Tramayne, S., Hoxha, D., Telander, K., Fan, X., & Lent, R. W. (2008). Social cognitive predictors of college students' academic performance and persistence: A meta-analytic path analysis. *Journal of Vocational Behavior, 72*(3), 298-308.

Bryant, B. K. (1982). An index of empathy for children and adolescents. *Child Development*, 413-425.

Campbell, D. T., & Fiske, D. (1959). Convergent and discriminant validation by the Multitrait-Multimethod matrix. *Psychological Bulletin, 56*, 81-105.

Carlo, G., & Randall, B. A. (2002). The development of a measure of prosocial behaviors for late adolescents. *Journal of Youth and Adolescence, 31*(1), 31-44.

Cefai, C. (2008). Promoting Resilience in the Classroom. A guide to developing pupils' emotional and cognitive skills. London: Jessica Kingsley Publishers.

Cefai, C., Downes, P., & Cavioni, V. (2021). A Formative, Inclusive, Whole-School Approach to the Assessment of Social and Emotional Education in the EU. Analytical Report. *European Commission*.

Chen, F. (2007). Sensitivity of Goodness of Fit Indexes to Lack of Measurement Invariance. *Structural Equation Modeling: A Multidisciplinary Journal, 14*, 464-504.

Cheng, M. T., Lin, Y. W., & She, H. C. (2015). Learning through playing Virtual Age: Exploring the interactions among student concept learning, gaming performance, in-game behaviors, and the use of in-game characters. *Computers & Education, 86*, 18-29.

Chernyshenko, O., M. Kankaraš and F. Drasgow (2018), "Social and emotional skills for student success and well-being: Conceptual framework for the OECD study on social and emotional skills", OECD Education Working Papers, No.173, OECD Publishing, Paris. http://dx.doi.org/10.1787/db1d8e59-en

Chess, S., & Thomas, A. (1977). Defense mechanisms in middle child hood. *Canadian Psychiatric Association Journal, 21*(8), 519-525.

Cheung, G. W., & Rensvold, R. B. (2002). Evaluating goodness-of-fit indexes for testing measurement invariance. *Structural Equation Modeling: A Multidisciplinary Journal, 9*, 233-255.

Cheung, M. W.-L., & Chan, W. (2002). Reducing uniform response bias with ipsative measurement in multiple-group confirmatory factor analysis. *Structural Equation Modeling, 9*(1), 55-77.

Chevalier, A., Gibbons, S., Thorpe, A., Snell, M., & Hoskins, S. (2009). Students' academic self-perception. *Economics of Education Review, 28*(6), 716-727.

Chopade, P., Edwards, D., & Khan, S. (2019). Designing a digital jigsaw game based measurement of collaborative problem-solving skills. In *Companion Proceedings of the 9th International Learning Analytics and Knowledge Conference (LAK 2019), Tempe, Arizona*, 26-31.

Christiansen, N. D., Goffin, R. D., Johnston, N. G., & Rothstein, M. G. (1994). Correcting the 16PF for faking: Effects on criterion-related validity and individual hiring decisions. *Personnel Psychology, 47*(4), 847-860.

Chung, G. K. W. K., Baker, E. L., Vendlinski, T. P., Buschang, R. E., Delacruz, G. C., Michiuye, J. K., &

主要参考文献

Bittick, S. J. (2010, April). Testing instructional design variations in a prototype math game. In *R. Atkinson (Chair), Current perspectives from three national R&D centers focused on game-based learning: Issues in learning, instruction, assessment, and game design.* Structured poster session at the annual meeting of the American Educational Research Association, Denver, CO.

Chung, G. K. W. K., O'Neil Jr, H. F., & Herl, H. E. (1999). The use of computer-based collaborative knowledge mapping to measure team processes and team outcomes. *Computers in Human Behavior*, 15(3-4), 463-493.

Ciolacu, M., Tehrani, A. F., Binder, L., & Svasta, P. M. (2018, October). Education 4.0-Artificial Intelligence assisted higher education: early recognition system with machine learning to support students' success. In *2018 IEEE 24th International Symposium for Design and Technology in Electronic Packaging (SIITME)*. IEEE, 23-30.

Clark, D. B., Tanner-Smith, E. E., & Killingsworth, S. S. (2016). Digital games, design, and learning: A systematic review and meta-analysis. *Review of Educational Research*, 86(1), 79-122.

Clarke, J., Dede, C., & Dieterle, E. (2008). Emerging technologies for collaborative, mediated, immersive learning. *International handbook of information technology in primary and secondary education*, 901-909.

Clarke-Midura, J., & Dede, C. (2010). Assessment, technology, and change. *Journal of Research on Technology in Education*, 42(3), 309-328.

Clauser, B. E. (2000). Recurrent issues and recent advances in scoring performance assessments. *Applied Psychological Measurement*, 24(4), 310-324.

Coie, J. D., Cillessen, A. H., Dodge, K. A., Hubbard, J. A., Schwartz, D., Lemerise, E. A., & Bateman, H. (1999). It takes two to fight: a test of relational factors and a method for assessing aggressive dyads. *Developmental Psychology*, 35(5), 1179.

Collaborative for Academic, Social, and Emotional Learning. (2013). *Effective Social and Emotional Learning Programs [Internet]. Preschool and Elementary School Edition.* https://static1.squarespace.com/static/513f79f9e4b05ce7b70e9673/t/526a220de4b00a92c90436ba/1382687245993/2013-casel-guide.pdf.

Colquitt, J. A., Conlon, D. E., Wesson, M. J., Porter, C. O., & Ng, K. Y. (2001). Justice at the millennium: a meta-analytic review of 25 years of organizational justice research. *Journal of Applied Psychology*, 86(3), 425.

Connelly, B. S. and D. S. Ones (2010), Another perspective on personality: meta-analytic integration of observers' accuracy and predictive validity, *Psychological Bulletin*, 136, 6, 1092-1122.

Conrad, S., Clarke-Midura, J., & Klopfer, E. (2014). A framework for structuring learning assessment in a massively multiplayer online educational game: Experiment centered design. *International Journal of Game-Based Learning (IJGBL)*, 4(1), 37-59.

Cooley, J. L., & Fite, P. J. (2016). Peer victimization and forms of aggression during middle childhood: The role of emotion regulation. *Journal of Abnormal Child Psychology*, 44(3), 535-546.

Cordova, D. I., & Lepper, M. R. (1996). Intrinsic motivation and the process of learning: Beneficial effects of contextualization, personalization, and choice. *Journal of Educational Psychology*, 88(4), 715.

Cowen, E. L., & Tongas, P. N. (1959). The social desirability of trait descriptive terms: Applications to a self-concept inventory. *Journal of Consulting Psychology*, 23(4), 361.

Craig, A. B., Brown, E. R., Upright, J., & DeRosier, M. E. (2016). Enhancing children's social emotional functioning through virtual game-based delivery of social skills training. *Journal of Child and Family Studies*, 25, 959-968.

Credé, M., Tynan, M. C., & Harms, P. D. (2017). Much about grit: A meta-analytic synthesis of the grit literature. *Journal of Personality and Social Psychology*, 113(3), 492–511.

Credé, M. et al. (2012), An evaluation of the consequences of using short measures of the big five personality traits, *Journal of Personality and Social Psychology*, 102, 4, 874–888.

Crick, N. R., & Grotpeter, J. K. (1995). Relational aggression, gender, and social-psychological adjustment. *Child Development*, 66(3), 710–722.

Cronbach, L. J., Linn, R. L., Brennan, R. L., & Haertel, E. H. (1997). Generalizability analysis for performance assessments of student achievement or school effectiveness. *Educational and Psychological Measurement*, 57(3), 373–399.

Crowne, D. P., & Marlowe, D. (1960). A new scale of social desirability independent of psychopathology. *Journal of Consulting Psychology*, 24(4), 349.

Csikszentmihalyi, M. (1997). Flow and the psychology of discovery and invention. *Harper Perennial, New York*, 39, 1–16.

Csikszentmihalyi, M. (2000). *Beyond boredom and anxiety*. Jossey-bass.

Csikszentmihályi, M. (1990). *Flow: The psychology of optimal experience.* New York, NY: Harper & Row.

Cui, Y., Chen, F., Shiri, A., & Fan, Y. (2019). Predictive analytic models of student success in higher education: A review of methodology. *Information and Learning Sciences*, 120(3/4), 208–227.

Cui, Y., Chu, M. W., & Chen, F. (2019). Analyzing Student Process Data in Game-Based Assessments with Bayesian Knowledge Tracing and Dynamic Bayesian Networks. *Journal of Educational Data Mining*, 11(1), 80–100.

Curry, K. (2010). Warcraft and civic education: MMORPGs as participatory cultures and how teachers can use them to improve civic education. *The Social Studies*, 101(6), 250–253.

Danner, D., Lechner, C. M., Soto, C. J., & John, O. P. (2021). Modelling the incremental value of personality facets: The domains-incremental facets-acquiescence bifactor show model. *European Journal of Personality*, 35(1), 67–84.

Darley, J. M., & Latané, B. (1968). Bystander intervention in emergencies: diffusion of responsibility. *Journal of Personality and Social Psychology*, 8, 377–383.

Darrah, M. A. (2013). Computer haptics: A new way of increasing access and understanding of math and science for students who are blind and visually impaired. *Journal of Blindness Innovation and Research*, 3(2), 3–47.

De Freitas, S. (2006). Learning in immersive worlds: A review of game-based learning.

De Fruyt, F., Wille, B., & John, O. P. (2015). Employability in the 21st century: Complex (interactive) problem solving and other essential skills. *Industrial and Organizational Psychology*, 8(2), 276–281.

Deke, J., & Haimson, J. (2006). Valuing Student Competencies: Which Ones Predict Postsecondary Educational Attainment and Earnings, and for Whom? Final Report. *Mathematica Policy Research, Inc.*

de Klerk, S., Veldkamp, B. P., & Eggen, T. J. (2015). Psychometric analysis of the performance data of simulation-based assessment: A systematic review and a Bayesian network example. Computers & education, 85, 23–34.

Delacruz, G. C., Chung, G. K., & Baker, E. L. (2010). Validity Evidence for Games as Assessment Environments. CRESST Report 773. National Center for Research on Evaluation, Standards, and Student Testing (CRESST).

Del Prette, Z. A. P.; Del Prette, A. (2011). Psicologia Das Habilidades Sociais Na Infância. Teoria E Prática, 5th ed.; Editora Vozes: Petrópolis, RJ, Brazil.

Denham, S. A. (2015). Assessment of social-emotional learning in educational contexts. In: Durlak, J. A.,

Domitrovich, C. E., Weissberg, R. P. and Gullotta, T. P. (eds.), *Handbook of social and emotional learning. Research and practice*. New York, NY: Guilford Press, 285 – 300.

Denham, S. A. (2018). Keeping SEL developmental: The importance of a developmental lens for fostering and assessing SEL competencies. https://measuringsel.casel.org/wp-content/uploads/2018/11/Frameworks-DevSEL.pdf.

Denham, S. A., Bassett, H. H., & Wyatt, T. (2007). The socialization of emotional competence. In J. E. Grusec, & P. D. Hasting (Eds.), Handbook of Socializa: Theory and Research. Guilferd Press, 614 – 637.

Denham, S. A., Wyatt, T. M., Bassett, H. H., Echeverria, D., & Knox, S. S. (2009). Assessing social-emotional development in children from a longitudinal perspective. *Journal of Epidemiology and Community Health*, 63(Suppl 1), i37 – i52.

Denissen, J. J. A., Geenen, R., Soto, C. J., John, O. P., & van Aken, M. A. G. (2020). The big five inventory-2: Replication of psychometric properties in a Dutch adaptation and first evidence for the discriminant predictive validity of the facet scales. *Journal of Personality Assessment*, 102(3), 309 – 324.

DePaoli, J. L., Atwell, M. N., & Bridgeland, J. (2017). Ready to Lead: A National Principal Survey on How Social and Emotional Learning Can Prepare Children and Transform Schools. A Report for CASEL. *Civic Enterprises*.

Department for Education and Skills. 2005. Excellence and enjoyment: Social and emotional aspects of learning (guidance). Nottingham: DfES.

DePaulo, B. M., Lindsay, J. J., Malone, B. E., Muhlenbruck, L., Charlton, K., & Cooper, H. (2003). Cues to deception. *Psychological Bulletin*, 129(1), 74.

DeRosier, M. E., & Craig, A. B. (2014). Zoo U game platform for social skills assessment (SSA). In M. DeRosier (Ed.), *Social skills assessment through games: The new best practice* (pp. 173 – 186). Charleston, SC: Interlink Press.

DeRosier, M. E., & Thomas, J. M. (2018). Establishing the criterion validity of Zoo U's game-based social emotional skills assessment for school-based outcomes. *Journal of Applied Developmental Psychology*, 55, 52 – 61.

DeRosier, M. E., Craig, A. B., & Sanchez, R. P. (2012). Zoo U: A stealth approach to social skills assessment in schools. *Advances in Human-Computer Interaction*, 2012, 22 – 22.

Deterding, S., Dixon, D., Khaled, R., & Nacke, L. (2011, September). From game design elements to gamefulness: defining "gamification". In *Proceedings of the 15th international academic MindTrek conference: Envisioning future media environments*, 9 – 15.

Devlin, K. (2011). *Mathematics education for a new era: Video games as a medium for learning*. CRC Press.

Dicerbo, K., & Kidwai, K. (2013, July). Detecting player goals from game log files. In *Educational Data Mining 2013*.

Dicerbo, K., Bertling, M., Stephenson, S., Jia, Y., Mislevy, R. J., Bauer, M., & Jackson, G. T. (2015). An application of exploratory data analysis in the development of game-based assessments. In C. S. Loh, Y. Sheng, & D. Ifenthaler (Eds.), *Serious games analytics. Methodologies for performance measurement, assessment, and improvement* (pp. 319 – 342). New York, NY: Springer.

DiCerbo, K., Shute, V. J., & Kim, Y. J. (2017). The future of assessment in technology rich environments: Psychometric considerations. In J. M. Spector, B. Lockee, & M. Childress (Eds.), *Learning, design, and technology: An international compendium of theory, research, practice, and policy*. New York, NY: Springer, 1 – 21.

DiCerbo, K. E. (2014). Game-based assessment of persistence. *Journal of Educational Technology & Society*,

17(1), 17-28.

Dilchert, S., Ones, D. S., Viswesvaran, C., & Deller, J. (2006). Response distortion in personality measurement: Born to deceive, yet capable of providing valid self-assessments? *Psychology Science*, 48(3), 209.

Dirks, M. A., Treat, T. A., & Robin Weersing, V. (2007). Integrating theoretical, measurement, and intervention models of youth social competence. *Clinical Psychology Review*, 27(3), 327-347.

Donovan, J. J., Dwight, S. A., & Hurtz, G. M. (2003). An assessment of the prevalence, severity, and verifiability of entry-level applicant faking using the randomized response technique. *Human Performance*, 16(1), 81-106.

Duckworth, A. L., & Yeager, D. S. (2015). Measurement matters: Assessing personal qualities other than cognitive ability for educational purposes. *Educational Researcher*, 44(4), 237-251.

Duckworth, A. L., Gendler, T. S., & Gross, J. J. (2014). Self-control in school-age children. *Educational Psychologist*, 49(3), 199-217.

Dudley, N. M., McFarland, L. A., Goodman, S. A., Hunt, S. T., & Sydell, E. J. (2005). Racial differences in socially desirable responding in selection contexts: Magnitude and consequences. *Journal of Personality Assessment*, 85(1), 50-64.

Dunlop, P. D., Telford, A. D., & Morrison, D. L. (2012). Not too little, but not too much: The perceived desirability of responses to personality items. *Journal of Research in Personality*, 46(1), 8-18.

Dunn, A. M., Heggestad, E. D., Shanock, L. R., & Theilgard, N. (2018). Intra-individual response variability as an indicator of insufficient effort responding: Comparison to other indicators and relationships with individual differences. *Journal of Business and Psychology*, 33, 105-121.

Dunning, D., Griffin, D. W., Milojkovic, J. D., & Ross, L. (1990). The overconfidence effect in social prediction. *Journal of Personality and Social Psychology*, 58(4), 568.

Dunning, D., Heath, C., & Suls, J. M. (2004). Flawed self-assessment: Implications for health, education, and the workplace. *Psychological Science in the Public Interest*, 5(3), 69-106.

Durlak, J. A., Weissberg, R. P., Dymnicki, A. B., Taylor, R. D., & Schellinger, K. B. (2011). The impact of enhancing students' social and emotional learning: A meta-analysis of school-based universal interventions. *Child Development*, 82(1), 405-432.

Dwight, S. A., & Donovan, J. J. (2003). Warning: Proceed with caution when warning applicants not to dissimulate *Human Performance*, 16, 1-3.

Echeverría, A., Améstica, M., Gil, F., Nussbaum, M., Barrios, E., & Leclerc, S. (2012). Exploring different technological platforms for supporting co-located collaborative games in the classroom. *Computers in Human Behavior*, 28(4), 1170-1177.

Ehrlinger, J., Johnson, K., Banner, M., Dunning, D., & Kruger, J. (2008). Why the unskilled are unaware: Further explorations of (absent) self-insight among the incompetent. *Organizational Behavior and Human Decision processes*, 105(1), 98-121.

Elias, M., Zins, J., Weissberg, R. P., Frey, K. S., Greenberg, M. T., Haynes, N. M., & Association for Supervision and Curriculum Development, Alexandria, VA. (1997). *Promoting Social and Emotional learning: Guidelines for Educators*. Association for Supervision & Curriculum Development.

Elias, M. J., & Haynes, N. M. (2008). Social competence, social support, and academic achievement in minority, low-income, urban elementary school children. *School Psychology Quarterly*, 23(4), 474.

Ellingson, J. E., Sackett, P. R., & Hough, L. M. (1999). Social desirability corrections in personality measurement: Issues of applicant comparison and construct validity. *Journal of Applied Psychology*, 84(2),

155.

Erikson, E. H. (1993). *Childhood and society*. WW Norton & Company.

Eseryel, D., Ge, X., Ifenthaler, D., & Law, V. (2011). Dynamic modeling as a cognitive regulation scaffold for developing complex problem-solving skills in an educational massively multiplayer online game environment. *Journal of Educational Computing Research*, 45(3), 265–286.

Evrenk, H., & Sher, C.-Y. (2015). Social interactions in voting behavior: distinguishing between strategic voting and the bandwagon effect. *Public Choice*, 162, 405–423.

Eysenck, S., Eysenck, H. J, & Barrett, P. (1985). Eysenck personality questionnaire (rev. ed.).

Fan, J., Gao, D., Carroll, S. A., Lopez, F. J., Tian, T. S., & Meng, H. (2012). Testing the efficacy of a new procedure for reducing faking on personality tests within selection contexts. *Journal of Applied Psychology*, 97(4), 866.

Faupel, A. (Ed.). (2003). *Emotional literacy: assessment and intervention: ages 11 to 16. User's guide*. GL

Faust, J., & Ehrich, S. (2001). Children's apperception test (CAT). In *Understanding Psychological Assessment* (pp. 295–312). Springer, Boston, MA.

Fine, S., & Pirak, M. (2016). Faking fast and slow: Within-person response time latencies for measuring faking in personnel testing. *Journal of Business and Psychology*, 31, 51–64.

Fischhoff, B., Slovic, P., & Lichtenstein, S. (1977). Knowing with certainty: The appropriateness of extreme confidence. *Journal of Experimental Psychology: Human Perception and Performance*, 3(4), 552.

Flavell, J. H., Flavell, E. R., & Green, F. L. (1987). Young children's knowledge about the apparent-real and pretend-real distinctions. *Developmental Psychology*, 23(6), 816.

Fleeson, W. (2007). Situation-based contingencies underlying trait-content manifestation in behavior. *Journal of Personality*, 75(4), 825–862.

Fleeson, W., & Jayawickreme, E. (2015). Whole Trait Theory. *Journal of Research in Personality*, 56, 82–92.

Fleeson, W., & Noftle, E. E. (2009). In favor of the synthetic resolution to the person-situation debate. *Journal of Research in Personality*, 43(2), 150–154.

Flor, M., Yoon, S.-Y., Hao, J., Liu, L., & von Davier, A. (2016). *Automated classification of collaborative problem solving interactions in simulated science tasks*. Paper presented at the The 11th Workshop on Innovative Use of NLP for Building Educational Applications, San Diego, California, USA.

Foran, H. M., O'Leary, K. D., & Williams, M. C. (2012). Emotional abilities in couples: A construct validation study. *The American Journal of Family Therapy*, 40(3), 189–207.

Fordyce, W. E. (1956). Social desirability in the MMPI. *Journal of consulting psychology*, 20(3), 171.

Frank, M. R., Cebrian, M., Pickard, G., & Rahwan, I. (2017). Validating Bayesian truth serum in large-scale online human experiments. *Plos One*, 12(5), e0177385.

French, B. F., & Finch, W. H. (2006). Confirmatory factor analytic procedures for the determination of measurement invariance. *Structural Equation Modeling: A Multidisciplinary Journal*, 13, 378–402.

Freudenthaler, H. H., Spinath, B., & Neubauer, A. C. (2008). Predicting school achievement in boys and girls. *European Journal of Personality*, 22(3), 231–245.

Frezzo, D. C., Behrens, J. T., Mislevy, R. J., West, P., & DiCerbo, K. E. (2009, April). Psychometric and evidentiary approaches to simulation assessment in Packet Tracer software. In *2009 Fifth International Conference on Networking and Services*, 555–560.

Fu, J., Zapata-Rivera, D., & Mavronikolas, E. (2014). Statistical Methods for Assessments in Simulations and Serious Games (ETS Research Report Series No. RR-14-12). *Princeton, NJ: Educational Testing Service*.

Furnham, A. (1990). Faking personality questionnaires: Fabricating different profiles for different purposes. *Current Psychology*, 9, 46–55.

Furnham, A., & Monsen, J. (2009). Personality traits and intelligence predict academic school grades. *Learning and Individual Differences*, 19(1), 28–33.

Gabelica, C., Bossche, P. V. d., Segers, M., & Gijselaers, W. (2012). Feedback, a powerful lever in teams: A review. *Educational Research Review*, 7(2), 123–144.

Gallup. (2018). *Assessing soft skills: Are we preparing students for successful futures?* Washington, DC: Author.

Gardner, H. E. (2011). *Frames of mind: The Theory of Multiple Intelligences*. Basic books.

Garris, R., Ahlers, R., & Driskell, J. E. (2002). Games, motivation, and learning: A research and practice model. *Simulation & gaming*, 33(4), 441–467.

Gee, J. P. (2007). *Good video games + good learning: Collected essays on video games, learning, and literacy*. Peter Lang.

Geiser, C., Eid, M., Nussbeck, F. W., Courvoisier, D. S., & Cole, D. A. (2010). Analyzing true change in longitudinal Multitrait-Multimethod studies: Application of a Multimethod change model to depression and anxiety in children. *Developmental Psychology*, 46, 29–45.

Gerpott, F. H., Balliet, D., Columbus, S., Molho, C., & de Vries, R. E. (2018). How do people think about interdependence? A multidimensional model of subjective outcome interdependence. *Journal of Personality and Social Psychology*, 115(4), 716–742.

Gillies, R., Ashman, A., & Terwel, J. (2008). *The Teacher's Role in Implementing Cooperative Learning in the Classroom*. New York: Springer.

Glenberg, A. M., Wilkinson, A. C., & Epstein, W. (1982). The illusion of knowing: Failure in the self-assessment of comprehension. *Memory & Cognition*, 10(6), 597–602.

Gobert, J. D., Baker, R. S., & Wixon, M. B. (2015). Operationalizing and detecting disengagement within online science microworlds. *Educational Psychologist*, 50(1), 43–57.

Gomez, E. A., Wu, D., & Passerini, K. (2010). Computer-supported team-based learning: The impact of motivation, enjoyment and team contributions on learning outcomes. *Computers & Education*, 55(1), 378–390.

Gomez, M. J., Ruipérez-Valiente, J. A., & Clemente, F. J. G. (2022). A Systematic Literature Review of Game-based Assessment Studies: Trends and Challenges. *IEEE Transactions on Learning Technologies*.

Gomez, M. J., Ruipérez-Valiente, J. A., Martínez, P. A., & Kim, Y. J. (2021). Applying learning analytics to detect sequences of actions and common errors in a geometry game. *Sensors*, 21(4), 1025.

Grau, I., Ebbeler, C., & Banse, R. (2019). Cultural differences in careless responding. *Journal of Cross-Cultural Psychology*, 50(3), 336–357.

Green, C. S., & Bavelier, D. (2006). Effect of action video games on the spatial distribution of visuospatial attention. *Journal of Experimental Psychology: Human Perception and Performance*, 32(6), 1465.

Gresham, F., Elliott, S., Metallo, S., Byrd, S., Wilson, E., Erickson, M., ... & Altman, R. (2020). Psychometric fundamentals of the social skills improvement system: social-emotional learning edition rating forms. *Assessment for Effective Intervention*, 45(3), 194–209.

Greszki, R., Meyer, M., & Schoen, H. (2014). The impact of speeding on data quality in nonprobability and freshly recruited probability-based online panels. *Online Panel Research: Data Quality Perspective*, A, 238–262.

Griffin, P., McGaw, B., & Care, E. (2012). *Assessment and teaching of 21st century skills*. Heidelberg:

主要参考文献

Springer.

Griffith, R., Malm, T., English, A., Yoshita, Y., & Gujar, A. (2006). Applicant faking behavior: Teasing apart the influence of situational variance, cognitive biases, and individual differences. *A Closer Examination of Applicant Faking Behavior*, 151–178.

Groff, J., Clarke-Midura, J., Owen, V. E., Rosenheck, L., & Beall, M. (2015). Better learning in games: A balanced design lens for a new generation of learning games.

Groff, J. S. (2018). The potentials of game-based environments for integrated, immersive learning data. *European Journal of Education*, 53(2), 188–201.

Gu, X., Shao, Y., Guo, X., & Lim, C. P. (2015). Designing a role structure to engage students in computer-supported collaborative learning. *The Internet and Higher Education*, 24, 13–20.

Guo, J., Tang, X., Marsh, H., Parker, P. D., Basarkod, G., Sahdra, B. K., Ranta, M., Salmela-Aro, K. (in press). The Roles of Social-Emotional Skills in Students' Academic and Life Success: A Multi-Informant, Multi-Cohort Perspective. *Journal of Personality and Social Psychology*.

Halle, T. G., & Darling-Churchill, K. E. (2016). Review of measures of social and emotional development. *Journal of Applied Developmental Psychology*, 45, 8–18.

Halpern, D. F. (2012). Halpern critical thinking assessment: Test manual. *(Schuhfried GmbH., Ed.). Mödling, Austria.*

Halverson, C. F., Havill, V. L., Deal, J., Baker, S. R., & Wen, L.. (2010). Personality structure as derived from parental ratings of free descriptions of children: the inventory of child individual differences. *Journal of Personality*, 71(6), 995–1026.

Hamari, J., Shernoff, D. J., Rowe, E., Coller, B., Asbell-Clarke, J., & Edwards, T. (2016). Challenging games help students learn: An empirical study on engagement, flow and immersion in game-based learning. *Computers in Human Behavior*, 54, 170–179.

Hao, J., Liu, L., Davier, A. V., Kyllonen, P., & Kitchen, C. (2016). Collaborative Problem Solving Skills versus Collaboration Outcomes: Findings from Statistical Analysis and Data Mining. In T. Barnes, M. Chi, & M. Feng (Eds.), *Proceedings of the 9th International Conference on Educational Data Mining, EDM 2016, Raleigh, North Carolina, USA, June 29 – July 2, 2016*: International Educational Data Mining Society (IEDMS), 135–156.

Hao, S., & Johnson, R. L. (2013). Teachers' classroom assessment practices and fourth-graders' reading literacy achievements: An international study. *Teaching and Teacher Education*, 29, 53–63.

Hattie, J. A., & Brown, G. T. (2007). Technology for school-based assessment and assessment for learning: Development principles from New Zealand. *Journal of Educational Technology Systems*, 36(2), 189–201.

Herro, D., Quigley, C., Andrews-Todd, J., & Delacruz, G. (2017). Co-Measure: developing an assessment for student collaboration in STEAM activities. *International Journal of STEM Education*, 4, 26.

Hesse, F., Care, E., Buder, J., Sassenberg, K., & Griffin, P. (2015). A Framework for Teachable Collaborative Problem Solving Skills. In P. Griffin & E. Care (Eds.), *Assessment and Teaching of 21st Century Skills: Methods and Approach* (pp. 37–56). Dordrecht: Springer Netherlands.

Hippler, H.-J., Schwarz, N., & Sudman, S. (2012). *Social information processing and survey methodology*. Springer Science & Business Media.

Hmelo-Silver, C. E. (2003). Analyzing collaborative knowledge construction: multiple methods for integrated understanding. *Computers & Education*, 41(4), 397–420.

Hmelo-Silver, C. E., & Barrows, H. S. (2008). Facilitating Collaborative Knowledge Building. *Cognition and Instruction*, 26(1), 48–94.

Hogansen, J., & Lanning, K. (2001). Five factors in Sentence Completion Test categories: Toward rapprochement between trait and maturational approaches to personality. *Journal of Research in Personality*, 35(4), 449-462.

Holden, R. R. (2007). Socially desirable responding does moderate personality scale validity both in experimental and in nonexperimental contexts. *Canadian Journal of Behavioural Science/Revue Canadienne Des Sciences Du Comportement*, 39(3), 184.

Holden, R. R., & Hibbs, N. (1995). Incremental validity of response latencies for detecting fakers on a personality test. *Journal of Research in Personality*, 29(3), 362-372.

Holden, R. R., Wood, L. L., & Tomashewski, L. (2001). Do response time limitations counteract the effect of faking on personality inventory validity? *Journal of Personality and Social Psychology*, 81(1), 160.

Homer, B. D., Plass, J. L., Raffaele, C., Ober, T. M., & Ali, A. (2018). Improving high school students' executive functions through digital game play. *Computers & Education*, 117, 50-58.

Hontangas, P. M., De La Torre, J., Ponsoda, V., Leenen, I., Morillo, D., & Abad, F. J. (2015). Comparing traditional and IRT scoring of forced-choice tests. *Applied Psychological Measurement*, 39(8), 598-612.

Howley, I. K., Mayfield, E., & Rosé, C. P. (2013). Linguistic Analysis Methods for Studying Small Groups. In C. Hmelo-Silver, C. Chinn, C. Chan, & A. O'Donnell (Eds.), *The International Handbook of Collaborative Learning* (pp. 184-203). New York: Routledge.

Hrastinski, S. (2008). What is online learner participation? A literature review. *Computers & Education*, 51(4), 1755-1765.

Hsu, L. M., Santelli, J., & Hsu, J. R. (1989). Faking detection validity and incremental validity of response latencies to MMPI subtle and obvious items. *Journal of Personality Assessment*, 53(2), 278-295.

Humphrey, N., Curran, A., Morris, E., Farrell, P., & Woods, K. (2007). Emotional intelligence and education: A critical review. *Educational Psychology*, 27, 233-252.

Hussein, M. H., Ow, S. H., Elaish, M. M., & Jensen, E. O. (2022). Digital game-based learning in K-12 mathematics education: a systematic literature review. *Education and Information Technologies*, 1-33.

Jackson, D. N., Wroblewski, V. R., & Ashton, M. C. (2000). The impact of faking on employment tests: Does forced choice offer a solution? *Human Performance*, 13(4), 371-388.

Jennings, P. A., & Greenberg, M. T. (2009). The prosocial classroom: Teacher social and emotional competence in relation to student and classroom outcomes. *Review of Educational Research*, 79(1), 491-525.

Jennings, P. A., Brown, J. L., Frank, J. L., Doyle, S., Oh, Y., Davis, R., & Greenberg, M. T. (2017). Impacts of the CARE for Teachers program on teachers' social and emotional competence and classroom interactions. *Journal of Educational Psychology*, 109(7), 1010.

Ji, P., DuBois, D. L., & Flay, B. R. (2013). Social-emotional and character development scale. *Journal of Research in Character Education*, 9(2), 121-147.

J Martínez, AJ Rodríguez-Hidalgo, & Zych, I. (2020). Bullying and cyberbullying in adolescents from disadvantaged areas: validation of questionnaires; prevalence rates; and relationship to self-esteem, empathy and social skills. International *Journal of Environmental Research and Public Health*, 17, 6199.

John, O. and F. De Fruyt (2015), *Framework for the Longitudinal Study of Social and Emotional Skills in Cities*, OECD Publishing, Paris.

John, O. and S. Mauskopf (2015), "Self-reported socio-emotional qualities: Five factors for 21st century skills?", *Poster presented at the Biennual Meetings of the Association for Personality Research*, Saint Louis,

Missouri.

John, O. P., & Srivastava, S. (1999). *The Big Five trait taxonomy: History, measurement, and theoretical perspectives*. In O. P. John, R. W. Robins, & L. A. Pervin (Eds.), Handbook of personality: Theory and research (2nd ed.). Guilford Press, 102–138.

John, O. P., Naumann, L. P., & Soto, C. J. (2008). Paradigm shift to the integrative Big-Five trait taxonomy: History, measurement, and conceptual issues. In O. P. John, R. W. Robins, & L. A. Pervin (Eds.), *Handbook of personality: Theory and research* (pp. 114–158). New York, NY: Guilford Press.

Johnson, M. K., & Raye, C. L. (1981). Reality monitoring. *Psychological Review*, 88(1), 67.

Jones, A. B., Brown, N. A., Serfass, D. G., & Sherman, R. A. (2017). Personality and density distributions of behavior, emotions, and situations. *Journal of Research in Personality*, 69, 225–236.

Jones, S. M., Bouffard, S. M., & Weissbourd, R. (2013). Educators' Social and Emotional Skills Vital to Learning. *Phi Delta Kappan*, 94(8), 62–65.

Järvenoja, H., & Järvelä, S. (2009). Emotion control in collaborative learning situations: Do students regulate emotions evoked by social challenges? *The British journal of educational psychology*, 79(3), 463–481.

Kanar, A. M., & Bell, B. S. (2013). Guiding learners through technology-based instruction: The effects of adaptive guidance design and individual differences on learning over time. *Journal of Educational Psychology*, 105(4), 1067.

Kandler, C., & Rauthmann, J. F. (2022). Conceptualizing and Studying Characteristics, Units, and Fits of Persons and Environments: A Coherent Synthesis. *European Journal of Personality*, 36(3), 293–318.

Kankaraš, M. (2017), "Personality matters: Relevance and assessment of personality characteristics", *OECD Education Working Papers*, No.157, OECD Publishing, Paris

Kankaraš, M., & Suarez-Alvarez, J. (2019). *Assessment framework of the OECD Study on Social and Emotional Skills*. https://www.oecd-ilibrary.org/education/assessment-framework-ofthe-oecd-study-on-social-and-emotional-skills_5007adef-en

Kapur, M., & Kinzer, C. K. (2007). Examining the effect of problem type in a synchronous computer-supported collaborative learning (CSCL) environment. *Educational Technology Research and Development*, 55(5), 439–459.

Karau, S. J., & Williams, K. D. (1993). Social loafing: A meta-analytic review and theoretical integration. *Journal of Personality and Social Psychology*, 65(4), 681–706.

Ke, F. & Shute, V. J. (2015). Design of game-based stealth assessment and learning support. In C. Loh, Y. Sheng, & D. Ifenthaler (Eds.), *Serious games analytics* (pp. 301–318). New York, NY: Springer.

Kelley, P. L., Jacobs, R. R., & Farr, J. L. (1994). Effects of multiple administrations of the MMPI for employee screening. *Personnel Psychology*, 47(3), 575–591.

Kenrick, D. T., & Funder, D. C. (1988). Profiting from controversy: Lessons from the person-situation debate. *American Psychologist*, 43(1), 23–34.

Kerr, D., & Chung, G. K. (2012). Identifying key features of student performance in educational video games and simulations through cluster analysis. *Journal of Educational Data Mining*, 4(1), 144–182.

Kerr, D., Chung, G. K., & Iseli, M. R. (2011). The Feasibility of Using Cluster Analysis to Examine Log Data from Educational Video Games. CRESST Report 790. *National Center for Research on Evaluation, Standards, and Student Testing (CRESST)*.

Kerr, D. S., & Chung, G. K. (2012). Using Cluster Analysis to Extend Usability Testing to Instructional Content. CRESST Report 816. *National Center for Research on Evaluation, Standards, and Student Testing (CRESST)*.

Keshtkar, F., Burkett, C., Li, H., & Graesser, A.C. (2014). Using data mining techniques to detect the personality of players in an educational game. *Educational Data Mining: Applications and Trends*, 125-150.

Ketelhut, D.J. (2007). The impact of student self-efficacy on scientific inquiry skills: An exploratory investigation in River City, a multi-user virtual environment. *Journal of Science Education and Technology*, 16, 99-111.

Kevin D. Cofer et al. (2018). Burnout is associated with emotional intelligence but not traditional job performance measurements in surgical residents. *Journal of Surgical Education*, 75(5), 1171-1179.

Kim, Y.J., & Shute, V.J. (2015). Opportunities and challenges in assessing and supporting creativity in video games. In G. Green & J. Kaufman (Eds.), *Research frontiers in creativity*. San Diego, CA: Academic Press, 100-121.

Kim, Y.J., Almond, R.G., & Shute, V.J. (2016). Applying evidence-centered design for the development of game-based assessments in physics playground. *International Journal of Testing*, 16(2), 142-163.

Kim, Y.J., Knowles, M.A., Scianna, J., Lin, G., & Ruipérez-Valiente, J.A. (2023). Learning analytics application to examine validity and generalizability of game-based assessment for spatial reasoning. *British Journal of Educational Technology*, 54(1), 355-372.

Kirmayer, M.H., Khullar, T.H., & Dirks, M.A. (2021). Initial Development of a Situation-based Measure of Emerging Adults' Social Competence in their Same-gender Friendships. *Journal of Research on Adolescence, 31*(2), 451-468.

Kirschner, F., Paas, F., & Kirschner, P.A. (2009). A cognitive load approach to collaborative learning: United brains for complex tasks. *Educational Psychology Review, 21*(1), 31-42.

Klein, S., Benjamin, R., Shavelson, R., & Bolus, R. (2007). The Collegiate Learning Assessment: Facts and Fantasies. *Evaluation Review, 31*(5), 415-439.

Klimoski, R., & Mohammed, S. (1994). Team mental model: construct or metaphor? *Journal of Management, 20*(2), 403-437.

König, C.J., Jansen, A., & Mathieu, P.L. (2017). What if applicants knew how personality tests are scored? *Journal of Personnel Psychology*.

Kormos C, Gifford R. (2014). *The validity of self-report measures of proenvironmental behavior: A meta-analytic review.* Journal of Environmental Psychology, 40, 359-371.

Kreijns, K., Kirschner, P.A., & Jochems, W. (2003). Identifying the pitfalls for social interaction in computer-supported collaborative learning environments: a review of the research. Computers in Human Behavior, 19(3), 335-353.

Krkovic, K., Pasztor-Kovacs, A., Molnár, G., & Greiff, S. (2014). New technologies in psychological assessment. The example of computer-based collaborative problem solving assessment. International Journal of e-Assessment, 1, 1-13.

Kruger, J. (1999). Lake Wobegon be gone! The "below-average effect" and the egocentric nature of comparative ability judgments. *Journal of Personality and Social Psychology, 77*(2), 221.

Kyllonen, P.C. (2008). The research behind the ETS personal potential index (PPI). *Princeton, NJ: ETS*.

Laak, J.T., De Goede, M., Aleva, A., & Rijswijk, P.V. (2005). The Draw-A-Person Test: an indicator of children's cognitive and socioemotional adaptation?. *The Journal of Genetic Psychology*, 166(1), 77-93.

Lack, B. (2014). No Excuses: A Critique of the Knowledge Is Power Program (KIPP) within Charter Schools in the USA. *Journal for Critical Education Policy Studies*, (7)2, 127-153.

Lam, R. (2015). Feedback about self-regulation: Does it remain an 'unfinished business' in portfolio assessment of writing? *TESOL Quarterly*, 49(2), 402-413.

Lamb, R. L. (2013). *The application of cognitive diagnostic approaches via neural network analysis of serious educational games*. George Mason University.

Lamb, R. L., Annetta, L., Vallett, D. B., & Sadler, T. D. (2014). Cognitive diagnostic like approaches using neural-network analysis of serious educational videogames. *Computers & Education*, 70, 92-104.

Landy, F. J. (2005). Some historical and scientific issues related to research on emotional intelligence. *Journal of Organizational Behavior*, 26(4), 411-424.

Lave, J., & Wenger, E. (1991). *Situated learning: Legitimate peripheral participation*. New York, NY, US: Cambridge University Press.

Le, H., Janssen, J., & Wubbels, T. (2018). Collaborative learning practices: teacher and student perceived obstacles to effective student collaboration. *Cambridge Journal of Education*, 48(1), 103-122.

LeBuffe, P. A., Shapiro, V. B., & Robitaille, J. L. (2018). The Devereux Student Strengths Assessment (DESSA) comprehensive system: Screening, assessing, planning, and monitoring. *Journal of Applied Developmental Psychology*, 55, 62-70.

Lee, M., Ko, A., & Kwan. (2013). In-Game assessments increase Novice Programmers' Engagement and Level Completion Speed A). Proceedings of the ninth annual international ACM conference on international computing education research-ICERIC1. (13): 153-160.

Levashina, J., Morgeson, F. P., & Campion, M. A. (2009). They don't do it often, but they do it well: Exploring the relationship between applicant mental abilities and faking. *International Journal of Selection and Assessment*, 17(3), 271-281.

Levy, R. (2013). Psychometric and evidentiary advances, opportunities, and challenges for simulation-based assessment. *Educational Assessment*, 18(3), 182-207.

Levy, R. (2019). Dynamic Bayesian network modeling of game-based diagnostic assessments. *Multivariate Behavioral Research*, 54(6), 771-794.

Lewin, K. (1936). *Principles of topological psychology*. New York, NY, US: McGraw-Hill.

Li, A., & Bagger, J. (2006). Using the BIDR to distinguish the effects of impression management and self-deception on the criterion validity of personality measures: A meta-analysis. *International Journal of Selection and Assessment*, 14(2), 131-141.

Li, H., Fan, J., Zhao, G., Wang, M., Zheng, L., Meng, H., ... Lievens, F. (2022). The role of emotions as mechanisms of mid-test warning messages during personality testing: A field experiment. *Journal of Applied Psychology*, 107(1), 40.

Lillard, A. S., Lerner, M. D., Hopkins, E. J., Dore, R. A., Smith, E. D., & Palmquist, C. M. (2013). The impact of pretend play on children's development: a review of the evidence. *Psychological Bulletin*, 139(1), 1.

Lipponen, L., Rahikainen, M., Lallimo, J., & Hakkarainen, K. (2003). Patterns of participation and discourse in elementary students' computer-supported collaborative learning. *Learning and Instruction*, 13(5), 487-509.

Liu, C., & Paulhus, D. (2009). A comparison of overclaiming tendencies among Canadian and Chinese students. *Unpublished data, University of British Columbia, Vancouver*.

Liu, M., Lee, J., Kang, J., & Liu, S. (2016). What we can learn from the data: A multiple-case study examining behavior patterns by students with different characteristics in using a serious game. *Technology, Knowledge and Learning*, 21, 33-57.

Lobczowski, N. G. (2020). Bridging gaps and moving forward: Building a new model for socioemotional formation and regulation. *Educational Psychologist*, 55(2), 53-68.

Loftus, G. R., & Loftus, E. F. (1983). *Mind at play: The psychology of video games*. Basic Books, Inc..

Loh, C. S., & Sheng, Y. (2015). Measuring expert performance for serious games analytics: From data to insights. *Serious games analytics: Methodologies for performance measurement, assessment, and improvement*, 101-134.

Lotfi, E., Amine, B., & Mohammed, B. (2014). Players performances analysis based on educational data mining case of study: Interactive waste sorting serious game. *International Journal of Computer Applications*, 108(11).

Loughry, M. L., Ohland, M. W., & DeWayne Moore, D. (2007). Development of a Theory-Based Assessment of Team Member Effectiveness. *Educational and Psychological Measurement*, 67(3), 505-524.

Macmillan, L. (2013). The role of non-cognitive and cognitive skills, behavioural and educational outcomes in accounting for the intergenerational transmission of worklessness (No. 13-01). Quantitative Social Science-UCL Social Research Institute, University College London.

Madaus, G., & Russell, M. (2010). Paradoxes of high-stakes testing. *Journal of Education*, 190(1-2), 21-30.

Mael, F. A. (1991). A conceptual rationale for the domain and attributes of biodata items. *Personnel Psychology*, 44(4), 763-792.

Malone, T. W. (1981). Toward a theory of intrinsically motivating instruction. *Cognitive science*, 5(4), 333-369.

Maloney, J., Resnick, M., Rusk, N., Silverman, B., & Eastmond, E. (2010). The scratch programming language and environment. *ACM Transactions on Computing Education (TOCE)*, 10(4), 1-15.

Malouff, J. M., Thorsteinsson, E. B., & Schutte, N. S. (2006). The five-factor model of personality and smoking: A meta-analysis. *Journal of Drug Education*, 36(1), 47-58.

Mattern, K. D., Burrus, J., & Shaw, E. (2010). When both the skilled and unskilled are unaware: Consequences for academic performance. *Self and Identity*, 9(2), 129-141.

Mavridis, A., & Tsiatsos, T. (2017). Game-based assessment: Investigating the impact on test anxiety and exam performance. *Journal of Computer Assisted Learning*, 33(2), 137-150.

Mayer, J. D., & Salovey, P. (1993). The intelligence of emotional intelligence. *Intelligence*, 17, 432-442.

Mayer, J. D., Salovey, P., & Caruso, D. R. (2008). Emotional intelligence: New ability or eclectic traits? *The American Psychologist*, 63(6), 503-517.

Mayer, R. E. (2014). *Computer games for learning: An evidence-based approach*. Cambridge, MA: MIT Press.

McDaniel, M. A., & Timm, H. (1990). Lying takes time: Predicting deception in biodata using response latency. 98th annual convention of the american psychological association, Boston,

McDevitt, S. C., & Carey, W. B. (1978). The measurement of temperament in 3-7 years old children. *Journal of Child Psychology and Psychiatry, and Allied Disciplines*, 19(3), 245-253.

McEwan, D., Ruissen, G. R., Eys, M. A., Zumbo, B. D., & Beauchamp, M. R. (2017). The Effectiveness of Teamwork Training on Teamwork Behaviors and Team Performance: A Systematic Review and Meta-Analysis of Controlled Interventions. *PLoS One*, 12(1), e0169604.

McFarland, L. A., & Ryan, A. M. (2000). Variance in faking across noncognitive measures. *Journal of Applied Psychology*, 85(5), 812.

McFarland, L. A., & Ryan, A. M. (2006). Toward an integrated model of applicant faking behavior 1. *Journal of Applied Social Psychology*, 36(4), 979-1016.

McKown, C. (2019). Challenges and opportunities in the applied assessment of student social and emotional learning. *Educational Psychologist*, 54(3), 205-221.

McManus, M. A., & Masztal, J. J. (1999). The impact of biodata item attributes on validity and socially desirable responding. *Journal of Business and Psychology*, 13(3), 437-446.

Meade, A. W., & Craig, S. B. (2012). Identifying careless responses in survey data. *Psychological Methods*, 17(3), 437.

Meier, G., & Albrecht, M. H. (2003). The persistence process: Development of a stage model for goal-directed behavior. *Journal of Leadership & Organizational Studies*, 10(2), 43-54.

Merrell, K. W. (2009). *Behavioral, social, and emotional assessment of children and adolescents* (3rd ed.). New York, NY: Routledge.

Merrell, K. W. (2011). *Social emotional assets and resilience scales*. Lutz, FL: PAR.

Merrell, K. W., & Gimpel, G. (2014). *Social skills of children and adolescents: Conceptualization, assessment, treatment*. Psychology Press.

Merrell, K. W., Felver-Gant, J. C., & Tom, K. M. (2011). Development and validation of a parent report measure for assessing social-emotional competencies of children and adolescents. *Journal of Child and Family Studies*, 20(4), 529-540.

Min, W., Frankosky, M. H., Mott, B. W., Rowe, J. P., Smith, A., Wiebe, E., ... & Lester, J. C. (2019). DeepStealth: Game-based learning stealth assessment with deep neural networks. *IEEE Transactions on Learning Technologies*, 13(2), 312-325.

Minbashian, A., Wood, R. E., & Beckmann, N. (2010). Task-contingent conscientiousness as a unit of personality at work. *Journal of Applied Psychology*, 95(5), 793-806.

Minovic̀, M., Milovanovic̀, M., Šoševic̀, U., & González, M. Á. C. (2015). Visualisation of student learning model in serious games. *Computers in Human Behavior*, 47, 98-107.

Mischel, W. (1968). *Personality and assessment*. Hoboken, NJ, US: John Wiley & Sons Inc.

Mischel, W., & Shoda, Y. (1995). A cognitive-affective system theory of personality: Reconceptualizing situations, dispositions, dynamics, and invariance in personality structure. *Psychological Review*, 102(2), 246-268.

Mislevy, R., Steinberg, L., & Almond, R. (2003). On the structure of educational assessments. *Measurement: Interdisciplinary research and perspective*, 1(1), 3-62.

Mislevy, R. J. (2018). *Sociocognitive foundations of educational measurement*. Routledge.

Mislevy, R. J., Behrens, J. T., Dicerbo, K. E., Frezzo, D. C., & West, P. (2012). Three things game designers need to know about assessment. *Assessment in game-based learning: Foundations, innovations, and perspectives*, 59-81.

Mislevy, R. J., Oranje, A., Bauer, M. I., von Davier, A. A., & Hao, J. (2014). *Psychometric considerations in game-based assessment*. GlassLabGames.

Moore, D. A., & Healy, P. J. (2008). The trouble with overconfidence. *Psychological Review*, 115(2), 502.

Moreno-Ger, P., Burgos, D., Martínez-Ortiz, I., Sierra, J. L., & Fernández-Manjón, B. (2008). Educational game design for online education. *Computers in Human Behavior*, 24(6), 2530-2540.

Morgeson, F. P., Reider, M. H., & Campion, M. A. (2005). Selecting individuals in team settings: The importance of social skills, personality characteristics, and teamwork knowledge. *Personnel Psychology*, 58(3), 583-611.

Morillo, D., Leenen, I., Abad, F. J., Hontangas, P., de la Torre, J., & Ponsoda, V. (2016). A dominance variant under the multi-unidimensional pairwise-preference framework: Model formulation and Markov chain

Monte Carlo estimation. *Applied Psychological Measurement*, 40(7), 500–516.

Mueller-Hanson, R., Heggestad, E. D., & Thornton, G. C. III.. (2006). Impression management strategy and faking behavior. *Psychology Science*, 48, 288–312.

Muramatsu, K., Tanaka, E., Watanuki, K., & Matsui, T. (2016). Framework to describe constructs of academic emotions using ontological descriptions of statistical models. *Research and Practice in Technology Enhanced Learning*, 11(1), 1–18.

Nakamura, J., & Csikszentmihalyi, M. (2014). The concept of flow. In M. Csikszentmihalyi (Ed.), *Flow and the foundations of positive psychology* (pp. 239–263). Dordrecht, Netherlands: Springer.

National Academy of Sciences (2012), *Education for Life and Work: Developing Transferable Knowledge and Skills in the 21st Century*, National Academic Press, Washington.

National Research Council Committee on the Assessment of 21st Century, S. (2011). The National Academies Collection: Reports funded by National Institutes of Health. In *Assessing 21st Century Skills: Summary of a Workshop*. Washington: National Academies Press.

Nebel, S., Beege, M., Schneider, S., & Rey, G. D. (2016). The higher the score, the higher the learning outcome? Heterogeneous impacts of leaderboards and choice within educational videogames. *Computers in Human Behavior*, 65, 391–401.

Nebel, S., Schneider, S., & Rey, G. D. (2016). Mining learning and crafting scientific experiments: a literature review on the use of minecraft in education and research. *Journal of Educational Technology & Society*, 19(2), 355–366.

Nebel, S., Schneider, S., Beege, M., & Rey, G. D. (2017). Leaderboards within educational videogames: The impact of difficulty, effort and gameplay. *Computers & Education*, 113, 28–41.

Nelson, B. C. (2007). Exploring the use of individualized, reflective guidance in an educational multi-user virtual environment. *Journal of Science Education and Technology*, 16, 83–97.

Nelson, B. C., Erlandson, B., & Denham, A. (2011). Global channels of evidence for learning and assessment in complex game environments. *British Journal of Educational Technology*, 42(1), 88–100.

Newman, M. L., Pennebaker, J. W., Berry, D. S., & Richards, J. M. (2003). Lying words: Predicting deception from linguistic styles. *Personality and Social Psychology Bulletin*, 29(5), 665–675.

Nichols, S. L., & Dawson, H. S. (2012). Assessment as a context for student engagement. *Handbook of research on student engagement*, 457–477.

Nickerson, R. S. (1998). Confirmation bias: A ubiquitous phenomenon in many guises. *Review of General Psychology*, 2(2), 175–220.

Nikolaou, I., Georgiou, K., & Kotsasarlidou, V. (2019). Exploring the relationship of a gamified assessment with performance. *The Spanish Journal of Psychology*, 22, E6.

Näykki, P., Isohätälä, J., Järvelä, S., Pöysä-Tarhonen, J., & Häkkinen, P. (2017). Facilitating socio-cognitive and socio-emotional monitoring in collaborative learning with a regulation macro script-an exploratory study. *International Journal of Computer-Supported Collaborative Learning*, 12(3), 251–279.

Oberle, E., Schonert-Reichl, K. A., Hertzman, C., & Zumbo, B. D. (2014). Social-emotional competencies make the grade: Predicting academic success in early adolescence. *Journal of Applied Developmental Psychology*, 35(3), 138–147.

OECD (2013), *OECD Guidelines on Measuring Subjective Well-being*, OECD Publishing, Paris.

OECD (2015), *Skills for Social Progress: The Power of Social and Emotional Skills*, OECD Skills Studies, OECD Publishing, Paris, https://doi.org/10.1787/9789264226159-en.

OECD (2019). TALIS 2018 Technical Report. Paris: OECD Publishing.

OECD. (2017a). *PISA 2015 Assessment and Analytical Framework: Science, Reading, Mathematic, Financial Literacy and Collaborative Problem Solving, PISA*. Paris: OECD Publishing.

OECD. (2017b). *PISA 2015 collaborative problemsolving framework*. Paris: OECD Publishing.

OECD. (2020). *Framework for the Assessment of Creative Thinking in PISA 2021: Third Draft*. Paris: OECD Publishing.

OECD. (2021). *Beyond Academic Learning*. Paris: OECD Publishing.

O'Neil, H. F., Chuang, S.-H., & Chung, G. K. W. K. (2003). Issues in the Computer-based Assessment of Collaborative Problem Solving. *Assessment in Education: Principles, Policy & Practice*, 10(3), 361–373.

Oranje, A., Mislevy, B., Bauer, M. I., & Jackson, G. T. (2019). Summative game-based assessment. *Game-based assessment revisited*, 37–65.

Organisation for Economic Cooperation and Development (OECD) (France). (2021). Beyond academic learning: First results from the survey of social and emotional skills. *OECD Publishing*

Osher, D., Kidron, Y., Brackett, M., Dymnicki, A., Jones, S., & Weissberg, R. P. (2016). Advancing the science and practice of social and emotional learning: Looking back and moving forward. *Review of Research in Education*, 40(1), 644–681.

Pace, V., & Borman, W. (2006). The use of warnings to discourage faking on noncognitive inventories. *A Closer Examination of Applicant Faking Behavior*, 283–304.

Pagnotti, J., & Russell III, W. B. (2012). Using Civilization IV to engage students in world history content. *The Social Studies*, 103(1), 39–48.

Pardo, A., & Siemens, G. (2014). Ethical and privacy principles for learning analytics. *British Journal of Educational Technology*, 45(3), 438–450.

Parker, J. G., & Asher, S. R. (1993). Friendship and friendship quality in middle childhood: Links with peer group acceptance and feelings of loneliness and social dissatisfaction. *Developmental Psychology*, 29(4), 611.

Parong, J., Mayer, R. E., Fiorella, L., MacNamara, A., Homer, B. D., & Plass, J. L. (2017). Learning executive function skills by playing focused video games. *Contemporary Educational Psychology*, 51, 141–151.

Parrigon, S., Woo, S. E., Tay, L., & Wang, T. (2017). CAPTION-ing the situation: A lexically-derived taxonomy of psychological situation characteristics. *Journal of Personality and Social Psychology*, 112(4), 642–681.

Pasztor-Kovacs, A., Pasztor, A., & Molnár, G. (2021). Measuring collaborative problem solving: research agenda and assessment instrument. *Interactive Learning Environments*, 1–21.

Paulhus, D. L. (1991). Measurement and control of response bias.

Paulhus, D. L. (2002). Socially desirable responding: The evolution of a construct. In *The role of constructs in psychological and educational measurement*. Routledge.

Paulhus, D. L., & Harms, P. D. (2004). Measuring cognitive ability with the overclaiming technique. *Intelligence*, 32(3), 297–314.

Paulhus, D. L., Harms, P. D., Bruce, M. N., & Lysy, D. C. (2003). The over-claiming technique: measuring self-enhancement independent of ability. *Journal of Personality and Social Psychology*, 84(4), 890.

Pauls, C. A., & Crost, N. W. (2005). Cognitive ability and self-reported efficacy of self-presentation predict faking on personality measures. *Journal of Individual Differences*, 26(4), 194–206.

Pennebaker, J. W., & King, L. A. (1999). Linguistic styles: language use as an individual difference. *Journal of Personality and Social Psychology*, 77(6), 1296.

Pennebaker, J. W., Francis, M. E., & Booth, R. J. (2001). Linguistic inquiry and word count (liwc):

Liwc2001 manual. In: Erlbaum Publishers, Mahwah, NJ.

Peter Salovey and John D. Mayer. (1990). Emotional Intelligence. Imagination, *Cognition and Personality*, 9(3), pp. 185–211.

Petri, G., & von Wangenheim, C. G. (2017). How games for computing education are evaluated? A systematic literature review. *Computers & education*, 107, 68–90.

Petrides, K. V. (2009). Psychometric properties of the trait emotional intelligence questionnaire (TEIQue). In Assessing emotional intelligence (pp. 85–101). Springer, Boston, MA.

Petrides, K. V., & Furnham, A. (2001). Trait emotional intelligence: Psychometric investigation with reference to established trait taxonomies. *European Journal of Personality*, 15, 425–448.

Piaget, J. (1962). *Play, dreams, and imitation in childhood*. New York, NY: W. W. Norton.

Piaget, J. (2013). *The moral judgment of the child*. Routledge.

Pianta, R. C., LaParo, K. M. and Hamre, B. K. (2008). Classroom Assessment Scoring System. US: Brookes Publishing Publisher.

Plass, J. L., Homer, B. D., & Kinzer, C. K. (2015). Foundations of game-based learning. *Educational Psychologist*, 50(4), 258–283.

Plass, J. L., Homer, B. D., MacNamara, A., Ober, T., Rose, M. C., Pawar, S., ... & Olsen, A. (2020). Emotional design for digital games for learning: The effect of expression, color, shape, and dimensionality on the affective quality of game characters. *Learning and Instruction*, 70, 101194.

Pons, F., Harris, P. L., & de Rosnay, M. (2004). Emotion comprehension between 3 and 11 years: Developmental periods and hierarchical organization. *European Journal of Developmental Psychology*, 1(2), 127–152.

Poropat, A. E. (2009). A meta-analysis of the five-factor model of personality and academic performance. *Psychological Bulletin*, 135(2), 322.

Poursabzi-Sangdeh, F., Goldstein, D. G., Hofman, J. M., Wortman Vaughan, J. W., & Wallach, H. (2021, May). Manipulating and measuring model interpretability. In *Proceedings of the 2021 CHI conference on human factors in computing systems* (pp. 1–52).

Prelec, D. (2004). A Bayesian truth serum for subjective data. *Science*, 306(5695), 462–466.

Prensky, M. (2003). Digital game-based learning. *Computers in Entertainment (CIE)*, 1(1), 21–21.

Qian, M., & Clark, K. R. (2016). Game-based Learning and 21st century skills: A review of recent research. *Computers in Human Behavior*, 63, 50–58.

Qureshi, M. A., Khaskheli, A., Qureshi, J. A., Raza, S. A., & Yousufi, S. Q. (2023). Factors affecting students' learning performance through collaborative learning and engagement. *Interactive Learning Environments*, 31(4), 2371–2391.

Rauthmann, J. F., Gallardo-Pujol, D., Guillaume, E. M., Todd, E., Nave, C. S., Sherman, R. A., ... Funder, D. C. (2014). The Situational Eight DIAMONDS: A taxonomy of major dimensions of situation characteristics. *Journal of Personality and Social Psychology*, 107(4), 677–718.

Riegle-Crumb, C., & Humphries, M. (2012). Exploring bias in math teachers' perceptions of students' ability by gender and race/ethnicity. *Gender & Society*, 26(2), 290–322.

Roberts, B. W., Kuncel, N. R., Shiner, R., Caspi, A., & Goldberg, L. R. (2007). The power of personality: The comparative validity of personality traits, socioeconomic status, and cognitive ability for predicting important life outcomes. *Perspectives on Psychological Science*, 2(4), 313–345.

Roeser, R. W., Skinner, E., Beers, J., & Jennings, P. A. (2012). Mindfulness training and teachers' professional development: An emerging area of research and practice. *Child Development Perspectives*, 6(2),

167-173.

Romero, C., & Ventura, S. (2007). Educational data mining: A survey from 1995 to 2005. *Expert systems with applications*, 33(1), 135-146.

Romero, C., González, P., Ventura, S., Del Jesús, M. J., & Herrera, F. (2009). Evolutionary algorithms for subgroup discovery in e-learning: A practical application using Moodle data. *Expert Systems with Applications*, 36(2), 1632-1644.

Rosander, P., & Bäckström, M. (2014). Personality traits measured at baseline can predict academic performance in upper secondary school three years late. *Scandinavian Journal of Psychology*, 55(6), 611-618.

Rose, D. (2000). Universal design for learning. *Journal of Special Education Technology*, 15(4), 47-51.

Rosen, Y., Wolf, I., & Stoeffler, K. (2020). Fostering collaborative problem solving skills in science: The Animalia project. *Computers in Human Behavior*, 104, 105922.

Roseth, C. J., Saltarelli, A. J., & Glass, C. R. (2011). Effects of face-to-face and computer-mediated constructive controversy on social interdependence, motivation, and achievement. *Journal of Educational Psychology*, 103(4), 804-820.

Rosse, J. G., Stecher, M. D., Miller, J. L., & Levin, R. A. (1998). The impact of response distortion on preemployment personality testing and hiring decisions. *Journal of Applied Psychology*, 83(4), 634.

Roulin, N., & Krings, F. (2016). When winning is everything: The relationship between competitive worldviews and job applicant faking. *Applied Psychology*, 65(4), 643-670.

Rowe, E., Asbell-Clarke, J., & Baker, R. S. (2015). Serious games analytics to measure implicit science learning. *Serious games analytics: Methodologies for performance measurement, assessment, and improvement*, 343-360.

Rueger, S. Y., Chen, P., Jenkins, L. N., & Choe, H. J. (2014). Effects of Perceived Support from Mothers, Fathers, and Teachers on Depressive Symptoms During the Transition to Middle School. *Journal of Youth and Adolescence*, 43(4), 655-670.

Ruiperez-Valiente, J. A., Gaydos, M., Rosenheck, L., Kim, Y. J., & Klopfer, E. (2020). Patterns of engagement in an educational massively multiplayer online game: A multidimensional view. *IEEE Transactions on Learning Technologies*, 13(4), 648-661.

Rupp & J. P. Leighton (Eds.), *The handbook of cognition and assessment: Frameworks, methodologies, and application* (pp. 535-562). Hoboken, NJ: Wiley.

Rupp, A. A., Gushta, M., Mislevy, R. J., & Shaffer, D. W. (2010). Evidence-centered design of epistemic games: Measurement principles for complex learning environments. *The Journal of Technology, Learning and Assessment*, 8(4).

Rupp, A. A., Nugent, R., & Nelson, B. (2012). Evidence-Centered Design for Diagnostic Assessment within Digital Learning Environments: Integrating Modern Psychometrics and Educational Data Mining. *Journal of Educational Data Mining*, 4(1), 1-10.

Russo-Ponsaran, N. M., McKown, C., Johnson, J. K., Allen, A. W., Evans-Smith, B., & Fogg, L. (2015). Social-emotional correlates of early stage social information processing skills in children with and without autism spectrum disorder. *Autism Research*, 8(5), 486-496.

Rychen, D. S., & Salganik, L. H. (2003). *Key competencies for a successful life and a well-functioning society*. Ashland, OH: Hogrefe & Huber.

Saarni, C. (2001). The continuity dilemma in emotional competence. Psychological Inquiry, 12, 94-96.

Sackett, P. R. (2011). Integrating and prioritizing theoretical perspectives on applicant faking of personality measures. *Human Performance*, 24(4), 379–385.

Salovey, P., & Mayer, J. D. (1990). Emotional intelligence. Imagination, *Cognition, and Personality*, 9, 185–211.

Satorra, A., & Bentler, P. M. (2001). A scaled difference chi-square test statistic for moment structure analysis. *Psychometrika*, 66, 507–514.

Saville, P., & Willson, E. (1991). The reliability and validity of normative and ipsative approaches in the measurement of personality. *Journal of Occupational Psychology*, 64(3), 219–238.

Schmitt, N., & Kunce, C. (2002). The effects of required elaboration of answers to biodata questions. *Personnel Psychology*, 55(3), 569–587.

Schmitt, N., Oswald, F. L., Kim, B. H., Gillespie, M. A., Ramsay, L. J., & Yoo, T.-Y. (2003). Impact of elaboration on socially desirable responding and the validity of biodata measures. *Journal of Applied Psychology*, 88(6), 979.

Schonert-Reichl, K. A., Hanson-Peterson, J. L., & Hymel, S. (2015). SEL and preservice teacher education. In J. A. Durlak, C. E. Domitrovich, R. P. Weissberg, & T. P. Gullotta (Eds.), *Handbook of Social and Emotional Learning: Research and Practice* (pp. 406–421). New York, NY: Guilford Press.

Schroeder, A. N., & Cavanaugh, J. M. (2018). Fake it'til you make it: Examining faking ability on social media pages. *Computers in Human Behavior*, 84, 29–35.

Schultz, D., Izard, C. E., & Bear, G. (2004). Children's emotion processing: Relations to emotionality and aggression. *Development and Psychopathology*, 16(2), 371–387.

Segall, D. O. (2009). Principles of multidimensional adaptive testing. In *Elements of adaptive testing*. New York, NY: Springer New York, 57–75.

Seufert, M., Burger, V., Lorey, K., Seith, A., Loh, F., & Tran-Gia, P. (2016). Assessment of subjective influence and trust with an online social network game. *Computers in Human Behavior*, 64, 233–246.

Shavelson, R. J., Ruiz-Primo, M. A., & Wiley, E. W. (1999). Note on sources of sampling variability in science performance assessments. *Journal of Educational Measurement*, 36(1), 61–71.

Shavelson, R. J., Zlatkin-Troitschanskaia, O., & Mariño, J. P. (2018). International Performance Assessment of Learning in Higher Education (iPAL): Research and Development. In O. Zlatkin-Troitschanskaia, M. Toepper, H. A. Pant, C. Lautenbach, & C. Kuhn (Eds.), *Assessment of Learning Outcomes in Higher Education: Cross-National Comparisons and Perspectives*. Cham: Springer International Publishing, 193–214.

Sherman, R. A., Rauthmann, J. F., Brown, N. A., Serfass, D. G., & Jones, A. B. (2015). The independent effects of personality and situations on real-time expressions of behavior and emotion. *Journal of Personality and Social Psychology*, 109(5), 872–888.

Shields, A., Dickstein, S., Seifer, R., Giusti, L., Dodge Magee, K., & Spritz, B. (2001). Emotional competence and early school adjustment: A study of preschoolers at risk. *Early Education and Development*, 12(1), 73–96.

Shoss, M. K., & Strube, M. J. (2011). How do you fake a personality test? An investigation of cognitive models of impression-managed responding. *Organizational Behavior and Human Decision Processes*, 116(1), 163–171.

Shute, V. J. (2011). Stealth assessment in computer-based games to support learning. In S. Tobias & J. D. Fletcher (Eds.), *Computer games and instruction* (pp. 503–524). Charlotte, NC: Information Age Publishers.

Shute, V. J., & Ventura, M. (2013). *Measuring and supporting learning in games: Stealth assessment*.

Cambridge, MA: MIT Press.

Shute, V. J., Hansen, E. G., & Almond, R. G. (2008). You can't fatten A hog by weighing It-Or can you? evaluating an assessment for learning system called ACED. *International Journal of Artificial Intelligence in Education*, 18(4), 289–316.

Shute, V. J., Leighton, J. P., Jang, E. E., & Chu, M. W. (2016). Advances in the science of assessment. *Educational Assessment*, 21(1), 34–59.

Shute, V. J., Masduki, I., & Donmez, O. (2010). Conceptual framework for modeling, assessing and supporting competencies within game environments. *Technology, Instruction, Cognition & Learning*, 8(2).

Shute, V. J., Ventura, M., & Kim, Y. J. (2013). Assessment and learning of qualitative physics in newton's playground. *The Journal of Educational Research*, 106(6), 423–430.

Shute, V. J., Wang, L., Greiff, S., Zhao, W., & Moore, G. (2016). Measuring problem solving skills via stealth assessment in an engaging video game. *Computers in Human Behavior*, 63, 106–117.

Siarova, H., Sternadel, D., and Mašidlauskait, R. (2017). *Re-thinking assessment practices for the 21st century learning*. NESET II report, Luxembourg: Publications Office of the European Union.

Silvera, D., Martinussen, M., & Dahl, T. I. (2001). The Tromsø Social Intelligence Scale, a self-report measure of social intelligence. *Scandinavian Journal of Psychology*, 42(4), 313–319.

Sjöberg, L. (2015). Correction for faking in self-report personality tests. *Scandinavian Journal of Psychology*, 56(5), 582–591.

Slavin, R. E. (2013). Cooperative learning and achievement: Theory and research. In *Handbook of psychology: Educational psychology, Vol. 7, 2nd ed.* (pp. 179–198). Hoboken, NJ, US: John Wiley & Sons, Inc.

Smith, A. R. (2008). Wisconsin Partnership for 21st Century Skills — Library Media Specialists Making an Impact. *School Library Media Activities Monthly*, 25(4), 27–29.

Smith-Donald, R., Raver, C. C., Hayes, T., & Richardson, B. (2007). Preliminary construct and concurrent validity of the Preschool Self-regulation Assessment (PSRA) for field-based research. *Early Childhood Research Quarterly*, 22(2), 173–187.

Snow, R. E. (1985). Frames of mind: The theory of multiple intelligences. Howard Gardner. *American Journal of Education*, 94(1), 109–112.

Soland, J., Hamilton, L., & Stecher, B. (2013). *Measuring 21st-century competencies: Guidance for educators*. New York: RAND Corporation.

Soland, J., Hamilton, L. S, & Stecher, B. M. (2013). *Measuring 21st century competencies*. Santa Monica, CA: RAND Corporation.

Soto, C. J., John, O. P., Gosling, S. D., & Potter, J. (2011). Age Differences in Personality Traits From 10 to 65: Big Five Domains and Facets in a Large Cross-Sectional Sample. *Journal of Personality and Social Psychology*, 100(2), 330–348.

Soto, C. J., Napolitano, C. M., & Roberts, B. W. (2021). Taking skills seriously: Toward an integrative model and agenda for social, emotional, and behavioral skills. *Current Directions in Psychological Science: A Journal of the American Psychological Society*, 30(1), 26–33.

Soto, C. J., Napolitano, C. M., Sewell, M. N., Yoon, H. J., & Roberts, B. W. (2022). An integrative framework for conceptualizing and assessing social, emotional, and behavioral skills: The BESSI. *Journal of Personality and Social Psychology*, 123(1), 192–222.

Squire, K. D. (2004). *Replaying history: Learning world history through playing "Civilization III"*. Indiana University.

Stankov, L., & Crawford, J. D. (1997). Self-confidence and performance on tests of cognitive abilities.

Intelligence, 25(2), 93–109.

Stansfeld, S. (2006). Chronic pain, depressive disorder, and the role of work. *Journal of Psychosomatic Research*, 5(61), 661–662.

Stark, S., Chernyshenko, O. S., & Drasgow, F. (2005). An IRT approach to constructing and scoring pairwise preference items involving stimuli on different dimensions: The multi-unidimensional pairwise-preference model. *Applied Psychological Measurement*, 29(3), 184–203.

Stecher, B. M., & Hamilton, L. S. (2014). *Measuring Hard-to-Measure Student Competencies: A Research and Development Plan. Research Report*. RAND Corporation. PO Box 2138, Santa Monica, CA 90407–2138.

Stefan, C. A. (2018). Social-Emotional Prevention Programs for Preschool Children's Behavior Problems: A Multi-level Efficacy Assessment of Classroom, Risk Group, and Individual Level; Palgrave McMillan: London, UK.

Steinkuehler, C. (2008). Massively multiplayer online games as an educational technology: An outline for research. *Educational Technology*, 10–21.

Steinkuehler, C., & Duncan, S. (2008). Scientific habits of mind in virtual worlds. *Journal of Science Education and Technology*, 17, 530–543.

Sun, C., Shute, V. J., Stewart, A. E. B., Beck-White, Q., Reinhardt, C. R., Zhou, G., ... D'Mello, S. K. (2022). The relationship between collaborative problem solving behaviors and solution outcomes in a game-based learning environment. *Computers in Human Behavior*, 128, 107120.

Svenson, O. (1981). Are we all less risky and more skillful than our fellow drivers? *Acta Psychologica*, 47(2), 143–148.

Tackett, J. L. (2006). Evaluating models of the personality-psychopathology relationship in children and adolescents. *Clinical Psychology Review*, 26(5), 584–599.

Taggar, S., & Brown, T. C. (2001). Problem-solving team behaviors: Development and validation of BOS and a hierarchical factor structure. *Small Group Research*, 32(6), 698–726.

Tao, Y., Wu, F., Zhang, J., & Yang, X. (2023). Constructing a classroom observation instrument of creative potential for primary school students. *Thinking Skills and Creativity*, 49, 101317.

Taris, T. W., Bakker, A. B., Schaufeli, W. B., Stoffelsen, J., & Van Dierendonck, D. (2005). Job control and burnout across occupations. *Psychological Reports*, 97(3), 955–961.

Tett, R. P., & Guterman, H. A. (2000). Situation trait relevance, trait expression, and cross-situational consistency: Testing a principle of trait activation. *Journal of Research in Personality*, 34(4), 397–423.

Thorne, S. L. (2008). Transcultural communication in open internet environments and massively multiplayer online games. In S. Magnan (Ed.), *Mediating discourse online* (pp. 305–327). Amsterdam, Netherlands: John Benjamins.

Timmis, S., Broadfoot, P., Sutherland, R., & Oldfield, A. (2016). Rethinking assessment in a digital age: Opportunities, challenges and risks. *British Educational Research Journal*, 42(3), 454–476.

Ting, C. Y., Phon-Amnuaisuk, S., & Chong, Y. K. (2008). Modeling and intervening across time in scientific inquiry exploratory learning environment. *Journal of Educational Technology & Society*, 11(3), 239–258.

Tom, K. M. (2012). Measurement of Teachers' Social-Emotional Competence: Development of the Social-Emotional Competence Teacher Rating Scale.

Toulmin, S. E. (1958). *The uses of argument*. Cambridge University Press.

Troussas, C., Krouska, A., & Sgouropoulou, C. (2020). Collaboration and fuzzy-modeled personalization for mobile game-based learning in higher education. *Computers & Education*, 144, 103698.

Vallejo, V., Wyss, P., Rampa, L., Mitache, A. V., Müri, R. M., Mosimann, U. P., & Nef, T. (2017). Evaluation of a novel Serious Game based assessment tool for patients with Alzheimer's disease. *PLoS One*, *12*(5), e0175999.

Van Hooft, E. A., & Born, M. P. (2012). Intentional response distortion on personality tests: Using eye-tracking to understand response processes when faking. *Journal of Applied Psychology*, *97*(2), 301.

VanLehn, K., Burkhardt, H., Cheema, S., Kang, S., Pead, D., Schoenfeld, A., & Wetzel, J. (2021). Can an orchestration system increase collaborative, productive struggle in teaching-by-eliciting classrooms?. *Interactive Learning Environments*, *29*(6), 987–1005.

Ventura, M., & Shute, V. (2013). The validity of a game-based assessment of persistence. *Computers in Human Behavior*, *29*(6), 2568–2572.

Ventura, M., Shute, V., & Zhao, W. (2013). The relationship between video game use and a performance-based measure of persistence. *Computers & Education*, *60*(1), 52–58.

Verdine, B. N., Golinkoff, R. M., Hirsh-Pasek, K., & Newcombe, N. S. (2014). Finding the missing piece: Blocks, puzzles, and shapes fuel school readiness. *Trends in Neuroscience and Education*, *3*(1), 7–13.

Vianello, M., Robusto, E., & Anselmi, P. (2010). Implicit conscientiousness predicts academic performance. *Personality and Individual Differences*, *48*(4), 452–457.

Virk, S., Clark, D., & Sengupta, P. (2015). Digital games as multirepresentational environments for science learning: Implications for theory, research, and design. *Educational Psychologist*, *50*(4), 284–312.

Viswesvaran, C., & Ones, D. S. (1999). Meta-analyses of fakability estimates: Implications for personality measurement. *Educational and Psychological Measurement*, *59*(2), 197–210.

von Davier, A. A., Hao, J., Liu, L., & Kyllonen, P. (2017). Interdisciplinary research agenda in support of assessment of collaborative problem solving: lessons learned from developing a Collaborative Science Assessment Prototype. *Computers in Human Behavior*, *76*, 631–640.

Vrij, A., Edward, K., Roberts, K. P., & Bull, R. (2000). Detecting deceit via analysis of verbal and nonverbal behavior. *Journal of Nonverbal Behavior*, *24*, 239–263.

Vygotsky, L. S. (1967). Play and its role in the mental development of the child. *Soviet Psychology*, *5*(3), 6–18.

Vygotsky, L. S. (1978). *Mind in society: The development of higher psychological processes*. Cambridge, MA: Harvard University Press

Wainer, H., Dorans, N. J., Flaugher, R., Green, B. F., & Mislevy, R. J. (2000). *Computerized adaptive testing: A primer*. Routledge.

Walton, K. E., Murano, D., Burrus, J., & Casillas, A. (2021). Multimethod Support for Using the Big Five Framework to Organize Social and Emotional Skills. *Assessment*, 10731911211045744.

Wang, L., Shute, V., & Moore, G. R. (2015). Lessons learned and best practices of stealth assessment. *International Journal of Gaming and Computer-Mediated Simulations (IJGCMS)*, *7*(4), 66–87.

Watson, D., Clark, L. A., & Tellegen, A. (1988). Development and validation of brief measures of positive and negative affect: the PANAS scales. *Journal of Personality and Social Psychology*, *54*(6), 1063.

Watt, H. M., & Richardson, P. W. (2008). Motivations, perceptions, and aspirations concerning teaching as a career for different types of beginning teachers. *Learning and Instruction*, *18*(5), 408–428.

Weinstein, C. S. (1988). Preservice teachers' expectations about the first year of teaching. *Teaching and Teacher Education*, *4*(1), 31–40.

Weinstein, N. D. (1980). Unrealistic optimism about future life events. *Journal of Personality and Social Psychology*, *39*(5), 806.

West, M. R., Buckley, K., Krachman, S. B., & Bookman, N. (2018). Development and implementation of student social-emotional surveys in the CORE Districts. *Journal of Applied Developmental Psychology*, 55, 119–129.

West, M. R., Kraft, M. A., Finn, A. S., Martin, R. E., Duckworth, A. L., Gabrieli, C. F., & Gabrieli, J. D. (2016). Promise and paradox: Measuring students' non-cognitive skills and the impact of schooling. *Educational Evaluation and Policy Analysis*, 38(1), 148–170.

Whitcomb, S. (2013). *Behavioral, Social, and Emotional Assessment of Children and Adolescents*. Routledge.

Wigelsworth, M., Humphrey, N., Kalambouka, A., & Lendrum, A. (2010). A review of key issues in the measurement of children's social and emotional skills. *Educational Psychology in Practice*, 26, 173–186.

Wiggins, J. S. (1964). Convergences among stylistic response measures from objective personality tests. *Educational and Psychological Measurement*, 24(3), 551–562.

Wise, A. F., Speer, J., Marbouti, F., & Hsiao, Y.-T. (2013). Broadening the notion of participation in online discussions: examining patterns in learners' online listening behaviors. *Instructional Science*, 41(2), 323–343.

Wolfgang, C. H., Stannard, L. L., & Jones, I. (2001). Block play performance among preschoolers as a predictor of later school achievement in mathematics. *Journal of Research in Childhood Education*, 15(2), 173–180.

Wu, C.-L., & Chen, H.-C. (2017). Normative data for Chinese compound remote associate problems. *Behavior Research Methods*, 49(6), 2163–2172.

Wu, S. (2018). No Lake Wobegon in Beijing? The impact of culture on the perception of relative ranking. *Applied Cognitive Psychology*, 32(2), 192–199.

Yoder, N. (2014). Self-Assessing Social and Emotional Instruction and Competencies: A Tool for Teachers. *Center on Great Teachers and Leaders*.

Zapata-Rivera, D., Jackson, T., Liu, L., Bertling, M., Vezzu, M., & Katz, I. R. (2014). Assessing Science Inquiry Skills Using Trialogues. In S. Trausan-Matu, K. E. Boyer, M. Crosby, & K. Panourgia (Eds.), *Intelligent Tutoring Systems. ITS 2014. Lecture Notes in Computer Science, vol 8474*. (pp. 625–626). Cham: Springer International Publishing.

Zelazo, P. D., & Carlson, S. M. (2012). Hot and cool executive functioning childhood and adolescence: Development and plasticity. *Child Development Perspectives*, 6, 354–360.

Zelazo, P. D., Anderson, J. E., Richler, J., Wallner-Allen, K., Beaumont, J. L., & Weintraub, S. (2013). II. NIH toolbox cognition battery (CB): *Measuring executive function and attention. Monographs of the Society for Research in Child Development*, 78(4)

Zhai, X., Haudek, K. C., Stuhlsatz, M. A., & Wilson, C. (2020). Evaluation of construct-irrelevant variance yielded by machine and human scoring of a science teacher PCK constructed response assessment. *Studies in Educational Evaluation*, 67.

Zhang, C. (2013). *Satisficing in Web Surveys: Implications for Data Quality and Strategies for Reduction*

Zhou, M., & Ee, J. (2012). Development and Validation of the Social Emotional Competence Questionnaire (SECQ).

Zhuang, X., Maccann, C., Wang, L., Liu, O. L., & Roberts, R. (2008). Development and validity evidence supporting a teamwork and collaboration assessment for high school students. *ETS Research Report Series*, 2.

Zickar, M. J., Gibby, R. E., & Robie, C. (2004). Uncovering faking samples in applicant, incumbent, and experimental data sets: An application of mixed-model item response theory. *Organizational Research*

Methods, 7(2),168–190.

Ziegler, M. (2009). A Reanalysis of Toomela (2003): Spurious measurement error as cause for common variance between personality factors. *Psychology Science Quarterly*, 51(1),65.

Ziegler, M., & Buehner, M. (2009). Modeling socially desirable responding and its effects. *Educational and Psychological Measurement*, 69(4),548–565.

Ziegler, M., Horstmann, K.T., & Ziegler, J. (2019). Personality in situations: Going beyond the OCEAN and introducing the Situation Five. *Psychological Assessment*, 31(4),567–580.

Ziegler, M., MacCann, C., & Roberts, R. (2012). *New perspectives on faking in personality assessment*. Oxford University Press.

Zirkel, S. (2000). Social intelligence: The development and maintenance of purposive behavior. In R. Bar-On & J.D. Parker (Eds.), *The handbook of emotional intelligence: Theory, Development, Assessment, and Application at Home, School, and in the Workplace*. Jossey-Bass, 3–27.

Zuckerman, M., Kernis, M.H., Guarnera, S.M., Murphy, J.F., & Rappoport, L. (1983). The egocentric bias: Seeing oneself as cause and target of others' behavior. *Journal of Personality*, 51(4),621–630.

Zyda, M. (2005). From visual simulation to virtual reality to games. *Computer*, 38(9),25–32.

后　记

　　从 2017 年到 2023 年，OECD 在全球范围内开展了两次青少年社会与情感能力测评。从第一次在中国苏州的测评结果来看，我们的学生从童年期到青春期，心理幸福感在逐渐下降，考试焦虑却在持续上升。这一结果不禁让我担心：我们的学生究竟从学习中得到了什么？

　　"读圣贤书，所学何事？而今而后，庶几无愧"，文天祥这句深刻的诘问至今也不过时。读书的目的固然在于追求知识，但知识如同汪洋大海，我们穷尽一生所能获取的知识也只是沧海一粟。有时我们的学生执着于趋之若鹜地追求某个唯一的最优解，然而如果我们无法接纳生活的全部结果，那么就无法看到自己的其他可能性，内心也就越来越固执和脆弱。希望我们的学生能明白：人生是旷野上的自由世界而不应该是轨道上的循规蹈矩，成长的过程中必然充满了不确定性，或许成长本就不存在正确答案，或许答案并不重要，重要的是我们在前行中如何思考，能明晰为人处世的道理，也即"世事洞明皆学问，人情练达即文章"！

　　将社会与情感能力加入教学改革便是想要促成我们的学生完成从"学会学习"到"学会生活"的转变。社会与情感能力属于软能力，它不像阅读、数学等认知能力那样简单易测，也不能仅仅通过分数和排名就可以得到解释。社会与情感能力的测量在现有的教育环境中难以系统化实施，需要进一步探索新的测量方法和工具。尽管"尚未佩妥剑，转眼便江湖"，但，是时候做出改变了！社会与情感能力的科学测评，是教学改革实践的重要前提。如何通过测评来推动中国教育真正的变革，是我们一直在思考的，也是本书想要尝试回答的问题。为避免振兴素质教育和落实"双减"政策再次陷入围绕升学展开零和博弈的困境，转变教育质量观是根本，不能只用升学结果评价教师和学生。同理，社会与情感能力的测评也要坚决杜绝"唯分数论"，而应该强化过程评价、探索增值评价、健全综合评价。要始终记住，测评不是为了排名，而是为了孩子们的健康幸福成长。

　　行程万里，初心如一。在本书写作的过程中，我看到了一代接一代学者为我国社会与情感能力的发展做出的不懈努力，我愈发清楚：自己不是"史泰龙"，而是举着饼干的蚂蚁，一个力

后　记

大无穷同时又极其微小的生物。正所谓"流水不争先，争的是滔滔不绝"，此行路漫漫，感恩所遇志同道合之人，给予了我无限前行的志气和胆量。

这本著作①的完成，特别感谢黄忠敬教授的悉心指导，感谢我的硕士研究生范舒茗、金泽梁、尚凯悦和张丽君帮忙搜集文献资料、完善初稿，并进行细致的校阅。

张　静

2023 年 9 月 10 日

---

① 本著作为全国教科规划项目国家青年项目"项目化学习中社会与情感能力的动态多维测评研究"（项目号：CEA210260）的阶段性研究成果。